태장만다라

태장만다라

Garbha Maṇḍala

법현 글, 그림

운주사

서문序文

만다라에는 이理의 태장만다라와 지智의 금강계만다라가 있어 이를 양대 만다라라고 하는데, 본서에서는 태장만다라에 대해서만 다루고 금강계만다라는 다음 인연을 기약한다.

태장만다라胎藏曼荼羅는 실담어로는 가르바 만다라(garbha maṇḍala), 한역으로는 대비태장생만다라(大悲胎藏生曼荼羅, mahā karuna garbhava maṇḍala)라고 한다.

실담悉曇어로 가르바(garbha)는 태, 자궁, 내부, 즉 어머니의 자궁 속과 같은 곳으로서, 모든 것들을 태어나게 하는 근원을 의미한다. 만다라(maṇḍala)는 본질本質, 제호醍醐의 뜻인 maṇḍa의 어원에 소유所有, 성취成就를 의미하는 la가 합성되어 제법諸法을 구족具足하는 것, 본질을 갖추는 것 등으로 해석한다. 다른 한편으로는 만다라를 단壇, 도량道場, 윤원구족輪圓具足 등으로 번역하고, 여래의 자비의 근본으로부터 제신諸神들이 그 모습과 형태를 변해 나투어 중생들을 구제해주는 것을 상징하고 있다. 즉 사전적 의미로는 제법구족(諸法具足, 모든 법을 갖추고 있음), 본질을 구현하는 것, 근원적인 것 등을 뜻하지만, 종교적 측면에서 보면 단을 구성하고 수행의 장소인 도량을 만들어 불보살과 명왕과 성현과 천신들을 모셔서 부처와 모든 중생들의 합일合一을 구현하는, 성불의 성지로 보아야 할 것이다.

만다라를 구체적으로 살펴보면, 만다라에 그려진 불보살님과 제존諸尊의 가르침은 인간의 삶과 밀접한 관계가 있음을 알 수 있다. 그뿐만 아니라 부처님 당시의 사상과 문화와 생활과 깊은 관계가 있음도 알 수 있다. 더불어, 만다라가 시대 흐름에 따라서 변천되어 왔음도 확인할 수 있는데, 예를 들면 만다라가 인도에서 중국에 전해진 당시에는 13부원이었는데 모사摹寫가 거듭되면서 현재 전해지는 12부원으로 된 것이다. 존상(尊像; 불보살, 명왕, 천왕, 천신 28수, 축생·아귀·중생)은 총 412존을 배치하고 각 존상마다 진언(眞言, mantra), 밀호密號, 지물持物, 수인手印, 종자種字 등을 부여하여 해석을 달았으며, 중생들이 근기根器에 맞게 수행하여 깨달음으로 가도록 엮어 놓았다. 이 만다라의 세계는 부처와 중생뿐만 아니라 존재하는 것이든 존재하지 않는 것이든 모든 것이 다 귀속된다.

태장만다라는 『대일경大日經』(대비로자나성불신변가지경, 대비로자나경)의 사상을 도상화한 것이다. 『대일경』은 총 36장으로 이루어져 있는데, 제1장은 주로 교리를 설하고 있고, 제2장부터 만다라의 건립 방법을 비롯하여 수행 방법 등이 자세하게 기록되어 있어, 만다라를 그리고(描) 설명하는 데 많은 도움을 받았다.

부처의 지혜智慧는 자신의 마음을 여실히 아는 것, 즉 여실지자심如實知自心이다. 이 부처의 지혜의 마음을 보리심菩提心이라 하는데, 태장만다라는 보리심을 발發하여 중생의 고뇌와 함께하는 연민심憐愍心을 바탕으로 중생을 구제하는 방편을 세워 궁극적인 생활방식을 만들어 나가는 것이라고 할 수 있다.

이러한 부처의 지혜는 대일여래(vaitocana)에 의해서 완성, 성취되며, 중생에게는 대일여래의 구원救援의 작용이 나타나 있다. 그것을 감득感得하고, 나아가 그 지혜를 획득하는 것이 수행이므로, 부처의 지혜를 얻기 위해서는 태장만다라를 통한 수행이 이어져야 한다고 본다.

『대일경』의 가르침에서 보면 보리심菩提心, 대비심大悲心, 방편심方便心은 대일여래에게 갖춰져 있는 부처의 진실성을 도상圖像으로 표현한 것이며, 생명이 모태母胎에 잉태하여 심신心身이 형상을 갖춰 탄생하듯이, 태장胎藏이란 보리심을 잉태하고 점차 대비심을 키워 탄생, 성장하면서 생명활동인 방편을 전개하여 궁극의 삶을 성취하는 것이다. 이렇듯 태장은 보리심, 대비심, 방편심이 전면적으로 전개된 궁극적인 이상의 세계이며, 따라서 수행자에게 필수적인 것이라고 하겠다.

태장만다라에서는 연꽃의 종류를 여러 가지로 상징화했으며, 존상尊像들이 가지고 있는 지물持物들도 상징화하여 표현하기도 한다. 이 지물들과 연꽃은 수행자들의 번뇌를 타파하여 보리심, 대비심, 방편심을 완성시켜서 성불成佛하는 데 도움을 주는 방편이라고 할 수 있다. 즉 만다라를 조성하여 수행하는 목적은 수행자들이 모든 번뇌를 떨쳐 내고 행복의 니르바나(열반涅槃, nirvāāna)에 이르는 멸(滅, niruddha, 번뇌를 떨쳐 냄)과 도(道, mārga)를 이루고 불과佛果의 일체지지一切智智를 증득證得하여 즉신성불卽身成佛을 하는 데 있다.

본 태장만다라 도상집圖像集이 나오기까지 도움을 주신 신심 있는 분들과 도서출판 운주사 김시열 대표님께 진심으로 감사드리고, 집필을 도와준 조희준 거사와 화보를 도와준 황두현 부부, 그리고 후원해주신 주) JSC밀레 이종순 대표이사님에게도 감사를 드린다. 모든 분들에게 무궁한 발전이 있기를 기원한다.

2024년 2월

안산 법륜사에서

실담당悉曇堂 법헌法憲 삼가 씀

8. 지장원 —— 349

9. 제개장원 —— 369

10. 허공장원 —— 389

265. 항수
266. 장수
267. 익수
268. 각수
269. 저수
270. 약차지명녀
271. 약차지명
272. 약차지명녀
273. 증장천
274. 증장천사자
275. 난타용왕
276. 오파난타용왕
277. 아수라
278. 아수라
279. 염마천
280. 흑암천녀
281. 태산부군
282. 귀중
283. 탈일체인명
284. 비사차
285. 비사차
286. 비사차
287. 비사차
288. 비사차
289. 비사차
290. 비사차
291. 비사차
292. 다길니
293. 다길니
294. 다길니
295. 사귀
296. 보다귀중
297. 보다귀중
298, 299. 보다귀중
300. 마니아수라
301. 마니아수라권속
302. 마니아수라권속
303. 아수라
304. 아수라권속
305. 아수라권속
306. 가루라
307. 가루라
308. 구반다
309. 구반다
310. 나찰동
311. 나찰동

14. 최외원(서방) —— 561

312. 열리저왕
313. 나찰녀
314. 나찰녀
315. 대자재천
316. 대자재천비
317. 범천녀
318. 제석녀
319. 구마리
320. 차문다
321. 마나사녀
322. 마나사남
323. 수요
324. 토요
325. 월요
326. 칭궁
327. 갈충궁
328. 궁궁
329. 여수
330. 우수
331. 두수
332. 미수
333. 기수
334. 방수
335. 심수
336. 수천권속
337. 수천
338. 난타용왕
339. 오파난타용왕
340. 대면천
341. 난파천
342. 광목천
343. 수천
344. 수천비

15. 최외원(북방) —— • 617

서론

1. 진언眞言, 다라니陀羅尼, 주呪

불자들이 추구하고 있는 불교의 인생관은 부처님의 교법으로써 인류의 영원한 자유와 행복을 염원하고, 다시는 피안(彼岸: 깨달음의 세계)에서 차안(此岸: 중생세계)으로 돌아오지 않는 데 있다고 할 것이다.

부처님의 가르침을 천태天台 지의 대사는 5시時 8교敎라 하여, 부처님의 설법에 따라 시기별로 5시로 나누고 있다. 5시는 화엄시華嚴時·녹원시鹿苑時·방등시方等時·반야시般若時·법화열반시法華涅槃時를 말하고, 8교는 돈교頓敎·점교漸敎·비밀교秘密敎·부정교不定敎의 화의4교와 장교藏敎·통교通敎·별교別敎·원교圓敎의 화법4교를 말한다.

또 현교顯敎와 밀교密敎로 구분하기도 한다. 수행방법으로는 즉 참선·염불·기도·사경·진언·주력·다라니·만다라 등이 있는데, 그중에서 진언과 다라니, 주와 만다라는 누구나 보다 쉽게 접근하여 수행할 수 있도록 하는 방법이다.

1) 진언(眞言, 만뜨라, mantra)

진언은 실담 범어로 만뜨라(眞言, mantra)로 음역하며, 진언眞言·주(呪, vidyā)·밀주密呪·밀언密言·다라니(多羅尼, dhāraṇī) 등으로 한역한다. "진실하여 거짓이 없는 말"이란 뜻으로서, 밀교에서의 삼밀(三密: 신밀身密·어밀語密·의밀意密. 현교에서는 신身·구口·의意 삼업三業이라 한다) 중에서 어밀語密에 해당한다. 또 불보살과 제천諸天 등의 서원誓願이나, 덕德과 부처님 가르침의 깊은 의미를 가지고 있는 비밀의 어구語句를 가리키며, 또는 사유思惟를 나타내며, 언어 문자를 의미하는데, 특히 성신聖神의 신성한 어구를 뜻한다. 또 명(明, vidyā)이라 하여 학문 지식의 뜻을 갖기도 하고, 총지摠持라 하여 한량없이 깊고 많은 뜻을 섭지攝持하고, 기억하여 잃지 않으며, 능지能持라 하여 갖가지 선법善法을 능히 갖추고, 능차能遮라 하여 갖가지 악법惡法을 막아준다. 그리고 문구文句가 긴 것을 다라니(dhāraṇī)라 하고, 여러 구句로 된 것을 진언(眞言, mantra)이라 하며, 짧은 것은 주(呪, vidyā)라 하고, 한두 자로 된 것을 종자(種子, bīja)진언라고 한다.(예외일 수도 있다.) 또 여래·보살·이승의 진언을 성자진언聖者眞言이라고 하고, 제천諸天의 지거천地居天 등의 진언을 제신진언諸神眞言이라 한다. 또 각종 주력은 대주·중주·소주 등으로 나누기도 한다.

대승불교가 전해지는 동북아시아, 즉 중국·한국·일본에서 진언·다라니·주는 불번어不飜語라 하여 그 뜻을 번역하지 않고, 범어 원어를 음역하여 음가音價 그대로 읽는다. 즉 광명진언을 예로 들면, "옴 아모가 바이로차나 마하무드라 마니 파드마 즈바라 프라바릍 타야 훔(oṃ amogha vairocana mahā mudrā maṇi padma jvala pravarttaya hūṃ)"을 단어 하나하나 번역하지 않더라도 이 진언에 부처님의 모든 공덕과 원력이 성취되어 있으므로 즉신성불卽身成佛의 깨달음을 얻는 것과 동시에 세속적인 원을 성취한다고 한다. 뿐만 아니라 이 진언을 듣는 이는 죄업을 모두 소멸하며, 또는 이 진언을 수지 독송하고 가지加持하여, 불에 사루어 그 재와 모래를 망자의 몸에나 혹은 묘지에 뿌려주면 그 원력으로 죄가 소멸하여 망자가 극락에 왕생한다고 한다.

우리나라에 밀교가 전해진 때는 632~635년 당나라 유학승인 명랑 스님이 『불설관정복마봉인대신주경』의 문두루품에서 문두루법(신인비법神印秘法, mūdra-dharma)을 배워서 귀국한 것이 최초이다. 670년 당나라 장수 설나가 50만 대군으로 신라를 침입했을 때 신인비법을 행하여 당나라 대군을 물리쳤으며, 이듬해 당나라 장수 조헌이 5만 대군으로 다시 침입했을 때도 12명의 유가승려를 뽑아 신인비법을 행하여 물리친 기록도 있다. 이때에 밀교의 신인종神印宗이 탄생했는데, 이는 주로 국가적 국난을 극복하는 데 역할을 했던 법용法用이라 할 수 있다. 또한 당나라 유학승인 혜통 스님은 665년에 귀국하여, 신문왕(681~691)의 등창병을 낫게 했으며, 효소왕(692~701) 때는 공주의 병을 주송主誦으로 낫게 했다. 이로 인해서 국사가 되기도 했으며, 진언종眞言宗의 초조初祖가 되었다고 한다. 이처럼 진언은 주로 개인의 신병과 안녕을 기원했던 것이다.

이렇게 진언의 위력은 대단하며, 다른 수행에 비하여 간단명료하므로 적극 권장할 수 있는 수행방법 중의 하나라고 생각한다.

2) 다라니(陀羅尼, dhāraṇī)

dhāraṇī의 한자 음역은 다라니陀羅尼이며, 총지總持·능지能持 등으로 의역한다. 즉 능히 무량무변無量無邊한 이치理致를 섭수攝受하여 하나를 배워 외우고 쓰면 열을 알아차려 기억력이 좋아진다고 하며, 모든 악법을 능히 막아주는 까닭에 보살이 남을 교화하기 위해서는 반드시 다라니의 힘을 빌리지 아니하면 안 된다고 하였다.

『지도론』에는 다라니에 대하여 다음과 같이 말하고 있다.

1. 신지다라니: 이 다라니를 얻는 자는 귀로 한 번 들은 것은 모두 잃어버리지 않는다.
2. 분별다라니: 모든 일에 대해서 대소·호추 등의 분별을 확실하게 할 수 있게 된다.
3. 음성(입)다라니: 어떤 말을 듣든지 즐거워하거나 성내지 않게 된다.

또 『유가사지론』 45권에는 다라니에 대해 다음 4가지로 설명한다.

1. 법다라니: 경의 문구를 기억하여 잊지 않는다.
2. 의다라니: 경의 뜻을 이해하여 잊지 않는다.
3. 주다라니: 선정의 힘으로 주술을 일으켜 중생의 재액을 없애준다.
4. 능득보살인다라니: 사물의 실상을 사무쳐서 그 본성을 확실히 인정한다.

『법화경』에는 시다라니, 백천만억시다라니, 법음방편다라니 등이 있고, 『천수경』에서는 신묘장구대다라니가 있으며, 각 경전마다 수구다라니, 불정존승다라니, 아미타여래근본다라니, 보협인다라니 등이 있다.

우리나라 불교는 선종, 정토종, 교종, 밀교의 진언종 할 것 없이 회통하는 통불교사상이므로 각종 법회나 의식 등에서 다라니 등이 널리 독송되는 특징을 가지고 있다.

3) 주(明呪, vidya mantra)

주는 실담 범자로는 비드야 만뜨라(vidya mantra)라 하고 한역으로는 명주明呪 또는 밀주密呪라고 한다. 다라니를 총주總呪라 하고, 비드야 만뜨라를 밀주密呪라 하여 구별하기도 한다. 주呪를 독송하고 외우는 것은 나와 타인의 재액災厄을 없애기 위해 선주善呪를 독송하고 외우기도 하지만, 전쟁을 할 때에는 적에게 재액을 주기 위하여 악주惡呪를 다함께 독송하기도 한다.

주를 나타내는 대표적인 경전과 주呪로는 『반야심경』의 심주, 『능엄경』의 능엄신주, 제신주, 공작왕신주, 문수사리법인주, 금강보인주, 금강갈마주, 금강근본인주, 비사문천왕주, 십나찰주, 여귀주 등이 있다.

2. 태장만다라(garbha maṇḍala)의 의미

태장胎藏에는 함섭(含攝, 포섭하여 머금고 있다)의 뜻과 섭지(攝持, 포섭하여 간직하다)의 뜻이 있다. 태장은 여래장如來藏에 속하는 개념이다.

『대일경大日經』의 여래장설如來藏說은 일체개공一切皆空으로 중생의 성불 가능성을 확인하는 본래적 입장보다는 혼탁한 번뇌를 제거한다는 작용에 중점을 두면서 설해지고 있다. 그 작용을 가지加持라 하고, 삼밀(三密: 신밀身密·어밀語蜜·의밀意密)이라고 하는 구체적인 행법行法이라 할 수 있다.

가지(加持, adhiṣṭhā, 가피加被, 서는 것, 주처住處하는 것, 호념護念, 가호加護의 뜻)라 함은 신변가지神變加持라 하여 불보살이 불가사의(不可思議, a-cintya, 마음으로 생각할 수 없는 것)한 힘을 가지고 중생을 돌봐주는 것을 말한다. 불가사의에는 5가지가 있으니 다음과 같다.

제불력諸佛力: 불법에 의하여 깨달음을 얻는 것.

좌선인력坐禪人力: 선정의 힘에 의해서 깨달음을 얻는 것.

업과보業果報: 모든 차별은 업력에 의해서 생기는 것.

제용력諸龍力: 용이 한 방울의 물로 큰 비를 내리게 하는 것.

중생다소衆生多少: 중생에게는 증감이 없는 것.

3. 삼밀가지三密加持란

삼밀三密이란 중생의 신·구·의 삼업三業과 불타의 삼밀(三密: 체體·상相·용用 3대 중 용대는 진여의 작용에 해당하며, 범부가 미치지 못하는 부사의한 작용이기 때문에 삼밀이라 하며, 중생의 삼업도 불타의 삼밀에 맞추어 닦는다)이 서로 융합하여 유가의 경지에 들어가는 것으로, 중생이 몸으로 수인手印을 맺고(신밀身密), 입으로 진언을 외우고(구밀語密), 마음으로 본존本尊을 관(觀, 의밀意密)하는 것을 유상삼밀有相三密이라 하고, 중생의 온갖 행위나 생각 그대로가 바로 삼밀임을 무상삼매無相三昧라 한다. 유상삼밀에 의해서 중생의 삼업 위에 불의 삼밀이 더하여 섭지(포섭하여 간직함)되는 것을 삼밀가지三密加持라 하고, 불의 삼밀과 중생의 삼밀이 상응융화相應融和하는 것을 삼밀유가三密瑜伽라 한다. 이와 같이 행자行者와 본존本尊이 일체로 되었을 때, 이 몸 그대로가 불이 된다고 하는 즉신성불卽身成佛의 깨달음을 이루게 된다.

가지加持란 불타가 대비大悲·대지大智로 중생에게 응應하는 것이 가加이고, 중생이 그것을 받아 가지는 것을 지持라고 한다. 즉 불타와 중생이 상응相應하여 일치하는 것을 삼밀가지三密加持라 한다. 삼밀가지에는 두 가지가 있다.

첫째로 자행가지自行加持라 하는 것은 손으로 밀인密印을 짓고, 입으로는 진언眞言을 외우고, 마음으로는 삼마지(삼매)에 머무는 것을 말하고, 둘째는 아사리가지阿闍梨加持, 만다라아사리에 대한 갈마羯磨를 구족하여 보현삼마지普賢三摩地로써 이미 금강살타(金剛薩埵, 금강계만다라에서 아촉여래 사근친의 하나)를 실현하는 것을 말한다. 삼밀가지로써 현신現身으로 보리菩提를 증득證得할 수 있다고 한다. 이를 즉신성불卽身成佛이라 말한다.

4. 만다라를 구성하는 존상尊像의 형形

1. 여래如來형
2. 보살菩薩형. 이에는 남존형男尊形과 여존형女尊形이 있다
3. 명왕明王형
4. 천부天部형

이와 같이 4가지로 구분되어 만다라가 구성된다.

1) 여래형如來形의 특징

1) 육계肉髻: 지혜의 상징이며 두정頭頂이라고도 한다.

2) 육계주肉髻珠: 지혜의 광명이며 빛의 상징이다.

3) 라발螺髮: 소라형의 모발(머리털)을 말한다.

4) 백호白毫: 32상의 하나로 두 눈 사이에 있는 희고 빛나는 가는 터럭.

5) 삼도三道: 목의 3본의 주름.

6) 납의衲衣: 법의法衣.

7) 인상印相: 깨달음의 경지에서 손과 손가락을 사용하는 수인手印.

8) 두광頭光: 지혜의 빛이 머리 주위에 빛나는 것.

9) 신광身光: 지혜의 빛이 몸 주위에 빛나는 것.

10) 화염광火焰光: 청정한 빛의 상징.

11) 연화좌蓮華臺坐: 모든 불보살이 앉는 자리. 연꽃은 불보살을 표현한다.

연화좌는 연육과 연잎으로 되어 있고, 어떠한 모든 번뇌에도 물들지 않는 것을 보여주기 위한 것이다. 연꽃에는 크게 2종이 있는데 연蓮과 수련垂蓮을 말한다.

연꽃의 색깔에 따라서 분류하면 다음과 같다.

적련화赤蓮華: 산스크리트어로는 빠드마(padma)라 하고, 적련화는 주로 불보살

이 앉은 연화대를 말한다.

백련화白蓮華: 산스크리트어로는 뿐다리까(puṇḍarīka)라 하며, 진흙 속에서도 청정함을 유지하고 번뇌에 오염되지 않아서 청정무구함에 비유한다. 연꽃 중에서 최고로 비유된 『묘법연화경(saddharmapuṇḍrīkasūtra)』은 이 백련화와 관련된 경명이다.

청련화青蓮華: 산스크리트어로는 니로뜨빠라(nīlotpala)라 하며, 연잎의 날카로움을 칼에 비유하여 번뇌를 단절시키는 지혜를 상징하며, 수련睡蓮의 일종을 말한다.

연꽃의 개화開花하는 정도에 따라서 분류하면 다음과 같다.

미개부연화未開敷蓮華: 아직 피지 않은 꽃봉오리는 심장의 형상으로서, 보리심菩提心에 비유한다.

반개부연화半開敷蓮華: 꽃이 피기 시작함을 말하고, 보리심을 발發하여 깨달음에 도달함을 표현한다.

개부연화開敷蓮華: 연꽃이 활짝 핀 것을 말하고, 깨달음의 결과를 상징한다.

2) 보살형菩薩形의 특징

남존형男尊形: 여의륜보살을 기준으로 한다.

여존형女尊形: 다라보살을 기준으로 한다.

1) 보계寶髻: 머리털로 된 상투를 말하고 남존형은 위쪽으로 장엄되고, 여존형은 뒤쪽으로 장엄된다.

2) 보관寶冠: 서원誓願을 상징한다.

3) 화불化佛: 부처님을 보관에 새겨 머리에 이고 있는 것을 말한다.

4) 보관대寶冠帶: 보관의 장식품이다. 천관대天冠帶라고도 한다.

5) 이당耳璫: 귀에 장식하는 것. 귀걸이.

6) 흉식胸飾: 가슴에 장식하는 각종 영락(瓔珞, 장신구)이나 목걸이 등을 말한다.

7) 완륜腕輪: 팔에 장식하는 것.

8) 완천腕釧: 팔찌를 말한다.

9) 지물持物: 각종 법구·금강저·무기·보주·염주·법륜·보검·창·연꽃 등 손에 가지고 있는 것들을 말하며, 서원誓願의 상징이라 할 수 있다.

10) 인상印相: 각종 수인手印을 말한다.

11) 천의天衣: 어깨에 걸친 잠자리 날개 모양의 천을 말한다.

12) 조백條帛: 상반신에 착용하는 비단포를 말한다.

13) 상裳: 하반신에 착용하는 치맛자락을 말한다.

14) 갈마의羯磨衣: 상반신에 착용하는 작무의作舞衣로서, 주로 여존형에 많이 쓰인다.

15) 석대石帶: 허리에 사용하고, 보석 등으로 장식되어 있다.

16) 후광後光: 화염광·두광·신광은 각 존에 공히 사용하고 있으나, 천부형에는 화염광이 없다.

3) 명왕형明王形의 특징

부처님의 가르침에 따라 불교를 수호守護하고, 분노의 얼굴과 용맹한 자세로 모든 번뇌를 제멸하고, 수행자를 보호한다. 여러 얼굴과 많은 팔과 다리를 지닌 형상이며, 많은 손에는 각각 지물을 가지고 있고, 머리털은 노발怒髮이라 하여 하늘을 향해 뻗어 있으며, 좌대도 연화대가 아니고 반석磐石 좌대이다. 대위덕명왕을 기준으로 한다.

1) 화염광火焰光: 가루라염광(신령스러운 새 머리 형상의 염광)으로 되어 있다.

2) 노발怒髮: 성내는 표정의 머리털 형으로 표현하고 있다.

3) 장식裝飾: 귀걸이·영락·완륜·완천·조백·요포·상 등은 보살상과 같이 착용하고 있다.

4) 지물持物: 창·법륜·칼·봉·갈고리 등을 가지고 있다.

5) 좌대座臺: 반석좌라 하여 사각 암석을 여러 개 겹쳐 만든 좌대를 말한다.

4) 천부형天部形의 특징

1) 보관寶冠: 전투할 때 사용되는 투구를 쓰고 있다.

2) 갑옷(甲衣): 어깨 · 가슴 · 복부 · 허리 · 정강이 등을 보호하기 위해 착용한다.

3) 지물持物: 보봉寶棒 · 보탑寶塔 · 금강저金剛杵 등을 가지고 있다.

4) 천의天衣: 주로 어깨 위와 허리에 걸친다.

5) 치마(裳): 소맷자락 · 길상좌 · 구두 등은 천부에만 있는 것이다.

천신은 주로 수미산 정상에 있는 도리천궁忉利天宮에 통하고, 그 가운데를 지나서 수미산須彌山 중턱에 4왕궁(王宮: 동 · 서 · 남 · 북)을 주처住處로 하여 사천왕궁 중의 동주東洲를 수호하는 지국천왕(持國天王, 드리이따라스뜨라 dhṛitarāṣṭra)은 건달바와 부단나의 두 신을 지배하고 있으며, 남주南洲를 수호하는 증장천왕(增長天王 비루다까 virūḍhaka)은 구반다와 폐려다의 두 신을 지배하고, 서주西洲를 수호하는 광목천왕(廣目天王 비루빠끄사 virūpākṣa)은 용과 비사사 두 신을 지배하고, 북주北洲를 수호하는 다문천왕(多聞天王, 다나다 dhanada 또는 비사문천毘沙門天 바이쉬라바나 vaiśravaṇa라고도 한다)은 야차와 나찰 두 신을 지배하고 도리천忉利天의 주인인 제석천의 명을 받아 4천하를 돌아다니면서 사람들의 동작을 살펴 이를 보고하는 역할을 한다. 여기서는 태장만다라胎藏曼荼羅의 최외원最外院(혹은 외금강부원)의 4방에 위치하고 있다. 모든 형상은 비사문천을 기준으로 한다.

5. 금강저金剛杵의 종류

금강저에는 독고저獨鈷杵, 2고저, 삼고저, 오고저, 9고저, 십자고 등이 있다.

태장만다라(胎藏曼荼羅, garbha dhatu maṇḍala)의 많은 존상들의 지물들 중에 금강저가 나타나고 있는데, 이 금강저는 적(敵, 여기서 적은 번뇌를 말한다)을 물리치는 데 사용되는 무기를 말한다.

금강저의 근본 뜻은 여래의 금강과 같은 지혜로 마음속에 깃든 번뇌를 소멸시켜 청정한 지혜광명을 발현시키는 데 있다.

밀교의 수행자가 진언수행을 할 때는 항상 금강저를 휴대하고 있다.

6. 태장만다라胎藏曼荼羅의 의미와 구조

12대원의 태장만다라胎藏曼荼羅

만다라(maṇḍala)를 한역하면 도량道場·단壇·취집聚集·발생發生 등이며, 실담 범자(字意)로 보면 만다(maṇḍa)는 진수眞髓·본질本質·제호醍醐 등의 뜻이다. 라(la)는 성취하다·소유하다의 뜻이다. 그래서 만다라는 '본질을 얻는 것', 부처님의 무상정등각無上正等覺, 즉 '이보다 더 높은 깨달음은 없다'는, 가장 높은 깨달음의 본질本質을 얻는다는 뜻이다. 제호醍醐와 같이 더할 수 없는 맛을 지닌 것과 같아 무과상미無果上味라고도 한다. 또 만다라를 체體로 하여 무량무변無量無邊의 불신·음성·의의와 삼밀三密을 시현示顯하기 때문에 발생發生이라 하고, 불과佛果의 진실한 만덕萬德을 한 곳에 모은다는 뜻에서 취집聚集이라고도 하며, 불보살 및 성인 또는 제신·천신 등이 모이는 장소를 말하기도 한다.

우리나라에는 7세기 말경에 신라의 명랑·혜통·혜일 등에 의해서 밀교가 전해졌으나, 만다라를 사용했다는 기록이나 흔적을 찾아보기는 어렵다. 하지만 우리나라에서는 『화엄경』 변상도와 『법화경』 영산회상도와 각 경전 등의 변상도에 그려져 전해지고, 후불탱화로 발전하여 지금까지 전해지고 있으며, 중국에서는 중국식 만다라로 발전하였고, 티베트에서는 티베트의 화려한 만다라로 발전하였으며, 일본에서는 일본식 만다라로 발전하는 등 그 나라의 불교와 문화에 맞도록 발전하여 정착한 것으로 보인다. 인도에서는 7세기 중엽에 『대일경大日經』이, 8세기 초에 『금강정경金剛頂經』이 성립되어 중국에 전해졌고, 『대일경』의 태장만다라(胎藏曼荼羅, garbha dhātu maṇḍala)와 『금강정경』의 금강계만다라(金剛界曼荼羅, vajra dhātu)가 출현하였는데, 이 둘을 합하여 양계만다라兩界蔓荼羅 또는 양부만다라라고 하고, 현재 유포된 만다라를 말하기도 한다. 모든 만다라는 이 양부만다라로부터 발생하여 만들어진 것이다. 문자文字만다라는 일본에서 만들어진 것으로서, 12대원十二大院의 태장만다라와 9회 금강계만다라에 나타난 각 존상尊像들을 종자種子화한, 문자(실담 범자)로 대치하여 만다라를 형성하는 것을 말한다. 필자의 작품 중에서도 12대원의 문자태장만다라와 9회 금강계만다라는 이에 속한다.

태장만다라胎藏曼荼羅의 도형은 『대일경』에 근거한 것이라고 하나, 도상에서는 중국과 일본과 티베트가 차이가 있다. 현도만다라의 태장만다라는 12대원十二大院으로 구성되어 있고 불·보살·천신·제신 등 412존으로 도상圖像화되어 있다.

또한 태장만다라는 중대팔엽원中臺八葉院을 중심으로 12대원이 순차적으로 중심에서 사방팔방四方八方의 바깥쪽으로 퍼져 나가는 구성적 특징을 가지고 있으며, 『대일경』 구연품具緣品의 설명으로 구성되어 있는데, 전통적으로 삼중구조로 이루어져 있다. 태장만다라는 실담자로는 garbha dhātu maṇḍala이며, 한역으로는 대비태장생만다라(大悲胎藏生曼荼羅, mahā karuna garbhava maṇḍala)의 준말이다. 태장胎藏이란 태아가 모태母胎 안에서 갈무리되어 자라는 것을 뜻한다. 즉 인간의 모성母性의 원리를 발상으로 해서, 생명의 성장과 탄생에 그 기원이 있다고 본다. 그러한 성장을 도상화한 것이 태장만다라이다. 태장의 원어인 가르바(garbha)는 싸다(包)·포괄하다와 다뚜(dhātu), 즉 갈무리하다(藏)의 합성어合成語이다. 그러므로 인간과 우주의 모든 것을 포괄하고 갈무리하여 성장시켜서 태어나게 한다는 의미로, 이를 도상화한 것을 태장생만다라胎藏生曼荼羅라고 한다. 부처의 마음인 보리심菩提心을 모태에 비유하고, 그 모태 안에서 인간과 우주와 중생과 부처가 불리일체不離一體가 되어 중생이 성장하는 것을 돕는다. 즉 교화활동을 도상으로 나타냄을 뜻한다.

태장만다라를 구성하는 각 존尊의 명칭과 배치를 보면, 대승불교에 포섭된 수많은 부처님과 보살과 명왕·천신·힌두교의 제신과 도교의 28수·팔부신중·잡신까지도 12대원十二大院에 배치시켜 정리되어 있는데, 이 점이 밀교의 독자존獨自尊으로 변격變格시키고 있는 금강계만다라와의 차이점이라 할 수 있으며, 태장만다라의 특색이라고 할 수 있다.

태장만다라는 『대일경』에서 설하는 이론에 따라 제존諸尊을 그림으로 도상화하여 안에서 밖으로 시계 방향의 방사형放射形으로 배치되어 퍼져 나간다. 이러한 도식圖式의 표현은 대비태장생大悲胎藏生을 어머니의 태 내에 자리잡은 종자種子가 성장해 가는 불가사의不可思議한 힘에 비유하고, 대비大悲를 대일여래의 불심佛心에 비유하여, 중앙 대일여래의 불심이 개인으로부터 우주 전체로 퍼져 나가면서 모든 생명 변화의 가능성으로 작용하는 것을 상징적으로 표현한 것이다.

태장만다라와 금강계만다라를 불이不二라고 말할 때는 태장만다라의 이理의 세계와 금강계만다라의 지智의 세계를 나타낸다. 이理의 세계는 현상現像으로부터 실재實在로 나아가며, 지智의 세계는 실재實在로부터 이상의 세계로 나간다는 것으로 볼 때, 태장계의 이理는 부처가 대비의 활동에 의하여 중생을 방편으로 교화하는 것을 나타내고, 금강계의 지智는 중생이 부처의 절대의 세계, 즉 부처의 지혜가 열려서 나타내는 경지를 말한다. 다시 말해 태장만다라는 보이는 도리道理를 말하고 금강계만다라는 도리를 보는 지혜를 말하나, 태장계만다라와 금강계만다라에는 두 사상이 함께 내장되어 있다고 보기 때문에, 밀교에서는 두 개념이 진리를 추구하는 경지에서는 둘이 아닌 불이不二라고 하는 것이다.

태장만다라의 이해를 돕기 위해서, 본서에서는 이것이 가장 잘 표현되어 있는 일본의 태장만다라를 기준으로 하여 설명해 나가기로 한다.

당나라 혜과惠果에 의해 이루어진 십삼대원十三大院 만다라를 일본의 공해 스님이 일본에 들여와 사대문을 지키는 사대호원을 제외하고 제작한 것이 지금의 12대원十二大院 만다라로 정착되었다고 보고 있다.

태장만다라胎藏曼荼羅 12대원十二大院의 구조는 다음과 같다.

1. 중대팔엽원中臺八葉院
2. 변지원遍知院
3. 연화부원蓮花部院
4. 금강수원金剛手院
5. 지명원持明院혹은 오대원五台院
6. 석가원釋迦院
7. 지장원地藏院
8. 허공장원虛空藏院
9. 제개장원除蓋障院
10. 문수원文殊院
11. 소실지원蘇悉地院
12. 외금강부원外金剛部院 사방 동서남북

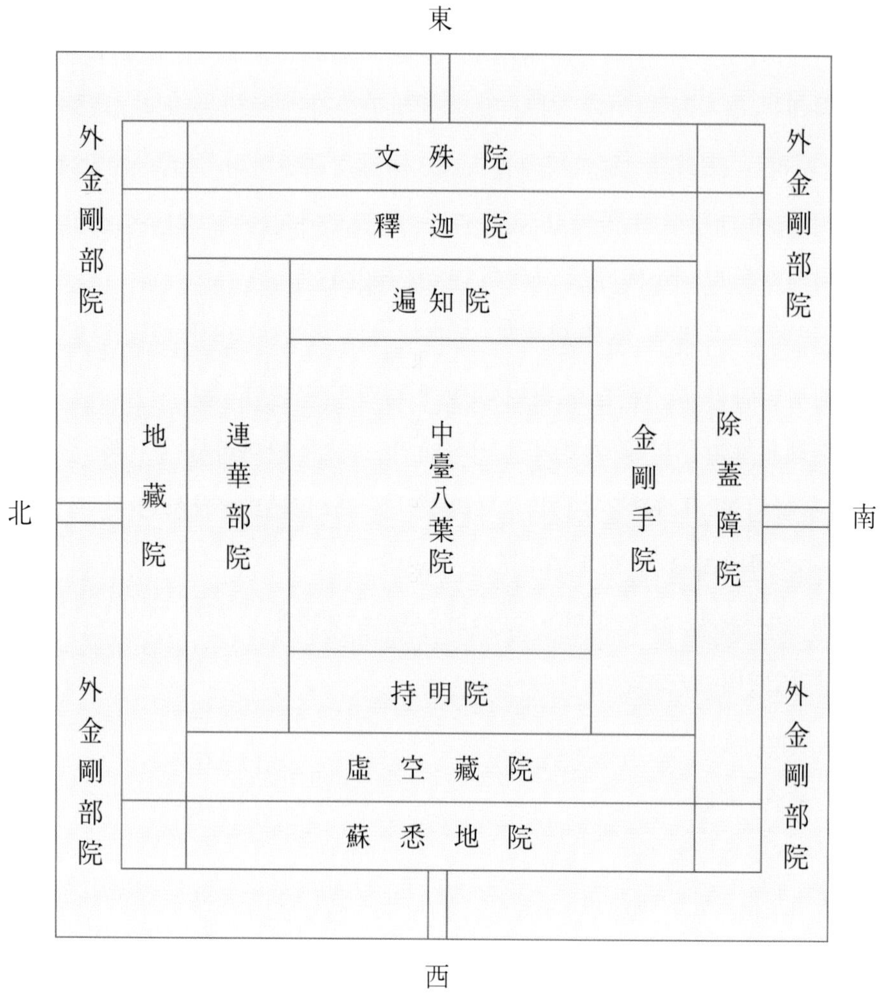

태장만다라 12대원의 구조도

1

중대팔엽원

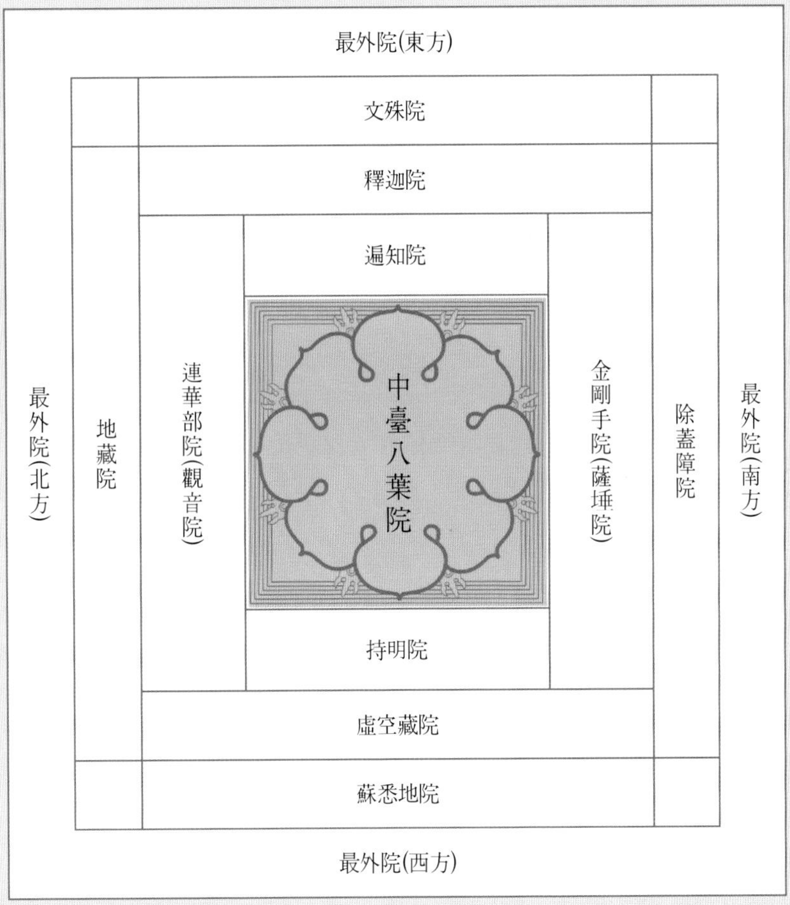

最外院(東方)
文殊院
釋迦院
遍知院
最外院(北方)
地藏院
蓮華部院(觀音院)
中臺八葉院
金剛手院(薩埵院)
除蓋障院
最外院(南方)
持明院
虛空藏院
蘇悉地院
最外院(西方)

중대팔엽원中臺八葉院 구성원도

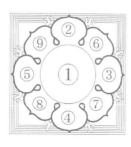

1. 대일여래大日如來
2. 보당여래寶幢如來
3. 개부화왕여래開敷華王如來
4. 무량수여래無量壽如來
5. 천고뇌음여래天鼓雷音如來
6. 보현보살普賢菩薩
7. 문수사리보살文殊舍利菩薩
8. 관자재보살觀自在菩薩
9. 미륵보살彌勒菩薩

중대팔엽원은 5불五佛 4보살四菩薩로 구성되어 있으며, 다음과 같이 배치된다.

5불五佛

1. 중앙中央: 대일여래(大日如來, mahā-vairocana): 법계체성지法界體性智
2. 동東: 보당여래(寶幢如來, ratnaketu): 대원경지大圓鏡智
3. 남南: 개부화왕여래(開敷華王如來, saṃkusmitarāja): 평등성지平等性智
4. 서西: 무량수여래(無量壽如來, amitāyus): 묘관찰지妙觀察智
5. 북北: 천고뇌음여래(天鼓雷音如來, divyadundubhimeghirghoṣa): 성소작지成所作智

4보살四菩薩

6. 동남간방東南間方: 보현보살(普賢菩薩, samantabhadra)
7. 서남간방西男間方: 문수보살(文殊菩薩, mañjuśrī)
8. 서북간방西北間方: 관자재보살(觀自在菩薩, avalokiteśvara)
9. 동북간방東北間方: 미륵보살(彌勒菩薩, maitreya)

이상과 같이 5불 4보살을 안치한 도상圖像을 태장만다라의 중대팔엽원中臺八葉院이라 한다.

중대팔엽원은 활짝 핀 연꽃을 말하고, 중앙의 연밥의 위치에 자리한 대일여래大日如來를 중심으로 하여 동·남·서·북의 4불과 간방間方에 4보살이 있는데, 동東에는 보당여래寶幢如來, 남南에는 개부화왕여래開敷華王如來, 서西에는 무량수여래無量壽如來, 북北에는 천고뇌음여래天鼓雷音如來 등의 4불四佛과 동남東南 간에 보현보살, 서남西南 간에 문수보살, 서북西北 간에 관자재보살, 동북東北 간에 미륵보살 등의 4보살이 배치되어 태장만다라의 중심핵을 이루고 있다. 이 팔엽八葉의 활짝 핀 연꽃을 개오開悟한 불보살에 비유하고, 아직 피지 않은 연꽃 봉오리는 아직 깨닫지 못한 범부중생에 비유한다. 또 활짝 핀 연꽃은 범부의 깨달음에 비유하기도 한다. 인간은 누구나 깨달을 수 있는 가능성을 가지고 있기 때문이다.

『대일경大日經』에서 설하고 있는 대일여래는 근본불(法身)로서, 태양의 빛과 같은 지혜의 빛으로 중생을 제도하는 큰 자비가 폭넓게 펼쳐진 것을 나타내며, 중생의 생명력을 상징한다.

이 팔엽원은 완성되어 있고 성취되어 있으므로, 이를 그려서(회화繪畫) 몸에 지니기만 하여도 모든 번뇌가 침범하지 못하게 되며, 모든 원願이 속성취速成就된다고 한다.

태장만다라에 나타나는 진언을 사용하는 방법

태장만다라에 나오는 진언은 태장만다라에 속해 있는 제불보살과 천신, 천왕, 하늘의 별, 천궁, 7요, 5대 명왕, 용왕 등의 팔부신장, 사자, 아라한 등의 모든 진언을 총집합한 진언으로서, 여기에 등장하는 모든 존尊들을 설명하는 데 역점을 두고 있으며, 각 진언을 응용하여 중생제도의 요소요소에 사용하도록 하는 데 세심한 고려를 하였다.

여기서 진언은 불번어不飜語라 하여 그 뜻을 번역하지 않았다. 국내에 진언집眞言集들이 여럿 출판되어 있지만 대개 한글로 되어 있고, 일부는 산스크리트(sanskrit)어로 되어 있으나, 실담 범자로 되어 있는 진언집은 없다. 그래서 망월사본 진언집과 태장만다라에 나타나는 진언들을 주로 참조하여 중생들의 근기에 따라 사용하도록 설명해 놓았다.

이 책에 나오는 실담 범자는 필자가 직접 필사한 것이다.

1. 대일여래

(大日如來, 마하-바이로짜나, mahā-vairocana)

대일여래를 일명 변조금강遍照金剛이라 하고, 삼매야형은 오륜탑五輪塔이다. 부처님으로서는 드물게 머리에 보관을 쓰고 계시고, 그 보관에 5불을 이고 있으며, 머리털(毛髮)이 어깨에까지 늘어져 있고, 각종 영락으로 몸 전체가 화려하게 장식되어 있어, 어느 보살상과 구별하기가 어려운 점이 있다. 태장만다라胎藏曼茶羅에서 대일여래의 수인手印은 법계정인法界定印을 결인結印하고 계신다. 금강계에서나 현교에서는 지권인智拳印을 결인하고 있으므로 착오가 없기를 바란다.

대일여래는 우주의 실상을 불격화佛格化한 근본불로서 제불보살이 출생하는 최고의 이지체理智體이다. 초기불교에서는 전륜성왕이나 아수라족의 왕으로 등장하고, 대승경전인 『화엄경』에는 시방의 모든 부처님을 전체적으로 포괄하는 법신불法身佛이라 하였으며, 밀교에서는 대일여래가 주존불主尊佛로서 그 의미가 대단히 크다고 할 수 있다.

『대일경소』에서 대일大日이란 해의 다른 이름으로, 어두운 곳을 비추어 밝히는 뜻이 있다고 했다. 태양은 음양陰陽이 있지만, 대일여래의 지혜는 두루하여 음양이 있을 수 없고, 안과 밖이 없으며, 낮과 밤의 구별이 없다. 부처님의 지혜의 광명은 모든 중생의 세간과 출세간의 온갖 일들이 이루어지지 않음이 없다. 제법의 실상삼매實相三昧를 구경究竟하여 원만하고 밝음이 끝이 없지만 증가하는 것도 없다. 그래서 붙여진 이름이 대일이라 하였다. 대일여래의 큰 힘으로 중생을 제도하는 것을 3가지로 설명하고 있다.

첫째는 제암변명除闇遍明, 즉 지혜의 빛은 음양陰陽이 없으므로 그 빛이 모든 중생에게 미치지 않음이 없으며, 명암明暗이 없으므로 밝다고 하는 것이다.

둘째는 능성중무能成衆務, 즉 대일여래의 자비慈悲의 힘은 중생의 흐린 마음을 제거하여 성불케 하고, 모든 중생이 평등하게 하여 중생의 모든 원성취를 이루게 한다.

셋째는 광무생멸光無生滅, 즉 대일여래의 자비와 지혜의 활동으로 시간과 공간을 초월하여 영겁토록 중생을 제도하여 생명이 끝이 없는 빛으로서 존재한다.

태밀(台密, 천태종)에서는 대일여래와 석가모니 부처님을 법신法身과 응신應身의 동체同體로 보고, 동밀(東密, 진언종)에서는 현교의 교주인 석가모니 부처님과는 별체別體라고 보고 있다.

그러나 태장만다라에서는 금강계金剛界의 지덕智德과 태장胎藏의 이덕理德을 나타내는 이지理智의 덕德을 말하고 있으며, 5지(五智, 대일여래의 지혜를 다섯으로 나눈 것)를 5불五佛에 배대시켜 대일여래는 법계체성지(法界體性智, 대일여래의 원만한 지혜를 따로따로 전개하는 것을 말한다)라 하여 오지의 제일로 삼는다.

대일여래는 구조 형태상으로는 태장만다라의 주존主尊이며, 팔엽원八葉院의 중앙에 위치한다. 밀교에서는 삼신(법신·보신·화신) 중의 법신法身이라 하고, 『대일경』에서는 대일을 범어로 마하 바이로짜나(mahā vairocana)로 음사한다.

마하(mahā): 크다, 많다, 수승하다, 묘하다 등을 말한다.

바이(vai): 보편普徧 법계에 이르기까지 널리 모든 세계를 비추다. 광박廣博의 뜻과 수용하는 것이 많고, 거두어들인 것이 빠짐없이 두루하다는 등의 뜻이 있다.

로짜나(rocana): 광명光明 부처님의 몸에서 발하고 있는 빛과 밝음을 말하고, 어두움을 제거하고 진리를 나타내는 작용을 말한다.

이처럼 대일여래는 우주의 실상을 불격화佛格化한 근본불로서, 일체의 모든 부처님과 모든 보살이 출생하는 최고의 이지체理智體로서 존재한다.

이 진언은 석가 부처님이 보리수 아래에서 항마 성도할 때 하늘의 제신들이 '오! 용맹한 부처님이시여!' 하고 감탄한 데서 유래되었다고 한다.

진언의 본뜻은 불변의 진리의 세계, 언어의 표현을 초월한 세계, 잘못됨과 오염된 번뇌를 떠난 세계, 집착을 떠난 세계, 허공의 장애가 없는 자유의 세계를 말한다.

형상: 황금색. 관에 5불이 그려져 있는데, 5불은 5지를 표현한 것이다. 조백을 입은 보살형이다. 법계정인을 하고 보련화 대좌에 가부좌를 하고 있다.

밀호: 변조금강遍照金剛.

법신진언法身眞言 / 실담 범자

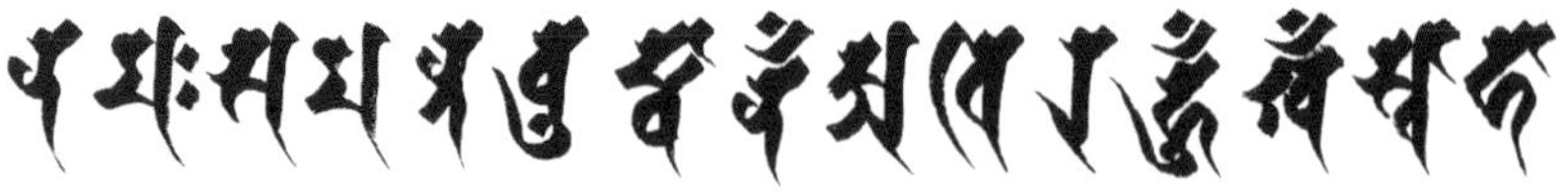

로마자 표기: namo samanta budhānāṃ a vi ra hūṃ khṃ svāhā.

한글음 표기: 나모 사만따 붇다남 아 비 라 훔 캄 스바하.

종자진언種子眞言: 아(a), 아흐(aḥ), 수인: 법계정인. 삼매야형: 오륜탑.

아(a)

아흐(aḥ)

오륜탑五輪塔 설명

지地---a 방方

수水---va 원圓

화火---ra 삼각三角

풍風---ha 반월半月

공空---kha 단형團形

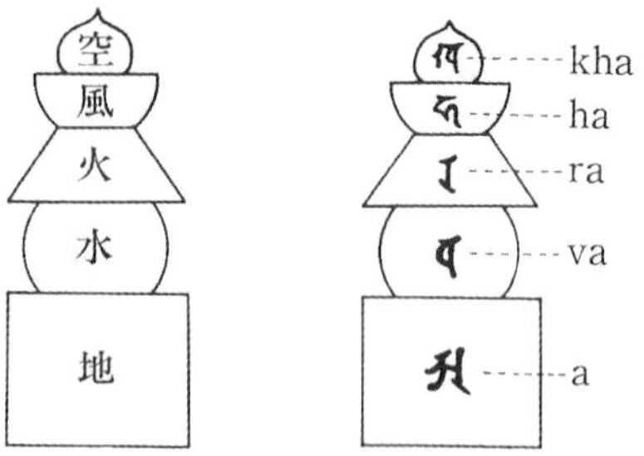

아·비·라·훔·캄 5자에

지·수·화·풍·공 오대를 배대시켜 오륜탑에 의미를 두었다.

탑의 재질은 금동이나 석재로 만들어진다. 탑 측면에 5륜 종자자를 새긴다.

진언 응용(법신 진언)

이 진언은 기본(법신) 진언으로서 다른 진언과 함께 사용한다.

2. 보당여래

(寶幢如來, 라뜨나께뚜, ratna ketu)

태장만다라 중대팔엽원 5불 중 동방東方에 위치한 부처님으로서, 보당은 전쟁할 때 장군이 흩어진 군사들을 모이게 하는 당기幢旗를 말한다. 보리심이 만행의 처음인 것과 같이 보당으로 군사를 통솔하여 4마 군중(음마·번뇌마·사마·천자마)을 항복받고 대원경지大圓鏡智의 성취로 얻는 것이며, 이 경지는 일체의 지덕知德을 포함하므로 복수福壽라 한다.

형상: 백황색. 오른손은 여원인, 왼손은 가사 자락을 잡고 가슴 앞에 두며, 보련화 대좌에 가부좌를 하고 있다.

밀호: 복취금강.

보당여래 진언眞言 / 실담 범자

로마자 표기: namo samanta buddhānāṃ raṃ raḥ svāhā.

한글음 표기: 나모 사만따 붇다남 람 라흐 스바하.

종자種子: 아(a), 람(raṃ). 수인: 연화합장. 삼매야형: 광염인.

아(a),

람(raṃ)

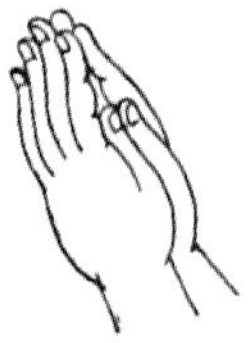

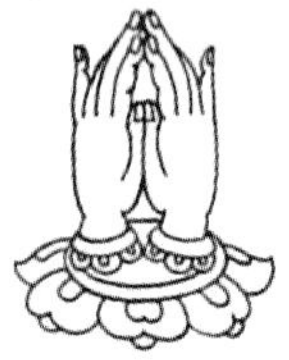

진언 응용(진학 진언)

대학입시에 이 진언을 사용하고, 기본진언과 함께 사용한다.

3. 개부화왕여래

(開敷華王如來, 삼꾸스미따라자, saṃkusmitarāja)

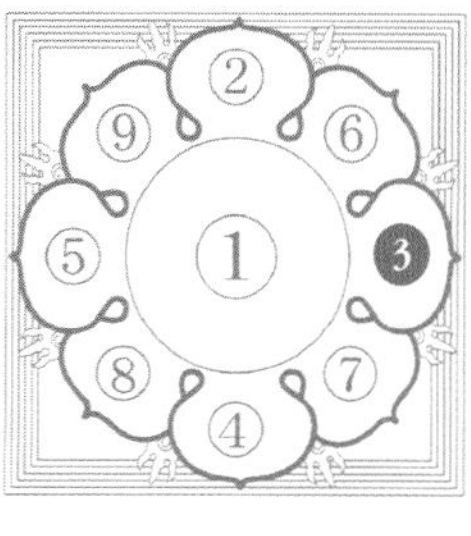

태장만다라 중대팔엽원 5불 중 남방南方에 계신 부처님이다.

보리심의 종자가 육성되는 것을 연꽃이 만개한 것으로 표현한다. 『대일경』에서 깨달음을 활짝 핀 연꽃으로 비유하는 데서 연유된 것이다. 금색 광명으로 오염된 모든 번뇌를 떠나게 하고, 시무외인施無畏印으로 일체 마의 나쁜 현상들을 소멸시키고, 중생들의 공포와 불안을 제거하여 수행자들이 올바른 수행을 하도록 돕는다.

개부화왕여래의 지혜는 5지의 평등성지平等成智에 배대하는데, 이는 평등한 것을 아는 지혜, 즉 자타의 평등을 체현하는 지혜로서 유루有漏의 제7말라식을 발전시켜 이 지혜를 얻는다. 평등성지로서 자비심을 일으켜 중생을 제도하는 것이다.

형상: 황색. 오른손은 시무외인을 하고, 왼손은 가사 자락을 잡고 아랫배에 두며, 보련화 대좌에 가부좌를 하고 있다.

밀호: 평등금강.

개부화왕여래 진언眞言 / 실담 범자

로마자 표기: namo samanta buddhānāṃ vaṃ vaḥ svāhā.

한글음 표기: 나모 사만따 붇다남 밤 바흐 스바하.

종자種子: 아(ā), 밤(vaṃ). 수인: 연화합장. 삼매야형: 오고금강저.

아(ā)

밤(vaṃ)

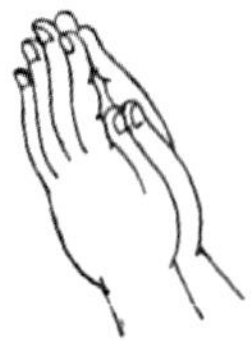

진언 응용(시험 합격 진언)

원하는 회사나 공무원 시험에 합격하고자 할 때나 두려움과 공포에서 벗어나고자 한다면 이 진언을 사용한다.

4. 무량수여래

(無量壽如來, 아미타유스, amitāyus)

태장만다라 중대팔엽원 5불 중 서방西方에 계신 부처님이다.

『무량수경』에서는 오탁악세 중생의 최후 목적이 되는 구제를 얻는 길은 오직 아미타불에 귀명하는 것밖에 다른 것이 없다고 명시하였다. 아미타불께서는 법장보살로 계실 때 중생구제를 위해 48대원(본원)을 발하신 뒤 오랫동안 수행하여 원을 성취하여 성불하였으며, 현재는 서방극락세계에 머물며 설법하고 계신다. 아미타여래는 범어로 무량수(아미따유스, amitayus)와 무량광(아미따바, amitabha)의 두 가지가 있다. 그 기원은 다르나 정토사상을 설한 경전에서는 동일한 부처님으로 보고 있다. 아미따유스에서 아(a)는 무(無, 없다)이며, 미따유스(mitayus)는 헤아릴 수 없는 수명壽命, 즉 생명을 말한다. 그리고 아미따바는 해와 달의 빛을 초월하는 부처님의 지혜광명을 말한다.

형상: 백적색. 엷은 가사를 입고, 아미타 정인을 하고 보련화 좌대에 가부좌를 하고 있다.

밀호: 청정금강.

무량수여래 진언眞言 / 실담 범자

로마자 표기: namo samanta buddhānāṃ saṃ saḥ svāhā.

한글음 표기: 나모 사만따 붇다남 삼 사흐 스바하.

종자種子: 암(aṃ), 삼(saṃ). 수인: 연화합장. 삼매야형: 개부연화.

암(aṃ)

삼(saṃ)

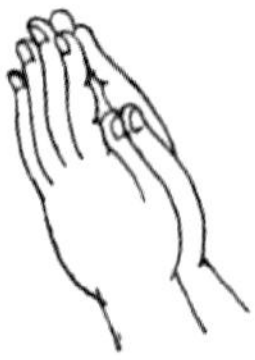

진언 응용(장수 진언)

극락왕생을 하려면 이 진언을 사용한다.

수명과 광명의 진언이다.

5. 천고뇌음여래

(天鼓雷音如來, 디브야둔두비메가니르고싸, divyadundubhimeghanirghoṣa)

태장만다라 중대팔엽원 5불 중 북방北方에 계신 부처님이다.

일체의 번뇌를 끊어서 깨달음의 경지를 나타내며, 하늘의 큰 북을 울리는 것이 마치 천둥소리와 같은 법음法音으로 중생들에게 설법 교화를 나타내 보인다.

천고天鼓는 도리천의 선법당에 있으며 치지 않아도 자연히 울려서 묘음을 내는데, 일체의 5욕이 다 무상하고, 그 성품이 허망함이 꿈과 같고, 뜬구름 같고, 물속의 달그림자와 같음을 알린다고 한다. 33천이 이를 듣고 방일한 마음을 없애고 선법을 닦는다고 하며, 또 적이 올 것을 미리 알리고, 가는 것을 알리고, 천인의 마음을 북돋아주고, 아수라를 겁나게 한다고 한다.

형상: 황금색. 오른손은 촉지인을 하고, 왼손은 권인을 하고, 보련화좌에 가부좌를 하고 있다.

밀호: 부동금강.

천고뇌음여래 진언眞言 / 실담 범자

로마자 표기: namo samanta buddhānāṃ haṃ haḥ svāhā.

한글음 표기: 나모 사만따 붇다남 함 하흐 스바하.

종자種子: 아흐(aḥ), 함(haṃ). 수인: 연화합장. 삼매야형: 만덕장엄인.

아흐(aḥ)

함(haṃ)

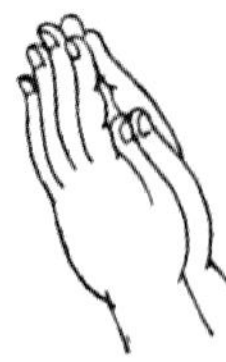

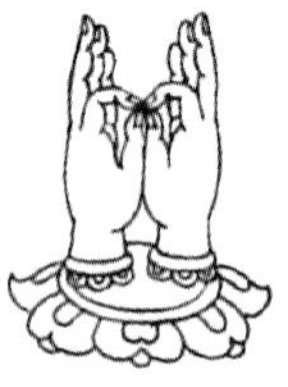

진언 응용(건강진언)

정신적으로 스트레스를 받거나 생각이 많거나 업무에 시달릴 때 이 진언을 몸에 지니면 좋아진다.

6. 보현보살

(普賢菩薩, 사만따바드라, samantabhadra, 혹은 비슈바바드라, viśvabhadra)

태장만다라 중대팔엽원 4보살 중 동남 간방에 계신 보살이다.

현교에서는 석가모니 부처님의 협시보살로서 좌협시 문수보살이 지덕智德과 체덕體德을 맡고 있는 반면, 우협시 보현보살은 이理·정定·행덕行德을 맡고 있다. 대승불교에서는 문수보살과 함께 모든 보살들의 상수上首 보살로서 여래의 중생제도를 돕는 실행實行의 대표 보살이며, 또 중생들의 목숨을 길게 하는 덕을 가졌으므로 연명延命보살이라고도 한다. 현교에서는 흰 코끼리를 타고 있는 형상이다. 『화엄경』에서는 십대행원을 세워 큰 서원으로 중생을 구제하며, 보살들이 발심 수행하는 것을 보현행의 원해願海에 들어간다고 한다.

형상: 백살색. 오른손은 삼업묘선인(三業妙善印, 신·구·의 삼업을 십선업도의 덕으로 바꾸는 것)을 하고 있으며, 왼손에는 연꽃을 들고 그 위에 번뇌를 끊는 화염의 검劍이 있다. 연화좌蓮華坐에 가부좌를 하고 있다.

밀호: 『대일경大日經』에서는 진여금강이라 한다.

보현보살 진언眞言 / 실담 범자

로마자 표기: namo samanta buddhanāṃ aṃ aḥ svāhā.

한글음 표기: 나모 사만따 붇다남 암 하흐 스바하.

종자種子: 암(aṃ).

암(aṃ)

수인: 연화합장.

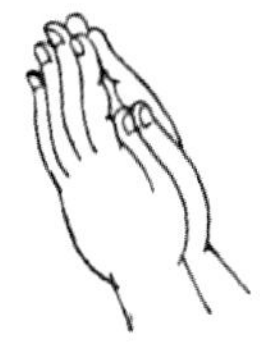

삼매야형: 연상검蓮上劍.

진언 응용(성적 향상 진언)

삼업三業을 청정하게 할 때 이 진언을 사용하면 공부하는 학생들의 성적이 향상 된다.

7. 문수보살

(文殊菩薩, 만주슈리, mañjuśrī)

태장만다라 중대팔엽원의 4보살 중 서남 간방에 계시는 보살이다. 묘길상이라고도 한다. 보현보살과 함께 석가모니 부처님의 협시挾侍 보살이며, 대승불교의 보살을 대표하는 보현보살과 함께 상수 보살이다. 문수보살은 깨달음의 지혜를 상징하며, 깨끗한 보리심과 반야의 이검理劍으로 번뇌를 근본적으로 끊어낸다.

현교에서는 보현보살은 흰 코끼리를, 문수보살은 푸른 사자를 타고 있는 경우가 많다. 관음·지장·보현과 함께 4대 보살로 일컬어진다. 그리고 문수는 대일여래의 내증內證의 덕德을 나타내고, 태장만다라 문수원文殊院에서는 중앙에 위치한다. 진언은 1자 문수진언(3부의 불이不二를 나타낸다), 5자 문수진언(만다라 금강부), 6자 문수진언(만다라 연화부), 8자 문수진언(만다라 불부) 등이 있고, 상투(髻)의 숫자에 따라서 1계 문수, 5계·6계·8계 문수 등이라 하며, 단순히 문수진언을 할 때에는 5자 진언을 말한다.

형상: 황색. 머리에 5계관을 얹었고, 오른손을 가슴까지 올려 범협을 쥐고 있으며, 왼손에는 청련화를 쥐었는데 연꽃 위에 오고저가 세워져 있다. 연화좌에 가부좌를 하고 있다.

밀호: 길상금강, 반야금강.

문수보살 진언眞言 / 실담 범자

로마자 표기: namo samanta buddhānāṃ ā ve da vi de svāhā.

한글음 표기: 나모 사만따 붇다남 아 베 다 비 데 스바하.

종자種子: 아(a).　　　　　　수인: 연화합장.　삼매야형: 청련화 위에 금강저.

아(a)

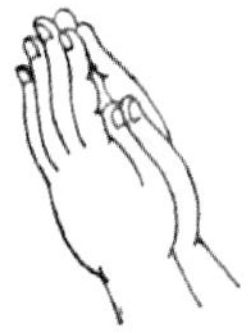

진언 응용(이사 진언)

1자 문수는 생명을 낳게 하고, 모든 병을 소멸한다.

5자 문수는 지혜를 낳게 한다.

6자 문수는 죄를 소멸한다.

8자 문수는 이사할 때나 가택에 입주할 때 이 진언을 사용한다.

8. 관자재보살

(觀自在菩薩, 아바로끼떼슈바라, avalokiteśvara)

태장만다라 중대팔엽원의 4보살 중 서북 간방에 계시는 분이다.

구마라집의 구역에서는 관세음·관음·광세음이라 하고, 현장의 신역에서는 관자재·관세음자재·관세자재라고 번역한다. 이 범어의 뒷 글자를 스바라(svara)라고 하면 소리, 즉 음音이 되므로 구역에서는 관음觀音이라 하고, 이슈바라(īśvara)라고 하면 자재自在가 되므로 신역에서는 관자재觀自在라고 한다. 이 둘을 합하여 관세음자재라고도 한다. 관자재보살은 대자대비를 근본서원으로 하는 보살이며, 무애자재의 일체를 관찰하여 중생의 고뇌에 대해 자재自在함을 보여 구제하므로 관자재라 한다. 다시 말하면 관자재보살은 일체에 걸림이 없는 지혜와 자비로서 위로는 깨달음을 추구하고, 아래로는 중생을 구제하는 보살이라는 뜻이다. 이를 상구보리上求菩提 하구중생下救衆生이라 한다.

관세음이란 세간의 음성을 관하여, 사바세계의 중생이 괴로울 때 그 이름을 일심으로 부르면 그 음성을 듣고 응하여 구제한다고 한다. 현교에서는 아미타불의 좌보처로, 우보처의 대세지보살과 함께 보처보살補處菩薩로서 아미타 부처님의 중생교화를 돕는다.

태장만다라 중대팔엽원에서는 서북 간방에 위치하고, 연화부원에서는 주존으로서 변지원·석가원·문수원·허공장원·소실지원 등에 자리하고 있다. 그 형상과 지물들은 각각 다르게 하고 있으며, 6관음으로 분류한다. 보문시현普門示現의 변화신 등을 33관음으로 나타내기도 한다.

형상: 백살색. 이마 위의 관에는 무량수여래의 화불을 안치하였으며, 우수에는 화염 속의 연화를 들고, 좌수는 시무외인을 하고 있으며, 연화좌에 가부좌를 하고 있다.

밀호: 정법금강.

관자재보살 진언眞言 / 실담 범자

로마자 표기: namo samanta buddhānāṃ buddhadhāraṇi smṛtibala dhanakāri dhara dhara dhāraya dhāraya sarvaṃ bhagavaty ākāravati samaya svāhā.

한글음 표기: 나모 사만따 붇다남 붇다다라나 스므리띠바라 다나까리 다라 다라 다라야 다라야 사르밤 바가바뜨야 까라바띠 사마야 스바하.

종자種子: 부(bu). 수인: 연화합장. 삼매야형: 활짝 핀 연꽃.

부(bu)

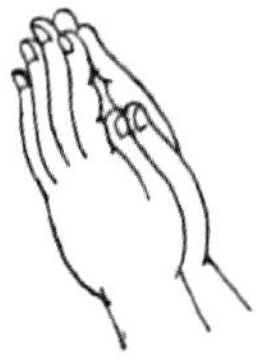

진언 응용(봉사 진언)

상구보리上求菩提 하화중생下化衆生.

9. 미륵보살

(彌勒菩薩, 마이뜨레야, maitreya)

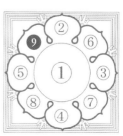

태장만다라 중대팔엽원의 4보살 중 동북 간방에 계시는 보살이다.

미륵보살은 이름이 아일다(아지따, ajita)의 한역으로 자씨보살, 일생보처보살이라고도 한다. 미륵보살은 석가모니 부처님의 제자로 미래에 부처가 되리라고 수기를 받고, 도솔천에 올라가 있으면서 천인들을 교화하고, 석존이 입멸하신 후에 56억 7천만 년(많은 시간을 말함)을 지나 다시 출현하는데, 그때의 세상은 용화세계이며, 용화수龍華樹 아래에서 성불하여 3회의 설법으로 석존 때 구제하지 못한 모든 중생을 제도한다고 하였다.

미륵신앙은 우리나라에서는 삼국시대에 많이 퍼졌다. 특히 신라시대에 유행한 반가사유상은 화랑제도와 미륵신앙을 결부시켜 많이 성행하였으며, 이때 만들어진 금동미륵보살반가사유상은 국보로 지정되어 국립중앙박물관에 소장되어 있다.

미륵보살 진언眞言 / 실담 범자

로마자 표기: namo samanta buddhānāṃ mahāyo gayogini yogeśvari khāñjalike svāhā

한글음 표기: 나모 사만따 붇다남 마하요 가요기니 요게스슈바리 칸자리께 스바하.

종자種子: 유(yu). 수인: 연화합장. 삼매야형: 연화상 조병.

유(yu)

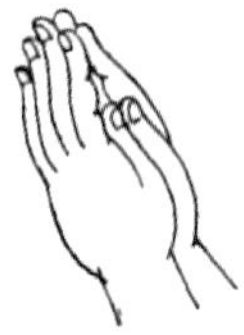

진언 응용(재해와 실물失物 진언)

예고 없이 찾아온 재산상의 손실.

물건이나 돈을 잃어버렸을 때.

손실로 인해 정신적 고통이 심할 때.

2

변지원

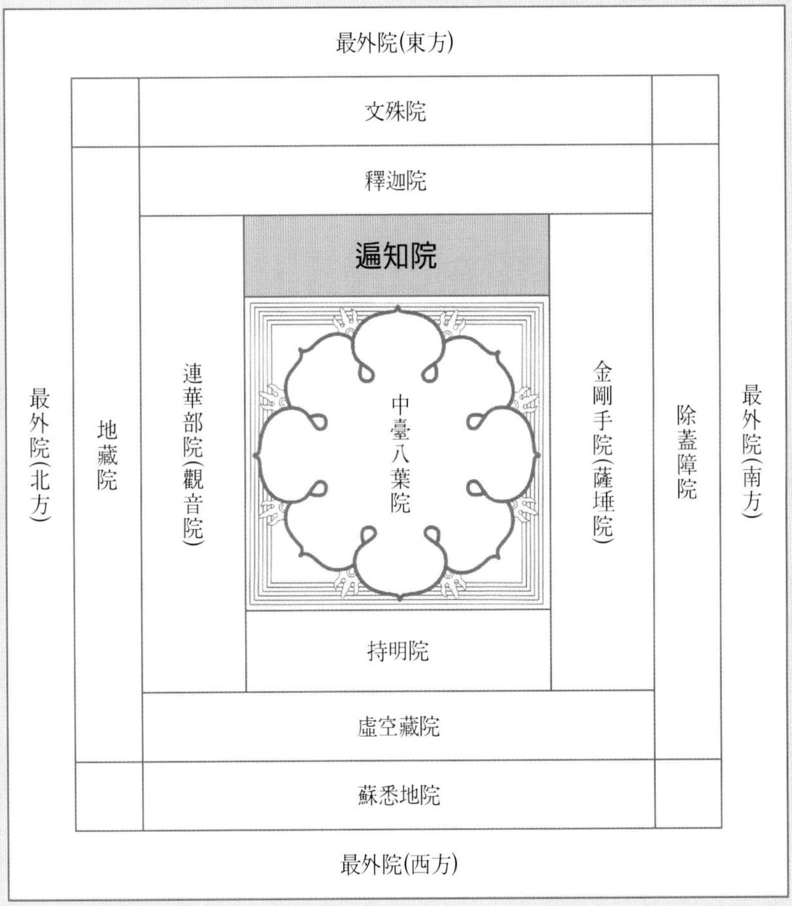

最外院(東方)
文殊院
釋迦院
遍知院
最外院(北方)
地藏院
連華部院(觀音院)
中臺八葉院
金剛手院(薩埵院)
除蓋障院
最外院(南方)
持明院
虛空藏院
蘇悉地院
最外院(西方)

변지원은 중대팔엽원의 동방에 위치하며, 일체 지혜를 의미한다. 제불을 탄생시키는 불모원佛母院이라고도 한다.

중앙에 일체여래지인은 삼각형으로 이루어져 있으며, 이 삼각지인은 삼독 번뇌煩惱를 불태워 수행자를 선도善道로 인도한다고 한다.

고대 인도印度에서 역삼각형은 여성의 성기를 암시한다. 즉 여자가 아이를 낳듯이 지혜가 부처를 만들어 내는 힘을 가졌음을 의미한다. 여래지인의 좌우에 우루빈라가섭과 가야가섭이 협시하고 있다. 변지遍知란 모든 법을 두루 아는 지혜를 가리키고, 부처님의 뛰어난 공덕을 나타내는 승진도勝進道를 상징한다. 변지인은 삼각지인이라고 하는데, 부처님께서 갖추고 계신 변지의 덕을 나타내기 위하여 이 변지인을 중심으로 하여 시설된 만다라를 말한다.

변지원에 안치된 존尊은 여래지인을 포함한 7존으로 다음과 같다.

10. 일체여래지인一切如來智印
11. 우루빈나가섭優樓頻螺迦葉
12. 가야가섭伽耶迦葉
13. 불안불모佛眼佛母
14. 대용맹보살大勇猛菩薩
15. 칠구지불모七俱胝佛母
16. 대안락불공진실보살大安樂不空眞實菩薩

10. 일체여래지인

(一切如來智印, 사르바따타가따 즈냐나므드라, sarvatathāgata jñānamudrā)

11. 우루빈나가섭

12. 가야가섭

태장만다라 변지원은 중앙에 위치하고, 삼중의 삼각형으로 형성되어 있다. 삼각형 중앙에는 만자(卍字 우만)가 그려져 있고, 삼각형의 밑변은 연화대 위에 안치하며, 삼각형 좌우 면에는 광염光焰이 규칙적으로 있다. 삼각형 정상에도 만자卍字가 그려져 있으며, 연화대 위의 삼각형 밑변을 기준으로 크게 둥근 원형이 있고, 그 원형 안으로 3겹으로 광염이 있다. 삼각형은 항복降伏과 장애를 제거하는 의미를 갖고 있으며, 5대(지·수·화·풍·공) 중에서 화火에 속하고, 여래의 지혜를 의미하며, 3독(탐·진·치)의 장애를 광염의 위력으로 제거한다고 한다. 중앙의 만자卍字는 길상을 의미하고, 삼중삼각형은 삼세제불의 지혜를 표시하고, 삼각형 정상에 있는 만자卍字는 보리(깨달음)를 말하는데, 석존이 4마를 항복받고 정각을 이루는 것을 보이는 것이고, 3겹의 광염은 3독을 제거한 청정함을 말하는데, 깨달음에서 보면 불이不二를 보이는 것이다.

형상: 백광색. 원광 안은 순백색, 보련화좌에 안치되어 있다.

밀호: 발생금강.

일체여래지인 진언眞言 / 실담 범자

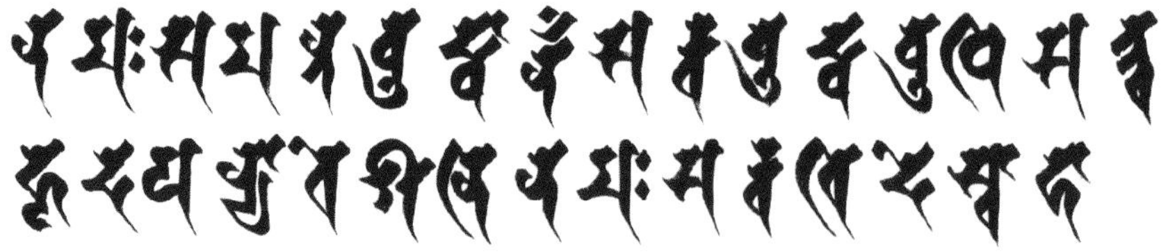

로마자 표기: namo samanta buddhānāṃ sarvabuddhabodhi sattvahṛdayanyaveśani namaḥ sarvavide svāhā.

한글음 표기: 나모 사만따 붇다남 사르바붇다보디 사뜨바흐리다얀야베샤니 나마흐 사르바비데 스바하.

종자種子: 암(aṃ), 캄(khaṃ).　　수인: 연화합장.　　삼매야형: 삼각지인.

암(aṃ)　캄(khaṃ)

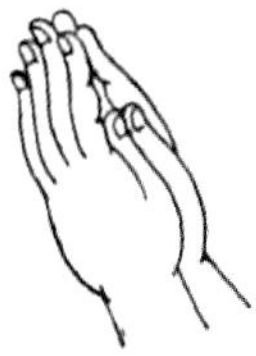

진언 응용(마음 안정 진언)

불안하고 답답하고 우울한 사람에게 이 진언을 사용하면 좋아진다.

11. 우루빈나가섭
(優樓頻羅迦葉, 우루빌바까스야빠, uruvilvākāśyapa)

태장만다라 변지원 삼각지인 좌측 첫 번째에 계시는 분이다.

우루빈라가섭은 부처님의 제자인 3가섭(우루빈나가섭·나제가섭·가야가섭) 중의 한 분이며(참고, 『대반열반경』), 대가섭 존자와는 다른 분이다. 우루빈나가섭 존자는 불을 숭배하는 외도 집단에서 수행을 하다가, 부처님의 가르침에 감복하여 두 아우 중 막내동생인 가야가섭과 함께 5백인 제자와 같이 부처님께 귀의하여 교단의 장로가 되었고, 나중에 아라한이 되었다고 한다.

태장만다라 변지원에서는 삼각지인의 좌협시존으로 있으며, 우협시존은 가야가섭으로 되어 있다.

형상: 살색. 합장을 하고, 자리에 반가부좌를 하고 있다.

우루빈라가섭 진언眞言 / 실담 범자

로마자 표기: namo samanta buddhānāṃ hetupratyayavigata katmanirjāta hūṃ.

한글음 표기: 나모 사만따 붇다남 헤뚜프라트야야비가따 까뜨마니르자따 훔.

종자種子: 헤(he). 수인: 범협인梵夾印. 삼매야형: 범협.

헤(he)

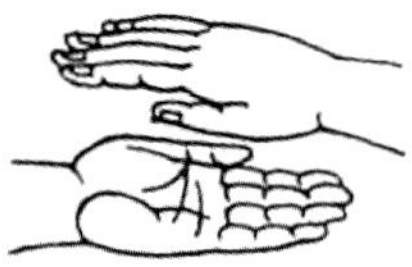

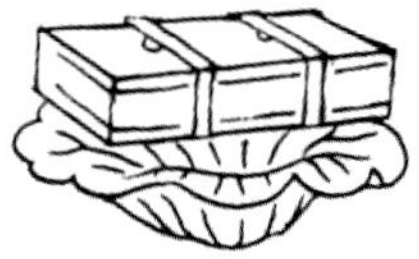

진언 응용(공부 진언)

범협(梵篋: 패엽으로 된 첩경)은 경전을 의미하므로 공부에 정진하는 사람은 이 진언을 수지하면 좋다.

12. 가야가섭
(伽倻迦葉, 가야까스야빠, gayākāśyapa)

태장만다라 변지원 삼각지인 우측 첫 번째에 계시는 분이다.

가야가섭은 가섭 3형제의 막내동생으로 바라문의 신분으로 불(火)을 숭상하는 배화외도拜火外徒를 스승으로 섬기다가, 250명의 제자를 데리고 두 형과 함께 불교에 귀의하여 교단의 장로가 되었고, 훗날 아라한이 되었다고 한다.

형상: 살색. 좌수는 주먹을 쥐고 아랫배에 두고, 우수는 검지와 장지만 구부려 가슴 앞에 두며, 자리에 반가부좌를 하고 있다.

가야가섭 진언眞言 / 실담 범자

로마자 표기: namo samanta buddhānāṃ hūṃ.

한글음 표기: 나모 사만따 붇다남 훔.

종자種子: 헤(he). 수인: 범협인. 삼매야형: 범협.

헤(he)

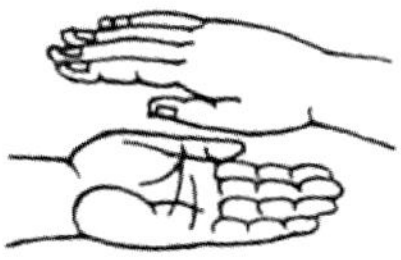

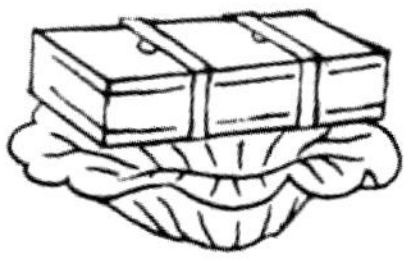

진언 응용(공부 진언)

범협은 경전을 말하므로 공부와 성적 향상을 원한다면 이 진언을 수지하면 좋다.

13. 불안불모

(佛眼佛母, 붇다로짜나, Buddhalocanā)

태장만다라 변지원 중앙 삼가지인에서 두 번째 우측에 계시는 보살이다.

석존의 실제 어머니(佛母)는 마하마야(mahāmāyā)이고, 석존을 양육한 이모(養母)는 마하쁘라자빠띠(mahāprajāpatī)이다. 여기서 말한 불안佛眼은 불의 5안의 덕을 가지는 불지佛智를 상징하고, 불모신佛母身으로서 모든 부처를 낳게 하는 것을 말한다. 반야바라밀(지혜의 행)은 능히 일체의 불타를 출생케 하고, 법(法, 부처님의 가르침)을 스승으로 하여 모든 부처가 나오기 때문이다.

밀교에서는 불안불모를 허공안虛空眼이라 하며 제불보살을 낳는 어머니로서 신격화神格化하여 말하고 있으며, 반야바라밀은 능히 모든 부처를 생하게 하고 일체 지혜를 주어 세간의 상을 보이는 작용이 있는 것이므로 신격화하여 불안불모라 하는 것이다.

형상: 황금색. 정인을 결하고, 적 연화좌에 가부좌를 하고 있다.

밀호: 주승금강.

불안불모 진언眞言 / 실담 범자

로마자 표기: namo samanta buddhānāṃ gaṃ gaganavaralakṣaṇe sarva tradgatadhiḥ sārasamdhave jvara namo moghānāṃ svāhā.

한글음 표기: 나모 사만따 붇다남 감 가가나바라라크싸네 사르바 뜨라드가따디흐 사라사므다베 즈바라 나모 모가남 스바하.

종자種子: 가(ga), 감(gaṃ). 수인: 허심합장. 삼매야형: 불정안.

가(ga) 감(gaṃ)

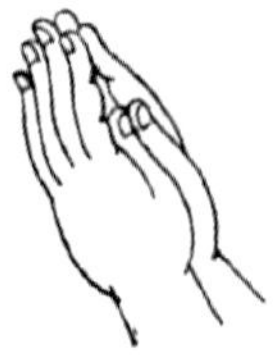

진언 응용(재보財寶 부귀富貴 진언)

재물과 부귀를 얻으려면 이 진언을 수지한다.

14. 대용맹보살

(大勇猛菩薩, 마하비라, mahāvira)

태장만다라 변지원 중앙의 삼각지인의 좌측 두 번째에 계신 보살이다.

대용맹보살은 지혜의 활동으로 여의보주와 칼을 가지고 있으며, 중생의 고뇌의 절규에 응하여 슬퍼하며, 지혜의 검(칼)으로 모든 번뇌를 끊어 제거하여 반야般若 지혜에 이르게 한다. 정진精進을 상징하는 보살이다.

지혜의 작용을 여의주와 보검으로 표현한다.

형상: 살색. 우수에는 검을 들고, 좌수에는 보주를 들고, 적 연화좌에 가부좌를 하고 있다.

밀호: 엄신금강.

대용맹보살 진언眞言 / 실담 범자

로마자 표기: namo samanta buddhānāṃ sarvathāvi-mativikīraṇa dharma dhātunirjāta saṃ saṃ hā svāhā.

한글음 표기: 나모 사만따 붇다남 사르바타비 마띠비끼라나 다르마 다뚜니르자따 삼 삼 하 스바하.

종자種子: 까(ka). 수인: 연화합장. 삼매야형: 여의보주.

까(ka)

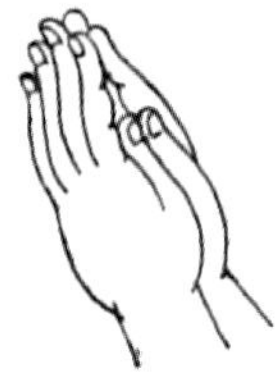

진언 응용(만사대길 진언)

재앙이 사라지고 운수가 대통한다.

15. 칠구지불모

(七俱胝佛母, 사쁘딱코띠붇다마뜨리까 쭌디, saptakoṭibuddhamātṛkā cundī)

태장만다라 변지원 중앙의 삼각지인의 우측 세 번째에 계신 보살이다.

칠구지불모는 과거의 칠구지(칠천만억) 무수한 세월 동안 모든 부처님을 생하게 함으로 인해 어머니의 의미를 가지고 있다. 중생을 무상보리로 인도하여 지혜와 청정을 강조하고, 일반적으로 육도중생을 교화하기 위해 6관음(성관음·천수관음·마두관음·십일면관음·준제관음·여의륜관음) 중의 한 분인 준제관음을 말하기도 한다.

형상: 백황색. 준제관음은 18비臂를 가지고 있는데, 오른손에는 설법인·시무외인·염주·갈고리삼고저·도끼·오고저·보옥·검·화환이 있고, 왼손에는 보당·연꽃·꽃병·삭(索, 밧줄)·법륜·소라·경전·보병 등이 있으며, 적 연화좌에 가부좌를 하고 있다.

밀호: 최승금강.

칠구지불모 진언眞言 / 실담 범자

로마자 표기: namo saptānāṃ samyaksaṃbuddhā koṭīnāṃ tadyathā oṃ cale cale cundi svāhā.

한글음 표기: 나모 사쁘따남 삼약삼붇다 코띠남 따드야타 옴 짜레 짜레 쭌디 스바하.

종자種子: 부(bu). 수인: 연화합장. 삼매야형: 설법인.

부(bu)

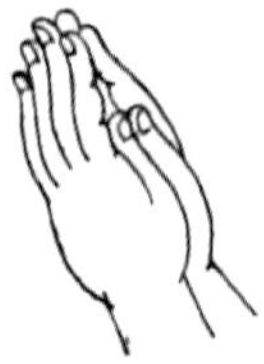

진언 응용(인연 진언)

7억 부처님을 생하게 하므로 모든 좋은 인연因緣을 원하면 이 진언을 쓰면 좋다.

16. 대안락불공진실보살

(大安樂不空眞實菩薩, 바즈라모가사마야사뜨바, vajrāmoghasamayasattva)

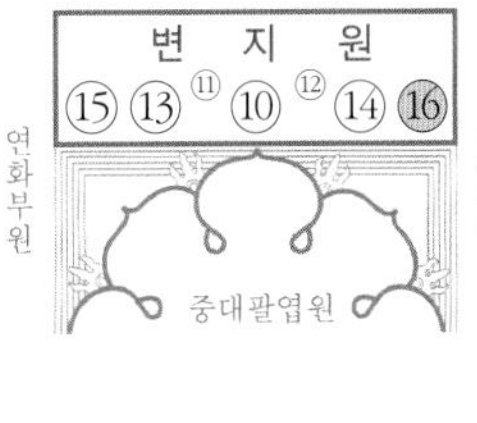

태장만다라 변지원 중앙의 삼각지인 좌측 세 번째에 계시는 보살이다.

대안락불공진실보살은 대안락불공금강삼매진실보살 또는 보현연명보살이라고도 한다. 또한 승불가득(乘不可得, 승법을 얻을 수 없다는 것을 알아야 함)의 뜻을 가지고 있다.

형상: 백살색. 머리에는 5부처님의 관을 쓰고 있고, 좌우 20개의 팔을 가지고 있는데 그 손에 있는 지물이 각각 다르다. 이 지물들은 수행자의 소원을 성취케 하고 목표를 달성케 하는 데 사용되는 것들이다. 그리고 16대보살의 덕德의 몸으로 사섭四攝의 보살이 실천하는 데 사용되는 지물이기도 하다. 손목에는 푸른 구슬로 된 팔찌를 끼고 있다. 지물은 오른손에 오고저·오거구·전·탄지·삼변보주·일륜·여의당·쌍립삼고·금강구·금강삭, 왼손에 이검·연화·팔복륜·설중삼고저·십자갈마·갑주삼고저·쌍입이아·금강권·금강쇠·금강령 등을 가지고 있다. 적 연화좌에 가부좌를 하고 있다.

밀호: 진실금강.

대안락불공진실보살 진언眞言 / 실담 범자

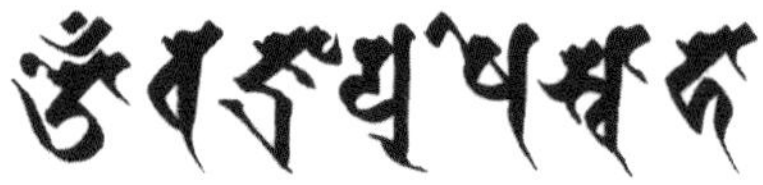

로마자 표기: oṃ vajrāyuṣe svāhā.

한글음 표기: 옴 바즈라유세 스바하.

종자種子: 유(yu). 수인: 연화합장. 삼매야형: 갑주삼고저.

유(yu)

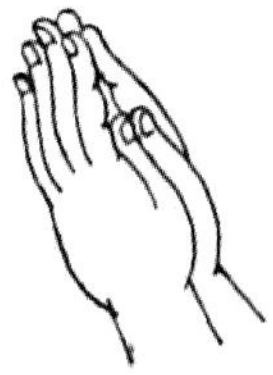

진언 응용(장수 진언)

행복하고 장수를 원한다면 이 진언을 수지하면 좋다.

3

연화부원

(관음원)

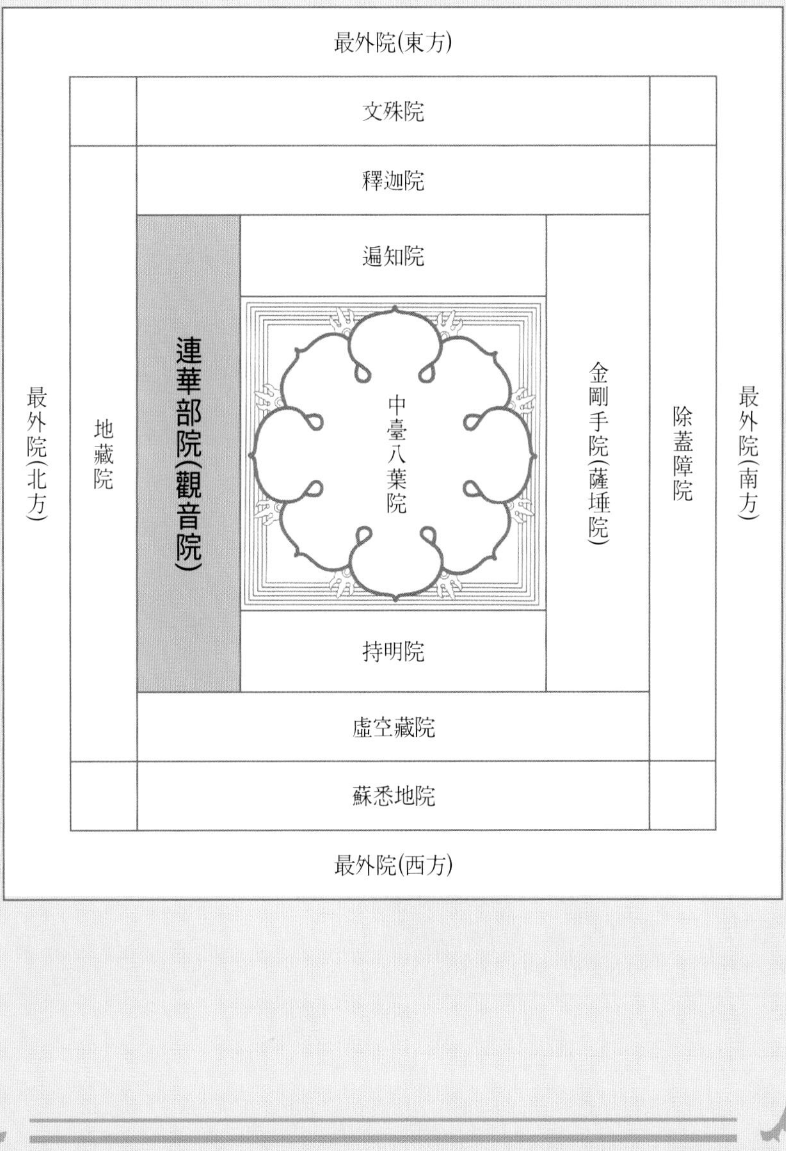
最外院(東方)
文殊院
釋迦院
遍知院
最外院(北方)
地藏院
連華部院(觀音院)
中臺八葉院
金剛手院(薩埵院)
除蓋障院
最外院(南方)
持明院
虛空藏院
蘇悉地院
最外院(西方)

연화부원 (관음원)

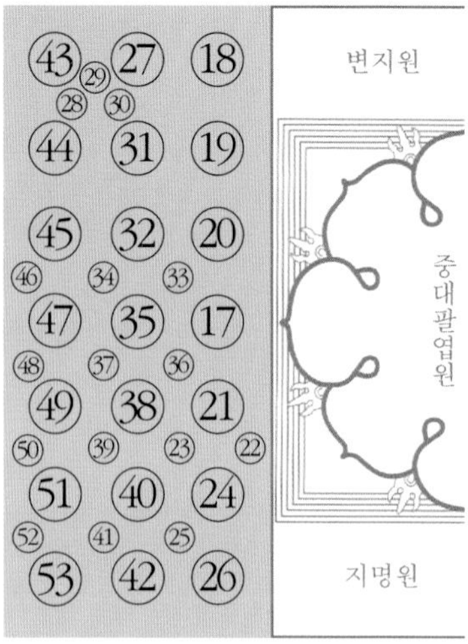
43 27 18
29
28 30
44 31 19
45 32 20
46 34 33
47 35 17
48 37 36
49 38 21
50 39 23 22
51 40 24
52 41 25
53 42 26
변지원
중대팔엽원
지명원

연화부원은 태장만다라 12대원 중의 하나로서 중대팔엽원의 북쪽에 위치하며 성관자재보살이 주존主尊이므로 관음원이라고도 한다. 보살 21존尊 16사자(使者, 도와주는 역할)를 합하여 37존을 배치하고 있다.

37존은 다음과 같다.

17. 성관자재보살聖觀自在菩薩
18. 연화부발생보살蓮華部發生菩薩
19. 대세지보살大勢至菩薩
20. 비구지보살毘俱胝菩薩
21. 다라보살多羅菩薩
22. 다라사자多羅使者
23. 만공양鬘供養
24. 대명백신보살大明白身菩薩
25. 연화부사자蓮華部使者
26. 마두관음보살馬頭觀音菩薩
27. 대수구보살大隨求菩薩
28. 연화부사자蓮華部使者
29. 연화부사자蓮華部使者
30. 연화부사자蓮華部使者
31. 솔도파대길상보살窣堵波大吉祥菩薩
32. 야수다라보살耶輸陀羅菩薩
33. 봉교사자奉教使者
34. 연화부사자蓮華部使者
35. 여의륜보살如意輪菩薩
36. 연화군다리蓮華軍荼利
37. 보공양寶供養
38. 대길상대명보살大吉祥大明菩薩
39. 소향보살燒香菩薩
40. 대길상명보살大吉祥明菩薩
41. 연화부사자蓮華部使者
42. 적유명보살寂留明菩薩
43. 피엽의보살被葉衣菩薩
44. 백신관자재보살白身觀自在菩薩
45. 풍재보살豐財菩薩
46. 연화부사자蓮華部使者
47. 불공견색관세음보살不空羂索觀世音菩薩
48. 연화부사자蓮華部使者
49. 수길상보살水吉祥菩薩
50. 도향보살塗香菩薩
51. 대길상변보살大吉祥變菩薩
52. 연화부사자蓮華部使者
53. 백처존보살白處尊菩薩

17. 성관자재보살

(聖觀自在菩薩, 아르야바로끼떼슈바라, āryāvalokiteśvara)

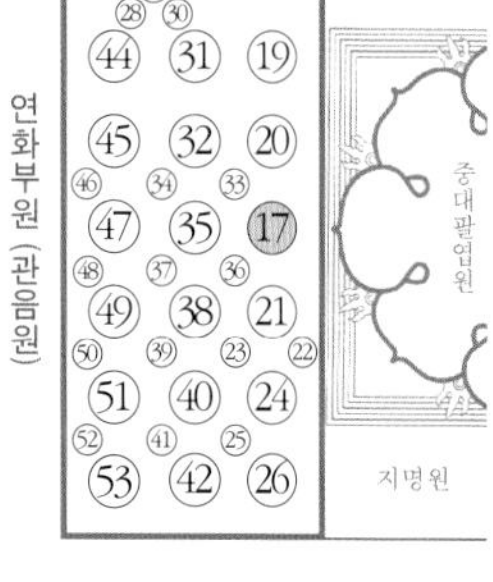

성관자재보살은 관음원의 주존 보살로서 37존과 함께 등장한다. '보타낙가산전'에는 '범어'로 아르야바로끼떼슈바라(āryāvalokiteśvara)를 성관세음이라고 한역한다. 관음보살은 수많은 이름이 있으나, 성관자재(신역)·성관세음(구역)의 차이일 뿐이다. 즉 범어에서 슈바라(śvara)의 뜻은 자재自在이고, 이슈바라(īśvara)의 뜻은 소리, 즉 음音이다. 그러므로 관자재보살은 자재하게 두루 보고 통달하므로 보는 주체를 말하고, 지혜로서 구제함을 말한다. 관세음보살은 세간의 음성을 관하여 자비로서 중생을 구제하는 것을 말하니, 결국은 지혜와 자비로서 중생을 구제하므로 관세음자재보살이라고 해야 맞지 않을까 생각해볼 수 있다. 성관자재보살은 6관음 중의 한 분이다.

형상: 백살색. 보관에는 무량수여래의 화불이 있으며, 왼손에 반 개화된 붉은 연꽃을 가슴 앞에 두고, 오른손은 연꽃 한 잎을 잡고 있으며, 백련화대에 가부좌를 하고 있다.

밀호: 정법금강.

성관자재보살 진언眞言 / 실담 범자

로마자 표기: namo samanta buddhānāṃ sarvatathagatavalokita karuṇmaya ra ra ra hūṃ jaḥ svāhā.

한글음 표기: 나모 사만따 붇다남 사르바따타가따바로끼떼 까루나마야 라 라 라 훔 자흐 스바하.

종자種子: 모(mo), 흐리흐(hrīḥ).　　수인: 팔엽인.　　삼매야형: 반개연화.

모(mo)

흐리흐(hrīḥ)

진언 응용(봉사 진언)

자재와 지혜를 갖추고 있으므로 진정한 봉사를 원한다면 이 진언을 수지하면 좋다.

18. 연화부발생보살

(蓮華部發生菩薩, 빠드마꾸로드바바, padmakulodbhava)

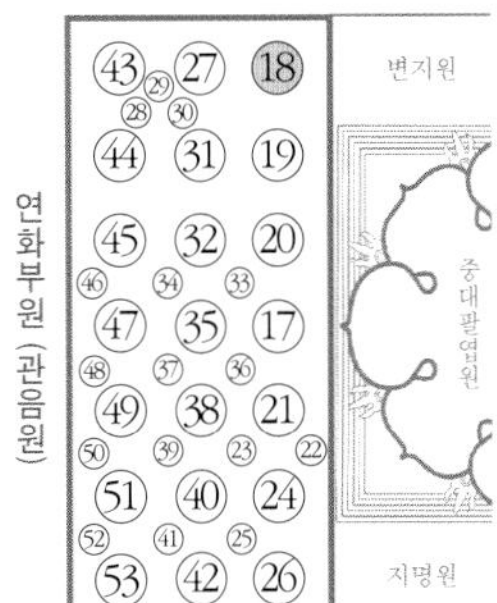

연화부의 모든 존(諸尊)의 출생을 담당하는 보살이다. 무진無盡의 존이라고도 한다. 무진이란 끝이 없는 것, 원융무애圓融无礙라 하여 서로 잘 융합되어 방해하는 일이 없는 것을 말하고, 일체법의 상이 서로 걸림이 없이 중중무진이 되고, 아무리 써도 없어지지 않는 재물이 있는 곳이라 하여 무진장無盡藏이라고 하며, 무한의 공덕을 가지고 있는 것을 말한다. 『유마경』에서는 하나의 등불이 차례차례로 옮겨져서 수많은 등불이 되는 것을 무진등無盡燈이라 한다. 『화엄경』에서 십무진장을 설하고 있다. 또는 한 사람이 법을 듣고 그것을 가지고 많은 사람들을 열어서 지도하고, 그 사람들 각각이 또 다른 사람들을 개도開道하는 것이 마치 무진등과 같다고 한다.

형상: 백살색. 왼손에는 활짝 핀 연꽃을 들고 아랫배 앞에 두고, 오른손은 활짝 펴고 무명지만 구부려 가슴 앞에 두며, 적련화 대좌에 가부좌를 하고 있다.

밀호: 무진금강.

연화부 발생보살 진언眞言 / 실담 범자

로마자 표기: namo samanta buddhānāṃ kṣaḥ ḍaḥ ra yaṃ kaṃ svāhā.

한글음 표기: 나모 사만따 붇다남 크사흐 다흐 라 얌 깜 스바하.

종자種子: 모(mo). 수인: 연화합장. 삼매야형: 미부연화.

모(mo)

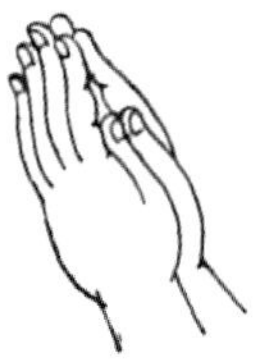

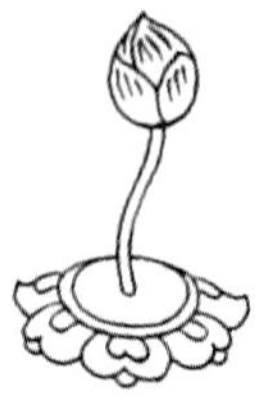

진언 응용(직장 진급 진언)

원융무애하여 중중무진하므로 직장 상사로서의 역할과 직장을 구성하는 직원으로서의 역할이 중요하므로 이 진언을 수지하면 좋아진다.

19. 대세지보살

(大勢至菩薩, 마하스타마쁘라따, mahāsthāmaprāpta)

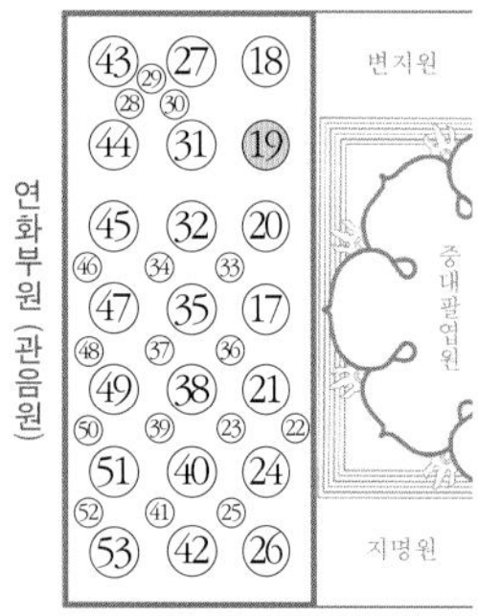

태장만다라 연화부원에서는 득대세得大勢라 한역한다. 현교에서는 아미타불의 좌보처는 관음보살이 맡고 있으며, 대세지보살은 우보처로서 지혜광명으로 모든 중생을 비추어 3도고(지옥·아귀·축생)를 여의게 하고, 위없는 힘을 얻게 하므로 대세지라고 한다. 또 발을 내디디면 삼천대천세계와 마군의 궁전이 진동하므로 대세라 한다. 연화부에서는 대비의 세력이 자재함을 활용하여 중생이 보리심을 뿌리고 심어서 선심이 나타나게 하여 보리를 성취하게 한다.

형상: 살색. 정수리 보관에 보배 병을 얹고, 우수는 엄지손가락을 세우고 네 손가락은 절반만 구부려 가슴 앞에 두고, 좌수에는 반개화 연화(중생의 보리심을 나타낸 것)를 들고 있으며, 적 연화좌에 가부좌를 하고 있다.

밀호: 지륜금강.

대세지보살 진언 / 실담 범자

로마자 표기: namo samanta buddhānāṃ jaṃ jaṃ saḥ svāhā.

한글음 표기: 나모 사만따 붇다남 잠 잠 사흐 스바하.

종자種子: 삼(saṃ), 사흐(saḥ).

삼(saṃ) 사흐(saḥ)

수인: 허심합장.

삼매야형: 미부연화.

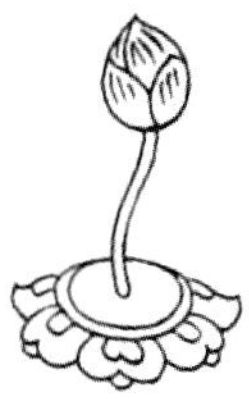

진언 응용(삼도고 진언)

지옥·아귀·축생의 괴로움에서 벗어나려면 이 진언을 수지한다.

20. 비구지보살

(毘俱胝菩薩, 브리꾸띠, bhṛkuṭi)

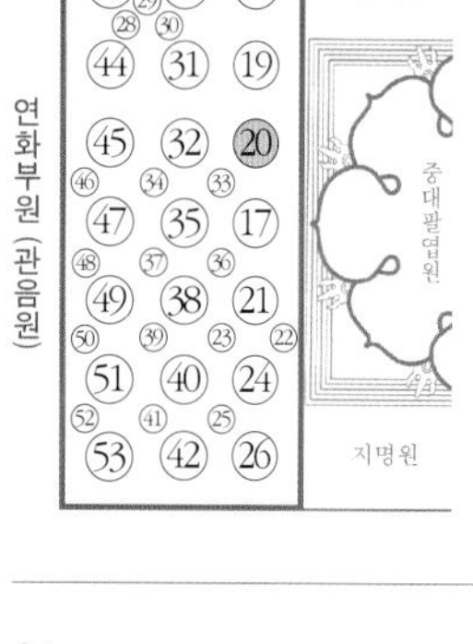

태장만다라 연화부원 3목4비三目四臂로 되어 있다. 3목이란 정상적인 두 눈 사이의 이마에 세로로 된 주름의 눈이 하나 더 있는데, 이 눈을 진목(瞋目, 성낸 눈)이라 하고, 이 보살을 분노존이라 한다. 아미타여래의 화신이다.

형상: 백살색. 삼목사비. 갈마의羯磨衣를 입고, 가사를 착용하고 있다.

좌측의 제1수에는 활짝 핀 연꽃을 들고 가슴 앞에 두고, 제2수에는 군지(물병)를 들고 있으며, 우측 제1수에는 여원인을 하고, 제2수에는 염주(수주)를 들고 있으며, 적 연화좌에 가부좌를 하고 있다.

밀호: 정혜금강.

비구지보살 진언眞言 / 실담 범자

로마자 표기: namo samanta buddhānāṃ sarvabhayatrāsani hūṃsphoṭaya svāhā.

한글음 표기: 나모 사만따 붇다남 사르바바야뜨라사니 훔스뽀뜨야 스바하.

종자種子: 브리(bhṛ), 뜨라(trā). 수인: 내박. 삼매야형: 수주만.

브리(bhṛ) 뜨라(trā)

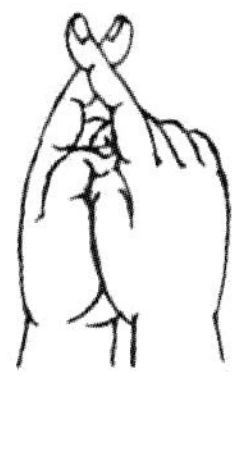

진언의 응용(재해와 고난의 진언)

식재(샨띠까, śāntika, 온갖 재해와 고난을 없애는 법)라고 하여 고난과 재해를 없애려면 이 진언을 수지하면 좋아진다. 진언의 수행법에는 4가지가 있다. 식재·증익·항복·경애를 말한다.

21. 다라보살

(多羅菩薩, 따라, tārā)

23. 만공양

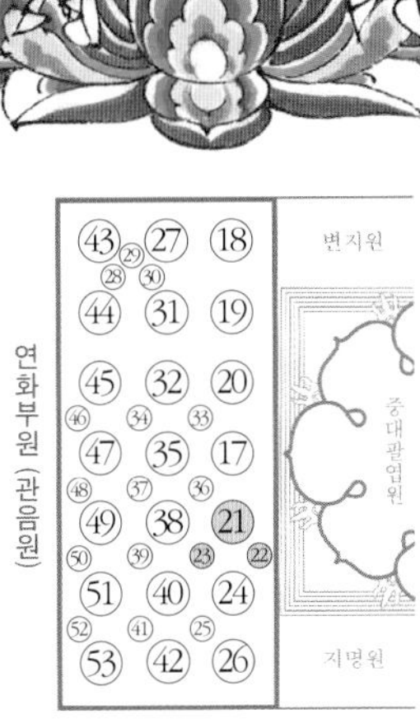

22. 다라사자

다라보살은 태장만다라 관음원의 1존이다. 실담 범어로 따라(tārā)는 눈동자라는 의미를 가지고 있다. 이 다라는 관자재보살의 눈에서 광채가 발생하는 것에 비유하기도 한다. 또 다라는 강을 건너다라는 의미도 있다. 그리고 다라는 중생을 차안에서 피안으로 건너게 하는 구도자救度者인 관세음보살의 대비大悲 삼매三昧의 덕德을 관장하기도 한다. 삼매야형에 청련화靑蓮花가 있는데, 이 청련화의 의미는 깨끗한(무구청정無垢淸淨) 눈을 말하고, 이 눈은 중생을 구제하는 의미를 가지고 있다. 그러므로 다라보살은 33관음 중의 한 분으로 중생을 교화하여 구제하는 보살이다.

형상: 청백색. 백 갈마를 입고, 미소를 짓는 중년 여인의 모습을 하고, 관에는 화불이 있고, 합장하여 청련화를 들고, 연화좌에 가부좌를 하고 있다

밀호: 비생금강.

다라보살 진언眞言 / 실담 범자

로마자 표기: namo samanta buddhānāṃ tāre tārini karuṇodbhave svāhā.

한글음 표기: 나모 사만따 붇다남 따레 따리니 까루노드바바 스바하.

종자種子: 따(tā), 뜨라(tra). 수인: 내박인. 삼매야형: 청련화.

따(tā)

뜨라(tra)

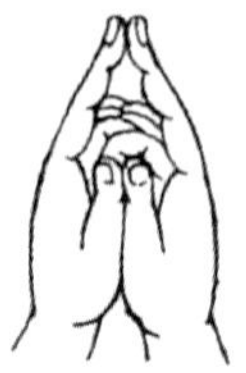

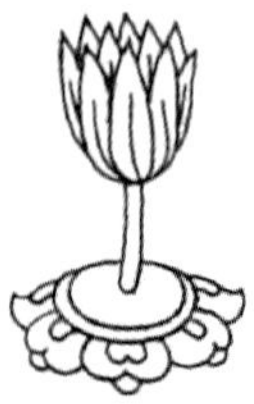

진언의 응용(학생 성적 향상, 공부 진언)

중생의 미혹함을 깨달음의 세계로 인도한다.

22. 다라사자
(多羅使者, 따라쩨띠, tārācetī)

관음원의 16사자使者 중의 한 존이다. 태장만다라 연화부원(관음원)[도상 22번]에 다라보살을 시봉하는 사자使者가 처음 등장한다. 실담 범어로 따라(tārā)는 다라보살을 말하고 쩨띠(cetī)는 사자·여자·시자·시녀·시종 등으로 번역하는데, 필자筆者는 사자를 시녀 혹은 협시의 의미로 번역하였다.

21번 다라보살의 좌협시로서 시봉侍奉하고 있다.

이하 제봉교자의 진언은 본 다라사자의 진언을 사용한다.

다라사자 진언眞言 **/ 실담 범자**

로마자 표기: namo samanta buddhānāṃ dhi śri haṃ svāhā.

한글음 표기: 나모 사만따 붇다남 디 슈리 훔 스바하.

종자種子: 디(dhī). 수인: 연화합장. 삼매야형: 미부연화.

디(dhī)

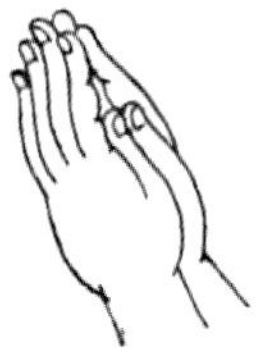

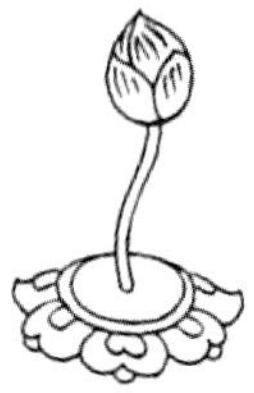

진언 응용(길상吉祥 진언)

모든 일이 순조롭게 이루어지려면 이 진언을 수지하면 좋다.

23. 만공양

(鬘供養, 마라뿌자, mālāpūjā)

태장만다라 연화부원(관음원)의 한 존이다. 21번 다라보살의 우협 사자이며, 머리를 화려하게 장식한다는 의미를 가지고 있다. 대승불교의 불보살들의 공양을 말하고, 화려한 장식으로 공양을 올리는 것을 인격화한 것이다. 공양供養은 범어로 뿌자나(pūjānā)라 하며, 공양물의 종류·공양의 방법·공양의 대상에 따라 여러 가지로 분류된다. 공양이란 말은 원래 주로 신체적 행위를 말하지만 정신적인 것까지도 포함한다.

형상: 살색. 양손으로 화만을 들고 있으며, 천의를 걸치고 연화좌에 가부좌를 하고 있다.

만공양 진언眞言 **/ 실담 범자**

로마자 표기: namo samanta buddhānāṃ mahā maitryabhyudgate svāhā.

한글음 표기: 나모 사만따 붇다남 마하 마이뜨르야브유드가떼 스바하.

종자種子: 마(ma).

마(ma)

수인: 연화합장.

삼매야형: 화만華鬘.

진언 응용(공양供養 진언)

공양을 올려 마음을 열리게 하려면 이 진언을 수지하면 좋다.

24. 대명백신보살

(大明白身菩薩, 가우리마하비드야, gaurīmahāvidyā)

25. 연화부사자

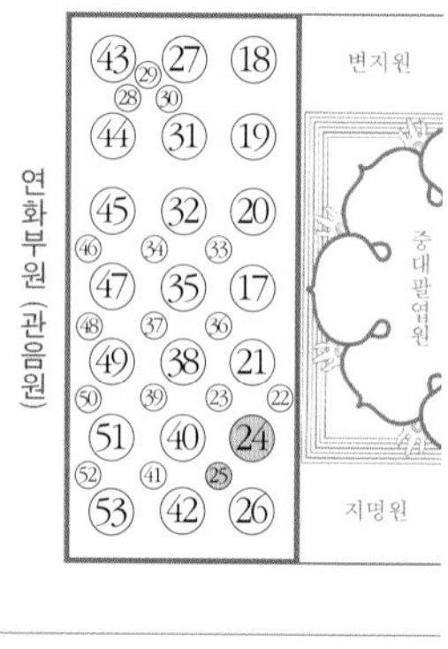

대명백신보살은 태장만다라 관음원 다라보살과 함께 서방에 위치하고, 대명백신은 보살의 마음과 몸이 깨끗하여 때가 없음을 말한다. 범어 가우리(gaurī)는 8세 소녀를 뜻한다. 처녀의 순수한 청정함을 상징하고, 백의관음의 자내증(自內證, 마음으로 진리를 깨달아 증명하는 것)의 경계이기도 하다. 도상 52번의 백처존보살과 같은 보살로 보기도 한다. 또는 『불정존승의궤』에서는 교리관자재로, 『불공견삭경』에서는 교리보살 또는 대백신관세음으로, 『소실지경』에서는 학리보살 등 여러 이름으로 불리고 있다.

형상: 황백색. 오른팔은 구부려 손을 펴 바닥을 앞을 향하게 하여 가슴 앞에 두고, 왼팔은 약간 구부려 왼쪽을 향하게 하고 엄지와 검지와 중지로 활짝 핀 연꽃을 쥐며, 붉은 연화좌 위에 가부좌를 하고 있다

밀호: 상정금강.

대명백신보살 진언眞言은 18번 연화부발생보살과 동일하다.

종자種子: 사(sa). 수인: 연화합장. 삼매야형: 활짝 핀 연꽃.

사(sa)

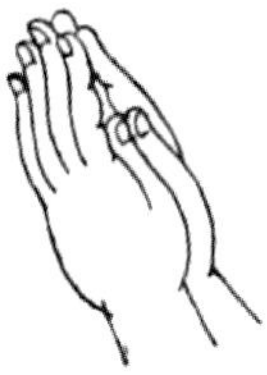

진언 응용(결혼 진언)

가우리(gaurī)는 청정하고 청순함을 의미한다.

25. 연화부사자

(蓮華部使者, 빠드마꾸라쩨띠, padmaklaceṭī)

태장만다라 연화부원(관음원)의 한 존이다. 연화부사자는 주로 지혜의 상징으로 한 손에는 검劍을, 다른 한 손에는 연화를 가지고 있다. 41번 연화사자와 동존同尊형으로 보기도 한다.

형상: 살색. 천의를 걸치고, 본존은 왼손으로 쟁반에 연화를 들고 오른쪽 무릎은 꿇고 왼쪽 무릎은 세워 연화좌 위에 있다.

밀호: 없음.

연화부사자 진언眞言은 22번 다라사자와 같다.

종자種子: 디(dhī). 수인: 연화합장. 삼매야형: 금강 쟁반 위에 연화.

디(dhī)

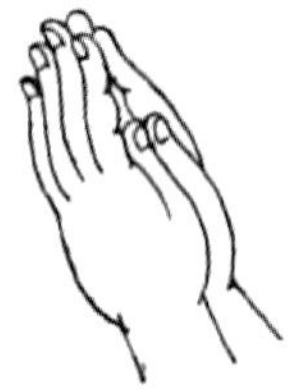

진언 응용(지혜智慧 진언)

학생 성적 향상을 원한다면 이 진언을 수지하면 좋다.

26. 마두관음보살

(馬頭觀音菩薩, 하야그리바, hayagrīva)

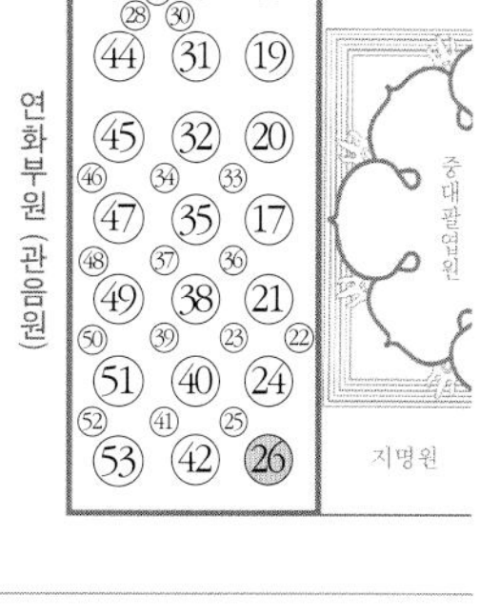

마두관음은 태장만다라 관음원에 자리한 보살이다.

마두관음은 백준마의 머리를 관에 쓰고 있기 때문에 붙여진 이름이다. 6관음의 하나이며, 8대 보살이 나타내는 8대 명왕 중의 하나이기도 하다. 『대일경』에서는 대력지명왕大力持明王이라 하고, 『대일경소』에서는 전륜성왕의 보마寶馬라고도 한다. 또 『대일경』에서는 태장만다라 관음원에 37존을 건립하면서 유일하게 분노형상을 하고 있으며, 이 분노형은 모든 중생의 번뇌를 제멸하는 것을 강조하는 것이다. 특히 마두관음은 중생구제 의지가 강하고, 보살의 정진력을 말한다.

형상: 적 살색. 3면面, 3목目, 2비臂의 존상으로 나타난다. 얼굴은 진노하는 형상이고, 송곳니를 입술 위로 드러내며, 손은 합장하여 가슴에 대고 양 검지와 무지를 구부리는 상태를 하고 있는 허심합장虛心合掌을 하고, 오른쪽 다리를 세우고 적 연화좌에 앉아 있다.

밀호: 속질금강.

마두관음보살 진언眞言 / 실담 범자

로마자 표기: namo samanta buddhānāṃ khādayabhaṃja sphoṭaya svāhā.

한글음 표기: 나모 사만따 붇다남 카다야밤자 스포따야 스바하.

종자種子: 함(haṃ), 흐람(hraṃ).　　수인: 마두인.　　삼매야형: 백마두.

함(haṃ)

흐람(hraṃ)

진언의 응용 (소원성취 진언)

대위일륜大威日輪을 이루어 일체중생의 실지(悉地: 성취, 묘성취, 묘과)를 이루려 한다면 이 진언을 수지하면 좋다.

27. 대수구보살

(大隨求菩薩, 마하쁘라띠사라, mahāpratisarā)

28~30. 연화부사자

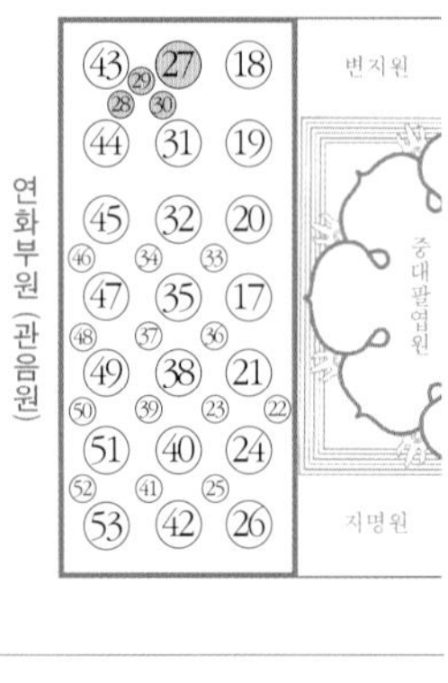

대수구보살은 태장만다라 연화부원의 한 존이다. 관음보살이 변신한 별명의 보살로서 법술法術, 호부(護符, 지니고 있으면 신비적인 힘을 얻어 목숨의 위해를 방지할 수 있다고 믿고 있는 물건), 또는 모든 재난에서 중생을 구제하는 원에 따라서 성취된다고 하여 대수구大隨求라 한다. 수구보살진언을 송하면 야차나 나찰의 침해를 막고 열병과 한병을 막으며, 원수와 독충, 저주와 화재 등의 재화에서 벗어나며, 과거의 재앙도 벗어난다고 한다. 특히 해산 때 순산順産을 한다고 한다.

형상: 깊은 황색. 화불의 보관을 쓰고 있으며 8비八臂 중 우 제1수에는 금강저, 제2수에는 검(칼)을, 제3수에는 도끼를, 제4수에는 삼고저 창을, 좌 제1수에는 연꽃 위에 광염이 있는 금륜을, 제2수에는 윤삭을, 제3수에는 보당을, 제4수에는 범협 등의 지물을 들고 있으며, 8종의 진언과 8종의 인계를 전하고 백 연화좌에 가부좌를 하고 있다.

대수구보살 진언眞言 / 실담 범자

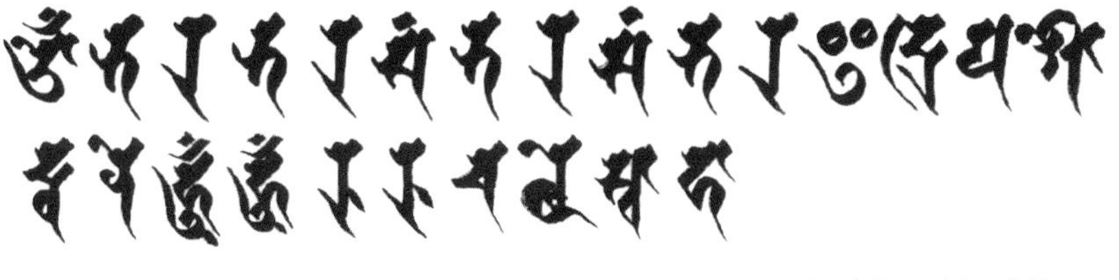

로마자 표기: oṃ bhara bhara saṃbhara saṃbhara indriyaviśoddhane hūṃ hūṃ ru ru cale svahḥ.

한글음 표기: 옴 바라 바라 삼바라 삼바라 인드리아비숃다네 훔 훔 루 루 짜라 스바하.

종자種子: 쁘라(pra). 수인: 범협인. 삼매야형: 범협.

쁘라(pra)

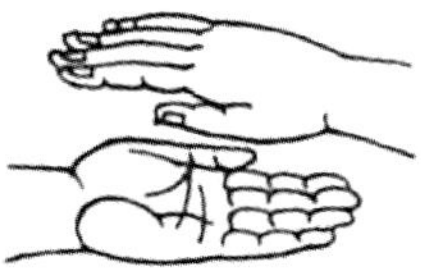

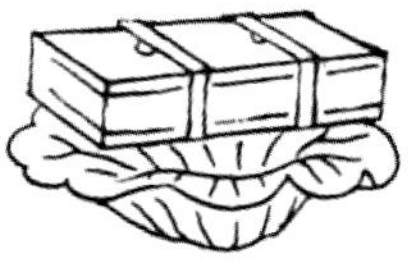

진언의 응용(순산을 돕는 진언)

한국, 중국, 일본에서 많이 사용한다.

28, 29, 30. 연화부사자
(蓮華部使者, 빠드마쩨띠, padmaceṭī)

태장만다라 연화부원(관음원)의 한 존이다.

형상: 살색. 28, 29, 30번의 사자들은 27번 대수구보살의 협시존으로서 우측 아래에 나란히 자리하고 있으며, 28번은 합장을 하고 무릎을 꿇은 자세로 연화대 위에 앉아 있다. 29번은 중앙에 있으며, 왼손에 반개연화半開蓮花를, 오른손에는 검劍을 들고, 무릎을 꿇고 연화대 위에 있다. 30번은 좌측에 있으며 합장하고 무릎을 꿇은 자세로 연화대 위에 있다.

연화부사자 진언眞言: 22번 다라사자와 동일하다.

종자種子: 디(dhī)가 3개. **수인**: 연화합장. **삼매야형**: 연화 위에 검.

디(dhī)

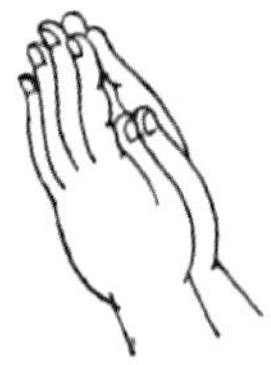

진언 응용(지혜智慧 진언)

지혜를 얻으려면 이 진언을 수지하면 좋다.

31. 솔도파대길상보살

(窣覩波大吉祥菩薩, 수뜨빠마하슈리, stūpamahāśrī)

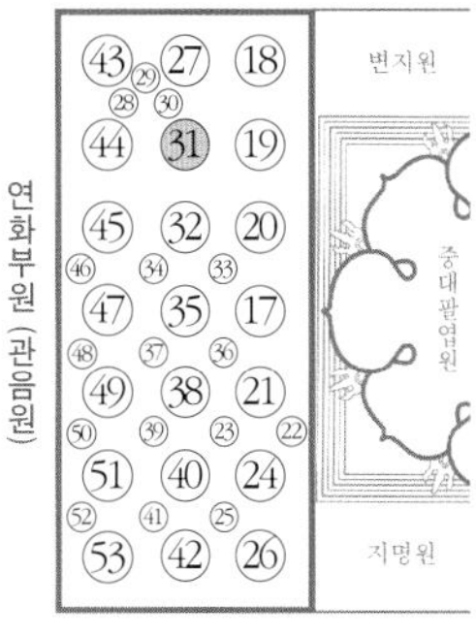

솔도파대길상보살은 태장만다라 연화부원 제2열에 위치한 보살이다. 범어로 수뚜빠(stūpa)는 음역어로 탑 혹은 사리탑의 뜻을 가지고 있는데, 이는 부처님의 유골을 모시는 탑을 의미한다. 진언밀교에서는 대일여래의 신체 그 자체로 법계 수뚜빠를 숭배하고 있다. 수뚜빠는 신체, 즉 불신의 의미가 있다.

형상: 백살색. 양손에 활짝 핀 연꽃을 각각 들고 가슴 앞에 두며, 적 연화좌에 가부좌를 하고 있다.

밀호: 이익금강.

솔도파대길상보살 진언眞言 / 실담 범자

로마자 표기: oṃ āryastūpamahāśri svāhā.

한글음 표기: 옴 아르야수뜨빠마하슈리 스바하.

종자種子: 사(sa). 수인: 연화합장. 삼매야형: 개부연화.

사(sa)

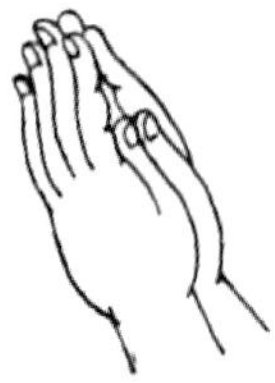

진언의 응용(묘墓나 부도탑 진언)

오륜탑, 유골을 장지에 안치할 때 사용한다.

32. 야수다라보살

(耶輸陀羅菩薩, 야쇼다라, yaśodharā)

34. 연화부사자

33. 봉교사자

태장만다라 연화부원의 한 존으로서, 야수다라보살은 석가존의 왕자 시절에 왕자비王子妃를 말한다. 라훌라를 낳고 석존이 성도하신 5년 후에 석존의 이모 마하파사파제와 500명의 석가족 여자들과 함께 출가하여 비구니가 되었다.

형상: 왼손을 구부려 가슴에 올려 초엽(草葉, 쁘리얀구, priyaṅgu)을 쥐고 있고, 오른손은 여원인을 하고 있으며, 왼쪽 무릎을 세우고, 적 연화좌에 앉아 있다.

밀호: 현시금강.

야수다라보살 진언眞言 / 실담 범자

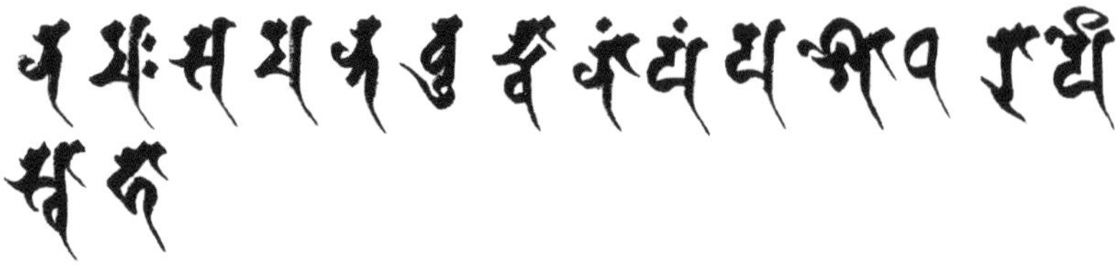

로마자 표기: namḥ samanta buddhānāṃ yaṃ yaśodharāyai svāhā.

한글음 표기: 나모 사만따 붇다남 얌 야쇼다라야이 스바하.

종자種子: 야(ya). 수인: 내오고인. 삼매야형: 화지花枝.

야(ya)

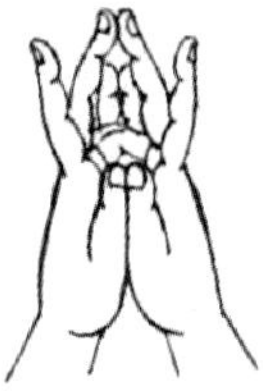

진언 응용(관재 진언)

민형사상이나 송사, 관청의 민원 등등에 사용한다.

33. 봉교사자
(奉教使者, 쁘라띠하리, pratihārī)

태장만다라 연화부원(관음원)의 16사자 중의 한 존尊이다. [도상 32번] 야수다라보살의 좌협시로서 봉행사자라고 한다.

형상: 삼색. 왼손은 구부려서 어깨높이에 두고 연꽃 봉오리를 들고 있으며, 오른손은 허벅지 위에 올려놓고, 연화좌에 가부좌를 하고 있다.

밀호: 없음.

봉교사자 진언眞言: 22번 다라사자 진언과 동일하다.

종자種子: 디(dhī). 수인: 연화합장. 삼매야형: 없음.

디(dhī)

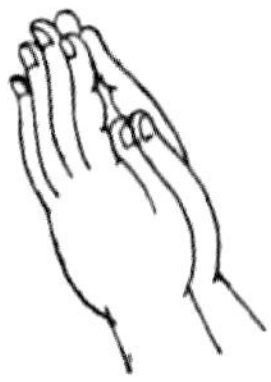

진언 응용(길상吉祥 진언)

모든 일을 성취하려면 이 진언을 수지하면 좋다.

34. 연화부사자
(蓮華部使者, 두띠, dūtī)

태장만다라 연화부원(관음원) 사자의 한 존이다. 범어로 두띠(dūtī)는 남녀 사이를 주선하는 여성 사자를 뜻한다.

형상: 살색. 머리를 약간 좌측으로 숙이고 좌측 무릎을 세우고 그 위에 왼손을 올리고 미개화 연화를 들고, 우측 무릎 위에 주먹을 쥔 오른손을 올려놓고 연화좌에 앉아 있다.

연화부사자 진언眞言: 38번 대길상대명보살 진언과 동일하다.

종자種子: 디(dhī). 수인: 연화합장. 삼매야형: 미개화 연화.

디(dhī)

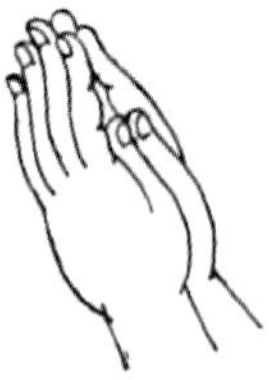

진언 응용(지혜智慧 **진언)**

중매를 할 때 사용한다.

35. 여의륜보살

(如意輪菩薩, 찐따마니 짜끄라, cintāmaṇi cakra)

37. 보공양

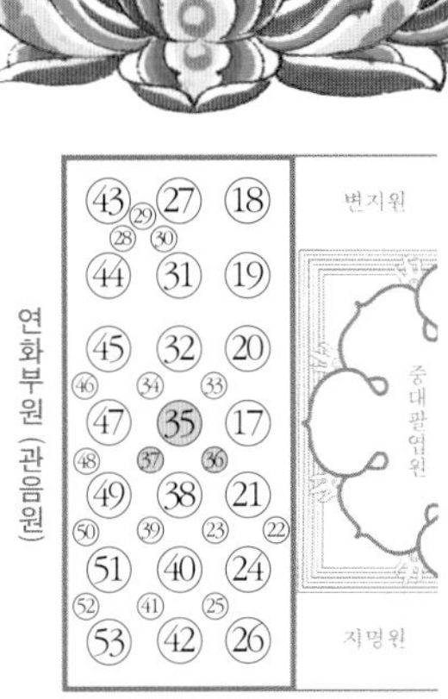

36. 연화군다리

여의륜보살은 태장만다라 관음원의 한 존으로서 보관에 아미타불을 이고 있으며, 현교에서는 6관음의 한 분으로 보기도 한다. 찐따마니(cintāmaṇi)는 여의보주를 말하고, 복과 덕을 의미한다. 짜끄라(cakra)인 보륜寶輪, 즉 법륜法輪은 지덕을 표현하며, 이 공덕이 중생의 고난을 없애고 세간과 출세간의 원을 다 성취하게 한다고 하며, 또 6비六臂로 육도중생을 구제하는 작용으로 보는 설도 있다.

형상: 황색. 『대일경』이나 『대일경소』에 보면 2비·4비·6비·8비가 있는데 여기에서는 6비를 말한다. 6비 중 우측의 제1수는 사유인思惟印, 제2수는 여의보주를 가졌으며, 제3수는 수주를 가지고 있다. 좌측 제1수는 연화좌를 만지고 있고, 제2수는 활짝 핀 연꽃을 들고 있으며, 제3수는 보륜을 들고 있다. 오른쪽 무릎을 세우고 적 연화좌에 앉아 있다.

여의륜보살 진언眞言 / 실담 범자

로마자 표기: oṃ padmacintāmaṇi jvala hūṃ.

한글음 표기: 옴 빠드마찐따마니 즈바라 훔.

종자種子: 흐리흐(hriḥ). 수인: 의륜관음인. 삼매야형: 여의보주.

흐리흐(hriḥ)

진언 응용(재산 증식 진언)

복덕을 구하려거나, 6도를 벗어나려면 이 진언을 수지하면 좋다.

36. 연화군다리
(蓮花軍茶利, 빠드마꾼다리, padmakuṇḍalī)

태장만다라 연화부원(관음부)의 16사자 중의 한 존이다. 꾼다(軍茶, kuṇḍa)는 화로火爐라 번역한다. 밀교에서 호마법을 행할 때 사용되는 화로를 말하는데, 쓰임에 따라서 재앙을 물리칠 때는 원반형을 사용하고, 중익(增益, 이익을 증가할 때는)을 할 때는 방형(사각형)을, 마의 항복법으로 쓸 때는 삼각형을, 구소법을 행할 때는 금강형金剛形을, 경애법敬愛法을 수행할 때는 연화형의 꾼다를 사용하고 있다.

5대 명왕은 부동명왕·항삼세명왕·군다리명왕·대위덕명왕·금강야차명왕이 있는데, 여기서는 군다리명왕 또는 감로군다리명왕을 말하며, 남방에 머물면서 재앙을 물리친다고 한다. 그 본체는 허공장보살과 관세음보살이다.

여의륜보살의 좌협시로서 21번 다라보살의 우측 위(右則上)에 있다.

형상: 살색. 눈이 세 개이고 팔이 8개인 형상(一面三目八臂像)을 하고 있기도 하고, 또 노발(화발火髮)이라 하여 머리카락 끝이 하늘을 향하여 성냄을 표현하기도 하고, 활활 타는 불꽃 안에 있기도 하는데, 이러한 형상들은 모두 악마(번뇌)를 항복시키는 데 그 목적이 있다.

밀호: 항복금강.

연화군다리 진언眞言: 22번과 동일하다.

종자種子: 꾸(ku). 수인: 연화합장. 삼매야형: 미개부연화.

꾸(ku)

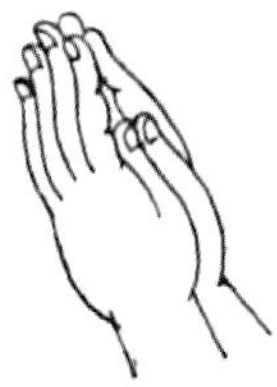

진언 응용(재앙을 물리치는 진언)

모든 재앙을 물리치려면 이 진언을 수지하면 좋다.

37. 보공양
(寶供養, 라뜨나뿌자, ratnapūjā)

태장만다라 연화부원(관음원)의 한 존으로서 [도상 35번] 여의륜보살의 사자이며 보주寶珠의 공양供養을 인격화한 것이다. 한없이 많은 공양을 성중에게 내는 것으로, 초·향·꽃 등은 별別공양이라 하고, 보공양은 총總공양이라 한다. 보주寶珠를 공양함은 원願과 만滿을 상징한다.

형상: 살색. 양손으로 쟁반(금강반)에 보주를 얹어 공양을 올리는 형상이며, 연화대 위에 장궤(양 무릎을 높이 꿇고)하고 있다.

밀호: 공봉금강.

보공양 진언眞言 **/ 실담 범자**

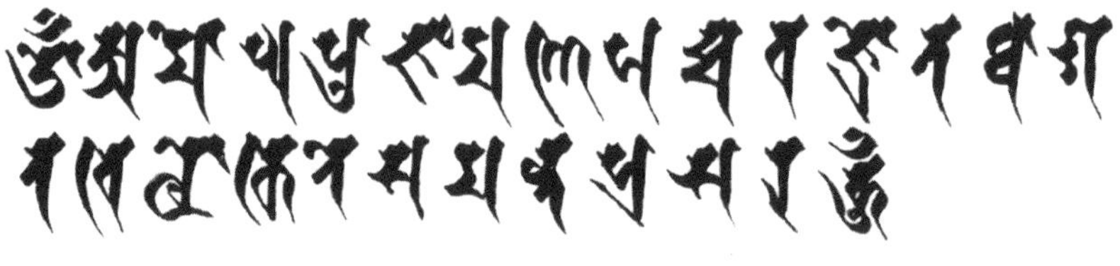

로마자 표기: oṃ amoghapūjāmaṇi padmavajre tathāgatavilokite samantaprasara hūṃ.

한글음 표기: 옴 아모가뿌자마니 빠드마바즈라 따타가따비로끼떼 사만따쁘라사라 훔.

종자種子: 라(ra).　　　　수인: 보공양인.　삼매야형: 금강반상의보주.

라(ra)

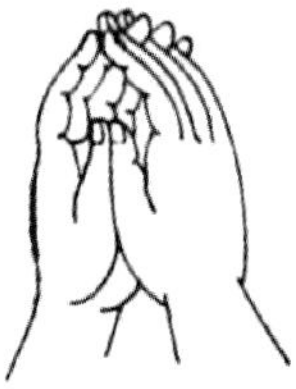

진언 응용(원만 성취 진언)

모든 소원을 원만 성취하려면 이 진언을 수지하면 좋다.

38. 대길상대명보살

(大吉祥大明菩薩, 마하스리 마하비드야, mahāśrī mahāvidyā)

39. 소향보살

태장만다라 연화원(관음원)의 한 존으로서, 아사리소전阿闍梨所傳에서는 대길상이라 한다. 이 존은 『불공견삭경』에서 유래한 것이다.

형상: 살색. 왼손에는 활짝 핀 연꽃을 들고 있으며, 오른손은 가슴에 대고 앞을 향하게 하여 손가락을 반쯤 구부리고 약지만 세우고, 적 연화좌에 가부좌를 하고 있다.

대길상대명보살 진언眞言 / 실담 범자

로마자 표기: namo samanta buddhānāṃ kṣaḥ ḍaḥ ra yaṃ kaṃ svāhā.

한글음 표기: 나모 사만따 붇다남 끄싸흐 다흐 라 얌 깜 스바하.

종자種子: 사(sa). 수인: 연화합장. 삼매야형: 개부연화.

사(sa)

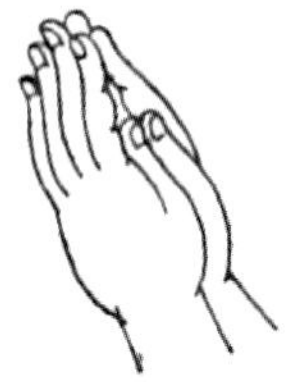

진언 응용(큰 길상을 얻는 진언)

상서로움을 얻으려면 이 진언을 수지하면 좋다.

39. 소향보살

(燒香菩薩, 두빠뿌자, dhūpapūjā)

태장만다라 연화부원(관음원)의 한 존이다. 본존은 향香을 공양하는 보살로서 향을 태워 두 손으로 공손히 받들어 올리는 형상을 하고 있다.

50번의 도향보살과 함께 35번 여의륜보살의 사자이다.

형상: 살색. 천의를 걸치고 양손으로 향로를 들고 연화좌 위에 가부좌를 하고 있다.

소향보살 진언眞言 / 실담 범자

로마자 표기: namo samanta buddhānāṃ dharmadhātvanugate svāhā.

한글음 표기: 나모 사만따 붇다남 다르마다뜨바누가따 스바하.

종자種子: 두(dhu), 다(dha). 수인: 향로인. 삼매야형: 향로.

두(dhu) 다(dha)

진언 응용(공양供養 진언)

부처님 전 향공양을 올리려면 이 진언을 사용한다.

40. 대길상명보살

(大吉祥明菩薩, 슈리마하비드야, śrīmahāvidya)

41. 연화부사자

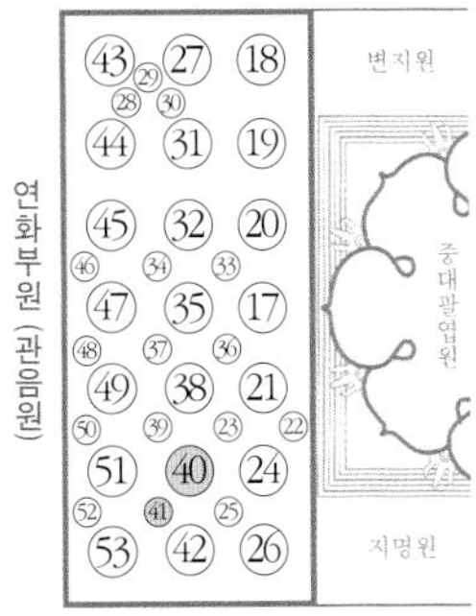

태장만다라 연화원(관음원)의 한 보살로서 길상은 범어로는 슈리(śrī)라 하는데 좋은 것, 반가운 것이란 뜻이다. 길상과는 석류石榴를 말하고, 길상초(꾸샤, kuśa)는 길상동자가 부처님에게 베어다 준 풀로서, 이 길상초에 앉아서 부처님이 깨달음을 얻으셨기에 성스런 풀이라 한다.

형상: 왼손은 가슴높이로 하여 앞으로 내고 미개화 연꽃을 들고 있으며, 오른손은 가슴 위치에 손바닥은 앞을 향하게 펴고 무명지와 약지를 구부리고 있으며, 연화좌에 가부좌를 하고 있다.

밀호: 상경금강.

대길상명보살 진언眞言 / 실담 범자

로마자 표기: oṃ mahāśrīvidya svāhā.

한글음 표기: 옴 마하슈리비드야 스바하.

종자種子: 사(sa). 수인: 연화합장. 삼매야형: 미개화 연화.

사(sa)

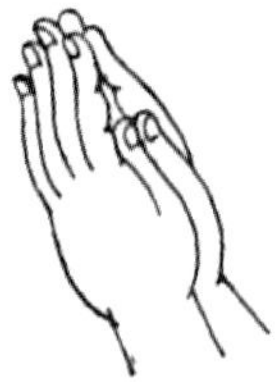

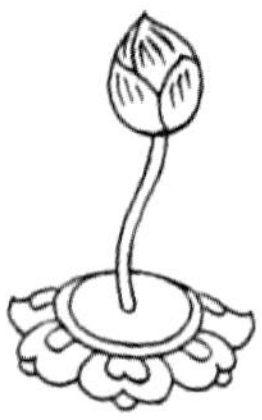

진언 응용(좋은 인연因緣 진언)

좋은 인연을 만나면 좋은 일이 생긴다.

41. 연화부사자

(蓮華部使者, 빠드마꾸라쩨띠, padmakulaceṭī)

태장만다라 연화부원(관음원)의 한 존이다. 이 존의 역할은 명확하지 않다. 금강수원의 금강사자와 같은 역할을 하는 것으로 보인다.

형상: 살색. 천의를 걸치고, 왼손에 지혜의 검劍을, 오른손에는 미개화 연화를 들고 있으며, 연화대 위에 반가부좌를 하고 있다.

연화부사자 진언眞言: 22번 다라사자 진언과 동일하다.

종자種子: 디(dhī). 수인: 연화합장. 삼매야형: 검 위에 미개부연화.

디(dhī)

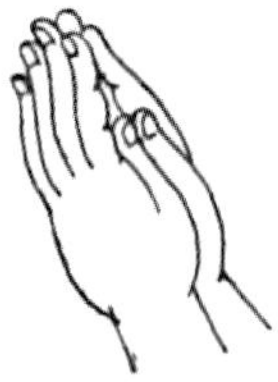

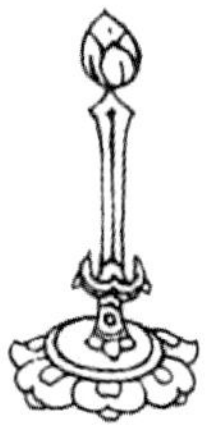

진언 응용(지혜智慧 진언)

공무원 시험에 합격하려면 이 진언을 수지하면 좋다.

42. 적유명보살

(寂留明菩薩, 시바바하비드야, śivāvahavidyā)

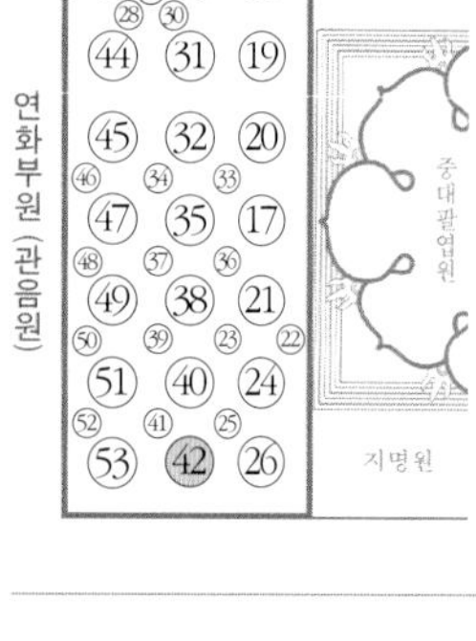

태장만다라 연화부원(관음원)의 한 보살로서, 밝음에 고요하게 머무는 보살이라 칭한다. 『불공견삭경』에는 분노존(명왕)으로 표현하기도 하는데, 이 분노존은 장애와 번뇌를 제거하는 법신불의 변화존을 말한다. 쉬바(śiva)는 지복至福을 말하고, 쉬바바하(śivāvaha)는 열반 혹은 적정을 말하기도 하며, 더없는 행복에 이르다라는 의미가 있다.

형상: 살색. 천의를 걸치고, 머리는 왼쪽을 향하고, 오른손은 머리 위로 높이 들고 손바닥을 밖을 향하게 하고, 왼손은 바닥을 밖을 향하여 검지만 세워 가슴 앞에 두고, 왼쪽 무릎을 세우고 적 연화좌에 앉아 있다.

밀호: 정광금강.

적유명보살 진언眞言 / 실담 범자

로마자 표기: Oṃ śivāvahavidye svāhā.

한글음 표기: 옴 쉬바바하비드에 스바하.

종자種子: 사(sa).　수인: 연화합장.　삼매야형: 활짝 핀 연꽃.

사(sa)

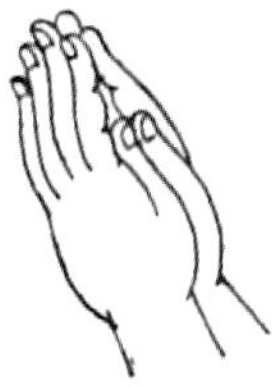

진언 응용(열반적정涅槃寂靜 진언)

열반을 얻으려면 이 진언을 수지하면 좋다.

43. 피엽의보살

(被葉衣菩薩, 빠르나샤바리, parṇaśabarī)

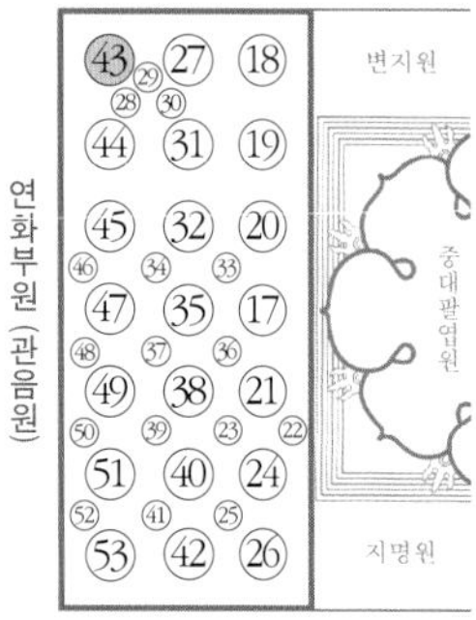

태장만다라 연화부원의 한 보살로서, 전통적 이름은 빠라샤바리(palasavali) 나무로 알려져 있는데, 빠르나샤바리(parnaśavalī) 나뭇잎을 걸치는 여성을 말하고, 샤바리(savali)는 인도의 농경문화를 형성한 소수 산악민족인 바르나족 여성을 말한다.

형상: 백살색. 왼손은 왼쪽 무릎을 세운 위에 팔꿈치를 대고 아래로 향하게 하여 견삭(羂索, pāśa: 빠샤, 사냥의 도구·그물·밧줄·실 등을 말하며, 밀교에서는 중생을 인도하여 제도하는 도구로 사용되는 것. 불공견삭관음·부동명왕·천수관음·금강삭보살 등이 가지고 있는 소지품)을 들고 있으며, 오른손은 가슴 위치에 두고 지팡이를 잡고 어깨에 걸치고 있으며, 적 연화좌에 앉아 있다.

밀호: 이행금강.

피엽의보살 진언眞言 / 실담 범자

로마자 표기: Oṃ parṇaśadari hūṃ phaṭ.

한글음 표기: 옴 빠르나샤다리 훔 파뜨.

종자種子: 사(sa). 수인: 좌수 견삭, 우수 여원인. 삼매야형: 미개화 연화장.

사(sa)

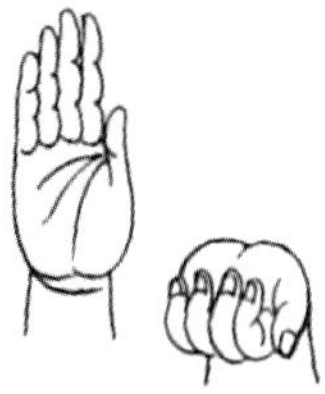

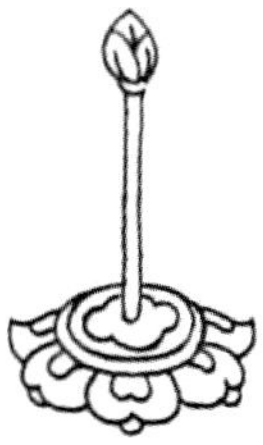

진언 응용(재해災害, 고난 진언)

온갖 재해와 고난을 없애려면 이 진언을 수지하면 좋다.

44. 백신관자재보살

(白身觀自在菩薩, 스베따바가바띠, śvetabhagavatī)

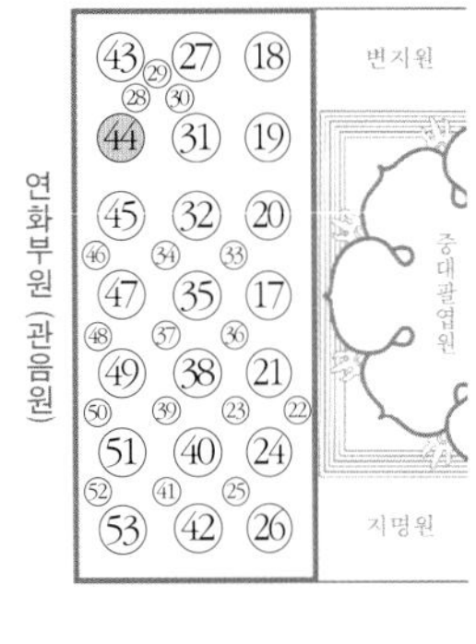

태장만다라 연화부원(관음원)의 한 보살로서, 백신白身은 청아한 대비의 공덕이 갖추어졌음을 말하고, 명칭으로 보아 복을 가져다주는 여신의 이미지가 있었던 것으로 보인다.

형상: 옅은 황색. 머리는 왼쪽으로 약간 기울이고, 왼손은 가슴 앞에 두고 약간 펴 하야 연꽃을 들고 있으며, 오른손은 오른 무릎을 세운 위에 위로 향하게 하여 손가락을 모아 약간만 안쪽으로 구부리고 있으며, 적 연화좌에 앉아 있다

밀호: 보화금강.

백신관자재보살 진언眞言 / 실담 범자

로마자 표기: oṃ mahāpadme śvetāṅge huruhuru svāhā.

한글음 표기: 옴 마하빠드메 슈베땅게 후루후루 스바하.

종자種子: 사(sa). 수인: 연화합장. 삼매야형: 개합연화開合蓮花.

사(sa)

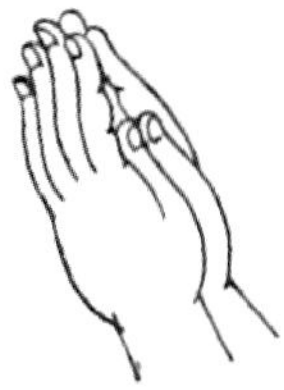

진언 응용(대비大悲 공덕功德 진언)

대비의 공덕을 지으려면 이 진언을 사용한다.

45. 풍재보살

(豊財菩薩, 보가바띠, Bhogavatī)

46. 연화부사자

연화부원 (관음원)
43 27 18
29
28 30
44 31 19
45 32 20
46 34 33
47 35 17
48 37 36
49 38 21
50 39 23 22
51 40 24
52 41 25
53 42 26
변지원
중대팔엽원
지명원

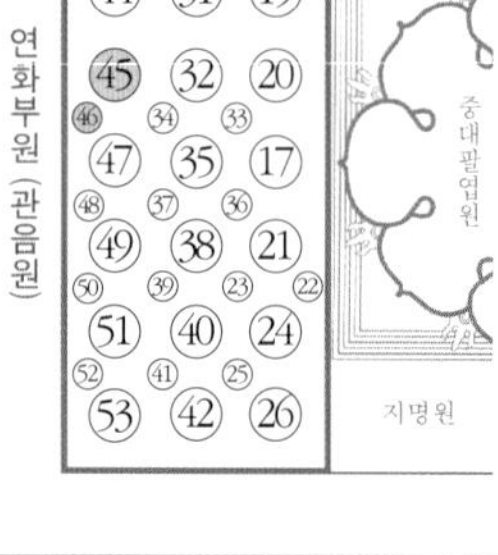

태장만다라 연화부원(관음원)의 한 보살로서, 풍재는 재산의 풍요로움을 의미하고, 『대일경』에서는 이 보살을 복덕과 지혜가 풍족한 보살이며, 안녕과 행복을 구하는 데 자재하다고 한다.

형상: 왼손은 가슴 앞에 올려 미개화 연꽃은 왼쪽 어깨 위에 두고, 활짝 핀 연꽃은 오른쪽 어깨 위에 두고, 두 개의 연꽃을 왼손에 쥐고 있다. 우측의 활짝 핀 연꽃은 부처님의 지혜의 재산을 의미하고, 좌측의 미개화 연꽃은 중생의 마음이 불佛 종자를 갖추는 데 풍요로움을 말한다. 오른손은 옆으로 구부려 올리고 손바닥을 옆을 향해 펴고, 무명지와 약지는 약간 구부리고 있으며, 적 연화좌에 가부좌를 하고 있다.

풍재보살 진언眞言 / 실담 범자

로마자 표기: oṃ āryabhogavati svāhā.

한글음 표기: 옴 아르야보가바띠 스바하.

종자種子: 사(sa).　　수인: 연화합장.　　삼매야형: 개부연화, 미개화 연화.

사(sa)

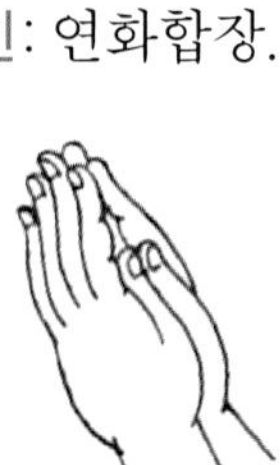

진언 응용(재산財產 풍요 진언)

재산의 풍요로움을 얻으려면 이 진언을 사용한다.

46. 연화부사자
(蓮華部使者, 두띠, dūtī)

태장만다라 여화부원(관음원)의 한 존이다. 이 존의 역할은 어느 주석서에도 설명되지 않았다. 45번 풍재보살의 사자이다.

형상: 살색. 천의를 걸치고, 양손으로 금강반에 꽃을 담아 들고 연화대 위에 양무릎을 꿇고 있다. 꽃을 공양하는 공덕의 의미는 대단히 크다고 한다.

연화부사자 진언眞言은 22번과 동일하다.

종자種子: 디(dhī). 수인: 연화합장. 삼매야형: 금강반 위에 꽃.

디(dhī)

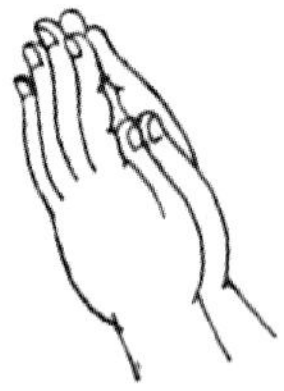

진언 응용(지혜공덕 진언)

공무원 진급을 원한다면 이 진언을 사용한다.

47. 불공견삭관음보살

(不空羂索觀音菩薩, 아모가빠샤, amoghapāśa)

48. 연화부사자

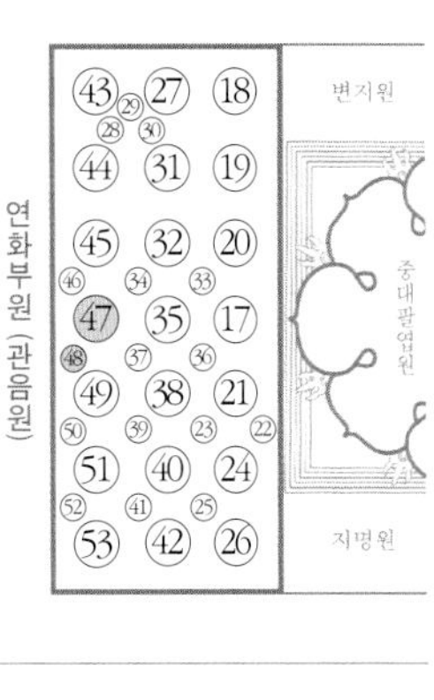

태장만다라 연화부원(연화원)의 한 보살로서, 견삭은 범어로 빠샤(pāśa) 금강삭, 견망絹網 등으로 번역한다. 빠샤는 43번 피엽의보살편에 자세히 기록하였다. 견삭(번뇌를 항복시키는 밧줄)은 생사고해에 빠져 있는 중생을 자비慈悲의 견망羂網으로 구제(열반에 이르게 하다)한다는 의미이다.

형상: 백살색. 관에는 화불이 있으며, 얼굴은 3면 3목이다. 팔은 4비를 가지고 있는데, 왼쪽의 1번 손은 활짝 핀 연꽃을, 2번째 손은 견삭의 밧줄을, 오른손의 1번 손은 염주를, 2번째 손은 약병을 들고 있다. 사슴 가죽옷을 입고 적 연화좌에 가부좌를 하고 있다.

밀호: 등인금강.

불공견삭관음보살 진언眞言 / 실담 범자

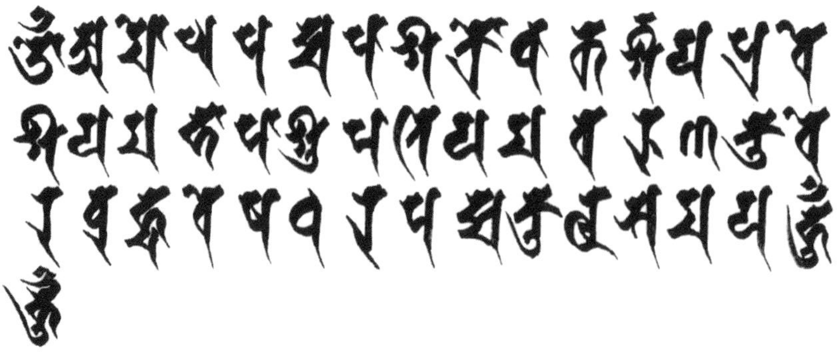

로마자 표기: oṃ amoghapadmapāśakrodhākar-ṣaya praveśaya mahāpaśupati yama varuṇa kuvera brahmaveṣadhara padmakulasamaya hūṃ hūṃ.

한글음 표기: 옴 아모가빠드마빠샤끄로다까르-사야 쁘라베샤야 마하빠슈빠띠 야마 바루나 꾸베라 브라흐마베싸다라 빠드마꾸라사마야 훔 훔.

종자種子: 모(mo). 수인: 불공견삭인. 삼매야형: 견삭羂索.

모(mo)

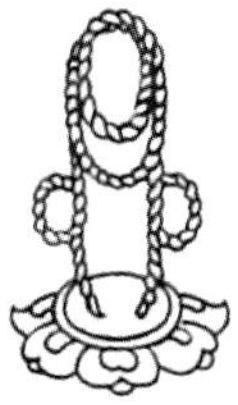

진언 응용(생사고해生死苦海 진언)

생사고해에서 벗어나려면 이 진언을 사용한다.

48. 연화부사자
(蓮華部使者, 두띠, dūtī)

태장만다라 연화부원(관음원)의 한 존이다. 47번 불공견삭관음보살의 사자이다.

형상: 살색. 천의를 걸치고 양손으로 금강반에 미개화 연꽃을 가득 담아 공양을 올리고 있으며, 왼쪽 무릎은 세우고 오른쪽 무릎은 꿇고 연화대 위에 있다.

연화부사자 진언眞言: 진언 22번 다라사자와 동일하다

종자種子: 디(dhī). 수인: 연화합장. 삼매야형: 없음.

디(dhī)

진언 응용(공무원 진급 진언)

공무원 진급을 원한다면 이 진언을 사용한다.

49. 수길상보살

(水吉祥菩薩, 다까슈리, dakaśrī)

50. 도향보살

태장만다라 연하부원(관음원)의 한 보살이다. 물은 범어로 다까(daka)라 하고, 길상은 슈리(śrī)라 한다. 따라서 물속의 길상이므로 길상초를 말하기도 하고, 혹은 수중의 연꽃을 말하기도 한다. 수월관음과 동체이기도 하다.

형상: 엷은 황색. 머리를 약간 왼쪽으로 기울이고, 왼손에는 아직 피지 않는 연꽃을 들고 있으며, 오른손은 시무외인을 하고 있으며, 적 연화좌에 가부좌를 하고 있다.

밀호: 윤생금강.

수길상보살 진언眞言 / 실담 범자

로마자 표기: oṃ āryadakaśrī svāhā.

한글음 표기: 옴 아르야다까슈리 스바하.

종자種子: 사(sa).　　수인: 연화합장.　　삼매야형: 연화.

사(sa)

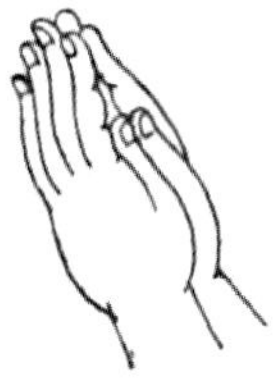

진언 응용(길상吉祥 진언)

길상 인연을 만나려면 이 진언을 사용한다.

50. 도향보살
(塗香菩薩, 간다, gandhā)

태장만다라 연화부원(관음원)의 한 보살로서, 49번 수길상보살의 사자이다. 실담자 두띠(dūtī)는 향기를 공양한다는 의미다. 밀교에서는 행자로부터의 경지를 체현하기 위해 부처님께 향을 공양하는 것을 말한다. 수행법의 5공양 중의 향공양을 말한다.

형상: 살색. 합장하고 미개화 연화를 들고 있으며, 연화대 위에 무릎을 꿇고 있다.

도향보살 진언 / 실담 범자

로마자 표기: namo samanta buddhānāṃ viśuddhagan-dodbhavaya svāhā.

한글음 표기: 나모 사만따 붇다남 비슏다간-도드바바야 스바하.

종자種子: 가(ga). 수인: 도향인. 삼매야형: 도향기.

가(ga)

진언 응용

향공양을 하려거든 이 진언을 사용한다.

51. 대길상변보살

(大吉祥變菩薩, 라끄쓰미마하비드야, lakṣmīmahāvidya)

52. 연화부사자

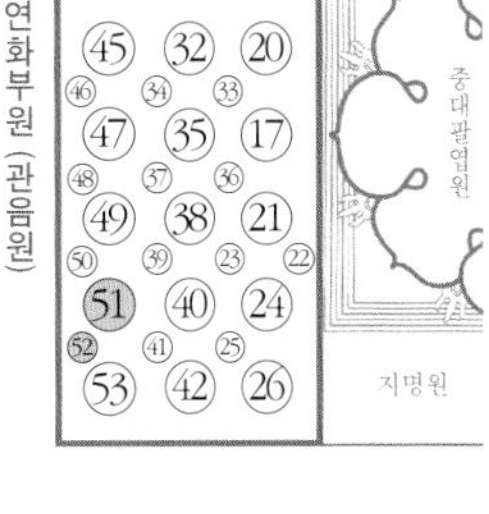

태장만다라 연화부원(관음원)의 한 보살로서, 이 대길상변보살은 여환삼매에 머물러 보문시현의 덕을 나타낸다. 곧 중생의 근기가 천차만별이지만 이에 응하여 나타내는 것도 한량없기 때문에 대길상변이라 한다.

실담 범어로 라끄쓰미(lakṣmī)는 길상을 말하고, 마하(mahā)는 크다·넓다·빠르다·길다 등의 뜻이 있으며, 비드야(vidyā)는 밝다(明)는 뜻이다. 또는 위대한 명비明妃로 쓸 때는 다라니는 능히 번뇌의 어두움을 깨뜨리는 덕德이 있으므로 명明이라 하고, 능히 일체의 공덕을 증장하므로 비妃라고 한다.

형상: 백살색. 오른손은 바닥이 위로 향하여 가슴 앞에 두고, 왼손은 활짝 핀 연꽃을 어깨 위로 올려 잡고, 적 연화좌에 가부좌를 하고 있다.

밀호: 동용금강.

대길상변보살 진언 / 실담 범자

로마자 표기: Oṃ lakṣmī mahāvidyā svāhā.

한글음 표기: 옴 라끄쓰미 마하비드야 스바하.

종자種子: 사(sa). 수인: 연화합장. 삼매야형: 개합연화開合蓮花.

사(sa)

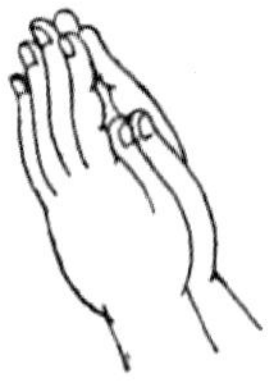

진언 응용(공덕功德 증장 진언)

번뇌에서 벗어나 공덕을 증장하려면 이 진언을 사용한다.

52. 연화부사자
(蓮華部使者, 두띠, dūtī)

태장만다라 연화부원(관음원)의 한 존이다. 51번 대길상변보살의 사자이다.

형상: 살색. 천의를 걸치고, 장궤 합장하고 연화대 위에 있다.

연화부사자 진언眞言: 진언 22번 다라사자와 동일하다.

종자種子: 디(dhī). 수인: 연화합장. 삼매야형: 합장수.

디(dhī)

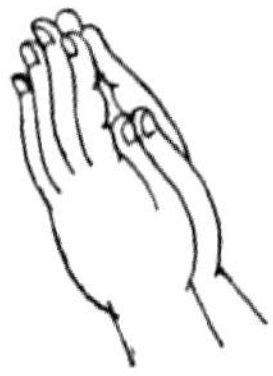

진언 응용(지혜 진언)

지혜를 증득하려면 이 진언을 사용한다.

53. 백처존보살

(白處尊菩薩, 빤다라바시니, paṇḍaravāsinī)

태장만다라 연화부원(관음원)의 한 보살이며, 일명 백의관음이라 하기도 한다. 항상 흰옷을 입고 흰 연꽃에 앉아 있다. 백의란 부처의 경계에서 생기는 보리심을 말한다.

형상: 백황색. 푸른 천의를 걸치고, 왼손에는 활짝 핀 연꽃을 들고 가슴 앞에 두고, 오른손은 여원인을 하고, 적 연화좌에 가부좌를 하고 있으며, 식재(息災, 불력으로 온갖 재난을 없앤다) 등의 수행법을 행하고 있다.

밀호: 이구금강.

백처존보살 진언 / 실담 범자

로마자 표기: namo samanta buddhānāṃ tathāgataviṣayasaṃbhava padmamālini svāhā.

한글음 표기: 나모 사만따 붇다남 따타가따비싸야삼바바 빠드마마리니 스바하.

종자種子: 바(pa). 수인: 백처존인. 삼매야형: 개부연화開敷蓮華.

바(pa)

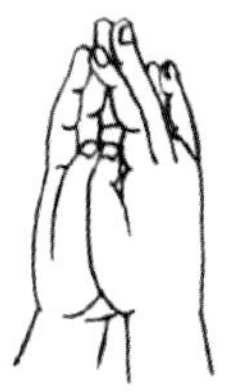

진언 응용(손재損財수 진언)

손재수를 없애려면 이 진언을 사용한다.

4

금강수원

(살타원)

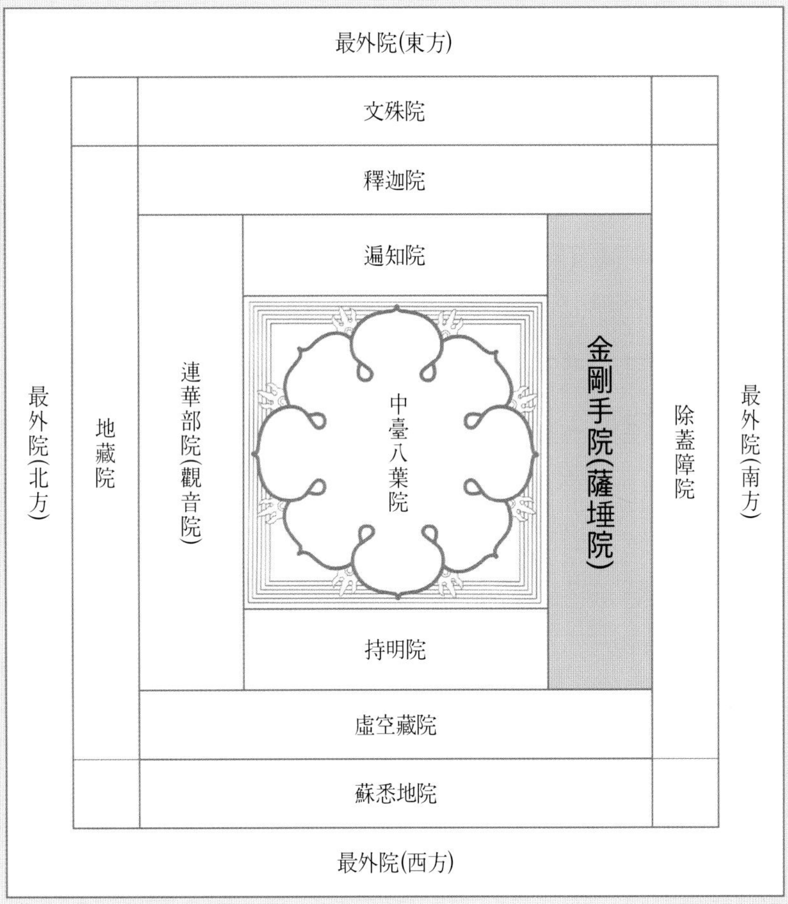

最外院(東方)
文殊院
釋迦院
遍知院
最外院(北方)
地藏院
蓮華部院(觀音院)
中臺八葉院
金剛手院(薩埵院)
除蓋障院
最外院(南方)
持明院
虛空藏院
蘇悉地院
最外院(西方)

금강수원(金剛手院, 바즈라, vajra)

태장만다라 중대팔엽원의 남방에 위치하고 있는 부원으로서 금강부원 또는 살타원이라고도 한다. 이 원은 본존 금강살타를 비롯하여 21존과 사자使者 12존의 총 33존으로 구성되어 있다.

여기서 금강(金剛, 바즈라,vajra)은 금속 중에서 가장 강하다는 금강석 또는 다이아몬드를 말한다. 경론經論에서는 주로 무기와 보석으로 표현하는데, 무기라 할 때는 금강저金剛杵로 표현한다. 예리銳利함이 모든 것을 깨뜨릴 수 있고, 어느 것에도 파괴되지 않는 그 견고堅固함을 금강에 비유한다. 보석으로 비유할 때는 가장 뛰어난 것이라고 하여 보살이 증득하는 금강삼매金剛三昧에 비유한다. 또 금강은 견고함으로 인해 어떤 것에도 파괴되지 않기에 반야般若의 체體에 비유하며 실상반야實相般若로 나타내고, 금강의 예리함은 모든 사물을 깨뜨릴 수 있기에 반야의 쓰임(用)에 비유하여 관조반야觀照般若로 나타낸다.

밀교에서는 제존의 삼매야형의 무기로 사용할 때는 독고저·삼고저·오고저·금강정·금강령 등을 말하고, 보석으로 말할 때는 무색투명하고 갖가지 빛을 내며 모든 소원이 성취되는 금강석 다이아몬드를 말한다.

금강살타를 비롯한 21존과 사자 12존을 합한 33존은 다음과 같다.

54. 금강살타金剛薩埵
55. 발생금강부보살發生金剛部菩薩
56. 금강구녀보살金剛鉤女菩薩
57. 금강수지금강보살金剛手持金剛菩薩
58. 지금강봉보살持金剛鋒菩薩
59. 금강사자金剛使者
60. 금강권보살金剛拳菩薩
61. 분노월염보살忿怒月黶菩薩
62. 허공무구지금강보살虛空無垢持金剛
63. 금강뇌지금강보살金剛牢持金剛菩薩
64. 분노지금강보살忿怒持金剛菩薩
65. 금강사자金剛使者
66. 금강사자金剛使者
67. 허공무변초월보살虛空無邊超越菩薩
68. 금강군다리金剛軍荼利
69. 대력금강大力金剛

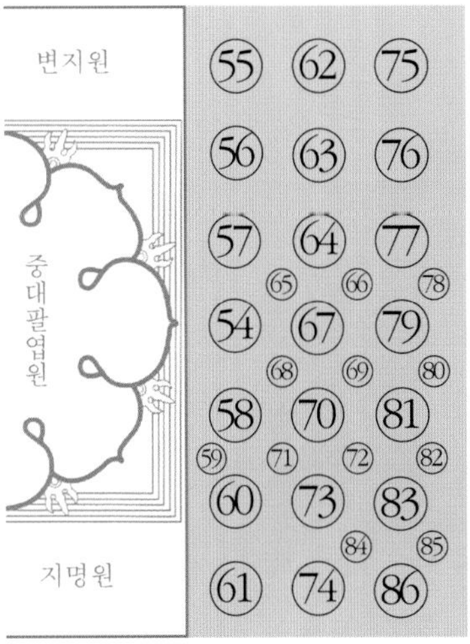

금강수원

70. 금강쇄보살金剛鏁菩薩
71. 금강구녀金剛鉤女
72. 금강동자金剛童子
73. 금강지보살金剛持菩薩
74. 지금강리보살持金剛利菩薩
75. 금강륜지보살金剛輪持菩薩
76. 금강설보살金剛說菩薩
77. 역열지금강보살懌悅持金剛菩薩
78. 금강사자金剛使者
79. 금강아보살金剛牙菩薩
80. 금감권金剛拳
81. 이희론보살離戲論菩薩
82. 금강사자金剛使者
83. 지묘금강보살持妙金剛菩薩
84. 손파孫婆
85. 금강왕보살金剛王菩薩
86. 대륜금강보살大輪金剛菩薩

54. 금강살타

(金剛薩埵, 바즈라산뜨바, vajrasattva)

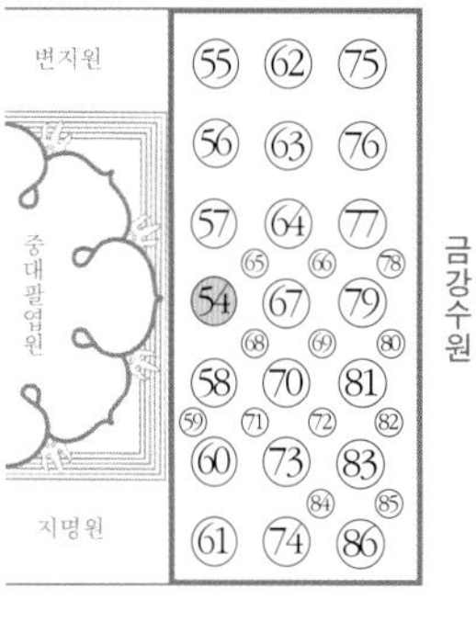

태장만다라 금강수원의 주존主尊으로서 절복문折伏門의 덕을 나타낸다. 금강석의 견고함의 뜻을 가지고 있으며, 금강저(지혜의 무기, 일체의 원을 만족시켜 주는 힘)로 온갖 원적怨敵을 격파하고, 금강의 지혜로 일체 혹장惑障을 능히 파괴한다는 의미를 가지고 있다. 본 만다라 허공장원의 [도형 199번] 일백팔비 금강장왕보살과 동체이기도 하다.

형상: 백황색. 머리는 약간 오른쪽을 향하여 기울어져 있으며, 왼손은 주먹을 쥐고 가슴 앞에 두고 손등 쪽이 안쪽을 향하게 하고, 오른손은 삼고저를 잡고 손바닥이 위를 향하게 하여 가슴 앞에 두고 있으며, 연화좌대에 가부좌를 하고 있다.

밀호: 진여금강.

금강살타 진언眞言 / 실담 범자

로마자 표기: namo samanta vajrāṇāṃ caṇḍamahāroṣaṇa hūṃ.

한글음 표기: 나모 사만따 바즈라남 짠다마하로샤나 훔.

종자種子: 훔(hūṃ), 밤(vaṃ). 수인: 내오고인. 삼매야형: 오고금강저.

훔(hūṃ) 밤(vaṃ)

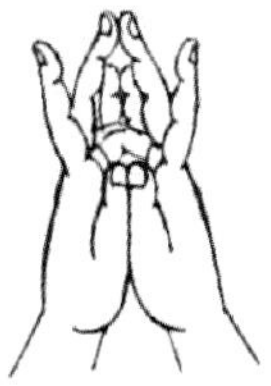

진언 응용(원적진언)

모든 원적, 혹장, 번뇌를 제거하려면 이 진언을 사용한다.

55. 발생금강부보살

(發生金剛部菩薩, 바즈라꾸로드바바, vajrakulodbhava)

발생금강부보살은 태장만다라 금강수원의 제1존이다. 바즈라꾸로드바바(vajrakulodbhava, 금강부원의 제존을 발생시키는 것을 맡고 있는 보살)는 독고저獨鈷杵를 가지고 있으며, 이 독고저는 보리심(깨달음)을 표현한다.

형상: 엷은 황색. 양손은 선정인禪定印 위에 독고저를 세워서 들고 천의를 착용하고, 적 연화좌대에 가부좌를 하고 있다.

밀호: 불괴금강.

발생금강부보살 진언眞言 / 실담 범자

로마자 표기: namo samanta vajrāṇāṃ hūṃ hūṃ hūṃ phaṭ phaṭ jaṃ jaṃ svāhā.

한글음 표기: 나모 사만따 바즈라남 훔 훔 훔 파뜨 파뜨잠 잠 스바하.

종자種子: 바(va). 수인: 지지인. 삼매야형: 독고저.

바(va)

진언 응용(출생 진언)

득남 득녀를 하려면 이 진언을 사용한다.

56. 금강구녀보살

(金剛鉤女菩薩, 바즈란꾸쉬, vajrāṇkuśī)

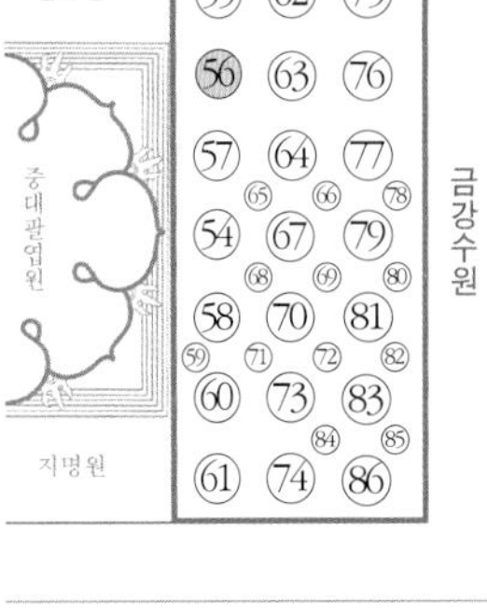

태장만다라 금강수원의 한 존이다. 이 보살은 수인을 결하고 아름다운 진언을 염송하여 모든 불보살을 만다라 단壇에 초청하여 모시고, 삼고저는 지혜를 나타내고, 낚시로 중생들을 끌어들이며, 중생들의 번뇌 망상에서 지혜로 인도한다는 의미를 가지고 있다.

형상: 백살색. 머리는 오른쪽으로 약간 숙이고 있으며, 왼쪽 무릎을 세워 그 위에 왼쪽 팔꿈치를 얹고 삼고저 갈고리를 들고 왼쪽 어깨 위에 위치하고, 오른손은 여원인을 하였으며, 적 연화좌대에 앉아 있다.

밀호: 소집금강.

금강구녀보살 진언眞言 / 실담 범자

로마자 표기: namo samata buddhānāṃ āḥ sarvatrāpratihate
tathāgatāṅkuśe bodhicaryaparipūrake svāhā.

한글음 표기: 나모 사만따 붇다남 아흐 사르바뜨라쁘라띠하떼 따타가딴꾸쉐 보디
짜르 빠리쁘라께 스바하.

종자種子: 아흐(āḥ). 수인: 대구소인. 삼매야형: 삼고저.

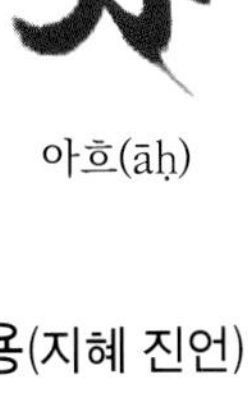

아흐(āḥ)

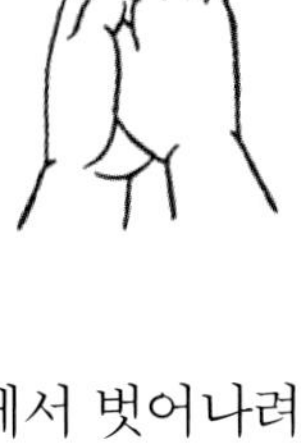

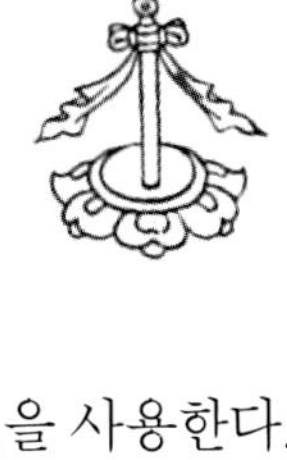

진언 응용(지혜 진언) 번뇌 망상에서 벗어나려면 이 진언을 사용한다.

57. 금강수지금강보살

(金剛手持金剛菩薩, 바즈라하스또 바즈라다라흐, vajrahasto vajradharaḥ)

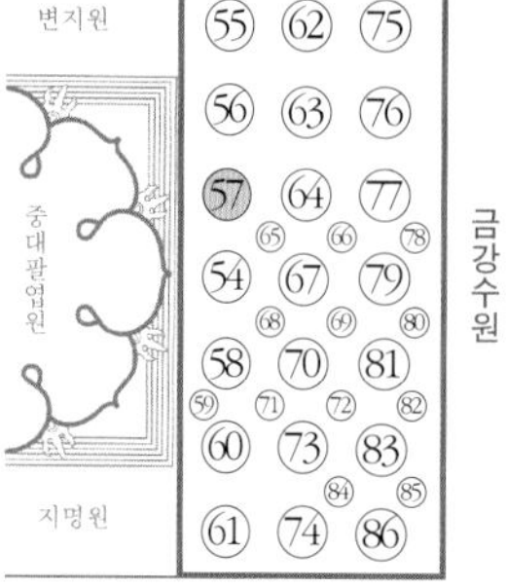

태장만다라 금강수원의 한 보살이다. 금강수지금강은 금강저를 손에 가지고 있다는 의미다. 금강 살타의 이명이고, 금강부 제존의 어머니로 여겨진다. 마마끼(māmakī)는 중생의 어머니라는 뜻을 가지고 있다

형상: 엷은 황색. 얼굴은 약간 오른쪽으로 향하고, 왼손에 삼고저를 들어 가슴 앞에 두고, 오른손은 여원인으로 팔목을 아래로 향하고 손끝은 오른 무릎 위에 닿도록 하고, 적 연화좌대에 가부좌를 하고 있다.

밀호: 견고금강.

금강수지금강보살 진언眞言 / 실담 범자

로마자 표기: namo samanta vajrāṇāṃ triṭ triṭ jayanti svahā.

한글음 표기: 나모 사만따 바즈라남 뜨리뜨 뜨리뜨 자얀띠 스바하.

종자種子: 뜨림(triṃ). 수인: 지지인. 삼매야형: 삼고저.

뜨림(triṃ)

진언 응용(승진 진언)

직장 승진을 하려면 이 진언을 사용한다.

58. 지금강봉보살

(持金剛鋒菩薩, 바즈라그라다리, vajrāgradhāri)

59. 금강사자

태장만다라 금강수원의 한 존이다. 금강봉金剛鋒의 봉은 예리한 금강의 창끝이란 뜻이므로, 예리한 금강지혜로 번뇌를 꿰뚫어 파괴하는 그 덕德을 말한다. 이 존은 큰 힘(大力, mahādala)의 관정을 수지하려는 수행자들이 대비의 지혜를 성취하도록 하여 관정에 들게 한다.

형상: 적 살색. 머리를 약간 오른쪽으로 기울이고, 오른손에는 봉을 가시고 어깨에 메고, 왼손은 허벅지 위에 올려놓고, 적 연화좌에 반가부좌를 하고 있다.

밀호: 신리금강.

지금강봉보살 진언眞言 / 실담 범자

로마자 표기: namo samanta vajrāṇāṃ sarva dharma nirve dha nevajra sūcivarade svahā.

한글음 표기: 나모 사만따 바즈라남 사르바 다르마 니르베 드하 네바즈라 수찌바라데 스바하.

종자種子: 훔(hūṃ). 수인: 지지인. 삼매야형: 일고극戟.

훔(hūṃ)

진언 응용(대비 지혜 진언)

지혜를 성취하려면 이 진언을 사용한다.

59. 금강사자

(金剛使者, 바즈라쩨따, vajraceṭa)

태장만다라 금강수원에 있는 5사자 중의 한 사자로서 제존諸尊을 받들어 모시는 시자侍者를 말한다. 『호명법문신주경』에 보면 사자에 대하여 다음과 같은 말이 있다. "이때에 금강사자가 부처님께 합장하고 공경하며 아뢰기를, 부처님이시여, 저 역시 모든 선남자 선여인을 옹호하고 이익케 하겠습니다." 범어 쩨따(ceṭa)는 사내종 혹은 노복奴僕이란 의미를 가지고 있다. 여기서는 부처님께 시중드는 것을 말한다.

형상: 살색. 양손으로 독고극獨鈷戟을 가지고 오른쪽 어깨에 대고, 연화좌에 반가부좌를 하고 있다.

밀호: 호법금강.

금강사자 진언眞言 / 실담 범자

로마자 표기: namo samanta-vajrānāṃ he he kiṃcirāyasi gṛhṇa gṛhṇa khāda khāda paripūyasi jñāṃ svāhā.

한글음 표기: 나모 사만따-바즈라남 헤 헤 낌찌라야시 그리흐나 그리흐나 카다 카다 빠리뿌야시 즈남 스바하.

종자種子: 헤(he). 수인: 봉교도인. 삼매야형: 독고봉.

헤(he)

진언 응용(하심 진언)

수행하는 데 하심하려면 이 진언을 사용한다.

60. 금강권보살

(金剛拳菩薩, 바즈라므쓰띠, vajramuṣṭi)

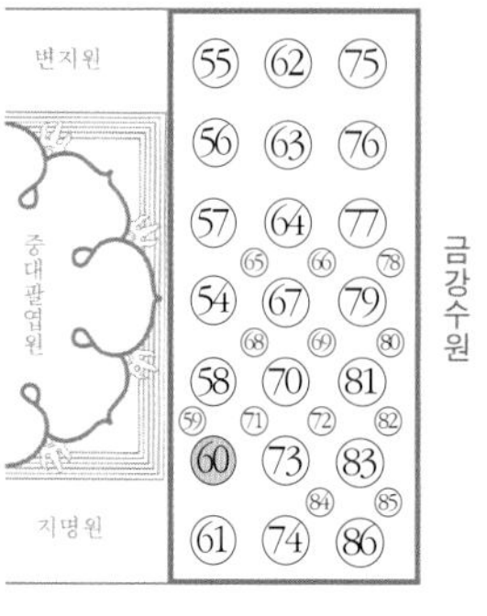

태장만다라 금강수원의 한 존이다. 금강권보살은 금강계만다라 금강권보살과 동체이다. 이 존은 용맹정진을 관장하는 보살로서. 금강의 지혜의 망치로 삼독의 번뇌를 두들겨 파괴한다는 의미를 가지고 있다. 십자 금강저를 갈마(羯磨, karma, 수계 때 갈마에 의하여 수계자의 악惡을 끊고 선善을 생기게 하는 작용을 하는 힘) 금강저로 표현하기도 한다. 갈마는 작업作業·행위行爲 등을 말히기도 힌다.

형상: 백살색. 오른손에는 십자 독고저 봉을 가지고, 왼손은 주먹을 쥐고 배꼽 앞에 두고, 적 연화좌에 가부좌를 하고 있다.

밀호: 비밀금강.

금강권보살 진언眞言 / 실담 범자

로마자 표기: namo samanta vajrāṇāṃ sphoṭaya vajrasaṃbhave.

한글음 표기: 나모 사만따 바즈라남 스포따야 바즈라삼바바.

종자種子: 훔(hūṃ). 수인: 양수권. 삼매야형: 십자 금강저.

훔(hūṃ)

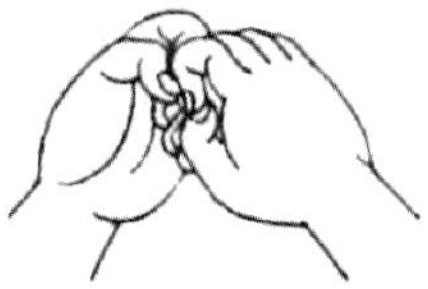

진언 응용(갈마 진언)

악惡의 행위를 선善의 행으로 바꾸려면 이 진언을 사용한다.

61. 분노월염보살

(分路月黶菩薩, 끄로다짠드라띠라까, krodhacandratilaka)

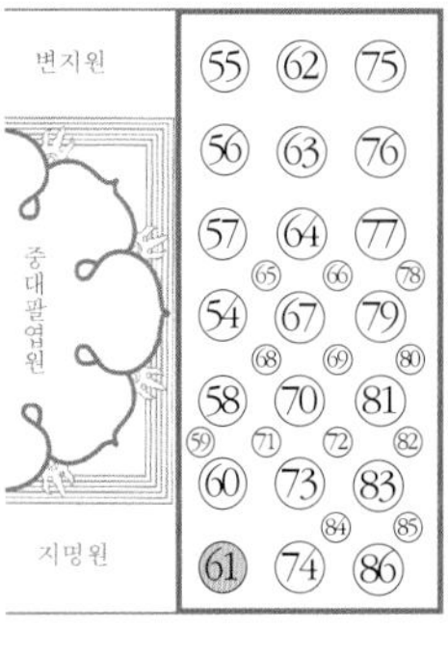

태장만다라 금강수원의 한 존이다. 본존은 달의 청정함을 의미하며 염(黶, 띠라까, tilaka, 검은 사마귀)은 눈썹 사이의 백호를 말하기도 하지만, 여기서는 이마 위에 있는 제3의 눈을 말하고 이를 지혜의 눈이라 말한다. 호마(護摩, 부동명왕과 애염명왕 등을 본존으로 하여 그 앞에 단을 쌓고 화로에 호마목을 태우며 재앙과 악업을 없애줄 것을 기도하는 밀교의 의식)의 재를 이마에 섬씩는 것을 말하며, 그 의미는 주술의 힘이 발휘되는 것을 말하고, 여러 가지 장애를 파괴함을 말한다.

형상: 청흑색. 3목(3개의 눈, 제3목은 지혜의 눈이다), 4본의 아(牙, 4개의 어금니), 4비(4개의 팔)의 모습이다. 분노의 얼굴은 모든 장애(번뇌)에 대하여 항복을 받기 위한 것이고, 4개의 어금니는 4해탈(四解脫, 유위有爲는 아라한의 해탈이고, 무위無爲는 보살의 열반이다. 심해탈心解脫은 번뇌를 초월함이고, 혜해탈慧解脫은 무지에서 벗어남을 말하고, 구해탈具解脫은 멸진정을 얻어 해탈하는 것이다)을 표현하는 것이다. 4비 중 좌우의 제1수는 인결을 하고 있고, 좌측 제2의 팔은 독고저를 들고 있으며, 우측 제2의 팔은 삼고창을 가지고 있고, 적 연화좌에 가부좌하고 있다.

밀호: 저리금강.

분노월염보살 진언眞言 / 실담 범자

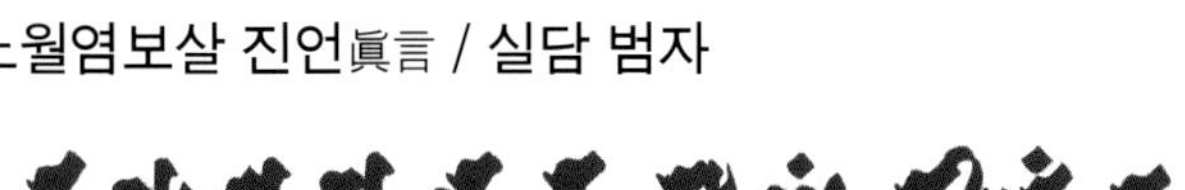

로마자 표기: namo samanta vajrāṇāṃ hrīḥ hūṃ phat.

한글음 표기: 나모 사만따 바즈라남 흐리흐 훔 파뜨.

종자種子: 흐림(hrīṃ). 수인: 내 오고인. 삼매야형: 삼고창.

흐림(hrīṃ)

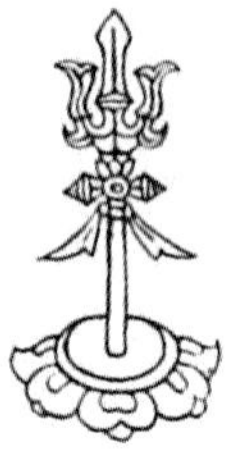

진언 응용(사업 진언)

사업을 성취하려면 이 진언을 사용한다.

62. 허공무구지금강보살

(虛空無垢持金剛菩薩, 가가나마라바즈라다라, gaganāmalavajradhara)

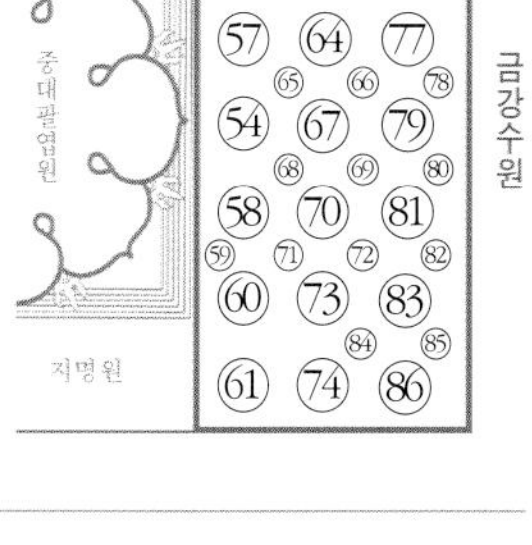

태장만다라 금강수원의 한 존이다. 본존은『대일경』주심품에 대일여래가 중생에 대하여 19집금강으로 등장하여 중생을 교화함을 말하는데, 중생의 근기에 따라서 제일 먼저 나타내 보이는 것은 중생이 본래 갖추고 있는 보리심을 나타내 덕을 쌓게 하는 것이다. 말하자면 청정한 허공은 어떠한 장애에도 가려지지 않듯이 보리심은 일체의 희론戱論과 집착執着을 떠나 있는 것이며, 더러움에 물들지 않는(無垢無染) 마음을 말하는 것이다. 범어 가가나(gaganā)는 천공·공·허공虛空으로 번역한다. 마라(mala)는 때(垢)·오물 등으로 번역한다.

형상: 살색. 왼손에는 독고저를 가졌으며, 오른손은 여원인을 하고, 백련화좌에 가부좌를 하고 있다.

밀호: 이구금강.

허공무구지금강보살 진언眞言: 55번 발생금강부보살 진언과 동일하다.

종자種子: 훔(hūṃ).

훔(hūṃ)

수인: 극인.

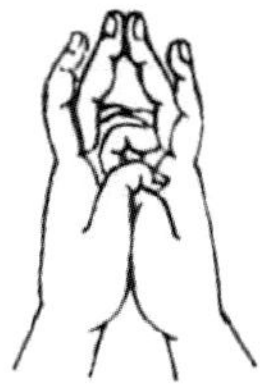

삼매야형: 독고저.

진언 응용(무구무염 진언)

허공과 같은 청정함을 원한다면 이 진언을 사용한다.

63. 금강뇌지금강보살

(金剛牢持金剛菩薩, 쉬바즈라다라, śivajradhara)

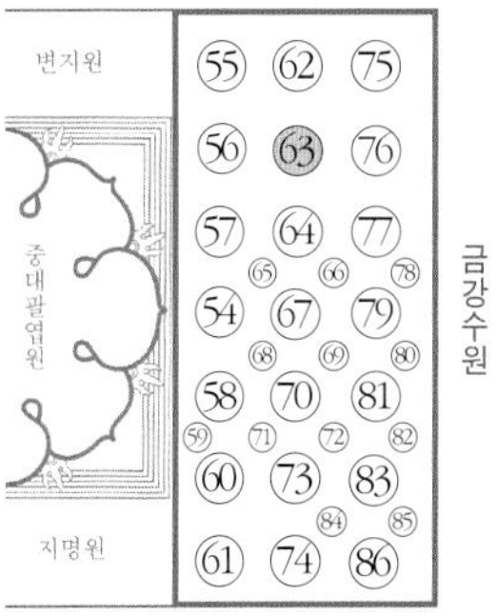

태장만다라 금강수원의 한 존이다. 범어梵語 쉬(śi)는 예리하다는 의미를 가지고 있다. 거울을 맑게 닦음과 같이 지혜의 몸을 갖춤을 말하고 견고함을 나타낸다. 또 일체중생을 굳건히 지켜 보호하는 존으로서, 견뇌堅牢는 확고하여 움직이지 않음을 말한다.

형상: 살색. 왼손은 독고저를 들고 가슴 앞에 두고, 오른손은 여원인與願印을 하고, 적 연화좌에 가부좌를 하고 있다.

밀호: 수호금강.

금강뇌지금강보살 진언眞言: 55번의 발생금강부보살과 동일하다.

종자種子: 훔(huṃ). 수인: 추인. 삼매야형: 독고저.

훔(hūṃ)

진언 응용(입사시험 진언)

모든 공포나 두려움이 없애려면 이 진언을 사용한다.

64. 분노지금강보살

(忿怒持金剛菩薩, 바즈라그라바즈라다라, vajrāgravajradhara)

65. 금강사자

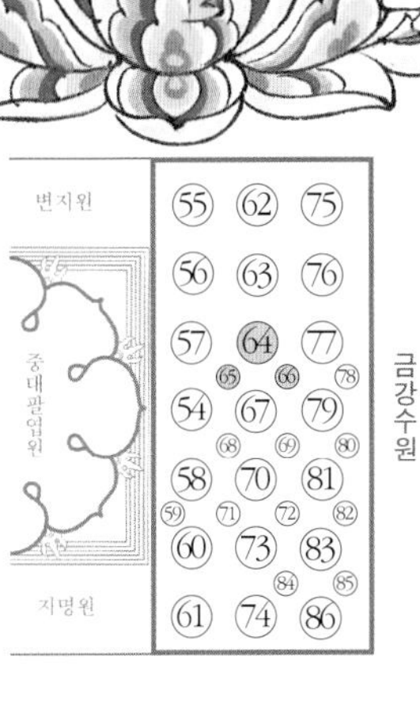

66. 금강사자

태장만다라 금강수원의 한 존이다. 범어로 바즈라그라(vajrāgra)는 돌출된 예리한 무기라는 뜻이다. 분뇌지금강을 끄로다바즈라다라(krodhavajradhara)라고 한다. 이는 예리한 금강저를 가지고 있다는 뜻으로 해석한다. 즉 이 무기는 지극히 용맹하고 예리한 지혜를 성취하여 번뇌를 깨트리고 쳐부수는 것을 나타낸 것이다.

형상: 적 살색. 왼손에는 삼고저를, 오른손은 여원인을, 오른쪽 무릎을 세우고, 백련화좌에 앉아 있다.

밀호: 위맹금강.

분노지금강보살 진언眞言: 55번 발생금강부보살과 동일하다.

종자種子: 훔(Hūṃ). 수인: 극인. 삼매야형: 삼고저.

훔(hūṃ)

진언 응용(시험 합격 진언)

각종 시험에 합격하려면 이 진언을 사용한다.

65. 금강사자

(金剛使者, 바즈라쩨따, vajraceṭa)

태장만다라 금강수원의 사자의 한 존이다. 분노지금강보살의 우측에 자리하고, 59

번 금강사자(바즈라쩨따)와 동일하다.

형상: 몸은 살색, 분노형 머리를 하고, 오른손에는 검을 어깨 위로 세워서 들고, 왼손은 가슴 앞에 올려두고 앞을 향하여 장지와 무명지를 구부리고, 왼쪽 무릎을 세우고 연화좌에 앉아 있다.

밀호: 호법금강.

금강사자 진언眞言 / 실담 범자

로마자 표기: namo samanta-vajrāṇāṃ he he kiṃcirāyasi gṛhṇa gṛhṇa paripūraya kiṃkarāṇāṃ svapratijñāṃ svāhā.

한글음 표기: 나모 사만따-바즈라남 헤 헤 낌 찌라야시 그리흐나 그리흐나 빠리뿌라야 낌까라남 스바쁘라띠즈남 스바하.

종자種子: 헤(he). 수인: 봉교도인. 삼매야형: 독고극.

헤(he)

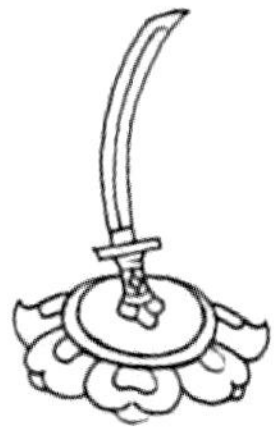

진언 응용(하심 진언)

모든 일들을 원만히 해결하려면 이 진언을 사용한다.

66. 금강사자

(金剛使者, 바즈라쩨따, vajraceṭa)

태장만다라 금강수원의 한 존이다. 59번과 동일하다. 분노지금강보살의 좌협시로 등장한다.

형상: 살색. 분노형을 하고, 왼손에는 독고저를 가졌으며, 몸에는 천의를 걸치고, 양발로 연좌를 밟고 있으며, 역동적인 자세를 취하고 있다.

밀호: 호법금강.

금강사자 진언真言: 59번 금강사자 진언과 동일하다.

종자種子: 헤(he). 수인: 봉교도인. 삼매야형: 칼(刀).

헤(he)

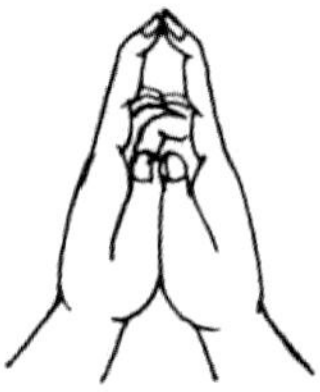

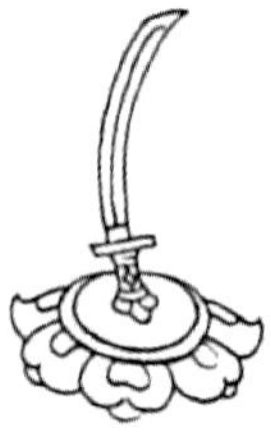

진언 응용(하심 진언)

모든 일들을 원만히 해결하려면 이 진언을 사용한다.

67. 허공무변초월보살

(虛空無邊超越菩薩, 가가나난따비끄라마, Gaganānantavikrama)

68. 금강군다리

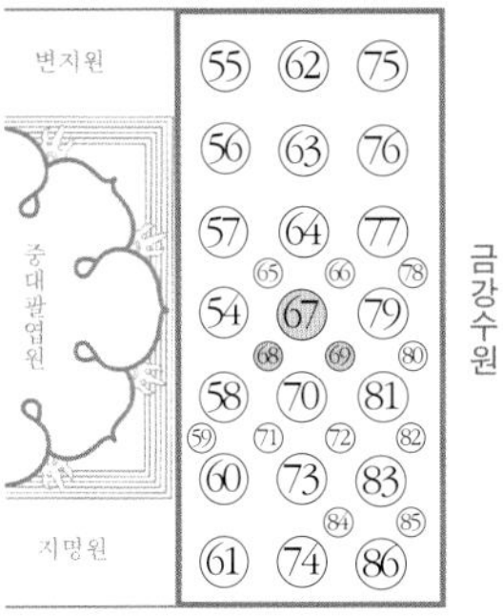

69. 대력금강

태장만다라 금강수원의 한 존이다. 범어 가가나(gaganā)는 허공을 말하고, 비끄라마(vikrama)는 용기 있게 정진한다는 의미이다. 부주·승진·신변의 뜻이 있으므로 정보리심淨菩提心에 안착하여 항상 정진·만행 등의 수행으로 대신통력을 일으키는 것을 말한다.

형상: 엷은 황색. 오른손은 우측 무릎을 세운 위에 여원인을 하고, 왼손에는 삼고저를 들고 가슴 앞에 두고, 적 연화좌에 앉아 있다.

밀호: 광대금강.

허공무변초월보살 진언眞言: 55번 발생금강부보살과 동일하다.

종자種子: 훔(hūṃ). 수인: 지지인. 삼매야형: 삼고저.

훔(hūṃ)

진언 응용(학생 공부 진언)

학생들의 성적이 향상되려면 이 진언을 사용한다.

68. 금강군다리

(金剛軍茶利, 바즈라꾼다리, vajrakuṇḍalī)

태장만다라 금강수원의 한 존이다. 군다리는 총 3부에 걸쳐 있는데, 연화부 관음원 36번 연화군다리, 금강부 금강수원 68번 금강군다리, 불부 소실지원 207번 금강군다리가 그것이며, 이 금강수원의 군다리는 금강수원의 사자이기도 하다. 상세한 것은 36번 연화군다리를 참조하라.

형상: 살색. 천의를 걸치고, 양손을 가슴 앞에서 교차하여 양쪽 엄지손가락과 무명지를 구부려 손바닥을 가슴 안쪽으로 향하고, 연화좌에 가부좌를 하고 있다.

밀호: 감로금강.

금강군다리 진언眞言 / 실담 범자

로마자 표기: namo ratnatrayāya namaś caṇḍmahā vajrakrodhāya oṃ huru huru tiṣṭha tiṣṭha bandha bandha hana hana amṛte hūṃ phaṭ svāhā.

한글음 표기: 나모 라뜨나뜨라야야 나마스 짠드마하 바즈라끄로다야 옴 후루 후루 띠스타 띠스타 반다 반다 하나 하나 아므리떼 훔 파뜨 스바하.

종자種子: 훔(hūṃ).　　　　　수인: 대삼매야인.　　　　삼매야형: 삼고저.

훔(hūṃ)

진언 응용(재앙을 물리치는 진언)

모든 재앙을 물리치려면 이 진언을 사용한다.

69. 대력금강
(大力金剛, 마하다라, mahādala)

태장만다라 금강수원의 한 존이다. 범어 마하다라(mahādala)는 큰 힘을 말하는데, 이는 근본무명(탐貪, 진嗔, 치痴)을 타파하는 것을 의미한다.

자세한 설명은 58번 지금강봉보살을 참조하라.

형상: 살색. 분노형으로, 왼손에 독고저를 쥐고 머리 위로 높이 올리며, 천의를 착용하고 두 다리를 벌려 역동적인 자세를 취하고 있다.

밀호: 대근금강.

대력금강 진언眞言: 59번 금강사자 진언과 동일하다.

종자種子: 혜(he).　　수인: 봉인.　　삼매야형: 독고저.

혜(he)

진언 응용(대비지혜 진언)

지혜를 원한다면 이 진언을 사용한다.

70. 금강쇄보살

(金剛鎖菩薩, 바즈라스린카라, vajraśṛṅkhara)

71. 금강구녀

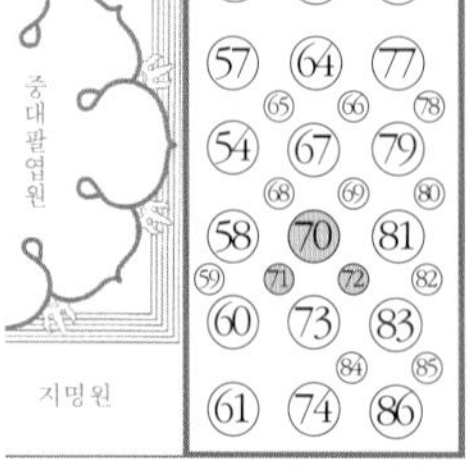

72. 금강동자

태장만다라 금강수원의 한 존이다. 범어 슈린카라(śṛṅkhara)는 발에 고랑·짜고·족쇄를 차고 있다는 의미이다. 또 진언에서 범어 반다야(bandhaya)는 속박을 의미한다. 이는 중생의 번뇌장·소지장을 말하는 것이고, 이 두 장의 번뇌를 금강쇄보살이 가지고 있는 사슬의 양 끝에 있는 금강쇄로 쳐부수어 해탈케 하는 것이다.

형상: 옅은 황색. 왼손은 주먹을 쥐고 위를 향하게 하여 왼쪽 무릎 위에 놓고, 오른손은 금강쇄 중간을 쥐고 오른 가슴 앞에 두고 있다. 오른쪽 무릎은 세우고 적연화좌에 앉아 있다.

밀호: 견지금강.

금강쇄보살 진언眞言 / 실담 범자

로마자 표기: namo samanta vajrāṇāṃ bandhaya bandhaya moṭa moṭaya vajrobhave sarvatratihate svāhā.

한글음 표기: 나모 사만따 바즈라남 반다야 반다야 모따 모따야 바즈로바베 사르바뜨라띠하떼 스바하.

종자種子: 밤(baṃ). 수인: 전법륜인. 삼매야형: 금강쇄.

밤(baṃ)

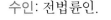

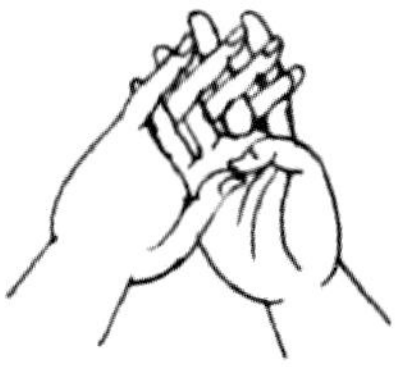

진언 응용(수행정진 진언)

모든 수행에 정진하려면 이 진언을 사용한다.

71. 금강구녀
(金剛鉤女, 바즈란꾸시, vajrāñkuśī)

태장만다라 금강수원의 한 존이다. 56번의 금강구녀보살과 동체이다.

일체중생을 불러들여 일체여래의 공덕을 원만하게 하여 수행에 임하도록 한다. 상세한 설명은 56번을 참조.

형상: 살색. 천의를 걸치고, 오른쪽 무릎을 세워 오른쪽 팔을 구부려 어깨의 천의를 쥐고 있으며, 왼손은 금강구를 쥐고 왼쪽 어깨에 대고, 연화좌에 앉아 있다.

밀호: 소집금강.

금강구녀 진언眞言: 56번 금강구녀보살과 동일하다.

종자: 훔(hūṃ), 아흐(āḥ). 수인: 대구소인. 삼매야형: 갈고리(鉤).

훔(hūṃ) 아흐(āḥ)

진언 응용(지혜 진언)

번뇌 망상에서 벗어나려면 이 진언을 사용한다.

72. 금강동자

(金剛童子, 까니끄로다, kanikrodha)

태장만다라 금강수원의 한 존이다. 금강사자·금강아 등으로 한역하며, 아미타불의 화신 또는 어린아이의 모습을 한 분노존이다. 범어 까니끄로다(kanikrodha)는 조금 분노하다는 의미가 있다. 금강동자는 금강쇄보살의 시자侍者인 동자 모양의 분노 형상을 하고 있으며, 재앙을 없애고 이익을 얻으려는 수행법을 금강동자법이라 한다.

형상: 살색. 왼손에는 삼고저를 쥐고 왼발을 들고 있으며, 오른팔은 앞으로 펴고, 어깨 위는 과거 7화불을 나타내며, 역동적인 자세를 취하고 있다.

밀호: 사업금강.

금강동자 진언眞言 / 실담 범자

로마자 표기: hūṃ vajrakumāra kanidhūni hūṃ hūṃ phaṭ.

한글음 표기: 훔 바즈라꾸마라 까니두니 훔 훔 파따.

종자種子: 훔(hūṃ). 수인: 허심하장. 삼매야형: 삼고저.

훔(hūṃ)

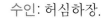

진언 응용(재앙을 끊어주는 진언)

모든 재앙에서 벗어나려면 이 진언을 수지 독송하면 좋다.

73. 금강지보살

(金剛持菩薩, 바즈라다라, vajradhara)

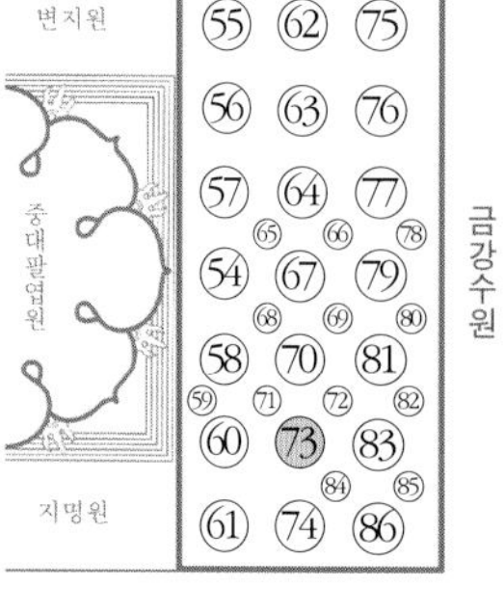

태장만다라 금강수원의 한 존이다. 범어 바즈라다라(vajradhara)는 금강저를 항상 가지고 있다는 의미다. 금강이란 수행할 때 수행자가 견고함으로 상승의 선정을 하여, 여래의 지혜를 항상 기르고 가져서 퇴진하지 않는 것을 나타내는 것이다.

형상: 백황색. 왼손에 독고저를 가슴 앞에 들고 있으며, 오른손은 독고저 끝을 잡고 몸 밖으로 향하고 있으며, 적 연화좌에 가부좌를 틀고 있다.

밀호: 상정금강.

금강지보살 진언眞言: 55번 발생금강부보살 진언과 동일하다.

종자種子: 훔(hūṃ). 수인: 지지인. 삼매야형: 독고저.

훔(hūṃ)

진언 응용(수행자의 진언)

수행자가 해탈을 성취하려면 이 진언을 사용한다.

74. 지금강리보살

(持金剛利菩薩, 바즈라그라다라, vajragradgara)

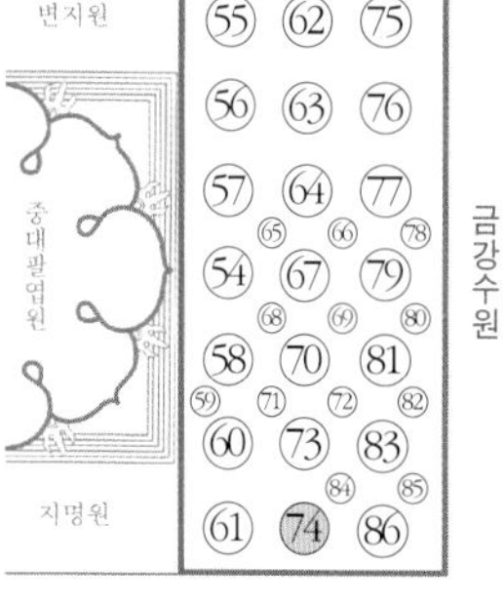

태장만다라 금강수원의 한 존이다. 주무희론보살(住無戱論菩薩, 아쁘라빤짜비하리, aprapañcavihāri)이라 칭하기도 한다. 『대일경』 비밀만다라품의 신리보살迅利菩薩과 같다고 본다. 지금강리보살과 주무희론보살과 이희론보살 등 세 보살이 있는데, 현도에서는 무주희론보살은 생략된다.

형상: 적 살색. 좌수는 독고저를 들고 가슴 앞에 두고, 우수는 우측 무릎을 세운 위에 가슴 앞으로 구부려 앞을 향하게 하고 약지만 세우고, 적 연화좌에 앉아 있다.

지금강리보살 진언眞言: 55번 발생금강부보살과 동일하다.

종자種子: 훔(hūṃ).　　수인: 지지인.　　삼매야형: 독고저.

훔(hūṃ)

진언 응용(말 잘하는 진언)

말을 잘하려면 이 진언을 사용한다.

75. 금강륜지보살

(金剛輪持菩薩, 짜끄라바즈라다라, cakravajradhara)

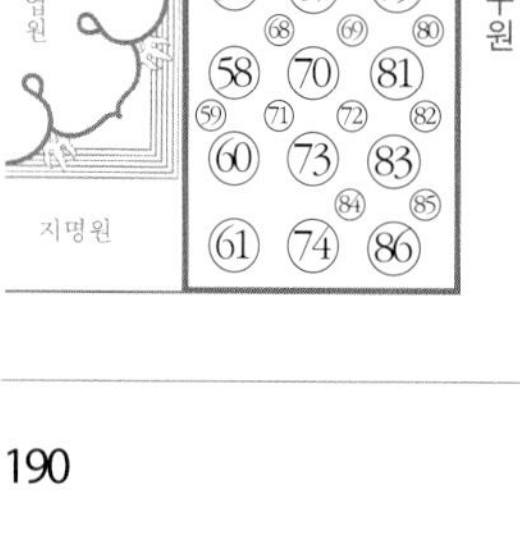

태장만다라 금강수원의 한 존이다. 범어 짜끄라(cakra)는 바퀴(법륜)란 뜻이지만 여기에서는 금강륜이라 하여 태양의 광선을 상징하는 일륜日輪을 말하고, 번뇌를 타파하는 원반형의 무기를 말하기도 한다.

형상: 살색. 왼손은 왼쪽 허벅지 위에 살짝 얹혀 있고, 오른손은 가슴 앞에 올리고 있으며 중지와 무지를 구부리고 나미지 3지를 세워 검지 위에 금강륜을 수평으로 하고, 연화좌에 가부좌를 틀고 있다.

밀호: 최복금강.

금강륜지보살 진언真言 / 실담 범자

로마자 표기: namo tryadhvikānāṃ sarvatathāgatānāṃ aṃ viraji viraji mahācakravajri sata sata sarate sarate trāyi trāyi vidhamani saṃbhañjani tramatiddhāgrya trāṃ svāhā.

한글음 표기: 나모 뜨르야드비까남 사르바따타가따남 암 비라지 비라지 마하짜끄라바즈리 사따 사따 사라떼 사라떼 뜨라이 뜨라이 비다마니 삼단자니 뜨라마띧다그르야 뜨람 스바하.

종자種子: 짜(ca), 스뜨리야(striya). 수인: 허심합장. 삼매야형: 금강륜.

짜(ca) 스뜨리야(striya)

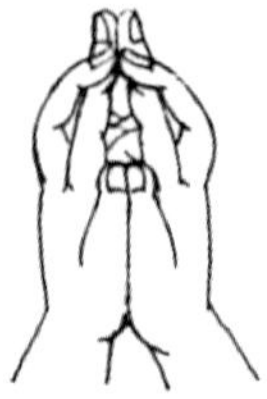

진언 응용(지혜를 증장 진언)

수행을 하여 해탈을 얻으려면 이 진언을 사용한다.

76. 금강설보살

(金剛說菩薩, ㄲ흐야또바즈라다라흐, khyātovajradharaḥ)

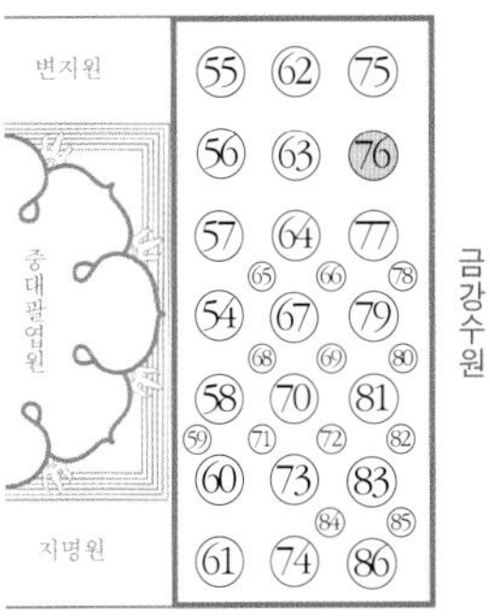

태장만다라 금강수원의 한 존이다. 『대일경』 구연품에서는 금강침보살(바즈라수찌, vajrasūci)과 동체로 보고 있으나, 한국에서는 금강예보살을 동체로 본다. 혹은 열금강보살로 보기도 한다. 이 존은 금강수원의 금강살타 권속으로 여래의 용맹정진하는 덕을 주관한다.

형상: 백살색. 왼손에 자루가 긴 연꽃을 들고 어깨 위에 올려 그 연꽃 위에 삼고저가 세워져 있고, 오른손은 우측 무릎을 세워 그 위에 얹고, 연화좌에 앉아 있다.

밀호: 이신금강.

금강설보살 진언眞言 / 실담 범자

로마자 표기: namo samanta-vajrāṇāṃ sarvadharmanivedhavajrasūci varade svahā

한글음 표기: 나모 사만따-바즈라남 사르바다르마니베다바즈라슈찌 라데 스바하.

종자種子: 훔(hūṃ), 수(su). 수인: 금강침인. 삼매야형: 삼고저.

훔(hūṃ) 수(su)

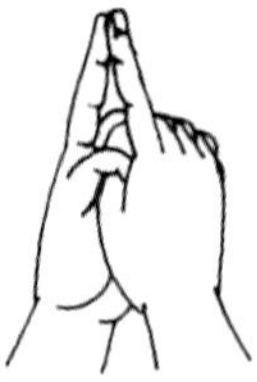

진언 응용(용맹정진 진언)

수행자가 용맹정진하려면 이 진언을 사용한다.

77. 역열지금강보살

(懌悅持金剛菩薩, 수라따바즈라다라, suratavajradgara)

78. 금강사자

태장만다라 금강수원의 한 존이다. 범어 수르스따(sursta, 묘적妙適이라고도 한다)는 묘주妙住라 하고, 남녀의 교제 또는 성적 쾌락을 뜻하는 말로, 수행자가 본존과 합일하여 일체가 된 경지를 말한다. 묘주란 그 합일의 상태를 가리킨 번역어이며, 밀호인 경희(慶喜, ānanda)도 육체적 쾌락의 의미를 지니고 있다.

형상: 엷은 황색. 좌수는 권인을 결하고 허벅지 위에 놓여 있고, 우수는 구부려 명치 앞에 손바닥이 위로 향하게 하고, 그 위에 독고저를 세워서 들고 있다. 머리는 정면을 향하고, 적 연화좌에 가부좌를 틀고 있다.

밀호: 경희금강.

역열지금강보살 진언眞言: 55번 발생금강부보살 진언과 동일하다.

종자種子: 훔(hūṃ), 수(su).　　수인: 지지인.　　삼매야형: 독고저.

훔(hūṃ)　수(su)

진언 응용(남녀 결혼)

결혼을 하려면 이 진언을 사용한다.

78. 금강사자
(金剛使者, 바즈라쩨따, vajraceṭa)

태장만다라 금강수원의 한 존이다. 59번, 65번, 66번, 82번은 같은 사자로서 형상은 분노형을 하고 있다.

형상: 살색. 천의를 길치고, 왼손에는 반심고지칭을 쥐고 이깨에 걸치고 있고, 연화좌에서 반가부좌를 하고 있다.

밀호: 대근금강.

금강사자 진언眞言: 55번 발생금강부보살 진언과 동일하다.

종자種子: 헤(he). 수인: 봉교도인. 삼매야형: 삼고극.

헤(he)

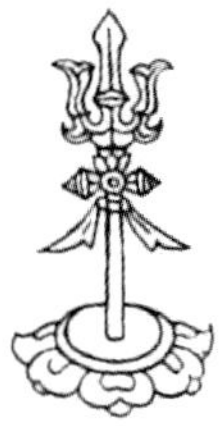

진언 응용(마음을 낮추는 진언)

하심하려면 이 진언을 사용한다.

79. 금강아보살

(金剛牙菩薩, 바즈라담쓰뜨라, vajradaṃṣṭra) vajradhaṃṣṭra)

80. 금강권

태장만다라 금강수원의 한 존이다. 이 존은 반추 동물인 소가 풀을 되새김하여 풀을 잘게 부수듯이 고해에 있는 중생의 괴로움을 조복調伏시키는 것을 나타낸다.

형상: 적 살색. 천의를 걸치고, 왼손은 허리 앞의 복부에 두고 자루가 긴 연꽃을 어깨 위에 올렸으며, 연꽃 위에 반 삼고저를 실치하고 있으녀, 오른손은 구부려 가슴 앞에 두고 있고, 적 연화좌 위에 가부좌를 틀고 앉아 있다.

밀호: 조복금강.

금강아보살 진언眞言 / 실담 범자

로마자 표기: namo samanta-vajrānāṃ gavībala truṭa hūṃ svāhā.

한글음 표기: 나모 사만따-바즈라남 가비바라 뜨루따 훔 스바하.

종자: 훔(hūṃ). 수인: 금강야차대비삼매야명인. 삼매야형: 연꽃 위에 이빨.

훔(hūṃ)

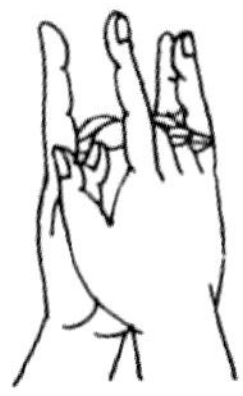

진언 응용(원적怨敵과 마원魔怨)

원한의 적과 마구니의 원한을 없애려거든 이 진언을 사용한다.

80. 금강권
(金剛拳, 바즈라단다, vajradaṇḍa)

태장만다라 금강수원의 한 존이다. 60번 금강권보살과 동체이다. 범어 단다(daṇḍa)는 봉棒이라 음역하는데, 몽둥이나 막대기 등을 말한다. 업장과 번뇌를 이 단다(봉)로 타파함을 의미한다.

형상: 살색. 오른손에 단다봉을 쥐고 어깨에 걸치고 있으며, 왼팔은 구부려 가슴 앞에 두고 주먹을 쥐고 검지만 펴고 있으며, 연화좌 위에 반가부좌를 하고 있다.

밀호: 비밀금강.

금강권 진언眞言 / 실담 범자 금강

로마자 표기: namo samanta vajrāṇāṃ sphoṭaya vajrasambhave svāhā.

한글음 표기: 나모 사만따 바즈라남 스뽀따야 바즈라삼바바 스바하.

종자種子: 훔(hūṃ), 다(da). 수인: 좌우합권인. 삼매야형: 봉.

훔(hūṃ) 다(da)

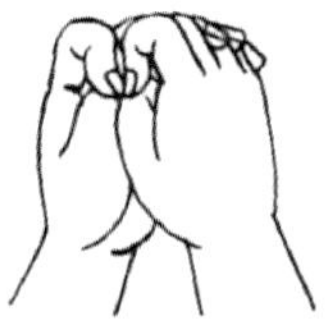

진언 응용(멸업장 번뇌 진언)

업장과 번뇌를 소멸하려면 이 진언을 사용한다.

81. 이희론보살

(離戱論菩薩, 니쓰쁘라빤짜비하리바즈라다라, Niṣprapañcavihārivajradhara)

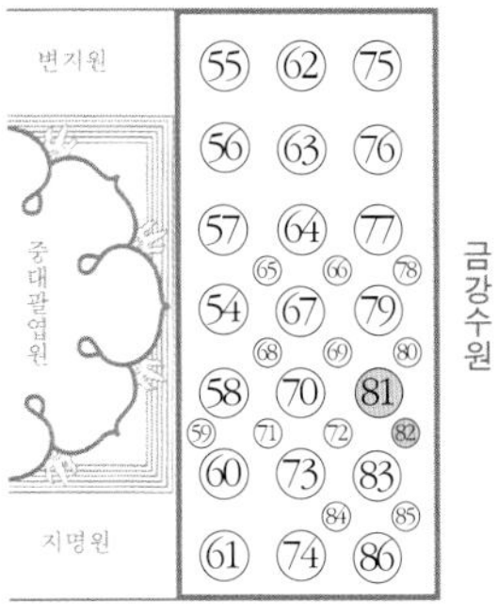

82. 금강사자

태장만다라 금강수원의 한 존이다. 이 보살은 망상妄想·희론戱論을 멸滅하여 멀리 여의게 하고, 진리眞理에 안주安住하게 하는데, 즉 연기緣起의 실상實相의 팔불八不인 불생불멸不生不滅·부단불상不斷不常·불래불거不來不去·불일불이不一不異를 관하여 그 희론을 멸하여 보이는 것이다.

형상: 살색. 왼손에 독고저의 한쪽 끝을 쥐고 한쪽 끝은 연화좌에 얹어져 있고, 오른팔은 오른쪽 무릎을 세워 그 위에 얹고 손을 가슴 앞에 두고 검지만 세우고 다른 손가락은 절반만 구부리고 있으며, 적련화 대좌에 앉아 있다.

밀호: 진행금강.

이희론보살 진언眞言: 55번 발생금강부보살 진언과 동일하다.

종자種子: 훔(hūṃ). 수인: 지지인. 삼매야형: 연화대 위 독고저.

훔(hūṃ)

진언 응용(실천實踐 진언)

이론만 내세우고 실천하지 않는 사람은 이 진언을 사용한다.

82. 금강사자

(金剛使者, 바즈라쩨따, vajraceṭa)

태장만다라 금강수원의 한 존이다. 59번, 65번, 66번, 78번은 금강수원의 같은 사자로서, 이희론보살의 좌측 협시이다.

형상: 정색. 머리는 노발怒髮이며, 천의를 걸치고, 오른손에는 봉교도奉教刀를 들고, 왼손은 엎어서 허벅지 위에 얹고, 연화좌에 가부좌를 틀고 있다.

밀호: 호법금강.

금강사자 진언眞言: 59번과 동일하다.

종자種子: 헤(he). 수인: 봉교도인. 삼매야형: 도刀.

헤(he)

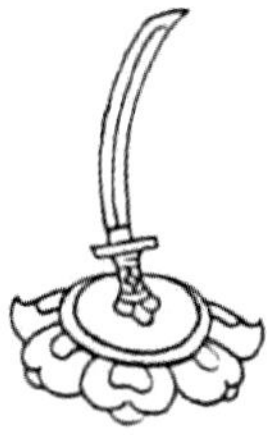

진언 응용(자신을 낮추는 진언)

하심을 하려면 이 진언을 사용한다.

83. 지묘금강보살

(持妙金剛菩薩, 수바즈라다라, Suvajradhara)

84. 손파

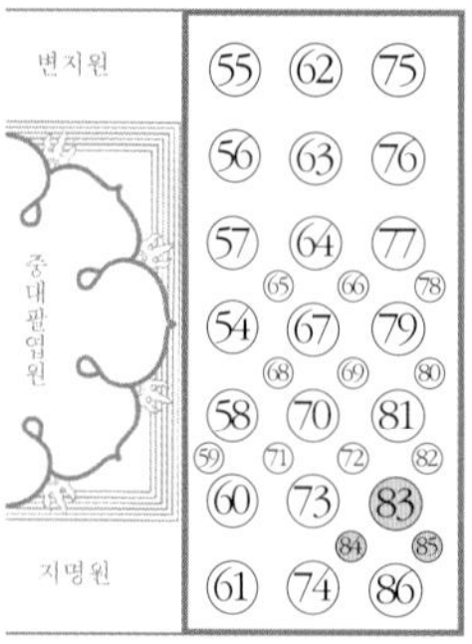

85. 금강왕보살

태장만다라 금강수원의 한 존이다. 범명은 수바즈라바즈-라다라흐(suvajravaj-radharaḥ)이며, 묘금강으로 해석한다. 묘(妙, sat)는 살薩의 번역으로, 즉 불가사의不可思議하여 어느 것도 비교될 수 없는 것을 말한다. 그 예로 『묘법연화경』의 묘법妙法은 불가사의한 법을 말하고, 불가사의한 대상을 묘경妙境이라 하는데, 묘인·묘행·묘과 등도 같은 의미이다. 『대일경』 주심품의 19집금강의 제10 묘집금강에 해당한다.

형상: 백살색. 오른손은 팔을 구부려 어깨높이로 독고저를 세워서 들고, 왼손에는 항삼세회의 삼고저를 쥐고 허벅지 위에 올려두고, 적 연화좌에 가부좌를 틀고 있다.

밀호: 미세금강.

지묘금강보살 진언眞言: 55번 발생금강부보살과 동일하다.

종자種子: 훔(hūṃ). 수인: 지지인. 삼매야형: 갈마진단.

훔(hūṃ)

진언 응용(묘법 진언)

『묘법연화경』을 수행하려면 이 진언을 사용한다.

84. 손파
(孫婆, 슘다, śumdha)

태장만다라 금강수원의 한 존이다. 손파는 아수라(asura)의 형제들을 말한다. 아수라는 육도 중의 한 부류이며, 고대 인도에서는 전투를 일삼는 일종의 귀신으로 간주되었고, 항상 제석천(인드라 신)과 싸우는 투쟁적인 악신으로 여겨졌다. 90번 항삼세명왕 참조.

형상: 살색. 몸에는 상의는 입지 않고 천의를 걸치고, 왼손에 독고저를 가지고 팔을 어깨높이로 하고 손을 안쪽으로 구부리고 있으며, 오른손은 오른쪽 가슴 앞에 두고 주먹을 쥔 상태에서 엄지와 약지를 세워 앞을 향하게 하고 있다. 연화좌에 반가부좌를 하고 있다.

밀호: 최승금강.

손파 진언眞言 / 실담 범자

로마자 표기: oṃ śumbha niśumbha hūṃ gṛhṇa gṛhṇa hūṃ gṛhṇāpaya hūṃ ānaya hoḥ bhagavan vajra hūṃ phaṭ.

한글음 표기: 옴 숨바 니숨바 훔 그리흐나 그리흐나 훔 그리흐나빠야 훔 아나야 호흐 바가반 바즈라 훔 파따.

종자種子: 수(su), 그리(gṛ). 수인: 항삼세인. 삼매야형: 독고저.

수(su) 그리(gṛ)

진언 응용(탐진치 삼독을 해소하는 진언)

어리석음에서 깨어나려면 이 진언을 사용한다.

85. 금강왕보살

(金剛王菩薩, 바즈라라자, vajrarāja)

태장만다라 금강수원의 한 존이다. 금강계 16대 보살의 하나이며 금강계만다라[8번]와 동체이다. 이 보살은 아촉여래를 오른쪽에 모시고 앉아 발심한 뒤 자리이타를 행함이 왕처럼 자재自在한 덕이 있어서 이렇게 이름한다.

또 이 보살의 가지加持로 말미암아 모든 유정(有情, 마음을 가진 살아있는 중생)의 이락문利樂門 중에서 사섭법문四攝法門이 구족具足되어 있다.

형상: 살색. 천의를 걸치고, 머리는 노발怒髮을 하였으며, 양손은 주먹을 쥐고 가슴 앞에서 교차하여 양 검지만 세우고 있으며, 연화좌에 반가부좌를 하고 있다.

밀호: 자재금강.

금강왕보살 진언眞言 / 실담 범자

로마자 표기: oṃ vajrarāja jaḥ.

한글음 표기: 옴 바즈라라자 자흐.

종자種子: 자흐(jaḥ). 수인: 2권 갈고리인. 삼매야형: 양 갈고리.

자흐(jaḥ)

진언 응용(발심 자재 진언)

발심하여 자유자재를 얻으려면 이 진언을 사용한다.

86. 대륜금강보살

(大輪金剛菩薩, 마하짜끄라바즈라, Mahācakravajra)

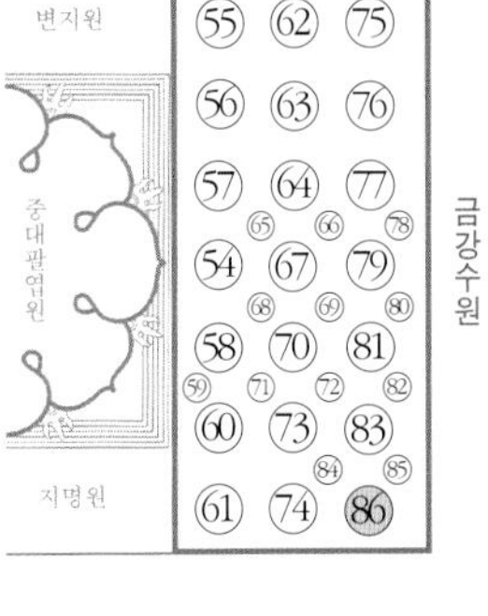

태장만다라 금강수원의 한 존이다. 이 존은 『대일경』 비밀만다라품의 대금강에 해당하고, 또는 74번 지금강리보살과 75번 금강륜지보살과 동체同體이기도 하다. 또 허공장원의 198번 만다라보살과 동명동체同名同體이기도 하다. 범어로 마하-짜끄라(mahā-cakra)는 대법륜(大法輪, 큰 바퀴)이라는 뜻이다.

형상: 백황색. 왼손은 구부려 왼쪽 가슴 앞에 두고 오고저를 들고 있으며, 오른팔은 구부려 옆으로 하고 수주를 들고 있다. 왼쪽 무릎을 세우고, 백 연화좌에 앉아 있다.

밀호: 반야금강.

대륜금강보살 진언眞言: 55번 발생금강부보살 진언과 동일하다.

종자種子: 훔(hūṃ). 수인: 지지인. 삼매야형: 삼고저.

훔(hūṃ)

진언 응용(법륜 진언)

언변을 잘하려면 이 진언을 사용한다.

5

지명원

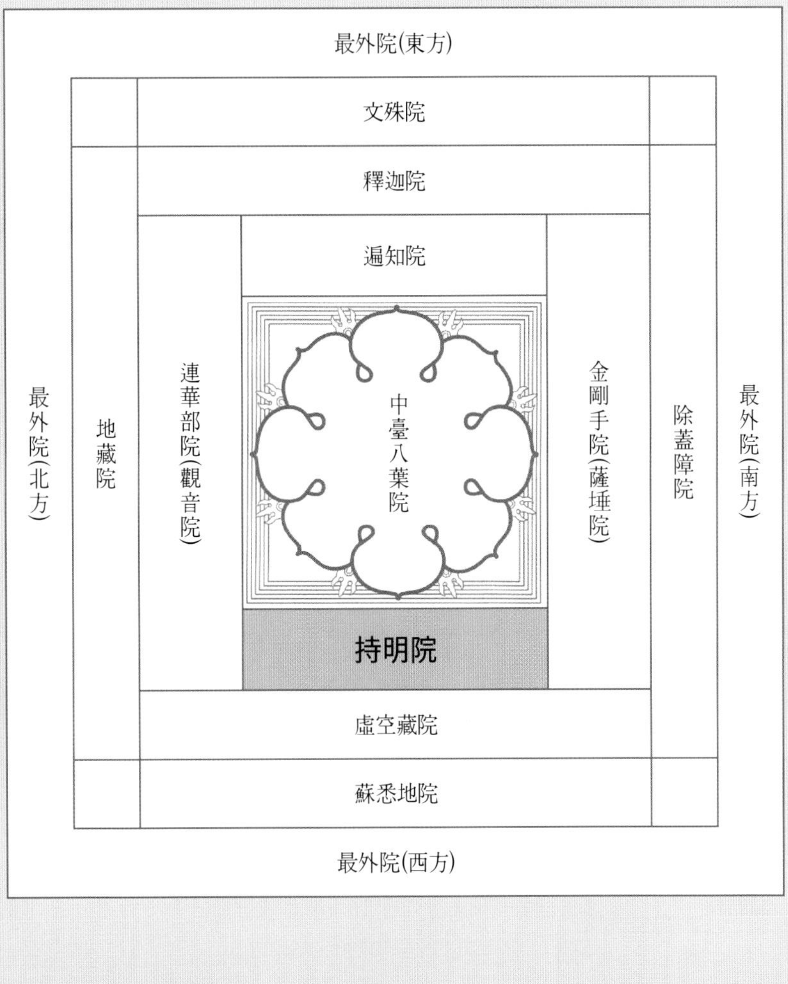
最外院(東方)
文殊院
釋迦院
遍知院
最外院(北方)
地藏院
連華部院(觀音院)
中臺八葉院
金剛手院(薩埵院)
除蓋障院
最外院(南方)
持明院
虛空藏院
蘇悉地院
最外院(西方)

지명원持明院(오대원五台院)은 태장만다라 12대원의 제5원으로, 5존으로 이루어졌으며 중대팔엽원의 하단(서쪽)에 위치한다. 중앙에 87번 반야보살, 우측 첫 번째 88번 대위덕명왕, 우측 두 번째 89번 승삼세명왕, 반야보살 좌측 첫 번째 90번 항삼세명왕, 좌측 두 번째 부동명왕으로 구성되어 있다.

밀교에서는 대일여래가 중생을 구제하기 위하여 임시로 보살이나 명왕으로 변화하여 나타나는 것을 삼륜신三輪身이라 하는데, 즉 부처님 그 자체를 말할 때는 자성륜신自性輪身이라 하고, 반야보살처럼 보살의 모습으로 나타날 때는 정법륜신正法輪身이라 하고, 부동명왕의 보통 모습으로는 교화하기 어려운 중생을 위해 진노하는 모습을 띠고 교화하는 것을 교령륜신教令輪身이라 한다. 이 교령륜신으로 제도하는 대상은 대자재천왕 같은, 교화하기 어려운 중생을 정법에 구애되지 않고 강압적으로 교화하여 인도하려면 분노하는 모습인 4대 명왕의 화신化身으로 교화가 가능하다고 한다.

지명원에는 5존을 안치하고 있는데 다음과 같다.

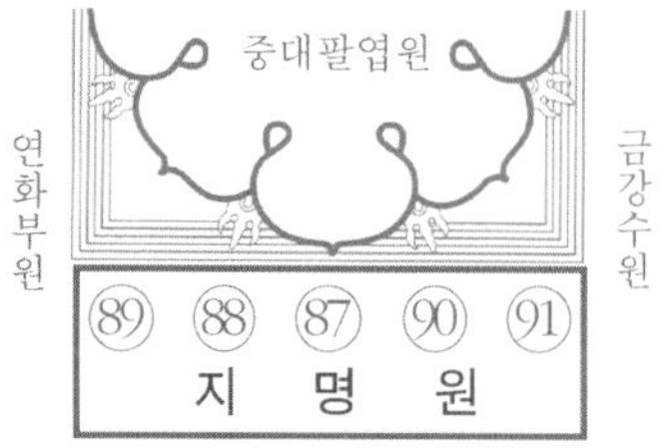

87. 반야보살般若菩薩
88. 대위덕명왕大威德明王
89. 승삼세명왕勝三世明王
90. 항삼세명왕降三世明王
91. 부동명왕不動明王

87. 반야보살

(般若菩薩, 쁘라즈나 빠라미따 보디 사뜨바, prajñā pāramitā bodhi sattva)

태장만다라 지명원의 중앙에 위치하고 있다. 범어 뿌라즈냐(prajñā)는 지혜의 완성, 빠라미따(pāramitā)는 지혜의 완성에 의해 피안의 세계로 건너가는 것을 말하고, 두 단어를 합하여 지혜바라밀다(智慧波羅蜜多, prajñā pāramitā)라 하고, 지혜도피안智慧到彼岸이라고 한역한다.

태장만다라에서 본존을 불부佛部에서는 깨달음 당체로 보고, 연화부蓮華部에서는 자비慈悲를 보고, 금강부金剛部에서는 지혜智慧를 나타내는 삼부의 덕을 말하고 있다. 제불이 깨달음을 얻는 것은 이 반야에 의한 것이기 때문에 본존을 불모라 말하기도 한다.

형상: 백살색. 갑옷을 입고 있으며, 머리에는 화려한 보관을 쓰고 있다. 눈은 3목三目이라 하여 3개의 눈을 말하는데, 이마에 세로로 되어 있는 눈은 진실을 관觀하는 반야보살의 지혜智慧의 눈, 깨달음의 당체當體를 말한다. 팔은 6비(六臂, 여섯 개 팔)를 가지고 있는데 6바라밀을 의미한다. 이를 각 팔(六臂)에 배대하면 다음과 같다. 우측 1번째 팔은 시무외인施無畏印으로 보시布施를, 2번째 팔은 지계持戒를, 3번째 팔은 인욕忍辱을, 좌측 1번째 팔은 정진精進을, 2번째 팔은 범협(梵篋: 범어로 된 경전, 즉 『반야심경』이다)을 가지고 있는데 이는 지혜智慧를, 3번째 팔은 선정禪定을 말한다.

밀호: 대혜금강.

반야보살 진언眞言 / 실담 범자

로마자 표기: oṃ dhīḥ śrīśrutavijaye svāhā.

한글음 표기: 옴 디흐 슈리슈루따비자에 스바하.

종자種子: 즈나(jña).　　수인: 범협인.　　삼매야형: 범협.

즈나(jña)

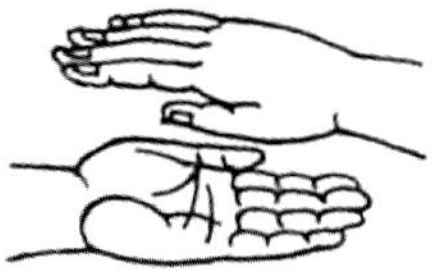

진언 응용(육바라밀 진언)

육바라밀행을 하려거든 이 진언을 사용한다.

88. 대위덕명왕

(大威德明王, 야만따까, yamāntaka)

태장만다라 지명원 반야보살의 우측에 자리하고 있다. 『대묘금강경』에서 대위덕명왕은 문수사리보살의 화신이라고 한다. 이 대위덕명왕이 몸에서 불을 일으키니 모든 악한 것들이 크게 두려워하였고, 천인·아수라 등이 두려워하여 마음으로 합장하고 모두 정성스럽게 예배하였다고 한다. 무량수여래의 교령륜신이며, 문수보살의 화신이라 한다.

형상: 청흑색. 온몸이 청흑색이고, 머리털은 노발이고, 얼굴은 분노忿怒형이며, 눈은 3목三目이고, 6개의 얼굴은 분노형이며, 6개의 팔에는 내박인內縛印과 무기를 가지고 있으며, 좌우의 1수는 내박인을 수하고, 좌 2수는 무기인 반 삼고극을 세워 잡고 있으며, 좌 3수는 법륜을 들고 있으며, 우 2수는 검劍을 머리 위로 올려 들고, 우 3수는 봉棒을 옆으로 세워 들고 있다. 6개의 다리를 갖추고 슬슬좌瑟瑟座에 앉아 있으며, 온몸에서는 불꽃을 일으켜서 사마四魔를 항복받는다.

밀호: 대위덕금강.

대위덕명왕진언 / 실담 범자

로마자 표기: oṃ hrīḥ ṣṭrī vikṛtānana hūṃ sarvaśatrūṃ nāśaya stambhaya stambhaya sphoṭa sphoṭa svāhā.

한글음 표기: 옴 흐리흐 스트리 비끄리따나나 훔 사르바샤뜨룸 나샤야 스땀바야 스땀바야 스포따 스포따 스바하.

종자: 흐리흐(hrīḥ). 수인: 보통근본인. 삼매야형: 봉.

흐리흐(hrīḥ)

진언 응용(봉사진언)

다른 이에게 베풀어 봉사할 때 이 진언을 사용한다.

89. 승삼세명왕

(勝三世明王, 뜨라이로끄야비자야, trailokyavijaya)

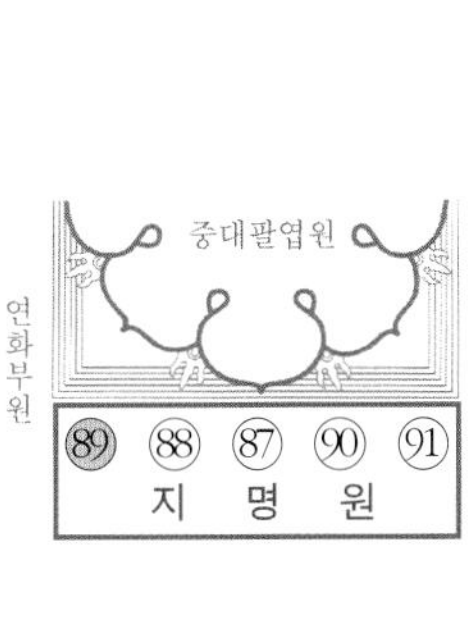

태장만다라 지명원 반야보살의 우측 2번째에 안치된 명왕으로서, 삼세(과거·현재·미래) 혹은 삼계(욕계·색계·무색계)의 중생들을 삼독(탐·진·치)에서 소멸하는 명왕이라고 한다. 본존은 삼독을 항복받아 승리함을 나타낸다. 항삼세명왕과 동체이명同體異名이다.

형상: 얼굴은 청흑색이고 분노형이며, 머리털은 노발이고, 눈은 세 개인데 그중 이마에 세로의 눈은 지혜를 상징하는 눈이라 한다. 온몸에서는 화염을 발생하여 모든 적들의 침범을 막아주고, 좌수에는 삼고저三鈷杵를 가슴에 대고, 우수에는 삼고극三鈷戟을 가지고 있으며, 슬슬瑟瑟좌에 가부좌를 하고 있다.

밀호: 최승금강.

승삼세명왕 진언 / 실담 범자

로마자 표기: namo samanta-vajrānāṃ ha ha ha vismaye sarvatathā gataviṣayasambhava trailokya vijaya hūṃ jaḥ svāhā.

한글음 표기: 나모 사만따-바즈라남 하 하 하 비스마예 살바따타 가따비싸야삼바바 뜨라이로끄야 비자야 훔 자흐 스바하.

종자: 하흐(haḥ), 　호(ho). 　　　수인: 외오고인. 　삼매야형: 오고금강저.

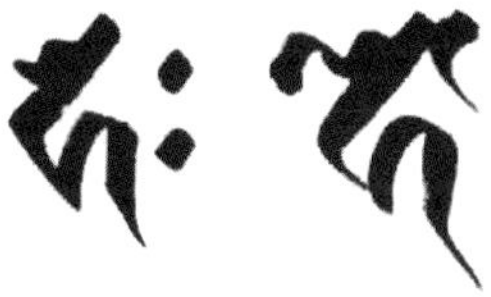

하흐(haḥ) 　호(ho)

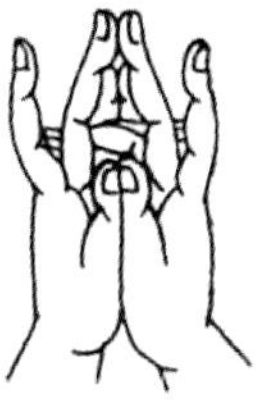

진언 응용(마음 안정 진언)

마음을 안정시키고자 하면 이 진언을 사용한다.

90. 항삼세명왕

(降三世明王, 바즈라훔까라, vajrahūṃkara)

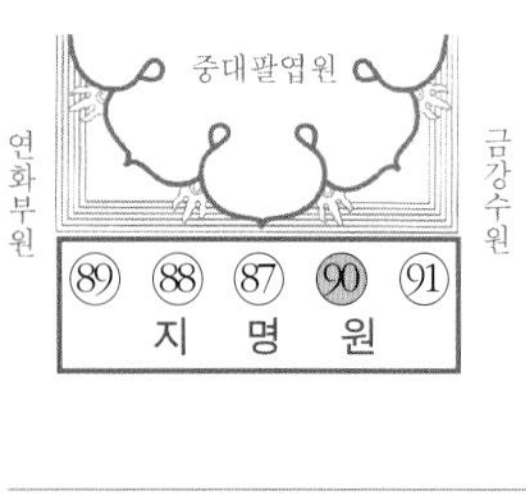

태장만다라 지명원의 반야보살의 좌측 첫 번째에 안치하고 있으며, 5대 명왕 중의 하나다. 항삼세명왕은 대일여래의 교칙에 따라 금강살타의 몸으로서 명왕으로 변화하여, 자기(대자재천) 스스로가 삼계의 주인이라고 자처하며 교만을 부리는 대자재천과 대자재천 비妃를 짓밟아 혼을 내주어 항복을 받아 불교에 귀의하게 하였나. 또 탐·진·치 삼독과 과거·현재·미래의 삼세를 항복하므로 항삼세라 한다.

형상: 몸의 색은 청흑색, 3면이며, 각 얼굴에 3목目이 있고, 각 얼굴에는 치아를 드러내고 있으며, 8비臂를 가지고 있다. 좌우의 1수手는 항삼세인을 결하고, 좌 2수는 활(弓)을, 좌 3수는 끈(索)을, 좌 4수는 삼고극을 가지고 있으며, 우 2수는 검을, 우 3수는 화살을, 우 4수는 오고령을 가지고 있으며, 왼쪽 무릎을 세우고, 적 연화좌에 앉아 있다.

밀호: 우가라금강.

항삼세명왕 진언 / 실담 범자

로마자 표기: oṃ śumbha niśumbha hūṃ gṛhṇa gṛhṇa hūṃ gṛhṇāpaya hūṃ ānaya hoḥ bhagavan vajra hūṃ phat.

한글음 표기: 옴 숨바 니숨바 훔 그리흐나 그리흐나 훔 그리흐나빠야 훔 아나야 호흐 바가반 바즈라 훔 파트.

종자種子: 훔(hūṃ). 수인: 항삼세인. 삼매야형: 오고금강저.

훔(hūṃ)

진언 응용(선정 지혜 진언)

선정에 들어 지혜를 얻고자 한다면 이 진언을 사용한다.

91. 부동명왕

(不動明王, 아짜라나타, acalanātha)

태장만다라 지명원 반야보살 좌측 두 번째에 안치하고 있으며, 대일여래의 화신이다. 부동명왕은 불법을 장애하는 자(번뇌)의 명命을 끊어서 장애에서 벗어나게 한다. 몸 전체의 화염은 화생삼매火生三昧로서 번뇌를 불태우는 무시무시한 형태를 보여주는 것이다. 머리의 형태는 노복의 형태를 의미한다. 즉 대일여래의 하인으로서 오로지 중생제도에만 전력을 다함을 보여주는 것이다. 머리 정상의 연꽃은 마음에 간직한 자비를 표현하고, 이마의 주름은 육도윤회六道輪迴의 고苦에서 구하려는 배려의 마음이다.

형상: 몸의 색은 청흑색이고, 얼굴은 분노형이며, 오른손에 칼(검)은 번뇌장과 소지장을 끊는 데 활용하고, 왼손에 끈은 중생의 잘못된 것을 바른 길로 인도하는 데 사용한다.

밀호: 상주금강.

5불과 5대명왕의 교령륜신敎令輪身을 배대하면 다음과 같다.

대일여래大日如來 - 부동명왕不動明王

보당여래寶幢如來 - 항삼세명왕降三世明王

개부화왕여래開敷華王如來 - 군다리명왕軍荼利明王

무량수여래無量壽如來 - 대위덕명왕大威德明王

천고뇌음여래天鼓雷音如來 - 금강야차명왕金剛夜叉明王

교령륜신敎令輪身이란 대일여래가 교화시키기 어려운 중생을 제도하기 위하여 맹렬한 위엄을 지니고 분노하는 모습으로 나타나 그 가르침을 따르도록 하는 것을 말한다. 교령(敎令)은 중생을 이익되게 하려는 대일여래의 교칙敎勅을 말한다.

부동명왕 진언 / 실담 범자

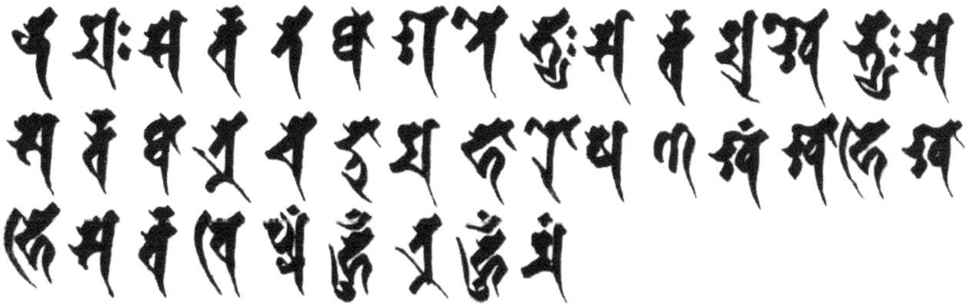

로마자 표기: namo sarvatathā gatebhyaḥ sarvamukebhyaḥ sarvathā traṭcaṇḍ amahāroṣaṇa khaṃ khāhi khāhi sarvavighnaṃ hūṃ traṭ hāṃ māṃ.

한글음 표기: 나모 사르바따타 가떼브야흐 사르바므께브야흐 사르바타 뜨라뜨짠다 마하아로싸나 캄 카히 카히 사르바비그남 훔 뜨라뜨 함 맘.

종자: 함맘(hāṃmāṃ), 함(hāṃ). 수인: 독고인. 삼매야형: 혜검慧劍.

함맘(hāṃmāṃ)

함(hāṃ)

진언 응용(지혜 진언)

지혜를 얻고자 할 때 이 진언을 사용한다.

6

석가원

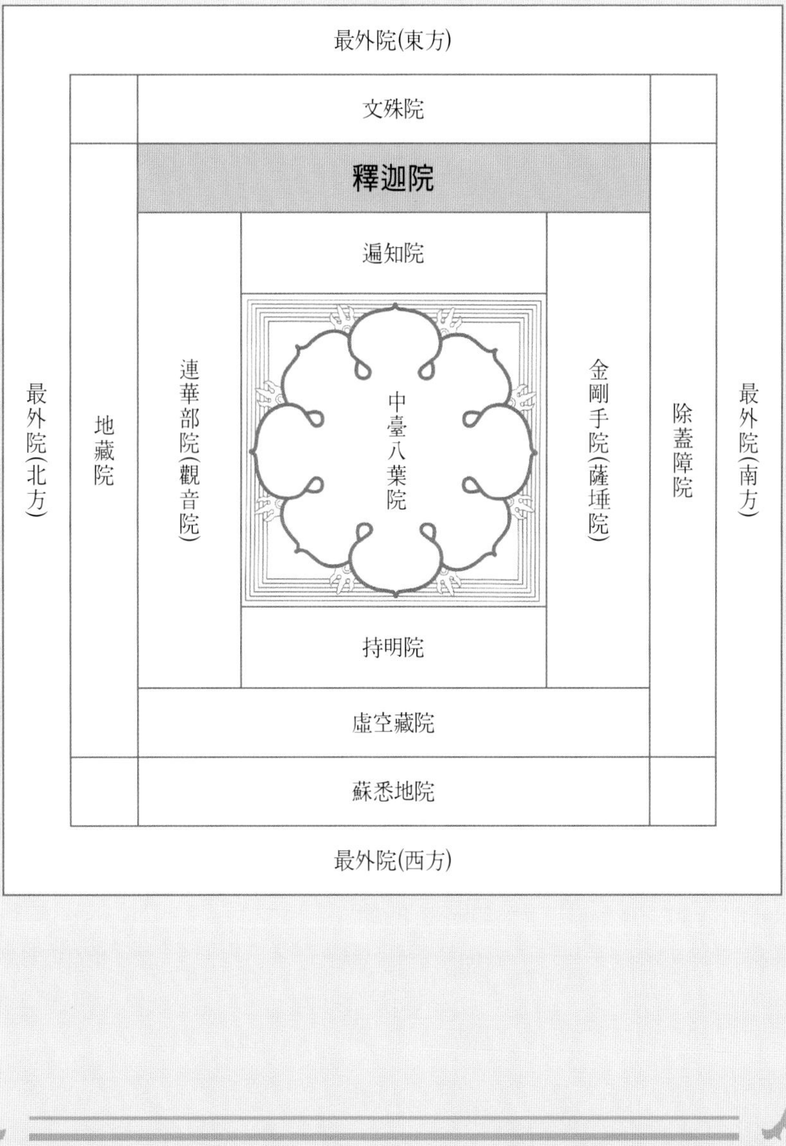

最外院(東方)
文殊院
釋迦院
遍知院
最外院(北方)
地藏院
蓮華部院(觀音院)
中臺八葉院
金剛手院(薩埵院)
除蓋障院
最外院(南方)
持明院
虛空藏院
蘇悉地院
最外院(西方)

석가원은 변지원遍知院의 동방 상단에 위치하고, 불부·연화부·금강부의 삼부 중 불부에 해당한다. 석가원에서는 부처님의 중생교화로서 지혜를 말하고 있다. 석가원에서는 석존을 중심으로 39존으로 이루어져 있으며, 이 39존을 4종으로 나눈다. 39존은 다음과 같다.

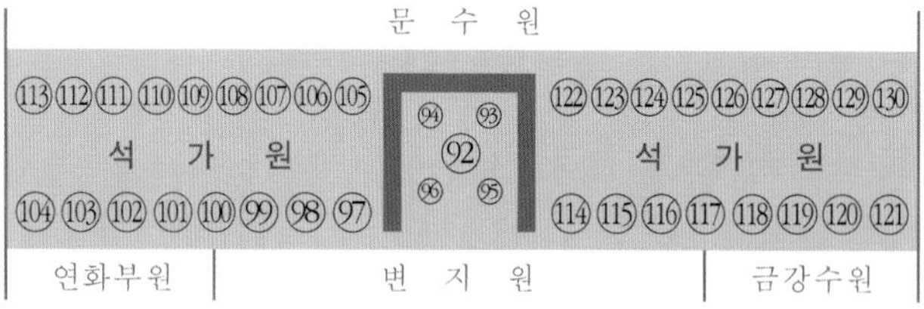

4종 구분

1. 석존과 사시존四侍尊
2. 불정존佛頂尊
3. 불덕을 보여준 제존
4. 성문·연각의 제존

92. 석가여래釋迦如來
93. 관자재보살觀自在菩薩
94. 허공장보살虛空藏菩薩
95. 무능승비無能勝妃
96. 무능승명왕無能勝明王
97. 일체여래보一切如來寶
98. 여래호상보살如來毫相菩薩
99. 대전륜불정大轉輪佛頂
100. 고불정高佛頂
101. 무량음성불정無量音聲佛頂
102. 여래희보살如來喜菩薩
103. 여래민보살如來愍菩薩
104. 여래자보살如來慈菩薩
105. 여래삭보살如來爍菩薩
106. 전단향벽지불旃檀香辟支佛
107. 다마라향벽지불多摩羅香
108. 대목건련大目犍連
109. 수보리須菩提
110. 가섭파迦葉波
111. 사리불舍利弗
112. 여래희보살如來喜菩薩
113. 여래사보살如來捨菩薩
114. 백산개불정白傘蓋佛頂
115. 승불정勝佛頂
116. 최승불정最勝佛頂
117. 광취불정光聚佛頂
118. 최쇄불정摧碎佛頂
119. 여래설보살如來舌菩薩
120. 여래어보살如來語菩薩
121. 여래소보살如來笑菩薩
122. 여래아보살如來牙菩薩
123. 륜복벽지불輪輻辟支佛
124. 보복벽지불寶輻辟支佛
125. 구치라拘絺羅
126. 아난다阿難陀
127. 가전연迦旃延
128. 우파리優波離
129. 지구치라보살智拘絺羅菩薩
130. 공양운해보살供養雲海菩薩

92. 석가여래

(釋迦如來, 샤끄야무니, śākyamuni)

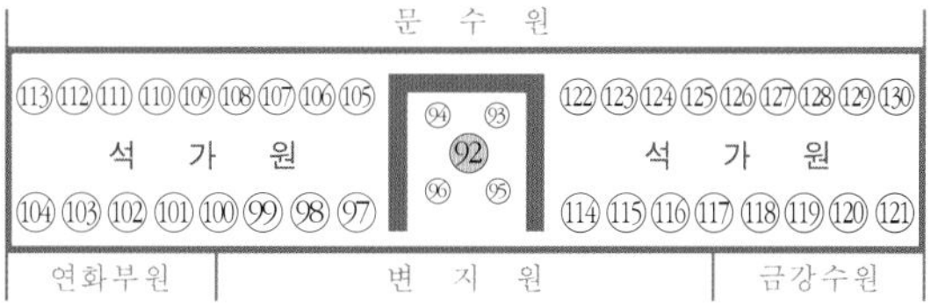

석가원의 주존으로서, 천고뇌음여래와 동체이며, 천고뇌음여래는 중생의 일체 번뇌를 끊어서 깨달음의 경지에 들게 한다. 역사상의 석가모니 부처님은 석가종족의 왕자로서 룸비니(lumbinī)에서 태어났으며, 생후 1주일 만에 어머니인 마야(māyā)부인이 세상을 떠나 이모인 마하프라자빠띠(mahāprajāpatī)에 의해 양육되었다. 어려서는 바라문에게 문무를 배워서 통달했으며, 성장하여 19세 때 야수다라(yaśodhara)를 아내로 맞아 아들인 라후라(rāhula)를 낳았다. 그러나 인생의 무상함과 괴로움의 문제를 해결하고자 29세에 왕자의 신분을 버리고 출가를 하게 된다. 처음에는 아라라까라마(ārāra-kālāma)의 가르침을 배웠으나 만족하지 못하고 그를 떠나 니련선하(nairañjana)에서 6년 고행을 했으나, 무익함을 깨닫고 니련선하에서 목욕하고 수자타(sujāta)가 바친 우유를 마시고 기력을 회복하여, 필발라수(畢鉢羅樹, 삡빠라, pippala, 보리수) 아래서 21일 동안 집중 정진하여 12월 8일 정각正覺을 얻었다. 아야교진여(阿若憍陳如, ājñāta-kauṇḍinya) 등 5비구에게 녹야원(鹿野園, mṛgadāva)에서 최초 법문(法門, 초전법륜初轉法輪)을 하였으며, 가섭 3형제와 사리불과 목건련 등의 귀의와 빔비사리왕의 귀의를 받음으로써 승단僧團을 구성하였다. 45년 동안 가르침을 펴시다가, 쭌다(cunda)의 마지막의 공양을 받고 병을 얻어 구시나게라(拘尸那揭羅, kuśinagara)의 사라쌍수娑羅雙樹 아래에서 머리를 북쪽으로 향하고, 오른쪽 옆구리를 밑으로 하여 발을 포개고 누우셨다. 밤에 제자들에게 최후의 법문(열반경)을 설하시고 80세에 열반에 드셨다.

형상: 몸은 황색이고, 설법인說法印을 하고 있으며, 적색 옷을 입으시고 연화좌에 가부좌를 틀고 있다.

밀호: 적정금강.

석가여래 진언 / 실담 범자

로마자 표기: namo samanta buddhānāṃ bhaḥ sarva-kleśaniṣūdana sarva dharmavasitāprāpta gaganasamāsama svāhā.

한글음 표기: 나모 사만따 붇다남 바흐 살바 끄레샤니쑤니쑤다나 살바 달마바시따 쁘라쁘따 가가나사마사마 스바하.

종자種子: 바흐(bhaḥ). 수인: 지길상인. 삼매야형: 발鉢.

바흐(bhaḥ)

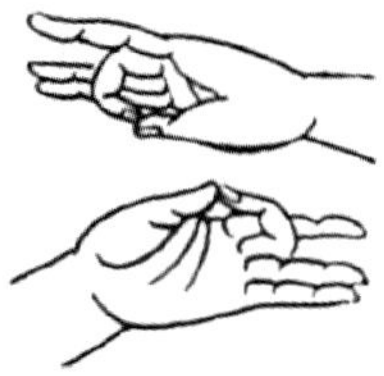

진언 응용: 정진 진언

94. 허공장보살

93. 관자재보살

96. 무능승명왕

95. 무능승비

93. 관자재보살
(觀自在菩薩, 아바로끼떼슈바라, avalokiteśvara)

석가원에서 관자재보살은 석가모니 부처님의 좌협시자로 등장한다. 즉 석가여래의 무애자재無礙自在한 관찰력觀察力을 담당하고 있다.

자세한 설명은 8번 관자재보살과 17번 성관음보살을 참조.

형상: 몸은 백살색이고, 머리는 약간 우측으로 숙이고, 우수右手에 불자(拂子, 번뇌를 떨어내는 의미)를 가지고 있으며, 좌수左手는 허리춤에 대고 연화좌에 서 있다.

밀호: 청정금강.

관자재보살 진언 / 실담 범자

로마자 표기: namo samanta buddhānāṃ sa.

한글음 표기: 나모 사만따 붇다남 사.

종자種子: 사(sa).

사(sa)

수인: 팔엽연화인.

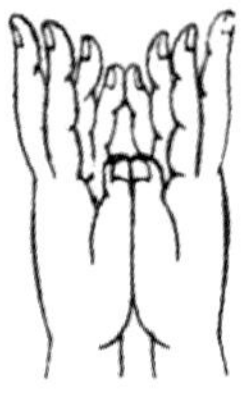

삼매야형: 미개부연화.

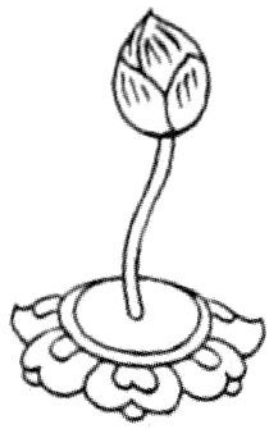

진언 응용: 봉사 진언

94. 허공장보살
(虛空藏菩薩, 아까샤가르바, ākāśagarbha)

94번의 관자재보살과 같이 석가원에서는 석가여래의 우협시자侍者 역할을 하고 있다. 석가여래의 넓은 지덕智德과 복덕福德의 의미를 가지고, 여래의 무진설법無盡說法을 나타낸다.

형상: 몸은 살색이고, 머리는 약간 좌측으로 숙이고, 우수右手에 불자를, 좌수左手에 보주寶珠를 가지고 있으며, 연화좌 위에 서 있다.

밀호: 무진금강.

허공장보살 진언 / 실담 범자

로마자 표기: namo samanta buddhānāṃ ākāśa samantānugata vicitrāmbaradhara svāhā.

한글음 표기: 나모 사만따 붇다남 아까샤 사만따누가따 비짜뜨라므바라다라 스바하.

종자種子: 이(i). 수인: 허심합장. 삼매야형: 연화상 여의보.

이(i)

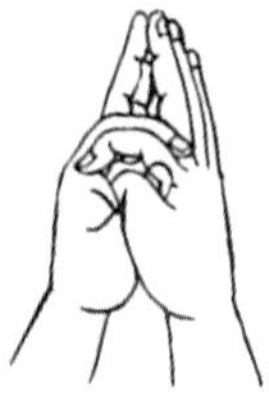

진언 응용: 복덕 진언

95. 무능승비
(無能勝妃, 아빠라지따, aparājitā)

96번 무능승명왕의 비妃로서 명왕과 같은 덕德을 지녔다. 『대일경』에서 석가여래가 4마四魔를 항복降伏받고 성도했을 때, 무능승명왕과 함께 마왕을 항복시키는 데 많은 작용을 했다고 한다.

형상: 몸의 색은 청흑색이고, 천의를 걸치고, 눈은 3목이고, 좌수左手는 주먹을 쥐고 검지를 펴고 가슴에 대고, 우수右手는 주먹을 쥐고 검지를 펴서 하늘을 가리키며 어깨 위로 올려 펴고, 우족右足은 기역자로 구부려 무릎 높이로 올려 역동적인 자세를 취하고 있다.

밀호: 장생금강.

무능승비 진언 / 실담 범자

로마자 표기: namo samanta buddhānāṃ aparājite jayanti taḍite svāhā.

한글음 표기: 나모 사만따 붇다남 아빠라지떼 자얀띠 따디떼 스바하.

종자種子: 아(a). 수인: 좌우권내향. 삼매야형: 지연화부.

아(a)

진언 응용: 덕德 진언

96. 무능승명왕
(無能勝明王, 아빠라지따, aparājita)

8대 명왕의 하나로, 이 존은 석가모니가 성도成道할 때 항마의 덕을 표시했다. 무능승비와 함께 분노신으로 나타나 중생들의 장애를 분쇄하여 덕을 함께하는 명왕이다.

형상: 몸의 색은 청흑색이고, 얼굴은 4면이고, 눈은 각 3목이다. 팔은 4비로서, 우 1수는 주먹을 쥐고 검지를 펴서 가슴에 대고, 우 2수는 주먹을 쥐고 검지를 펴고 팔을 하늘을 향해 있다. 좌 1수는 도끼를 들고 팔을 가슴 쪽으로 구부려 대고, 좌 2수는 삼고극을 가지며, 좌측 발은 기역자로 구부려 무릎까지 올려서 힘찬 동작을 보이고 있다.

밀호: 승묘금강.

무능승명왕 진언 / 실담 범자

로마자 표기: namo samanta buddhānāṃ dhriṃ dhriṃ jriṃ jriṃ svāhā.

한글음 표기: 나모 사만따 붇다남 드림 드림 즈림 즈림 스바하.

종자種子: 드림(dhriṃ). 수인: 지연화인. 삼매야형: 연화상 대구.

드림(dhriṃ)

진언 응용: 덕德 진언

97. 일체여래보

(一切如來寶, 사르바따타가따마니, sarvatathāgatamaṇi)

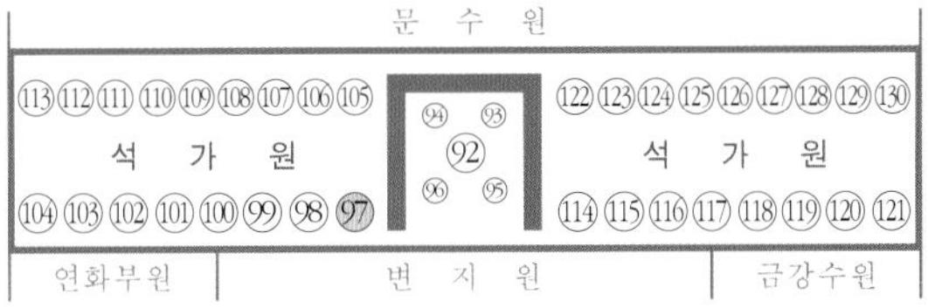

일체여래보는 『대일경』에서는 변지안偏智眼 혹은 능적모能寂母라 하고, 『대일경소』에서는 불안佛眼 혹은 불모佛母라 칭한다. 능적모 혹은 불모란 세존을 탄생케 하는 어머니란 뜻이다. 변지안이란 중생을 관찰하고 이끈다는 뜻이다. 이 불모의 작용에 의하여 중생의 소원에 따라 여러 가지 보물을 출생하게 한다.

형상: 몸의 색은 황색이고, 우수右手는 주먹에 엄지와 검지를 세우고 가슴 앞에 두고, 좌수左手는 연화 위에 보주가 있는 꽃대가 긴 것을 들고 있으며, 연화좌에 가부좌를 틀고 있다.

밀호: 보상금강.

일체여래보 진언 / 실담 범자

로마자 표기: namo samanta buddhānāṃ sarvathā vimativikiraṇa dharmadhātunirjāta saṃ saṃ ha svāhā.

한글음 표기: 나모 사만따 붇다남 살바타 비마띠비끼라나 달마다뚜니르자따 삼 삼 하 스바하.

종자種子: 따(ta). 수인: 연화합장. 삼매야형: 연화상 여의보.

따(ta)

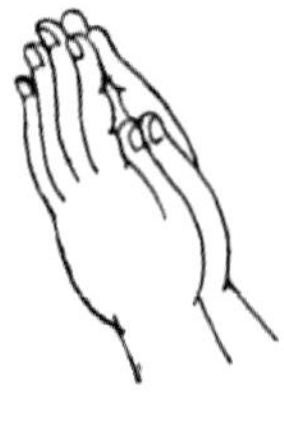

진언 응용: 여의보주 진언

98. 여래호상보살

(如來毫相菩薩, 따타가또르나, tathāgatorṇā)

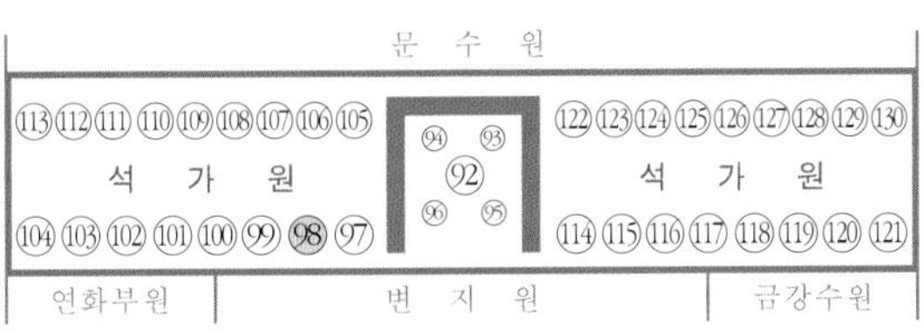

여래호상보살은 여래의 32상의 하나인 백호상白毫相의 공덕功德을 표현한 것이다. 백호상이란 두 눈썹 사이에 흰 털이 솟아나 있는 것을 말하는데, 이 털은 소라껍질처럼 오른쪽으로 말려 올라가 있으며 가늘고 도라솜같이 부드러우며 밝은 빛을 발하여 한량없는 세계를 비추기도 한다. 또는 이 백호에서 나오는 빛을 백호광白毫光이라 하기도 한다. 중생이 이 백호광을 보면 모든 죄업이 사라지고 몸과 마음이 안락해진다고 한다.

형상: 몸은 황색이고, 좌수左手에는 연화 위에 여의보주가 얹힌 자루가 긴 연꽃을 가지고 있으며, 우수右手는 허벅지 위에 편안히 손을 펴서 얹어 놓고, 적 연화좌에 가부좌를 틀고 있다.

밀호: 묘용금강.

여래호상보살 진언 / 실담 범자

로마자 표기: namo samanta buddhānāṃ varade vara-prāpte hūṃ svāhā.

한글음 표기: 나모 사만따 붇다남 바라데 바라-쁘라쁘떼 훔 스바하.

종자種子: 훔(hūṃ), 따(ta). 수인: 우수권. 삼매야형: 황연화상광.

훔(hūṃ) 따(ta)

진언 응용: 재물 진언

99. 대전륜불정

(大轉輪佛頂, 마호쓰니싸짜끄라바르띤, mahoṣṇīṣacakravartin)

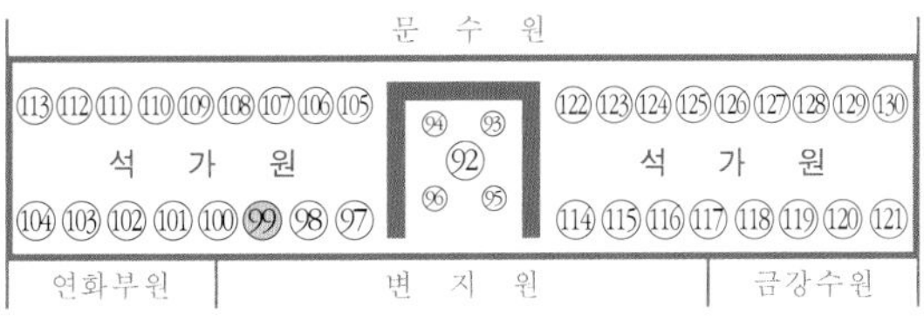

대전륜불정은 광대발생불정·고불정·무량음성불정 등의 3불정 중 광대발생불정과 같다고 한다. 이 3불정은 불부·연화부·금강부 3부의 덕을 나타낸 것이다. 대전륜의 륜은 윤보를 말하고, 이 륜은 전륜성왕轉輪聖王의 소유물로서 전쟁할 때 적진 앞에 내걸고 적을 무찌르는 데 상징으로 삼았다고 한다. 불교에서 이를 바꾸어 번뇌를 깨트리는 무기로 사용하고 있다.

형상: 몸의 색은 황색, 우수右手에는 독고저가 실려 있는 자루가 긴 연꽃을 가지고 있으며, 좌수左手는 가슴에 대고 손가락을 약간 구부리고, 적 연화좌에 가부좌를 틀고 있다.

밀호: 파마금강.

대전륜불정 진언 / 실담 범자

로마자 표기: namo samanta buddhānāṃ ṭrūṃ uṣṇīṣa svāhā.

한글음 표기: 나모 사만따 붇다남 뜨룸 우쓰니싸 스바하.

종자種子: 뜨룸(ṭrūṃ). 수인: 여의보인. 삼매야형: 독고저.

뜨룸(ṭrūṃ)

진언 응용: 번뇌 타파 진언

100. 고불정

(高佛頂, 아브유드가또쓰니싸, abhyudgatoṣṇīṣa)

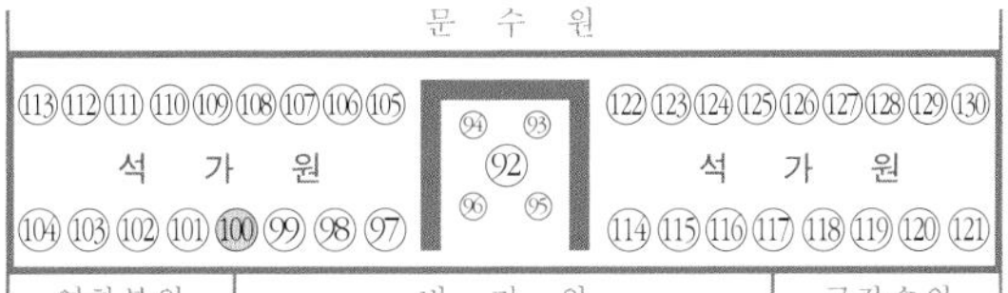

3불정의 하나로서 광생불정廣生佛頂이라고도 한다. 삼매야의 여의보如意寶는 보리심菩提心을 나타내고, 중생들의 보리심을 일깨워 덕을 쌓게 한다.

형상: 황금색. 우수는 무명지를 구부리고 다른 4지는 펴서 세워 가슴 앞에 두고, 좌수는 보주가 실려 있는 자루가 긴 연꽃을 들고 있으며, 적 연화좌에 가부좌를 틀고 있다.

밀호: 난도금강.

고불정 진언 / 실담 범자

로마자 표기: namo samanta buddhānāṃ śrūṃ uṣṇīṣa svāhā.

한글음 표기: 나모 사만따 붇다남 스룸 우스니사 스바하.

종지種子: 스룸(śrūṃ). 수인: 집금강인. 삼매야형: 연화상 여의보.

스룸(śrūṃ)

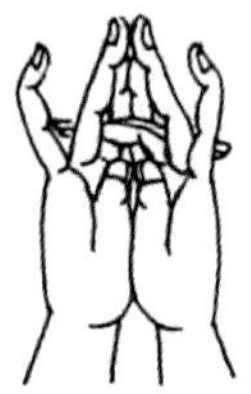

진언 응용: 번뇌 타파 진언

101. 무량음성불정

(無量音聲佛頂, 아난따스바라고싸짜끄라바르틴, anantasvaraghoṣacakravartin)

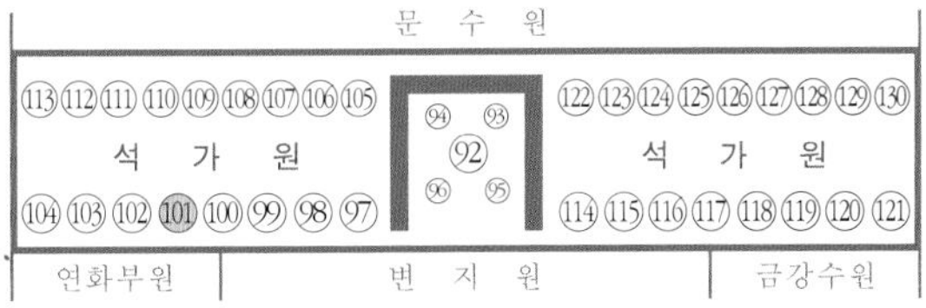

3불정의 하나로 무변성無邊聲·무량성無量聲이라고도 한다. 어떤 근기의 중생에 대해서도 한없는 음성으로 뛰어난 여래의 법을 빼놓지 않고 설명한다. 이 존은 여래의 설법 덕을 보여준다.

형상: 황색. 좌수에는 소라를 자루 긴 연꽃에 얹어 가졌으며, 우수는 손바닥이 보이게 하여 세우고 검지와 장지를 구부려 가슴 앞에 두고, 적 연화좌에 가부좌를 틀고 있다.

밀호: 묘향금강.

무량음성불정 진언 / 실담 범자

로마자 표기: namo samanta buddhānāṃ hūṃ jayoṣṇīṣa svāhā.

한글음 표기: 나모 사만따 붇다남 훔 자요쓰니싸 스바하.

종자種子: 훔(hūṃ). 수인: 법라인. 삼매야형: 연화상 소라.

훔(hūṃ)

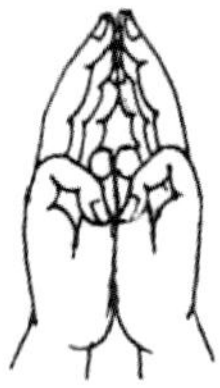

진언 응용: 번뇌 타파 진언

102. 여래비보살

(如來悲菩薩, 따타가땈루나, tathāgatakaruṇā)

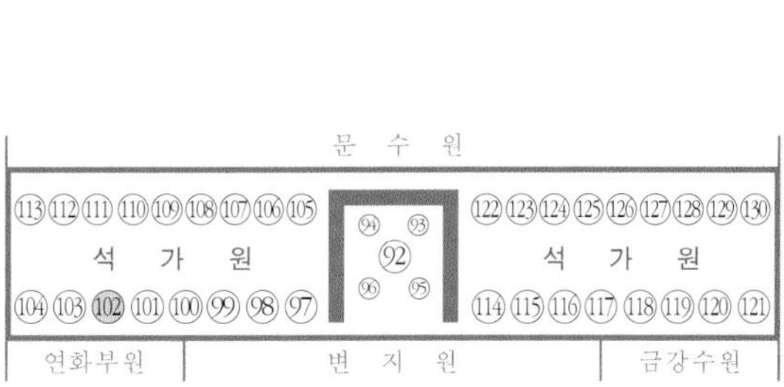

여래비보살은 사무량심四無量心인 자비희사慈悲喜捨 중 비무량심悲無量心을 나타낸다. 비悲란 중생의 고난을 막아주고, 특히 성내고 분노의 마음을 제거해 준다. 비무량심 관법을 수행하면 제7말라식(자아의식)을 바꾸어 평등성지平等性智를 얻고, 허공과 같은 마음을 얻는다고 한다.

형상: 몸은 살색이고, 손은 합장하고, 팔에는 천의를 걸치고 있으며, 연잎 좌대에 반가부좌를 하고 있다.

밀호: 자화금강.

여래비보살 진언 / 실담 범자

로마자 표기: oṃ mahā karuṇāyai sphara.

한글음 표기: 옴 마하 까루나야이 스파라.

종자種子: 까(ka).　　수인: 연화합장.　　삼매야형: 합장인.

까(ka)

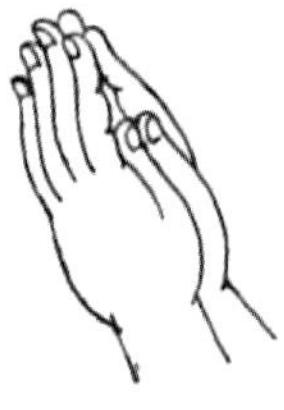

진언 응용: 사무량심 중 비悲심

103. 여래민보살

(如來愍菩薩, 따타가따므레디따, tathāgatāmreḍitā)

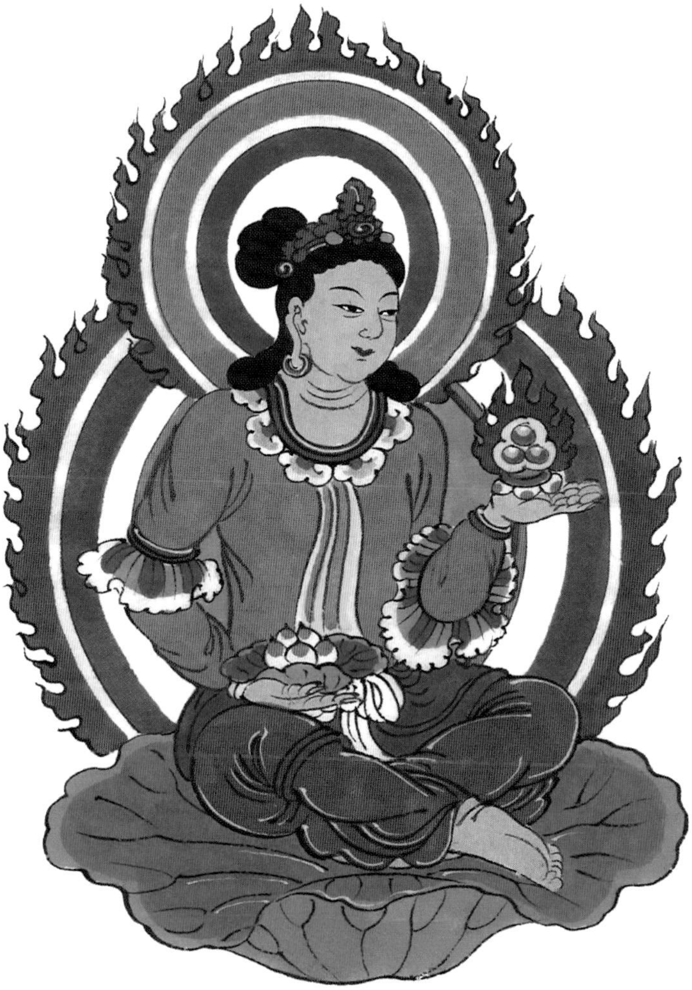

여래민보살은 석가원 북방 내측內側 제7위에 위치한 보살로서, 중생에게 자비慈悲와 연민憐愍을 담당하는 존尊이다.

형상: 몸은 살색이고, 천녀天女의 형상이며, 오른손은 허벅지 위에 펴놓고, 그 손 위에 연잎과 연꽃을 올려놓았으며, 왼손은 빛나는 보주寶珠를 들고, 연잎 좌대 위에 약간 왼쪽을 향해 반가부좌를 하고 있다.

밀호: 교령금강.

여래민보살 진언 / 실담 범자

로마자 표기: namo saanta buddhānāṃ yaṃ karuṇāmreḍita svāhā.

한글음 표기: 나모 사만따 붇다남 얌 까루나므레디따 스바하.

종자種子: 므레(mre), 얌(yaṃ). 수인: 우수중지. 삼매야형: 보주.

므레(mre) 얌(yaṃ)

진언 응용: 자비慈悲

104. 여래자보살

(如來慈菩薩, 따타가따마이트리, tathāgatamaitrī)

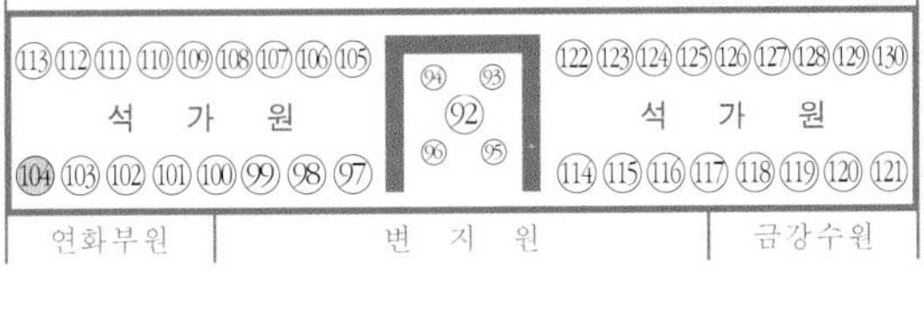

이 존尊은 사무량심의 하나로 자慈를 나타낸다. 중생에게 안락을 베풀고 마음을 편하게 해주는 의미를 갖는다. 특히 탐욕의 마음을 제거하여 준다고 한다. 자무량심관을 함으로써 제8아뢰아식(근본적인 잠재의식)을 바꾸어 대원경지大圓鏡智를 얻고, 대자비심으로 모든 중생을 보현보살과 같은 경지로 인도한다고 한다.

형상: 몸은 살색이고, 양손은 연잎과 연꽃을 들고 있으며, 연잎 좌대에 반가부좌를 하고 있다.

밀호: 호념금강.

여래자보살 진언 / 실담 범자

로마자 표기: oṃ mahā maitryai sphara.

한글음 표기: 옴 마하 마이뜨르야이 스파라.

종자種子: 마이(mai). 수인: 연화합장. 삼매야형: 연잎상 화.

마이(mai)

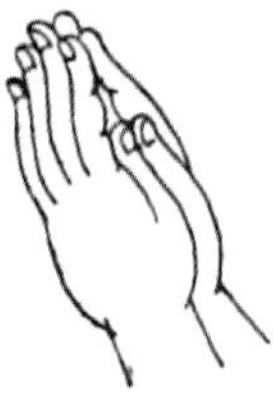

진언 응용: 자慈무량심

105. 여래삭걸지

(如來爍乞底, 따타가따샤끄띠, tathāgataśakti)

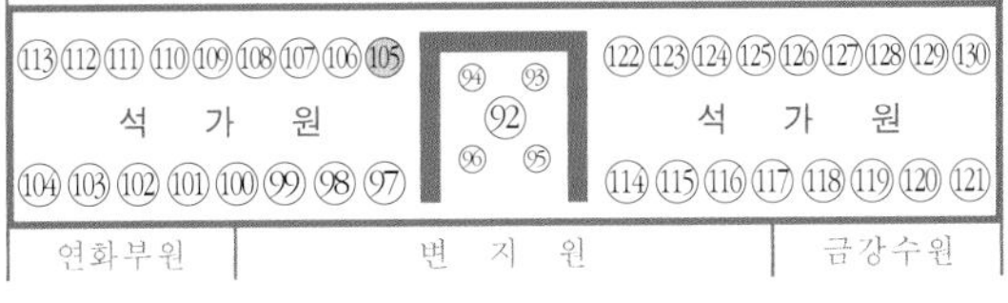

이 존은 능력·위력·신력의 의미를 지니고 있다. 삭은 짧은 창이란 뜻이다.

형상: 살색. 우수右手는 창을 들고 있으며, 좌수左手는 주먹을 쥐고 손바닥이 아래를 향하게 하여 배꼽 앞에 두고, 백 연화좌에 가부좌를 틀고 있다.

밀호: 중행금강.

여래삭걸지 진언 / 실담 범자

로마자 표기: oṃ tathāgataśakti svāhā.

한글음 표기: 옴 따타가따샤끄띠 스바하.

종자種子: 샤(śa).

샤(śa)

수인: 우수엽인.

삼매야형: 모월.

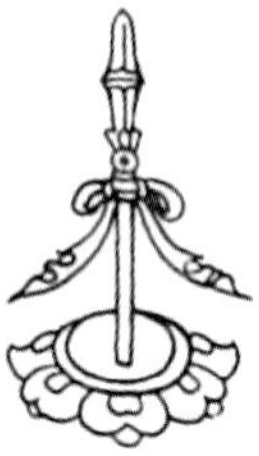

진언 응용: 번뇌 타파 진언

106. 전단향벽지불

(旃檀香辟支佛, 짠다나 간다쁘라띠에 까붇다, candana gandhapratyeka buddha)

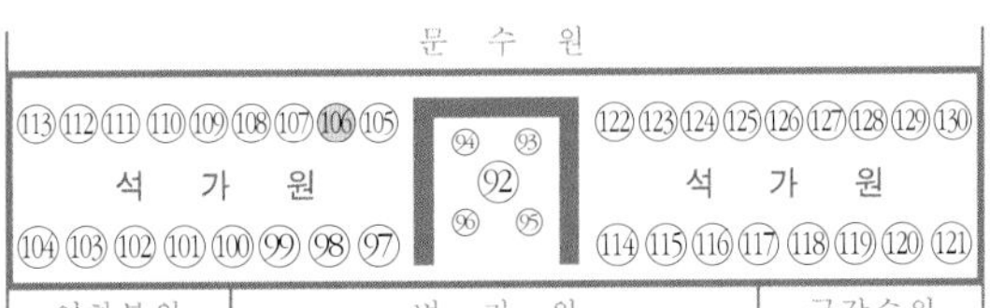

벽지불(pratyeka-buddha)은 연각緣覺 혹은 독각獨覺이라고도 한다. 연각은 부처님으로부터 직접 12연기법을 듣고 그 이치를 통달하여 깨달음을 얻는 것을 말하고, 독각은 스승의 가르침이 없이 혼자서 깨달음을 얻는 것을 말한다. 전단향의 존칭은 향기가 가장 뛰어나기 때문에 붙여졌으며, 이는 수많은 벽지불 가운데 인유독각(麟喩獨覺: 기린처럼 세상에 나오기 힘듦을 비유함)임을 말한다.

형상: 몸은 황색, 좌수左手는 손바닥이 밖으로 향하게 하고 팔을 좌측으로 내밀고 있으며, 우수右手는 가사의 끝자락을 잡고 가슴 앞에 두고 있으며, 연화좌에 반가부좌를 하고 있다.

밀호: 청량금강.

전단향벽지불 진언 / 실담 범자

로마자 표기: namo samanta buddhānāṃ vaḥ.

한글음 표기: 나모 사만따 붇다남 바흐.

종자種子: 바흐(vaḥ). 수인: 원만석장인. 삼매야형: 석장.

바흐(vaḥ)

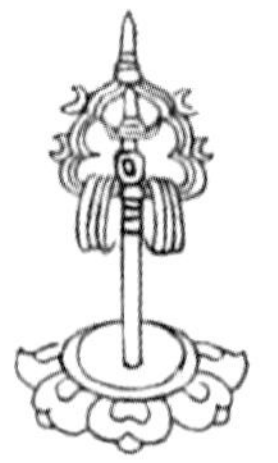

진언 응용: 독각 진언

107. 다마라향벽지불

(多摩羅香辟支佛, 따마라빠뜨라빠라뜨에까붇다, tamāla pattra pratyeka buddha)

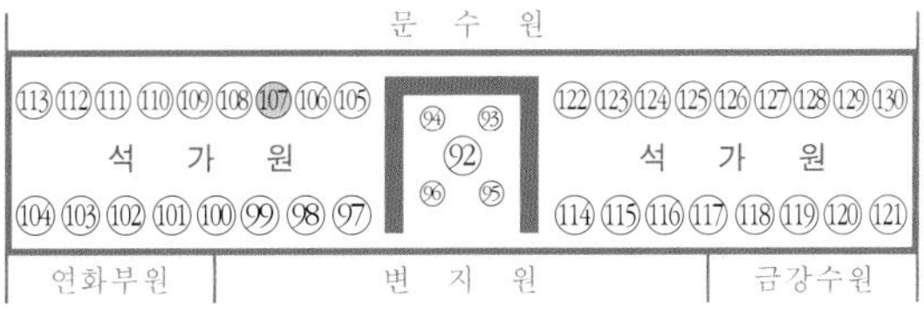

다마라향벽지불은 현교에서의 다마라발전단향불과 동체이며, 나머지 설명은 106번 전단향벽지불과 같다.

형상: 좌수左手는 가사 자락을 잡고 가슴 부위에 올려 잡고 있으며, 우수右手는 손바닥을 펴서 가슴 앞에 두고 무지와 약지를 구부리고 있으며, 연화좌에 가부좌를 틀고 있다.

밀호: 분인금강.

다마라향벽지불 진언은 106번 전단향벽지불과 동일하다.

종자種子: 바흐(vaḥ).

바흐(vaḥ)

수인: 원만석잔인.

삼매야형: 석장.

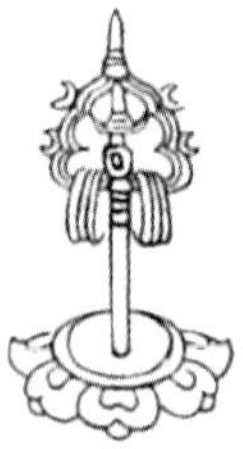

진언 응용: 범협 진언

108. 대목건련

(大目犍連, 마하마우드가르야야나, mahāmaudgalyāyana)

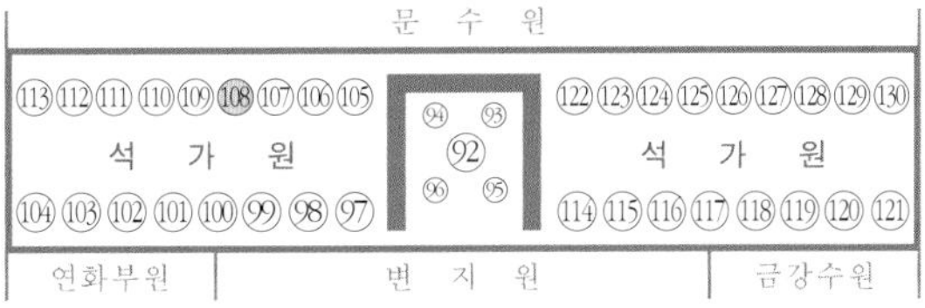

석가 부처님의 십대제자 중의 한 분으로서 신통제일이다. 사리불 존자와 함께 부처님께 귀의하여 불교의 교단을 확장하는 데 큰 힘이 되었으며, 부처님의 제자가 된 뒤에 7일 만에 아라한과를 얻은 분이다. 음력 7월 15일 행하는 재를 우란분공盂蘭盆供(우란분재)이라 하는데, 목건련 존자는 이날 아귀도로 가서 어머니를 구제하였다고 한다. 지금도 불교에서는 우란분재盂蘭盆齋를 봉행하고 있다.

형상: 몸은 살색이고, 좌수左手는 가사 자락을 잡고 가슴에 대고 있으며, 우수右手는 주먹을 쥐고 가슴에 올려 엄지와 검지를 세워 맞대고 있으며, 연화좌에 반가부좌를 하고 있다.

밀호: 묘용금강.

대목건련 진언 / 실담 범자

로마자 표기: namo samanta buddhānāṃ hetupratyayavigata karma-nirjāta hūṃ.

한글음 표기: 나모 사만따 붇다남 헤뚜쁘라뜨야야비가따 까르마-니르자따 훔.

종자種子: 헤(he).　　수인: 범협인.　　삼매야형: 범협.

헤(he)

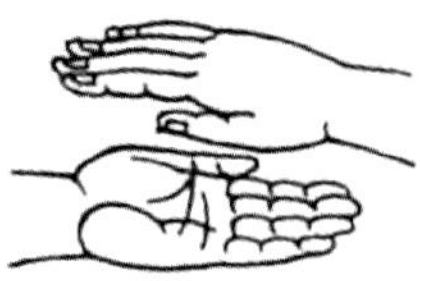

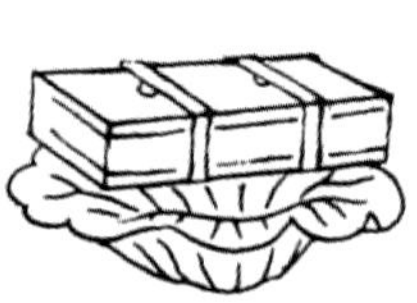

진언 응용: 연각 진언

109. 수보리

(須菩提, 수부띠, subhūti)

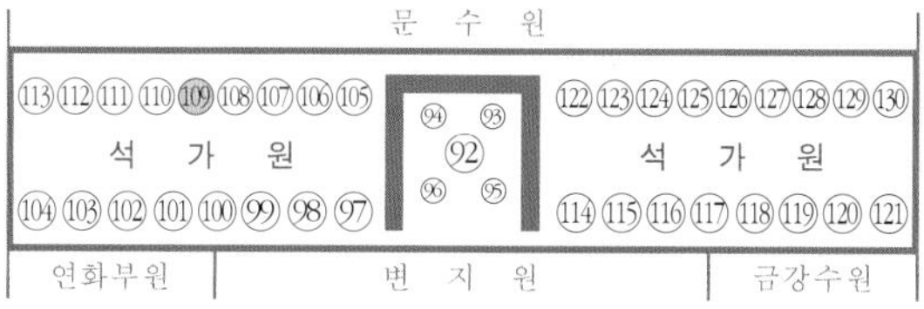

석가모니 부처님의 십대제자 중의 한 분이고, 공에 대한 이치를 가장 잘 이해하기에 해공제일解空第一이라 한다. 『유마경』에 등장하는 인물이며, 태장만다라 석가원에서는 무상금강無相金剛이라는 밀호를 가지고 있다. 초기 대승불교 경전인 반야경 계통에서 매우 중요시되는 인물이다.

형상: 살색. 좌수左手는 가사의 끝을 잡고 있으며, 우수右手는 무외인을 하고 있으며, 적 연화좌에 반가부좌를 하고 있다.

밀호: 무상금강.

수보리 진언은 108 대목건련과 동일하다.

종자種子: 헤(he).

헤(he)

수인: 범협인.

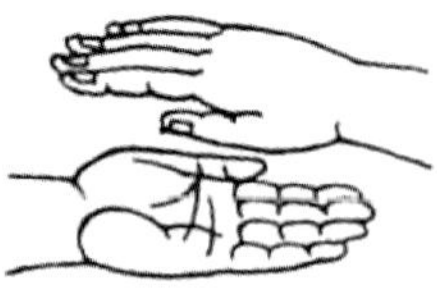

삼매야형: 범협.

진언 응용(연각 진언)

공을 터득하려면 이 진언을 사용한다.

110. 가섭파

(迦葉波, 까슈야빠, Kāśyapa)

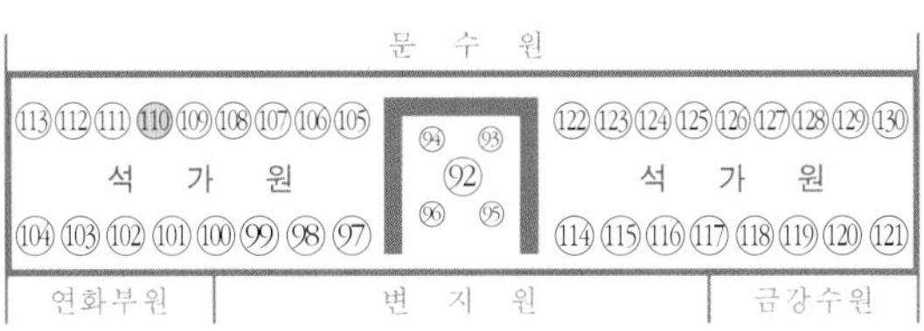

부처님의 십대제자 중의 한 분이며, 마하가섭摩訶迦葉, mahākāśyapa)이라고도 한다. 검소한 생활에 익숙하고, 자신에게 어려운 행을 행하므로 두타頭陀제일이라 부른다. 부처님의 사후에 교단의 중심이 되어 부처님의 가르침을 바르게 전하기 위하여 여러 제자들과 함께 제1차 결집을 하였으며, 아난에게 교법을 설하게 하고, 우바리에게 계율을 설하게 함으로써 정법을 후세에 전하게 한 제1의 공로자이다.

형상: 몸은 살색이고, 좌수左手는 가사의 끝자락을 잡고 있으며, 우수右手는 바닥을 펴서 밖을 향하고 가슴 앞에 두고 있으며, 적 연화좌에 반가부좌를 하고 있다.

밀호: 이진금강.

가섭파 진언은 108번 대목건련과 동일하다.

종자種子: 헤(he).

헤(he)

수인: 범협인.

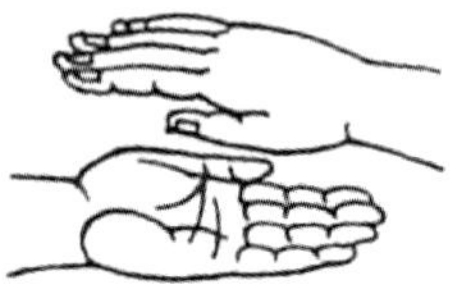

삼매야형: 범협.

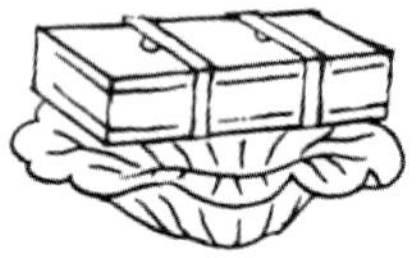

진언 응용: 연각 진언

111. 사리불

(舍利弗, 샤리뿌뜨라, śāriputra)

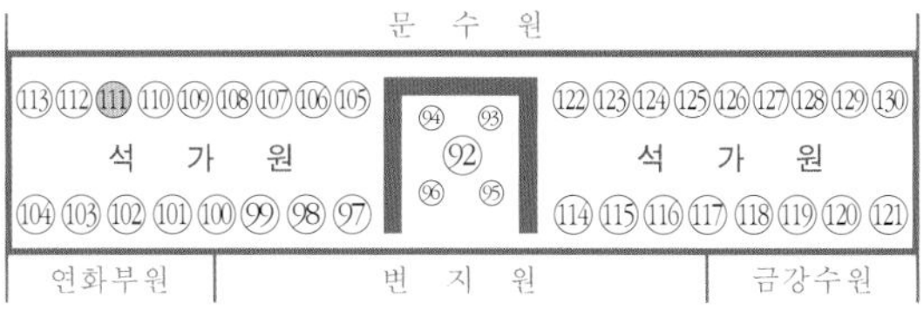

석가모니 부처님의 십대제자 중의 한 분이며, 지혜가 제일 뛰어나다고 한다. 사리불은 목건련과 함께 제자 각각 250명을 이끌고 동시에 죽림정사로 가서 부처님께 귀의하여 교단을 확장하였다. 석존보다 먼저 세상을 떠났다. 『반야심경般若心經, prajñā-pāramitā-hṛdaya-sūtra』에 등장하는 인물이며, 반야부 경전에서는 처음에는 수보리가 높은 평가를 받지만 후반에서는 사리불舍利弗이 중요시된다. 석존께서 사리불을 항상 신뢰하였으며 제자들의 지도를 맡기기도 했다.

형상: 살색. 합장을 하고, 적 연화좌에 반가부좌를 하고 있다. 비구比丘형이다.

밀호: 반야금강.

사리불 진언은 108번 대목건련과 동일하다.

종자種子: 혜(he).　　수인: 범협인.　　삼매야형: 범협.

혜(he)

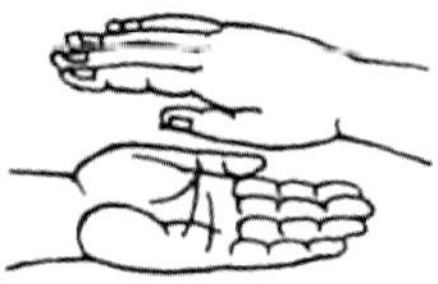

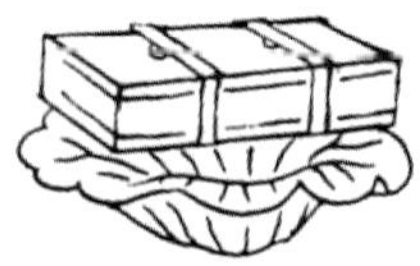

진언 응용: 연각 진언

112. 여래희보살

(如來喜菩薩, 따타가따무디따, tathāgatamuditā)

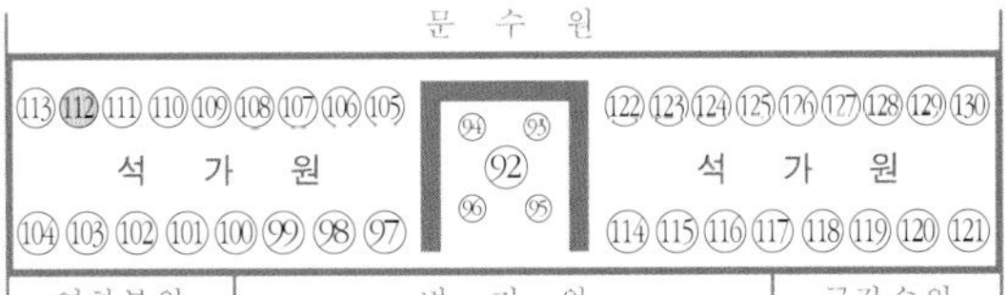

여래희보살은 사무량심 중 희喜무량심을 나타낸다. 이 마음은 중생의 어리석음으로 인해 일어나는 질투심을 없애며, 중생의 즐거움을 일어나게 해서 질투하지 않는 마음으로 바꾸는 것이다. 희무량심관을 수행함으로써 제6의식을 바꾸어 묘관찰지妙觀察智를 얻게 하는 것이다. 본존의 희심은 중생을 관자재보살과 같은 경지로 인도한다고 한다.

형상: 몸은 살색이고, 얼굴에 웃음을 머금고 있으며, 좌수左手는 연꽃을 담는 연잎을 들고 있으며, 우수右手는 가슴 앞에 올리고 엄지와 장지를 맞대고, 검지는 세우고, 무명지와 약지만 구부리며, 적 연화좌에 반가부좌를 하고 있다.

밀호: 칭법금강.

여래희보살 진언 / 실담 범자

로마자 표기: oṃ śuddhapramoda sphara.

한글음 표기: 옴 슏다쁘라모다 스파라.

종자種子: 무(mu). 수인: 연화합장. 삼매야형: 연잎상 화.

무(mu)

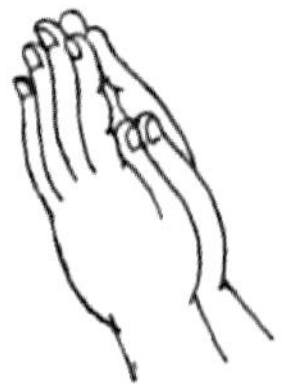

진언 응용: 희심 진언

113. 여래사보살

(如來捨菩薩, 따타가또뻬끄싸, tathāgatopekṣa)

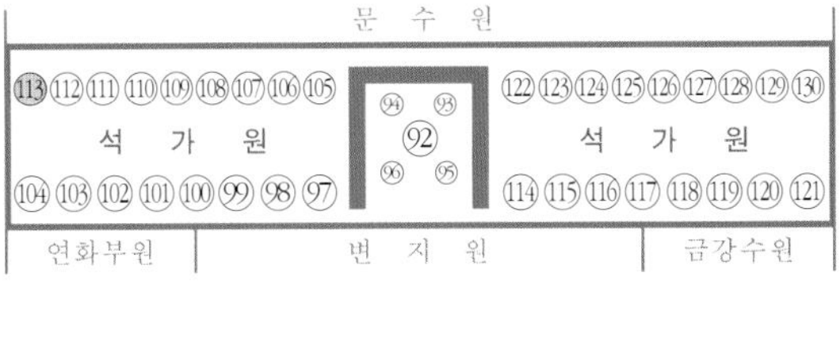

본존은 사무량심四無量心 중의 사무량심捨無量心을 표현하고 있다. 사무량심은 원한을 버리고 고락희우苦樂喜憂를 떠나는 마음을 말하며, 탐·진·치 삼독三毒의 번뇌를 버리는 것이다. 사무량심관을 수행케 함으로써 전5식을 전환하여 성소작지를 얻고, 모든 중생을 관하여 일체의 집착을 떠나게 하고, 중생을 허공과 같은 평등심으로 충만케 하며, 공덕이 자재하도록 해주는 보살이다.

형상: 몸은 살색이며, 좌수左手에는 백주白珠를 들고 있고, 우수右手는 손을 펴서 다리에 대고 있으며, 연잎좌에 반가부좌를 하고 있다.

밀호: 평등금강.

여래사보살 진언 / 실담 범자

로마자 표기: oṃ mahopekṣa sphara.

한글음 표기: 옴 마호뻬끄싸 스파라.

종자種子: 뻬(pe).

뻬(pe)

수인: 연화합장.

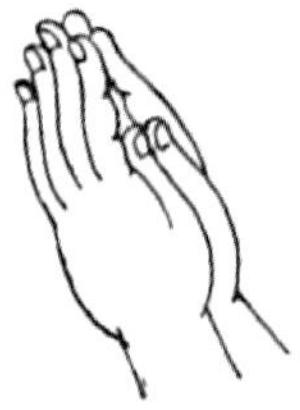

삼매야형: 백주.

진언 응용: 평등 진언

114. 백산개불정

(白傘蓋佛頂, 시따따빠뜨로쓰니사, sitātapatroṣṇīṣa)

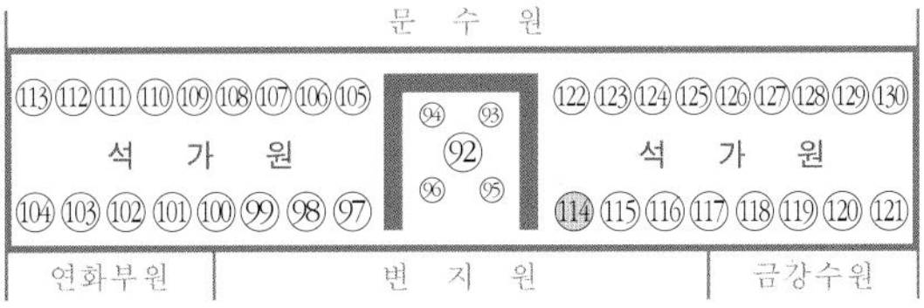

백산개불정은 오불정五佛頂 중의 하나를 말한다. 불정(佛頂, uṣṇīṣa)이란 32상 중의 하나로 육계상肉髻相·무견정상無見頂相 등으로 한역한다. 즉 부처님의 정수리가 상투처럼 솟아올라 보이기 때문에 육계라고 말한다. 오불정은 다음과 같다. 백산개불정白傘蓋佛頂, 광취불정光聚佛頂, 최쇄불정摧碎佛頂, 승불정勝佛頂, 제장불정除障佛頂.

형상: 몸은 황색이고, 좌수左手에는 자루가 긴 연꽃에 얹혀 있는 일산을 쥐고 있으며, 우수右手는 밖을 향하게 하고 올려 손바닥이 안쪽으로 향하게 하고 사지를 구부리고 엄지는 세우고 있으며, 적 연화좌에 가부좌를 틀고 있다.

밀호: 이상금강.

백산개불정 진언 / 실담 범자

로마자 표기: namo samanta buddhānāṃ laṃ sitātapatroṣṇīṣa svāhā.

한글음 표기: 나모 사만따 붇다남 람 시따따빠뜨로쓰니싸 스바하.

종자種子: 람(laṃ).　　수인: 백산개불정인.　　삼매야형: 연화상 백산개.

람(laṃ)

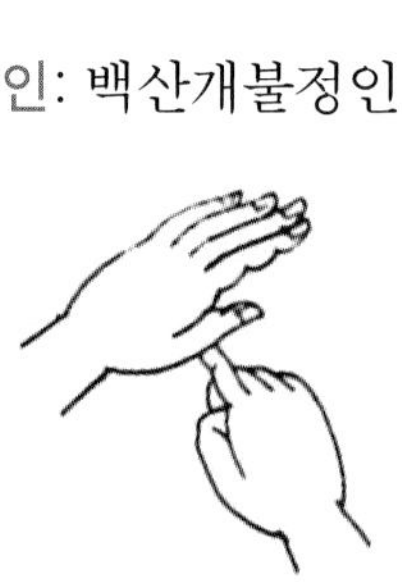

진언 응용: 백산개 진언

115. 승불정

(勝佛頂, 자요쓰니싸, jayoṣṇīṣa)

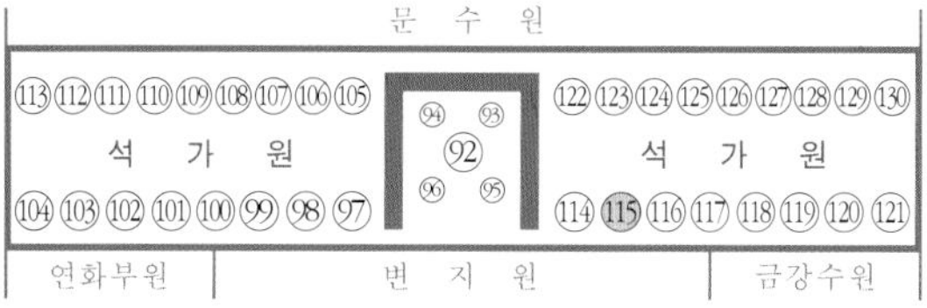

오불정의 하나로서 승정륜왕보살이라고도 한다. 불정은 높이 솟은 여래의 정수리로, 공덕을 인격화한 개념이다. 무명의 근본을 끊고 오주지의 번뇌와 분단생사·변역생사의 근원을 소멸시켜서 증득한 열반이 성문·연각보다 수승하여 승불정이라 한다.

형상: 몸은 황색이고, 우수右手는 우측으로 비스듬하게 펴서 연꽃을 들고 있으며, 좌수左手는 자루가 긴 연꽃 위에 화염검을 올려 들고 있으며, 연화좌에 가부좌를 틀고 있다.

밀호: 대존금강.

승불정 진언 / 실담 범자

로마자 표기: namo samanta buddhānāṃ śaṃ jayoṣṇīṣa svāhā.

한글음 표기: 나모 사만따 붇다남 삼 자요쓰니싸 스바하.

종자種子: 삼(śaṃ). 수인: 대혜도인. 삼매야형: 연화상 보검.

삼(śaṃ)

진언 응용: 불정 진언

116. 최승불정

(最勝佛頂, 비자요쓰니싸, vijayoṣṇīṣa)

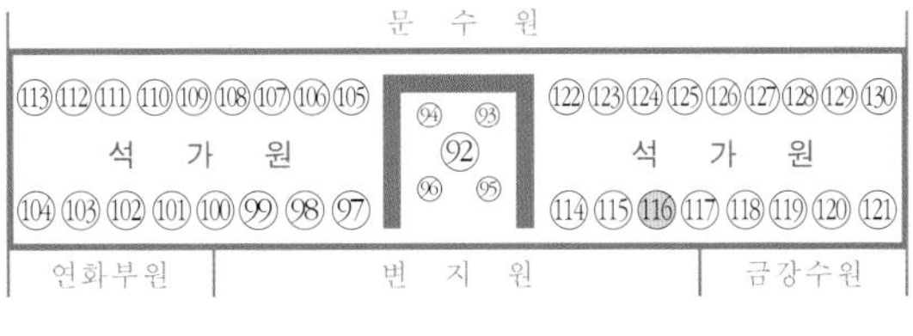

오불정 중의 하나이며, 일자금강·고정륜왕이라고도 한다. 본존은 부처님의 전법륜轉法輪의 덕을 나타내고, 륜輪은 고대 인도에서 전쟁에 사용한 무기의 일종이다. 불교에서는 이 륜輪은 법륜이라 하여 번뇌를 타파하고, 불법으로 인도하는 설법說法을 말한다.

형상: 몸은 황색이고, 좌수左手에는 법륜을 실은 자루가 긴 연꽃을 들고 있으며, 우수右手는 구부려 가슴 앞에 올려 손을 편 상태에서 중지와 무명지를 구부리고, 연화좌에 가부좌를 틀고 있다.

밀호: 최승금강.

최승불정 진언 / 실담 범자

로마자 표기: namo samanta buddhānāṃ śī śī vijayo-ṣṇīṣa svāhā.

한글음 표기: 나모 사만따 붇다남 시 시 비자요-쓰니싸 스바하.

종자種子: 쉬(śī). 수인: 전법륜인. 삼매야형: 연화상 금강륜.

쉬(śī)

진언 응용: 불정 진언

117. 광취불정

(光聚佛頂, 떼조라슈유쓰니싸, tejorāśyuṣṇīsa)

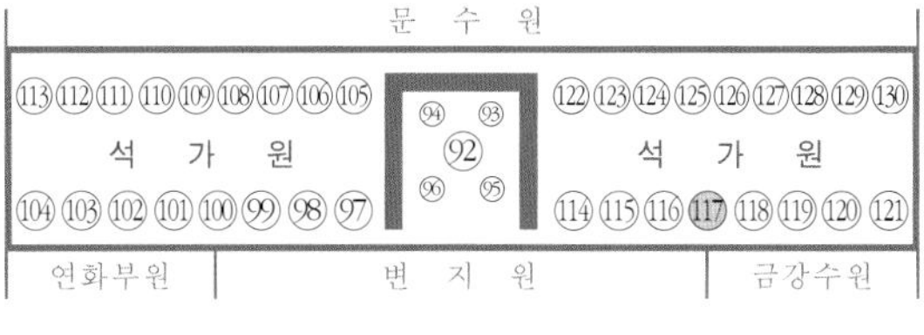

오불정의 하나이며 방광放光이라고도 하는데, 빛나는 빛(輝)을 의미한다. 태양이 뜨면 어두움을 비추어 밝음이 되듯이 여래의 광명이 모든 중생들의 번뇌를 여의어 공덕功德이 쌓이게 한다.

형상: 몸은 황색이고, 좌수左手에 불정佛頂을 얹은 자루가 긴 연꽃을 잡고 있으며, 우수右手는 구부려 가슴 앞에 두고 손바닥을 세워 무명지와 약지를 구부리고, 연화좌에 가부좌를 틀고 있다.

밀호: 신통금강.

광취불정 진언 / 실담 범자

로마자 표기: namo samanta buddhānāṃ trīṃ tejorāśyuṣṇīṣa svāhā.

한글음 표기: 나모 사만따 붇다남 뜨림 떼조라슈유쓰니싸 스바하.

종자種子: 뜨림(trīṃ).　　수인: 허심합장인.　　삼매야형: 불정개.

뜨림(trīṃ)

진언 응용: 불정 진언

118. 최쇄불정

(摧碎佛頂, 비끼라노쓰니싸, vikiraṇoṣṇīṣa)

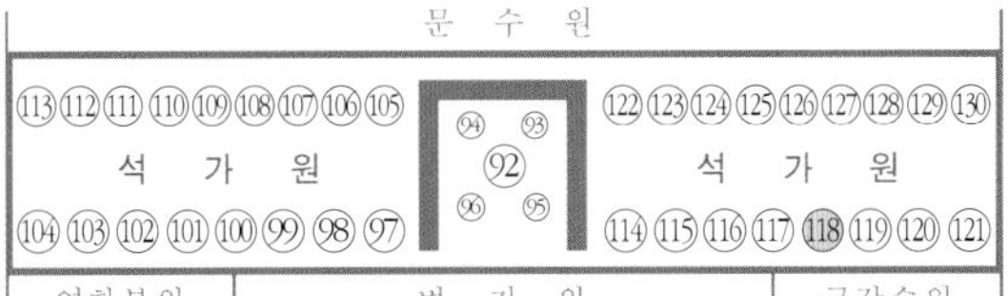

오불정의 하나이며 제장불정除障佛頂이라고도 한다. 본존은 번뇌를 타파하여 없애고 덕을 쌓게 한다.

형상: 몸은 황색이고, 좌수左手에는 독고 갈고리를 얹은 자루가 긴 연꽃을 들고 있으며, 우수右手는 손바닥을 펴고 무명지를 구부려서 가슴 앞에 두고, 연화좌에 가부좌를 틀고 있다.

밀호: 제마금강.

최쇄불정 진언 / 실담 범자

로마자 표기: namo samanta buddhānāṃ hrūṃ vikiraṇa pañcoṣṇīṣa svāhā.

한글음 표기: 나모 사만따 붇다남 흐룸 비끼라나 빤쪼ㅆ니싸 ㅅ바하.

종자種子: 흐룸(hrūṃ). 수인: 제업불정인. 삼매야형: 연화상 갈고리.

흐룸(hrūṃ)

진언 응용: 업장소멸 진언

119. 여래설보살

(如來舌菩薩, 따타가따지흐바, tathāgatajihva)

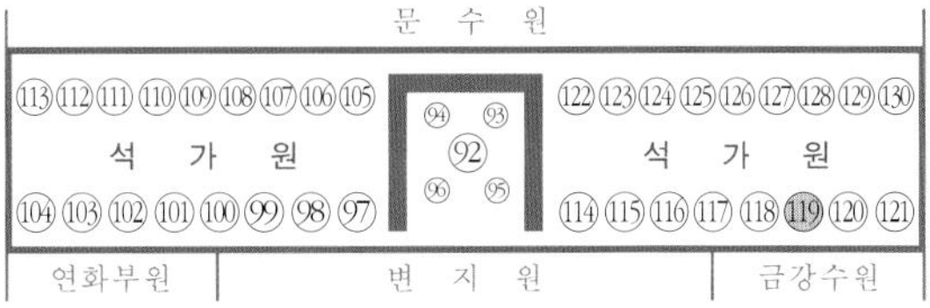

여래설이란 여래의 설법을 말한다. 여래의 설법은 항상 진실하여 거짓이 없다고 한다. 여래의 설법은 진실어眞實語이기 때문이다.

형상: 몸은 살색이고, 좌수左手에는 혀의 삼매야형을 얹은 자루가 긴 연꽃을 들고 있으며, 우수右手는 손바닥을 펴서 위를 향하게 하여 가슴 앞에 대고, 백 연화좌에 가부좌를 틀고 있다.

밀호: 윤설금강.

여래설보살 진언 / 실담 범자

로마자 표기: namo samanta buddhānāṃ tathāgatajihva satyadharmapratiṣṭhita svāhā.

한글음 표기: 나모 사만따 붇다남 따타가따지흐바 사뜨야다르마쁘라띠쓰티따 스바하.

종자種子: 지(ji).　　수인: 여래갑인.　　삼매야형: 연화상 설(혀)

지(ji)

진언 응용: 환희 진언

120. 여래어보살

(如來語菩薩, 따타가따바끄뜨라, tathāgatavaktra)

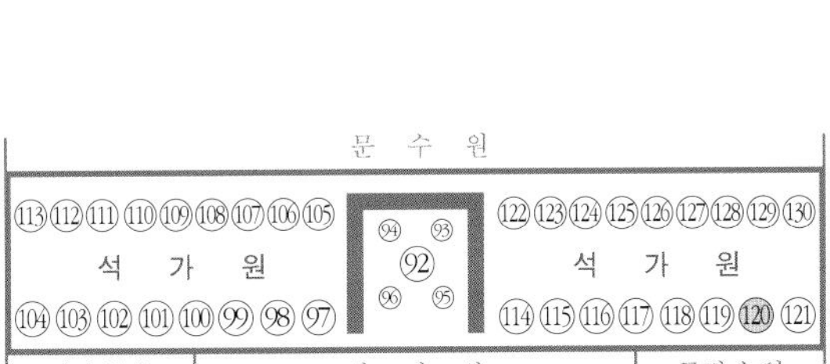

여래의 설법은 원만하여 그 말을 들은 중생들은 어느 누구라도 이해할 수 있었다고 한다. 본존의 말은 여래의 지혜로부터 나오는 설법이므로 덕을 갖추고 있는 것이다.

형상: 몸은 살색이고, 좌수左手에는 보주가 실려 있는 자루가 긴 연꽃을 들고 있으며, 우수右手는 손바닥을 위를 향해 펴고 엄지만 구부려서 가슴 앞에 두고, 연화좌대에 가부좌를 틀고 있다.

밀호: 성공금강.

여래어보살 진언 / 실담 범자

로마자 표기: anmaḥ samanta buddhānāṃ tathāgata-tamahāvaktra viśvajñānamahodaya svāhā.

한글음 표기: 나모 사만따 붇다남 따타가따-따마하바끄뜨라 비슈바즈냐나마호다야 스바하.

종자種子: 바(va). 수인: 여래어문인. 삼매야형: 연화 위의 입술.

바(va)

진언 응용: 설법 진언

121. 여래소보살

(如來笑菩薩, 따타가따하사, tathāgatahāsa)

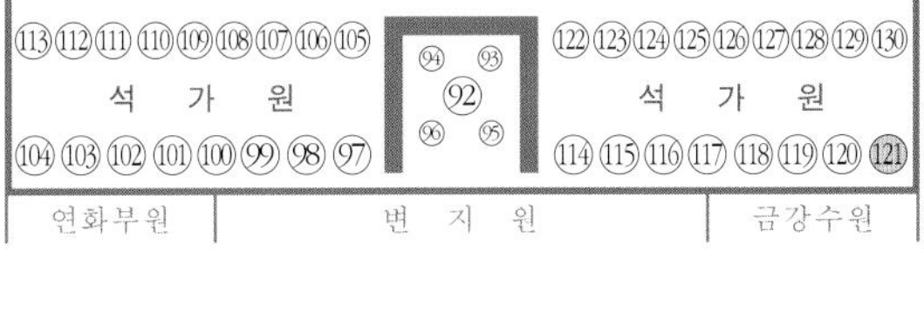

본존은 여래의 환희의 덕을 관장한다. 즉 여래의 가르침을 듣고 마음속 깊은 곳에서 기쁨이 일어나고, 신심이 모두 기쁘고 건강하여 만족하게 된다.

형상: 몸은 살색이고, 얼굴에는 미소를 띠고, 좌수左手에는 꽃대가 긴 연꽃을 들고 있으며, 우수右手는 손바닥을 안으로 펴서 어깨 위에 올리고, 적 연화좌에 가부좌를 틀고 있다.

밀호: 환희금강.

여래소보살 진언 / 실담 범자

로마자 표기: oṃ vajrahāsa.

한글음 표기: 옴 바즈라하사.

종자種子: 호(ho). 수인: 이장앙인. 삼매야형: 삼고궁의지.

호(ho)

진언 응용: 환희 진언

122. 여래아보살

(如來牙菩薩, 따타가따담쓰뜨라, tathagatadaṃṣṭra)

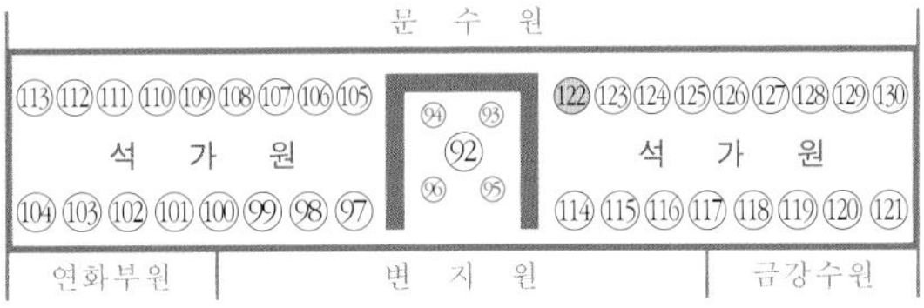

이 존은 번뇌를 이(齒)로 씹어서 타파한다는 의미로 아牙보살이라 한다. 번뇌를 타파하는 결과로 얻은 무상의 깨달음의 법미를 저해沮害하는 덕을 관장하며, 또 여래의 가르침을 지키고 번뇌를 조복하는 것을 담당하고 있다.

형상: 몸은 살색이고, 왼손에는 치아를 얹은 자루가 긴 연꽃을 잡고 있으며, 오른손은 손바닥을 펴고 중지와 무명지를 구부려서 손바닥이 가슴을 향하게 하고, 백연화좌에 반가부좌를 하고 있다.

밀호: 호법금강.

여래아보살 진언 / 실담 범자

로마자 표기: namo samanta buddhānāṃ tathāgatadaṃṣṭra rasarasāgrasamprāpaka sarva–tathāgataviṣayasambhava svāhā.

한글음 표기: 나모 사만따 붇다남 따타가따 담스뜨라 라사라사그라삼쁘라빠까 사르바-따타가따비싸야삼바바 스바하.

종자種子: 담(daṃ). 수인: 여래아인. 삼매야형: 연화상 아.

담(daṃ)

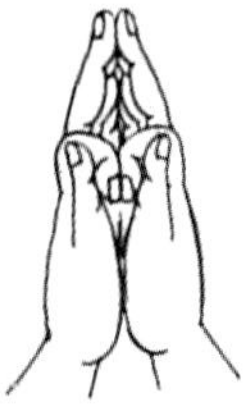

진언 응용: 번뇌 제거 진언

123. 윤복벽지불

(輪輻辟支佛, 네미쁘라뜨에까붇다, nemipratyekabuddha)

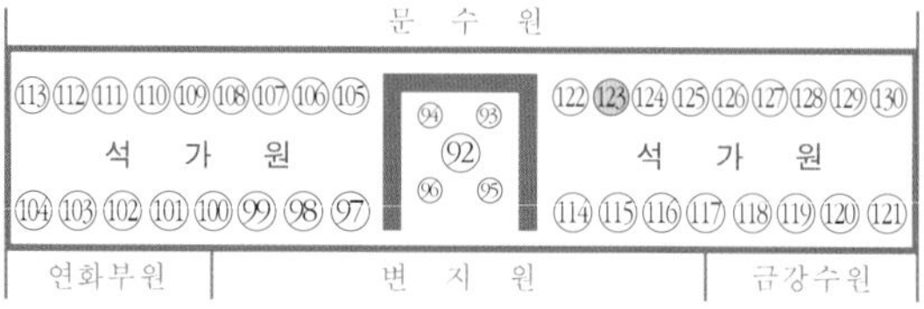

윤복(輪輻, nemi)이란 수레바퀴와 바퀴살을 말한다. 또는 동그란 반지 모양·가장자리 등의 의미를 가지고 있다. 윤복은 번뇌를 치고 부수는 무기로 쓰인다고 한다.

형상: 몸은 백황색이고, 오른손은 주먹을 쥐고 검지는 약간 펴서 구부리고 손바닥 쪽이 밖을 향하게 하여 가슴 앞에 두고 있으며, 왼손은 가사 자락을 잡고, 적 연화좌에 가부좌를 틀고 있다.

밀호: 최장금강.

윤복벽지불 진언 / 실담 범자

로마자 표기: namo samanta buddhānāṃ vaḥ.

한글음 표기: 나모 사만따 붇다남 바흐.

종자種子: 밤(vaḥ).

밤(vaḥ)

수인: 원만석장인.

삼매야형: 석장.

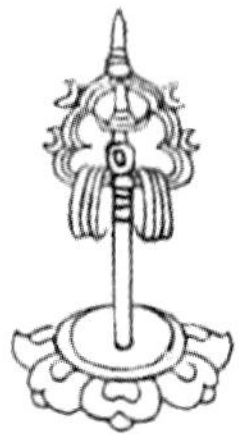

진언 응용: 번뇌 소멸 진언

124. 보복벽지불

(寶輻辟支佛, 라뜨나네미쁘라뜨에까붇다, ratnanemipratyekabuddha)

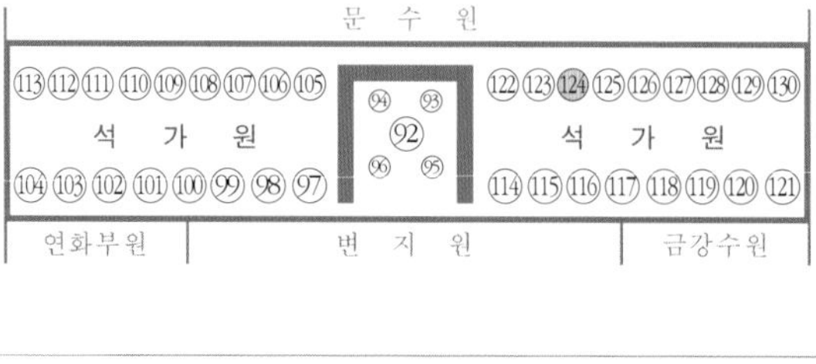

보복벽지불은 자이나교에서 현재 겁의 제21 아라한을 니미(nimi)라 하는데, 보복벽지불의 유래를 이 아라한에서 찾기도 한다. 보륜벽지불이라고도 한다.

형상: 살색. 오른손은 손끝이 아래로 향하게 하고 바닥은 밖을 향하게 하여 가슴에 올리고, 왼손은 가사 자락을 잡고 배꼽 아래에 두고, 적 연화좌에 가부좌를 틀고 있다.

밀호: 원적금강.

보복벽지불 진언: 123번 윤복벽지불과 동일하다.

종자種子: 바흐(vaḥ).

바흐(vaḥ)

수인: 원만석장인.

삼매야형: 석장.

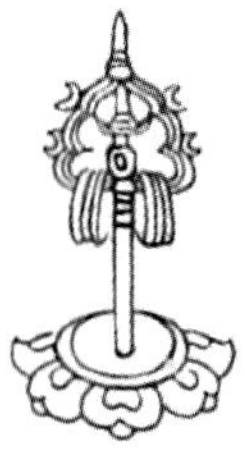

진언 응용: 번뇌 소멸 진언

125. 구치라

(俱絺羅, 까우쓰티라, kauṣṭhila)

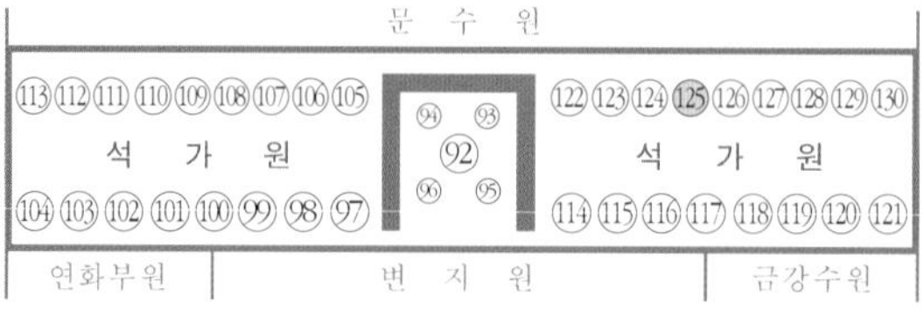

구치라는 사리불의 외삼촌으로 나면서부터 손톱이 길었으므로 장조범지長爪梵志라 하고, 말주변과 논쟁에 능하여 부처님의 제자 중에서 문답제일問答第一이라 한다.

형상: 몸은 살색이고, 오른손은 주먹을 쥐고 엄지와 약지를 세우고 손바닥을 앞을 향하게 하고, 왼손은 가사 자락을 잡고 가슴에 대고, 연잎 대좌에 반가부좌를 하고 있다.

밀호: 오성금강.

구치라 진언 / 실담 범자

로마자 표기: namo samanta buddhānāṃ hetu-pratyavigata karmanirjāta huṃ.

한글음 표기: 나모 사만따 붇다남 헤뚜-쁘라뜨야비가따 까르마니르자따 훔.

종자種子: 헤(he). 수인: 범협인. 삼매야형: 범협.

헤(he)

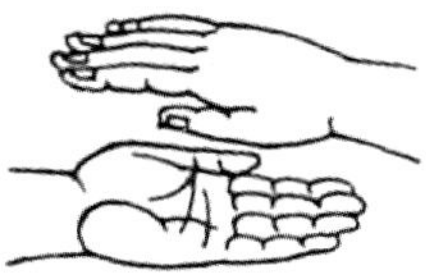

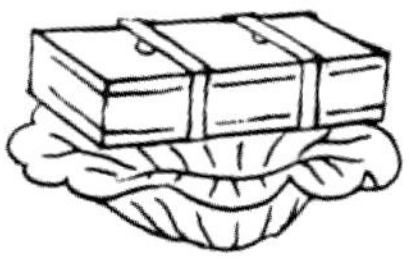

진언 응용: 문답 진언

126. 아난다

(阿難陀, 아난다, ānanda)

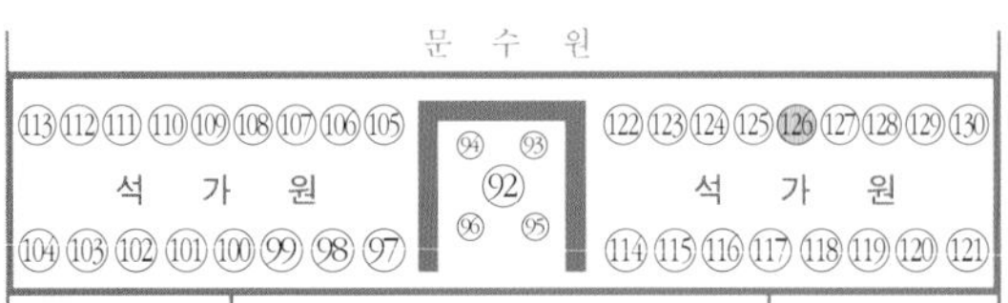

아난다는 부처님의 십대제자 중의 한 분이며, 부처님의 사촌동생으로서 부처님의 성도成道일 밤에 태어났으며, 25세에 부처님의 제자가 되고, 부처님이 열반에 들 때까지 25년간 부처님 곁을 떠나지 않고 시봉侍奉했으며, 부처님 가르침을 가장 많이 들어서 다문多聞제일이라 한다. 아난다는 교단에서 여인 출가를 금지하던 관례를 깨고 부처님을 설득하여 부처님의 양모인 마하뿌라자빠띠를 포함하여 500인의 출가를 허락받았으며, 석존 입멸 후 깨닫지 못했다는 이유로 결집에서 배제되었다가 가섭의 인가를 받고 참여하여 경전을 송출하였으며, 마하가섭이 열반에 들 때 가장 수승한 법을 아난에게 부촉하여 법이 후대에 전수되게 하였다.

형상: 몸은 살색이고, 합장하고 연잎 대좌에 반가부좌를 하고 있다.

밀호: 집법금강.

아난다 진언: 125번 구치라 진언과 동일하다.

종자種子: 헤(he). 수인: 범협인. 삼매야형: 범협.

헤(he)

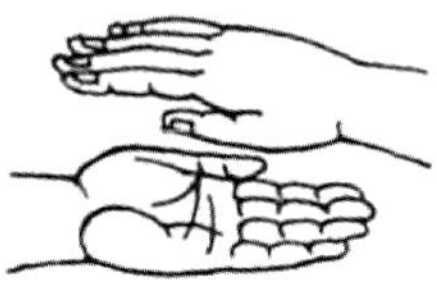

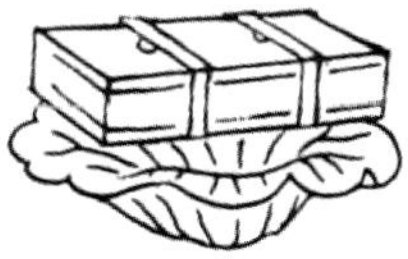

진언 응용: 다문 진언

127. 가전연

(迦旃延, 까뜨야나, kātyāyana)

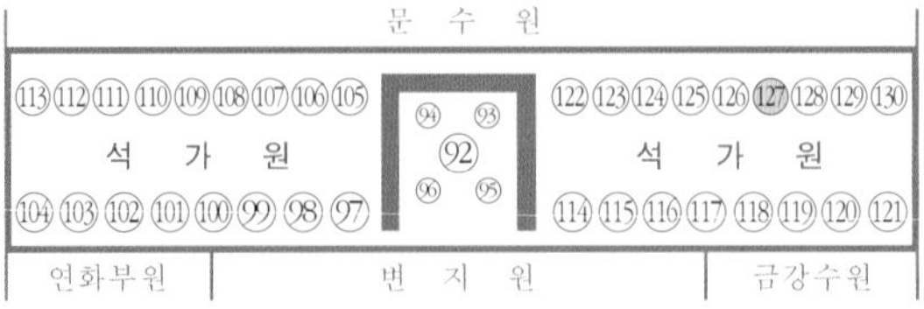

부처님의 십대제자 중의 한 분이고, 논의제일이라 한다. 크사트리아 출신으로 부처님께 귀의하여 부처님 가르침을 분석하고 다른 사람들에게 알기 쉽게 설명하는 힘이 뛰어나서 국왕과 바라문을 교화했다고 한다.

형상: 몸은 살색이고, 오른손은 바닥을 펴서 밖을 향하게 하고, 무명지와 약지를 구부려서 가슴 앞에 올리고, 왼손은 가사 자락을 잡고 가슴 앞에 두고 있으며, 연잎 대좌에 반가부좌를 하고 있다.

밀호: 윤재금강.

가전연 진언: 125번 구치라 진언과 동일하다.

종자種子: 혜(he). 수인: 범협인. 삼매야형: 범협.

혜(he)

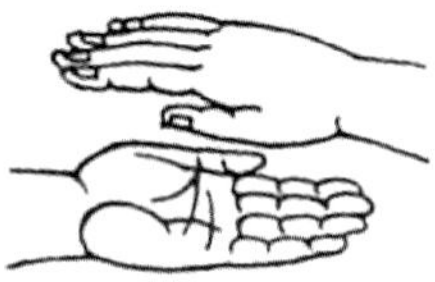

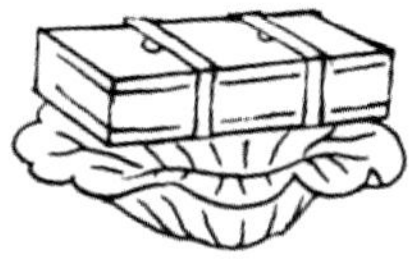

진언 응용: 논의 진언

128. 우파리

(優波離, 우빠리, upāli)

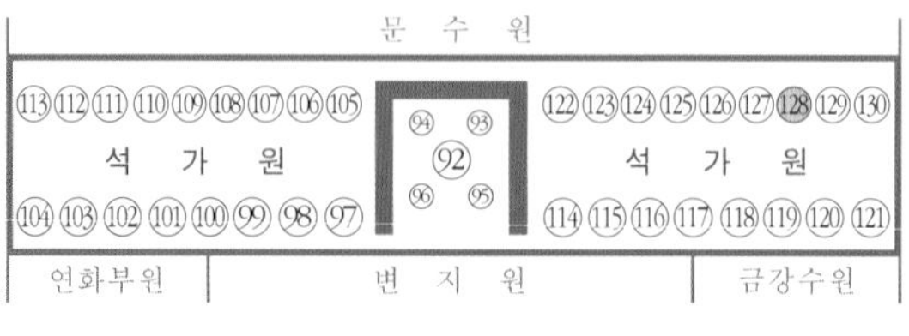

부처님 십대제자 중의 한 분으로, 계율을 잘 지키고 범하지 않는다 하여 지계 제일이라고 한다. 신분은 이발사였지만 부처님께서 신분상의 계급 차별을 없애고 수계의 순위에 따라 상수제자로 삼았다고 한다. 부처님 사후 결집할 때 아난이 경을 송출하였다면, 우파리는 계율을 송출하였다고 한다.

형상: 몸은 살색이고, 황색 가사를 수하고, 오른손은 바닥을 펴서 중지와 무명지를 구부려서 가슴에 대고 밖을 향하게 하고, 왼손은 주먹 상태에서 엄지와 검지를 세워 가슴 앞에 두고, 연잎 대좌에 반가부좌를 하고 있다.

밀호: 시라금강.

우파리 진언: 125번 구치라 진언과 동일하다.

종자種子: 혜(he). 수인: 범협인. 삼매야형: 범협.

혜(he)

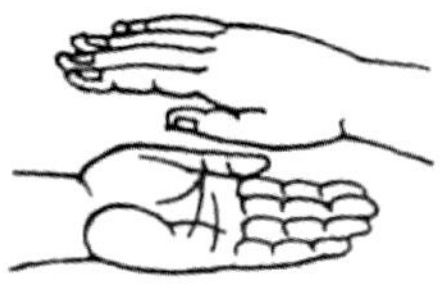

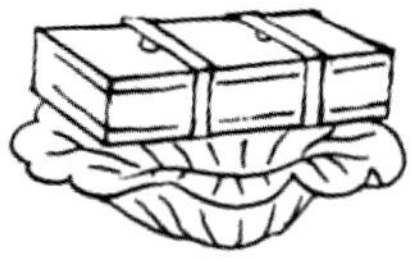

진언 응용: 계율 진언

129. 지구치라보살

(智拘絺羅菩薩, 즈냐나까우쓰타라, jñānakauṣṭhila)

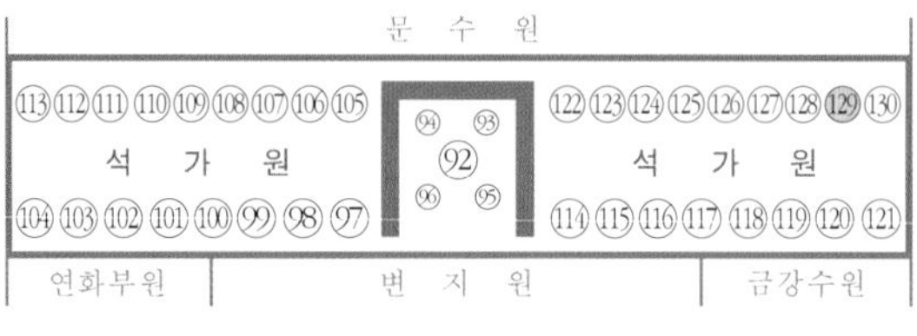

이 존은 여래의 정진을 담당하고, 보리심의 씨앗을 길러서 한결같음을 보여준다. 이 존은 장조범지라는 설도 있다.

형상: 몸은 살색이고, 얼굴은 엷은 미소를 짓고 있으며, 두 손에 아직 피지 않는 연꽃을 가슴 앞에 대고, 연잎 좌에 반가부좌를 하고 있다.

밀호: 정원금강.

지구치라보살 진언: 125번 구치라 진언과 동일하다.

종자種子: 즈냐(jña), 혜(he). 수인: 범협인. 삼매야형: 미개부연화.

즈냐(jña) 혜(he)

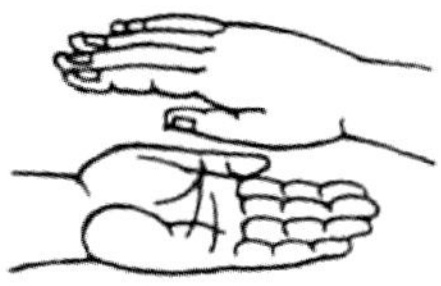

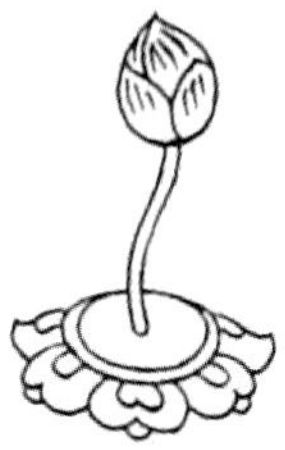

진언 응용: 정진 진언

130. 공양운해보살

(供養雲海菩薩, 뿌자메가사무드라, pūjameghasamudra)

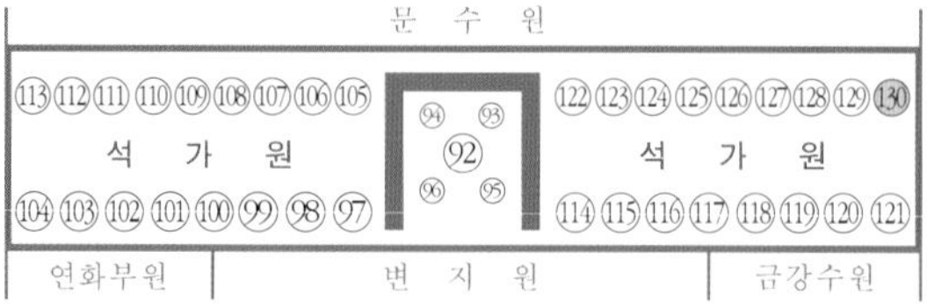

본존은 구름과 비처럼 무한대로 공양을 한다는 의미를 가지고 있다. 불해佛海라 하여 여래보살 등에게 공양을 올리는 일을 서원으로 삼는다고 한다.

형상: 몸은 살색이고, 양손에는 연잎 위에 미개부화를 얹어서 무릎을 꿇고, 연잎좌에 있다.

밀호: 보복금강.

공양운해보살 진언 / 실담 범자

로마자 표기: namo sarvatathāgatebhya viśvamukhe bhyaḥ sarvathā khamudgate sphara hemaṃ gaganakaṃ svāhā.

한글음 표기: 나모 살바따타가떼브야 비슈바무케 브야흐 살바타 카무드가떼 스파라 헤맘 가가나깜 스바하.

종자種子: 뿌(pu). 수인: 연화합장. 삼매야형: 연잎 위 연꽃.

뿌(pu)

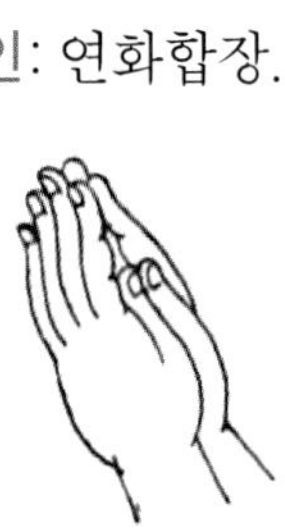

진언 응용: 공양 진언

7

문수원

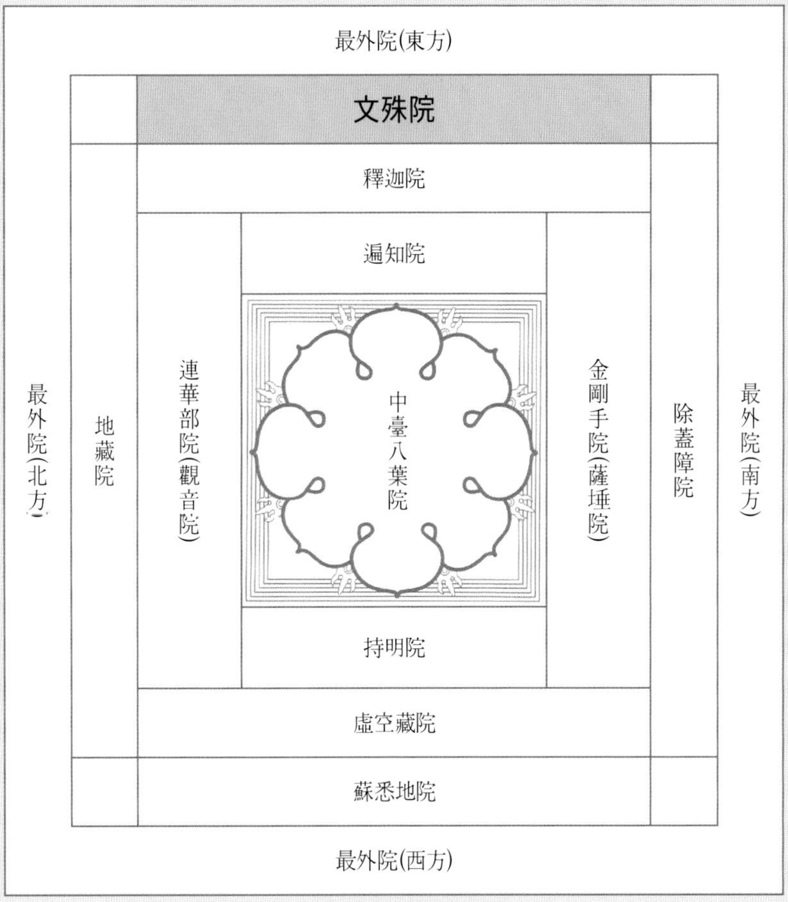

最外院(東方)
文殊院
釋迦院
遍知院
最外院(北方)
地藏院
連華部院(觀音院)
中臺八葉院
金剛手院(薩埵院)
除蓋障院
最外院(南方)
持明院
虛空藏院
蘇悉地院
最外院(西方)

문수원文殊院은 석가원의 동방 상단에 위치하고 있다. 반야지般若智의 상징인 문수보살을 주존으로 하기 때문에 문수원이라고 한다. 금강수원의 지혜가 본유本有라면 문수원의 지혜는 관조觀照의 수행으로 형성된 지혜를 나타낸다. 중앙의 5존과 좌우에 10존씩 배치되어 총 25존으로 구성된다.

문수원의 25존 구조

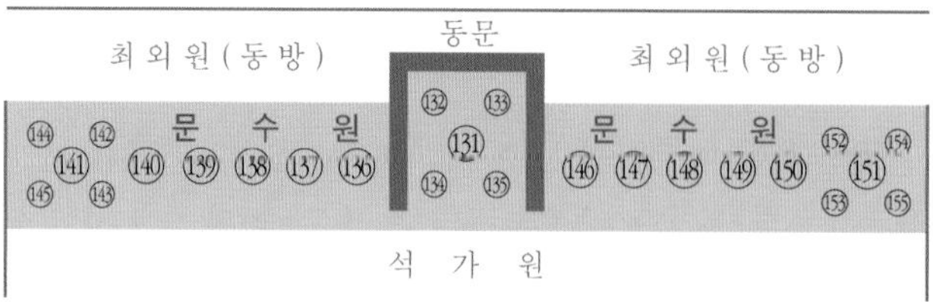

131. 문수사리보살文殊師利菩薩
132. 관자재보살觀自在菩薩
133. 보현보살普賢菩薩
134. 불가월수호不可越守護
135. 상향수호相向守護
136. 광망보살光網菩薩
137. 보관보살寶冠菩薩
138. 무구광보살無垢光菩薩
139. 월광보살月光菩薩
140. 묘음보살妙音菩薩
141. 동모로瞳母嚕
142. 아이다阿耳多
143. 아파라이다阿波羅耳多
144. 비자야肥者耶
145. 자야者耶
146. 계설니동녀髻設尼童女
147. 우파계설니동녀優婆髻設尼童女
148. 질단라동녀質但羅童女
149. 지혜동녀地慧童女
150. 소청동녀召請童女
151. 부사의혜동녀不思議慧童女
152. 문수봉교자文殊奉教者
153. 문수봉교자文殊奉教者
154. 문수봉교자文殊奉教者
155. 문수봉교자文殊奉教者

131. 문수사리보살

(文殊師利菩薩, 만주슈리꾸마라두따, mañjuśrīkumāradhūta)

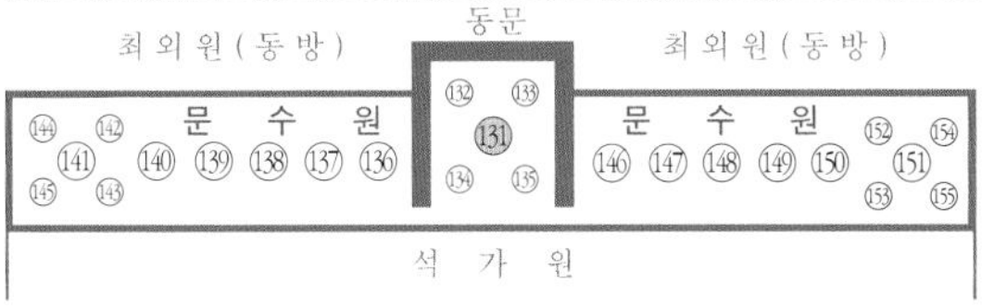

묘길상妙吉祥은 문수사리동자·문수사리법왕자라 칭하기도 한다. 본존은 중대팔엽원의 4보살의 한 분으로서, 문수원의 주존主尊이며, 동진童眞이라 할 때는 어린이가 자아에 대한 집착이 없는 것처럼 이 보살의 지혜가 명료하여 걸림이 없기 때문에 붙여진 이름이다. 대승불교에서는 석가모니 부처님의 좌협시 보살로 푸른 사자를 타고 있다. 그리고 일반적으로 문수보살은 지혜를 상징하지만 반야부般若部 경전과는 밀접한 관계가 없는 것으로 추정되고 있다.

밀교에서는 대일여래의 내증內證의 덕德을 나타내고, 밀호를 길상금강·반야금강 등이라 하며, 『대일경』에서는 시원금강동자라 하고, 『이취경』에서는 일체무희론여래라는 이름으로 등장한다. 또는 진언의 숫자에 따라 일자문수·오자문수·육자문수·팔자문수 등으로 표현하고, 상투의 숫자에 따라서 일계문수·오계문수 등으로 나타내며, 또는 각 부에 따라서 불부에는 팔자문수, 연화부에는 육자문수, 금강부에는 오자문수, 단순히 문수라 할 때는 오자문수를 말한다. 본원에 안치된 문수는 동자의 모습으로 다섯 개의 상투가 있다.

형상: 황금색. 머리에는 오계五髻를 결하고, 동자童子형을 하고 있으며, 오른손은 여원인與願印을 하고, 왼손에는 삼고저를 얹은 자루 긴 청련화를 들고, 백 연화좌에 가부좌를 틀고 있다.

밀호: 반야금강.

문수사리보살 진언 / 실담 범자

로마자 표기: namo samanta buddhānāṃ maṃ he kumāraka vimu-
ktipathastita smara smara pratijñāṃ svāhā.

한글음 표기: 나모 사만따 붇다남 맘 헤 꾸마라까 비무-끄띠빠타스띠따 스마라 스마라 쁘라띠즈얌 스바하.

종자種子: 맘(maṃ).　　수인: 허심합장.　삼매야형: 청련화 위에 삼고저.

맘(maṃ)

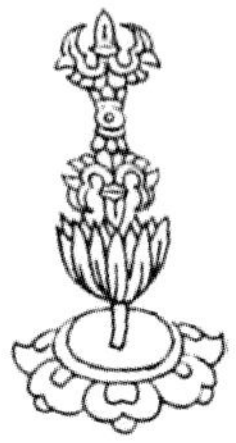

진언 응용: 지혜 진언

132. 관자재보살

133. 보현보살

134. 불가월수호

135. 상향수호

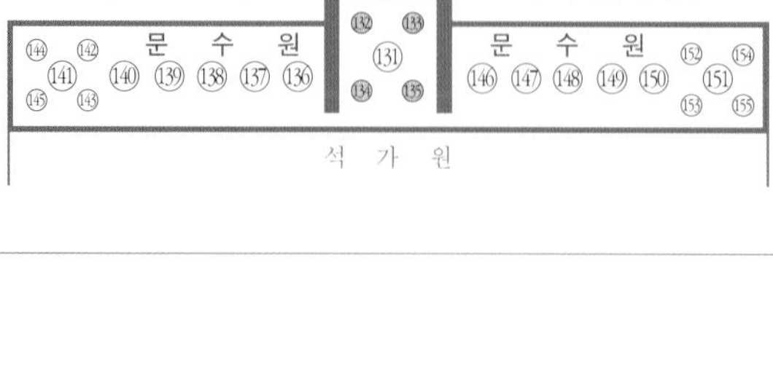

132. 관자재보살

(觀自在菩薩, 아르야바로끼떼슈바라, āryāvalokiteśvara)

문수원에서 관자재보살은 보현보살과 함께 문수보살의 배후에 앉아 있으며 문수원의 작용을 돕는 역할을 하고 있다. 즉 무애자재無碍自在로 일체를 관찰하고 구원을 요청하는 중생의 번뇌를 간파하고 이를 구하는 역할을 담당한다.

형상: 백살색. 오른손은 손바닥을 펴서 허벅지 위에 올려놓고, 왼손에는 자루 긴 연꽃을 가지고 있으며, 연화좌에 가부좌를 틀고 있다.

밀호: 정법금강.

관자재보살 진언 / 실담 범자

로마자 표기: namo samanta buddhānāṃ sa.

한글음 표기: 나모 사만따 붇다남 사.

종자種子: 사(sa). 수인: 팔엽인. 삼매야형: 개부연화.

사(sa)

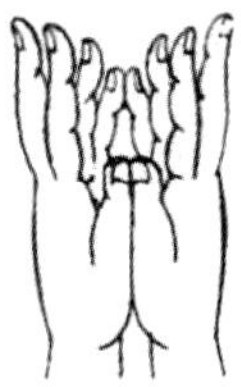

진언 응용: 무애자재

133. 보현보살
(普賢菩薩, 사만따바드라, samantabhadra)

문수원에서 보현보살은 관자재보살과 같이 문수보살의 배후에 있으며, 문수보살의 실천의 덕德을 돕는 역할을 하고, 신·구·의 삼업三業을 청정하게 하는 의미를 지니고 있다. 현세에 보살의 이상적理想的 실천행을 보현행이라고 한다.

형상: 살색. 오른손은 손바닥을 펴서 검지와 중지를 구부리고 가슴 앞에 두고, 왼손에는 삼고저를 얹은 자루가 긴 연꽃을 어깨 위에 올려 들고, 연화좌에 가부좌를 틀고 있다.

밀호: 진여금강.

보현보살 진언 / 실담 범자

로마자 표기: namo samanta buddhānāṃ samanta-bhadrāya svāhā.

한글음 표기: 나모 사만따 붇다남 사만따-바드라야 스바하.

종자種子: 까(ka).　수인: 내오고인.　삼매야형: 연화상 삼고저.

까(ka)

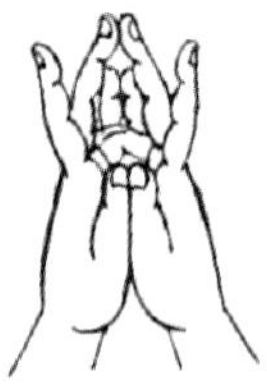

진언 응용: 실천 진언

134. 불가월수호

(不可越守護, 두르다르싸드바라빠라, durdharṣadvārapāla)

『대일경소大日經疏』에 문을 지키는 두 수호守護가 있다고 하는데 불가월不可越과 상향相向을 말한다. 이 두 수호는 짝을 이루어 동문을 지키고 있으며, 문수원에서는 불가월사자로서 문수보살의 실천을 수호한다.

형상: 적 살색. 오른손에는 칼을 어깨높이로 들고 있으며, 왼손은 주먹을 쥐고 손등이 하늘을 향하게 하여 가슴 앞에 두고, 연화좌에 반가부좌를 하고 있다.

밀호: 금강.

불가월수호 진언 / 실담 범자

로마자 표기: namo samanta buddhānāṃ durdhaṣamahāroṣaṇa khādaya sarvān tathāgatajñāṃ kuru svāhā.

한글음 표기: 나모 사만따 붇다남 두르디씨미히로싸나 카다아 사르반 따타가따즈냠 꾸루 스바하.

종자種子: 카(kha), 헤(he). 수인: 불가월수호인. 삼매야형: 검.

카(kha) 헤(he)

진언 응용: 수호 진언

135. 상향수호
(相向守護, 아비무카드바라빠라, abhimukhadvārapāla)

134번 불가월수호와 짝이 되어 남문을 지킨다. 여래의 가르침을 받들어 중생을 번뇌에서 교화하여 열반에 오르게 한다.

형상: 적 살색. 오른손은 주먹을 쥐고 검지를 펴서 가슴 앞에 두고, 왼손에는 검을 들고, 연화좌에 반가부좌를 하고 있다.

밀호: 금강.

상향수호 진언 / 실담 범자

로마자 표기: namo samanta-vajrānāṃ he abhimukhamahāpracaṇḍa khādaya kiṃcirāyasi samayam anusmara svāhā.

한글음 표기: 나모 사만따-바즈라남 헤 아비무카마하쁘라 짠다 카다야 낌찌라야시 사마야 마누스마라 스바하.

종자種子: 카(kha), 헤(he). 수인: 상향수호인. 삼매야형: 검.

카(kha) 헤(he)

진언 응용: 수호 진언

136. 광망보살

(光網菩薩, 자리니쁘라다, jālinīpradha)

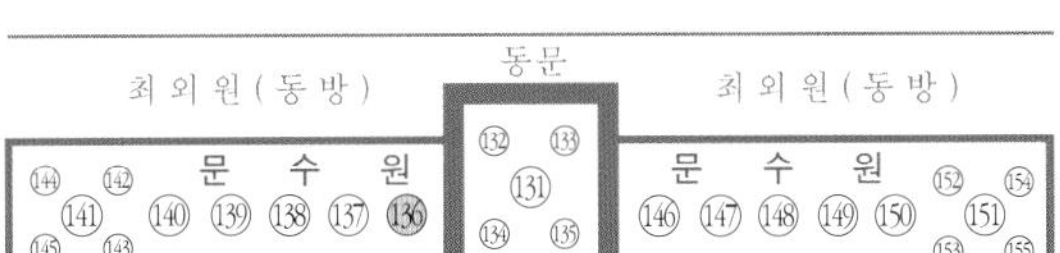

본존은 광망동자光網童子라고도 한다. 문수보살의 지혜가 비추는 광명이 마치 그물처럼 법계를 덮고, 시방세계에 두루 펼쳐 중생을 이익 되게 하는 것에서 유래한 것이다. 본존은 문수보살의 덕을 관장하고 있다.

형상: 황색. 머리는 좌로 약간 숙이고 세 개의 상투를 틀어 올렸으며, 오른손에는 번뇌를 묶는 견삭羂索을 가지고 있으며, 왼손에는 자루가 긴 청련화를 가지고, 연화 위에 가부좌를 틀고 있다.

밀호: 색상금강.

광망보살 진언 / 실담 범자

로마자 표기: namo samanta buddhānāṃ he he kumāra māyāgata svabhāvasthita svāhā.

한글음 표기: 나모 사만따 붇다남 헤 헤 꾸마라 마야가따 스바바바스티따 스바하.

종자種子: 잠(jaṃ). 수인: 광망구인. 삼매야형: 구(갈고리).

잠(jaṃ)

진언 응용: 장엄 진언

137. 보관보살

(寶冠菩薩, 라뜨나마꾸따, ratnamakuṭa)

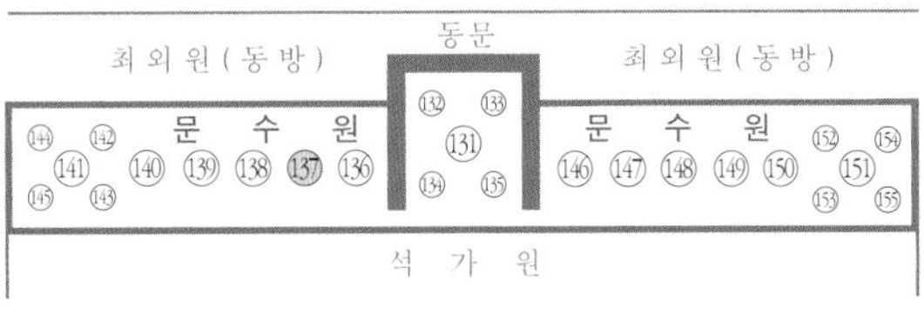

보관동자寶冠童子라고도 한다. 본존은 문수의 지혜를 존중하고 장엄함을 나타낸다. 또는 문수의 지덕과 복덕을 스스로 장엄할 뿐만 아니라 모든 중생을 장엄하겠다는 서원을 표현한다.

형상: 황색. 머리는 좌측으로 약간 숙이고 3개의 상투를 틀고 있으며, 오른손은 손바닥 위에 보주를 들고 가슴 앞에 두고, 왼손은 보관을 얹은 자루가 긴 청련화를 가지고, 연화좌에 가부좌를 틀고 있다.

밀호: 장엄금강.

보관보살 진언 / 실담 범자

로마자 표기: namo samanta buddhānāṃ sarvathā vimativikiraṇa dharma dhātunirjāta saṃ ha svāhā.

한글음 표기: 나모 사만따 붇다남 사르바타 비마띠비끼라나 다르마 다뚜니르자따 삼 하 스바하.

종자種子: 까(ka). 수인: 연화합장. 삼매야형: 보주寶珠.

까(ka)

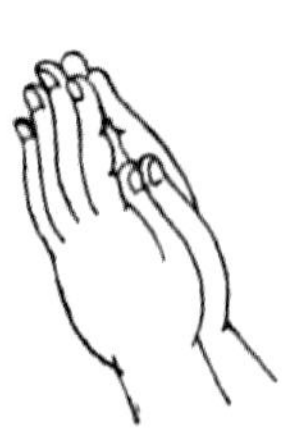

진언 응용: 지덕 진언

138. 무구광보살

(無垢光菩薩, 비마라쁘라바, vimalaprabha)

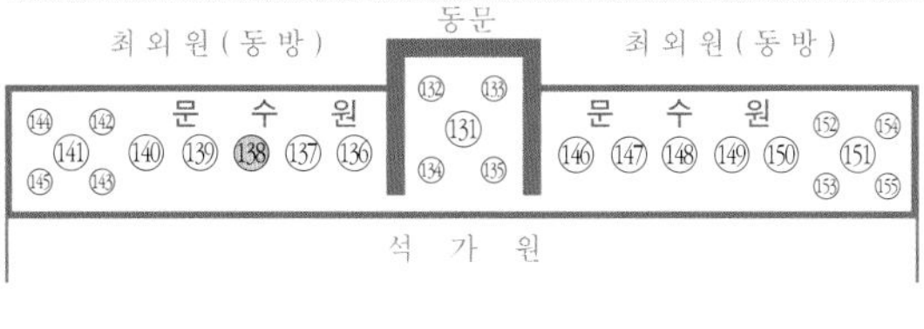

본존은 번뇌에 더럽혀지지 않고 빛나는 문수의 지혜를 보여주고 있다. 무구無垢는 번뇌를 벗어나 있다는 뜻이므로, 지혜의 공덕을 중생에게 돌려주는 역할을 담당하는 보살이다.

형상: 황색. 머리에는 3개의 상투를 틀고 있으며, 오른손에는 그릇(발우)을 배꼽 앞에 들고 있으며, 왼손에는 자루가 긴 미개화 연꽃을 들고 있으며, 백 연화좌에 가부좌를 틀고 있다.

밀호: 이진금강.

무구광보살 진언 / 실담 범자

로마자 표기: namo samanta buddhānāṃ he kumāra vicitragatikumāra manus-mara svāhā.

한글음 표기: 나모 사만따 붇다남 헤 꾸마라 비찌뜨라가띠꾸마라 마누스마라 스바하.

종자種子: 뜨라(tra). 수인: 광망구인. 삼매야형: 미개화 연화.

뜨라(tra)

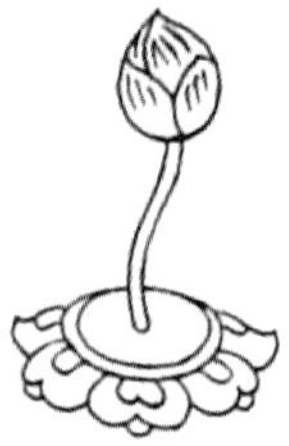

진언 응용: 이구 진언

139. 월광보살

(月光菩薩, 짠드라쁘라바, candraprabha)

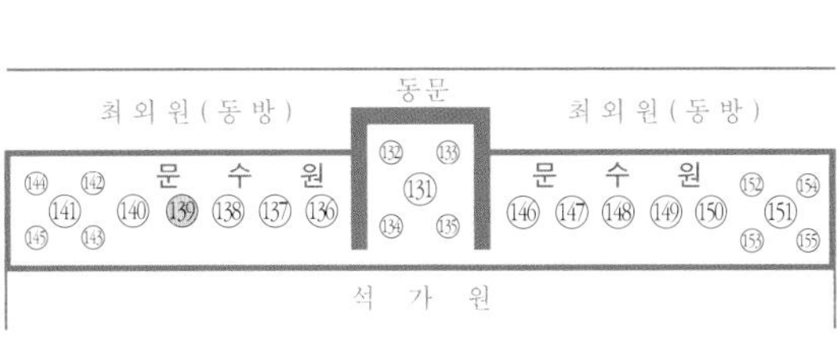

월광보살은 일광보살과 함께 약사여래의 협시보살이며, 문수원에서는 문수보살이 수행 중에 지혜를 돕는 것을 표현한다. 도상圖上에서 청련화靑蓮華 위의 반달이 점차적으로 커져서 만월이 되는데, 이는 현실적으로 중생들의 수행하는 모습을 비유하는 것이다.

형상: 황색. 머리는 동자형의 3개의 상투를 하고 있으며, 오른손에는 자루가 긴 청련화 위에 반달을 얹은 것을 잡고 있으며, 왼손에는 아직 피지 않는 연꽃을 들고, 적 연화좌에 가부좌를 틀고 있다.

밀호: 위덕금강.

월광보살 진언 / 실담 범자

로마자 표기: namo samanta buddhānāṃ candraprabhāya svāhā.

한글음 표기: 나모 사만따 붇다남 짠느라쁘라다야 스바하.

종자種子: 짜(ca).　　　수인: 집연화인.　삼매야형: 청련화 위에 반월.

짜(ca)

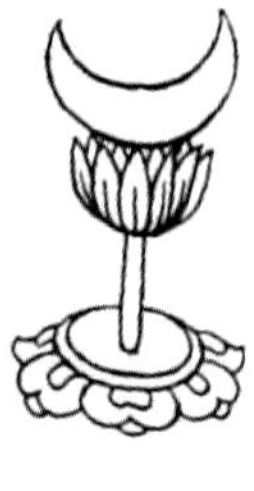

진언 응용: 지혜 진언

140. 묘음보살

(妙音菩薩, 가드가다스바라, gadgadasvara 만주고쌰, mañjughoṣa)

묘음보살은 대자비의 마음으로 묘한 법음法音을 하여 중생들을 교화하고 인도한다. 또 문수보살의 설법의 덕을 나타낸다고 하여 문수보살과 동일시한다.

형상: 황색. 동자의 모습이고, 머리는 3개의 상투를 하고 있으며, 오른손에는 자루 긴 청련화를, 왼손에는 범협梵篋을 들고 있으며, 적 연화좌에 가부좌를 틀고 있다.

밀호: 길상금강.

묘음보살 진언 / 실담 범자

로마자 표기: namo samanta buddhānāṃ he he kumārike dayajñāṃ smarapratijñāṃ svāhā.

한글음 표기: 나모 사만따 붇다남 헤 헤 꾸마리께 다야즈냠 스마라쁘라띠즈냠 스바하.

종자種子: 맘(maṃ). 수인: 계실니도인. 삼매야형: 범협.

맘(maṃ)

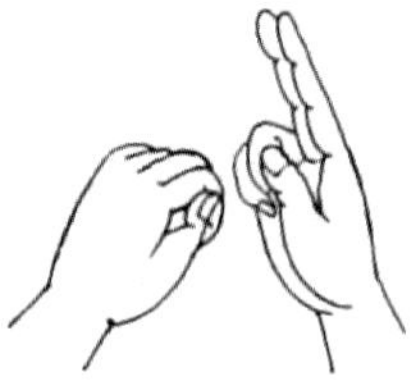

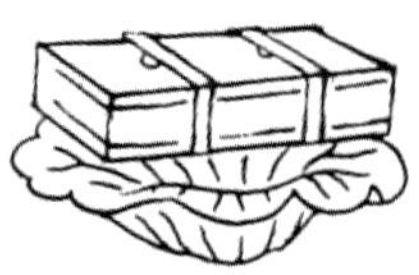

진언 응용: 묘덕 진언

141. 동모로

(瞳母嚕, 뚜므라, tumra)

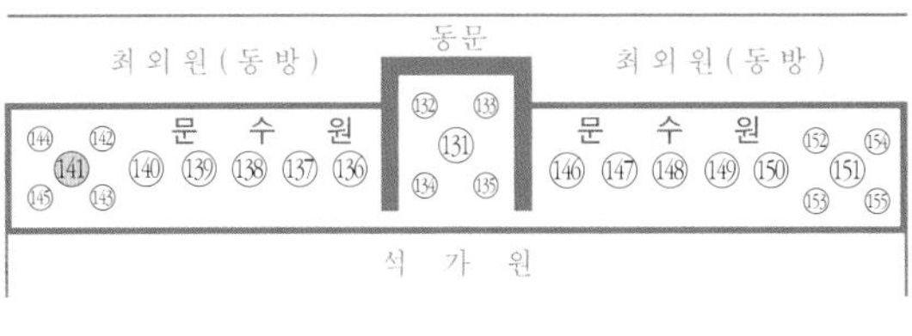

본존은 문수원의 좌측 최북단의 4봉교자의 중앙에 위치하고, 좌측에 아이다와 아파라이다를, 우측에 비자야와 자야를 배치하고 있다. 『반야이취경』에서는 동모로를 4자매의 형으로서 비로자나로 표현하기도 한다. 4자매를 상·락·아·정의 4바라밀로 표현하기도 한다.

형상: 적흑색. 얼굴은 분노형이고, 천의를 걸치고, 오른손에는 독고봉을 들고 있으며, 왼손은 주먹을 쥐고 손바닥이 위로 향하고 검지와 중지를 펴서 배꼽 앞에 두고, 길상좌에 반가부좌를 하고 있다.

밀호: 금강.

동모로 진언 / 실담 범자

로마자 표기: namo samanta buddhānāṃ āḥ vismayanīye svāhā.

한글음 표기: 나모 사만따 붇다남 아흐 비스마야니예 스바하.

종자種子: 뚜(tu).　　수인: 제봉교자인.　　삼매야형: 봉 위에 여의보주.

뚜(tu)

진언 응용: 수행 진언

144. 비자야

142. 아이다

145. 자야

143. 아파라이다

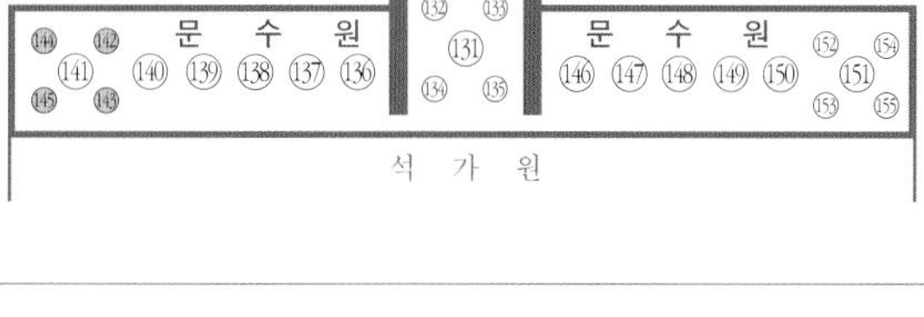

142. 아이다

(阿耳多, 아지따, ajita)

아지따(ajita)는 정복되지 않는다는 뜻이 있다. 어떠한 악마나 번뇌도 본존을 이겨낼 수 없다고 한다. 그러므로 무능승無能勝으로 번역한다.

형상: 살색. 천의를 걸치고, 오른손은 독고봉을 가지고 있으며, 왼손은 주먹을 아래로 향하게 하여 배꼽 앞에 두고, 길상좌에 반가부좌를 하고 있다.

진언眞言과 진언 응용 등은 141번 동모로와 동일하다.

종자種子: 아(a). 수인: 제봉교자인. 삼매야형: 봉.

아(a)

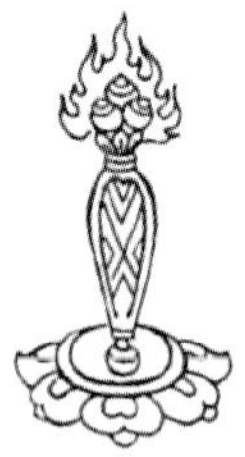

143. 아파라이다

(阿波羅耳多, 아파라지따, aparājitā)

4자매의 한 존으로 열반의 경지에서 아덕我德을 자유자재로 나타낼 수 있다고 한다.

형상: 살색. 오른손은 독고봉을 가지고 있으며, 왼손은 주먹을 아래로 향하게 하여 배꼽 앞에 두고, 길상좌에 반가부좌를 하고 있다.

진언眞言과 진언 응용 등은 141번 동모로와 동일하다.

종자·수인·삼매야형은 142번 아이다와 동일하다.

144. 비자야
(肥者耶, 비자야, vijayā)

4자매의 한 존으로서 열반 경지의 낙덕樂德을 관장하고 있으며, 고난을 극복하고 안락을 표현한다.

형상: 살색. 독고봉을 어깨에 메고 있으며, 왼손은 손바닥을 펴서 위로 향하게 하여 배꼽 앞에 놓여 있으며, 길상좌에 반가부좌를 하고 있다.

진언과 진언 응용 등은 141번 동모로와 동일하다.

종자·수인·삼매야형은 142번 아이다와 동일하다.

145. 자야
(者耶, 자야, jayā)

4자매의 한 존으로서 열반 경지의 상덕常德을 관장하고 있으며, 깨달음의 불변의 견고함을 나타내고 있다.

형상은 144번 비자야와 동일하고, 진언과 진언 응용 등은 141번 동모로와 동일하다.

종자·수인·삼매야형은 142번 아이다와 동일하다.

146. 계설니동녀

(髻設尼童女, 께시니, keśinī)

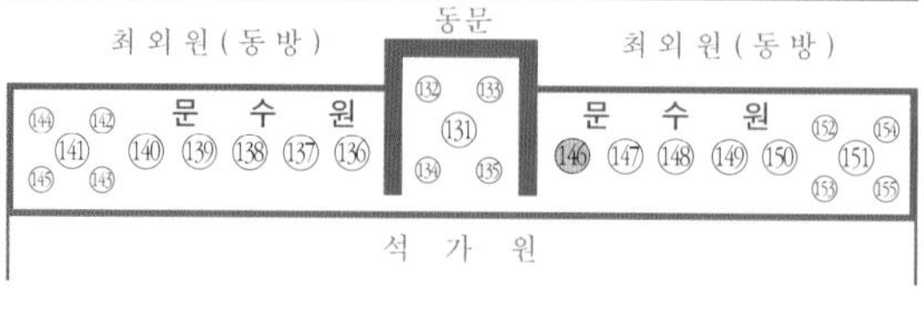

계설니(keśinī)란 어여쁜 머리(미발美髮)를 의미한다. 『대일경소』에서 계설니는 문수의 5사자 중의 한 존이며, 그 어여쁜 머리는 문수 지혜(智)를 표현한 것이며, 맑고 깨끗한 의미를 지니고 있다. 동녀童女란 10~12세의 청순한 소녀를 가리키고, 전통적으로 문수동자라 하면 8동자가 있지만, 여기에서는 6동녀를 말하고 있다.

형상: 황색, 머리에는 3개의 상투를 틀고 있는 동녀형이며, 천의를 걸치고 있다. 오른손에는 검을 들고, 왼손에는 자루가 긴 청련화를 들고, 백 연화좌에 가부좌를 틀고 있다.

계설니동녀 진언 / 실담 범자

로마자 표기: namo samanta buddhānāṃ hrī he he kumārike dayajñāṃ smara pratijñāṃ svāhā.

한글음 표기: 나모 사만따 붇다남 흐리 헤 헤 꾸마리께 다야즈남 스마라 쁘라띠즈냠 스바하.

종자種子: 께(ke). 수인: 검인. 삼매야형: 이검利劍.

께(ke)

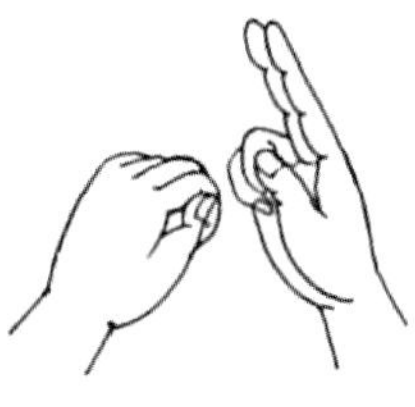

진언 응용: 지혜 진언

147. 우파계설니동녀

(優婆髻設尼童女, 우빠께쉬니, upakeśinī)

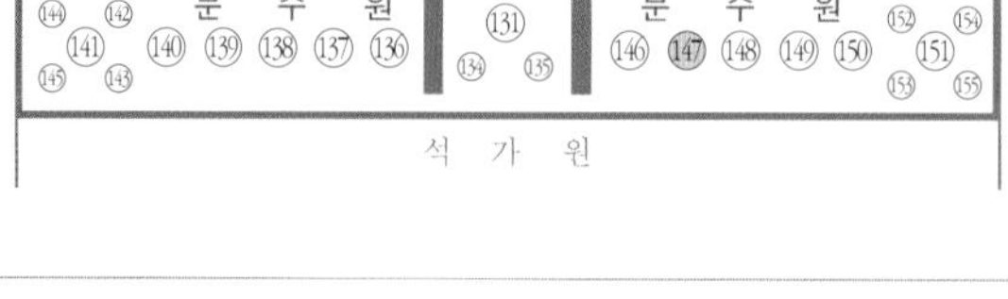

본존의 묘혜妙慧로서 무지를 꿰뚫고 실상에 도달한 것과 같이 날카로운 지혜를 말하고 있다. 여기서 종자를 디리(dili)라 하는데 디(di)는 시자侍者를 말하고, 리(li)는 삼매의 상을 나타낸다. 무상삼매無相三昧 속에 일체의 원을 성취한다고 한다. 이 존은 문수보살의 보시布施의 덕을 담당한다.

형상: 황색. 머리에는 3개의 상투를 하고, 오른손에는 독고창을 가지고 있으며, 왼손은 손바닥을 앞으로 하여 중지와 엄지를 맞대고 무명지를 구부려서 가슴 앞에 두고, 적 연화좌에 가부좌를 틀고 있다.

밀호: 묘혜금강.

우파계설니동녀 진언 / 실담 범자

로마자 표기: namo samanta buddhānāṃ dili dhinnayājñānaṃ he kumārike svāhā.

한글음 표기: 나모 사만따 붇다남 디리 딘나야즈냐남 헤 꾸마리께 스바하.

종자種子: 우(u). 수인: 우수중지신극인. 삼매야형: 수라극.

우(u)

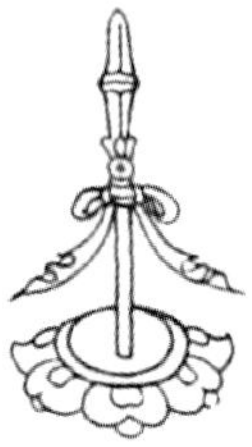

진언 응용: 보시 진언

148. 질달라동녀

(質怛羅童女, 찌뜨라, citrā)

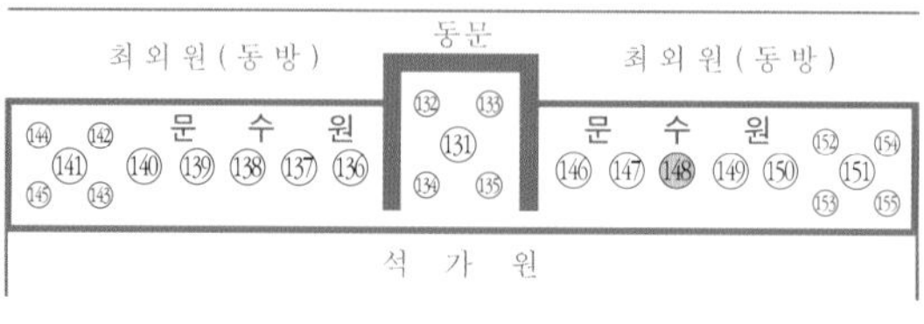

본존은 잡색雜色이란 의미가 있으며, 화려한 채색의 뜻도 있다. 문수보살의 몸으로 표현되는 덕을 담당하고 있으며, 종자의 미리(mili)에서 미(mi)는 나(我)를 나타내고, 리(li)는 상相을 나타내는데, 상을 떠나야 무아無我가 되는 것을 설하고 있다.

형상: 황색. 머리는 3개의 상투를 하고 있고, 오른손에는 풍천당風天幢을 가지고 있으며, 왼손에는 자루가 긴 청련화를 가지고, 적 연화좌에 가부좌를 틀고 있다.

질달라동녀 진언 / 실담 범자

로마자 표기: namo samanta buddhānāṃ mili svāhā.

한글음 표기: 나모 사만따 붇다남 미리 스바하.

종자種子: 미리(mili). 수인: 풍륜장인. 삼매야형: 당번幢幡.

미리(mili)

진언 응용: 덕의 진언

149. 지혜동녀

(地慧童女, 바수마띠, vasumatī)

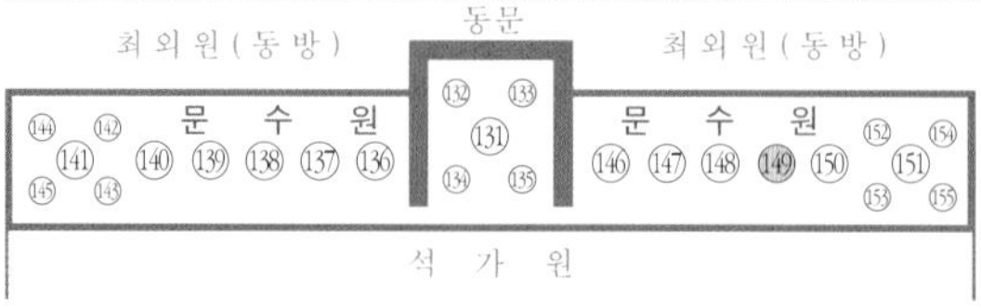

본존을 재혜財慧라고도 한다. 바수마띠(vasumatī)에서 바수(vasu)는 재산을 말하고, 마띠(matī)는 지혜로 해석하여 재혜라 한 것이다. 이 존은 재보財寶를 풍부하게 가지고 있다고 한다.

형상: 황색. 머리에는 3개의 상투를 하고, 은은한 미소를 짓고 있다. 오른손에는 당번을 가지고, 왼손에는 자루가 긴 청련화를 가지고, 적 연화좌에 가부좌를 틀고 있다.

밀호: 반야금강.

지혜동녀 진언 / 실담 범자

로마자 표기: namo samanta buddhānāṃ hili he smara jñānaketu svāhā.

한글음 표기: 나모 사만따 붇다남 히리 헤 스마라 즈냐나께뚜 스바하.

종자種子: 끄리(kṛ).　　수인: 좌수인.　　삼매야형: 당번.

끄리(kṛ)

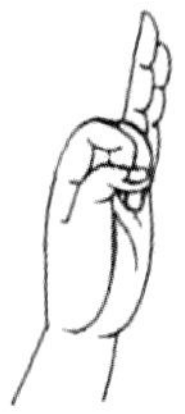

진언 응용: 재산 풍요 진언

150. 소청동녀

(召請童女, 아까르쌰니, ākarṣaṇī)

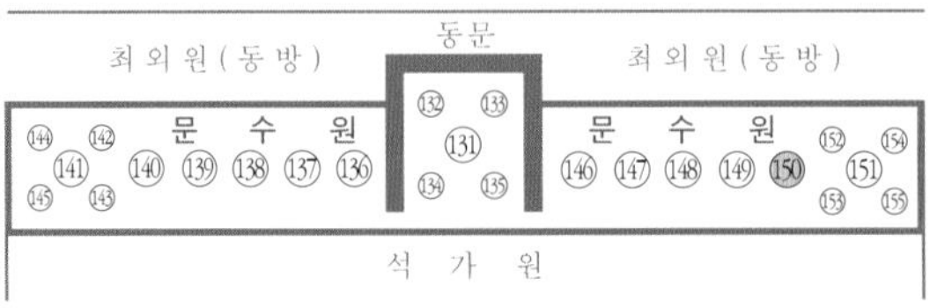

본존은 갈고리를 가지고 고해의 중생을 끌어들여 보리菩提로 인도한다고 하여 구소鉤召라고 한다.

형상: 황색. 머리에는 3개의 상투를 하고 있으며, 오른손에는 독고구獨鈷鉤를 가지고 있으며, 왼손에는 자루가 짧은 청련화를 가지고, 적 연화좌에 가부좌를 틀고 있다.

소청동녀 진언 / 실담 범자

로마자 표기: namo samanta buddhānāṃ ākarṣaya sarvāṃ kuru ājñāṃ kumārasya svāhā.

한글음 표기: 나모 사만따 붇다남 아까르싸야 사르밤 꾸루 아즈냠 꾸마라스야 스바하.

종자種子: 아(a).

아(a)

수인: 신구인.

삼매야형: 갈고리(鉤).

진언 응용: 보리 진언

151. 부사의혜동녀

(不思議慧童女, 아찐뜨야마띠, acintyamati)

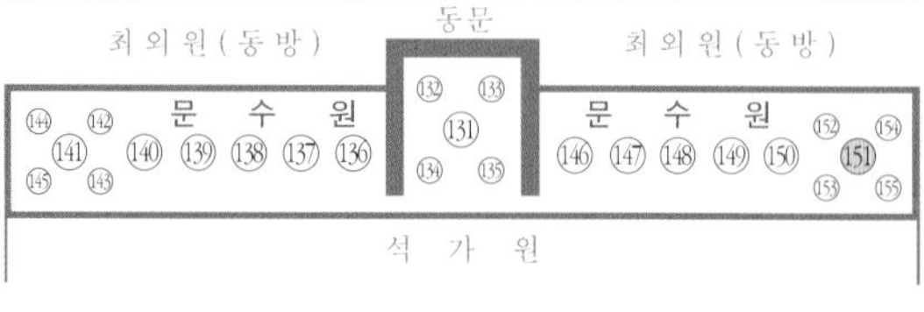

본존은 문수팔대동녀의 한 존이며, 문수원의 좌측 최북단에 4명의 문수봉교자의 중앙에 위치하고, 문수봉교자 152번과 153번을 우측에, 문수봉교자 154번과 155번을 좌측에 배치하고 있다. 141번 동모로와 대조를 이루고 있다.

형상: 살색. 반달 위에 달 모양이 있는 지팡이를 두 손으로 잡고, 천의를 걸치고, 무릎을 꿇고 적 연화좌 위에 앉아 있다.

밀호: 없음.

부사의혜동녀 진언 / 실담 범자

로마자 표기: namo samanta buddhānāṃ āḥ vismayanīye svāhā.

한글음 표기: 나모 사만따 붇다남 아흐 비스마야니에 스바하.

종자種子: 아(a). 수인: 봉교자인. 삼매야형: 독고봉.

아(a)

진언 응용: 부사의혜 진언

152, 153, 154, 155. 문수봉교자

(文殊奉教者, 낌까리니, kiṃkariṇī)

153

152

낌까리니(奉教者)는 오로지 부사의혜동녀 곁에 있으면서 명령을 받들어 모든 일을 실행한다. 봉교자와 사자使者는 구별된다.

형상: 살색. 152번과 153번은 자루가 짧은 독고봉을 가지고 있으며, 154번과 155번은 자루가 중간인 독고창을 가지고, 각각 천의를 걸치고, 연화좌에 무릎을 꿇고 있다.

밀호: 없음.

154

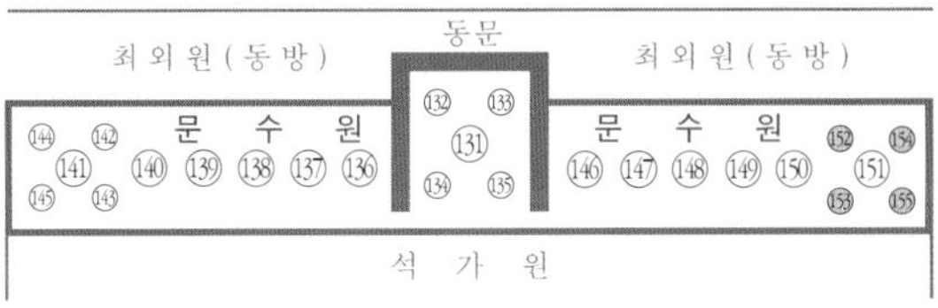

155. 문수봉교자

진언은 151번 부사의혜동녀와 동일하다.

종자種子: 끼(ki). 수인: 제봉교자인. 삼매야형: 톱니 칼.

끼(ki)

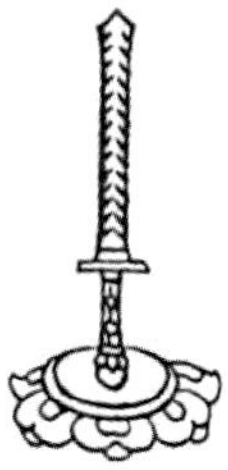

8

지장원

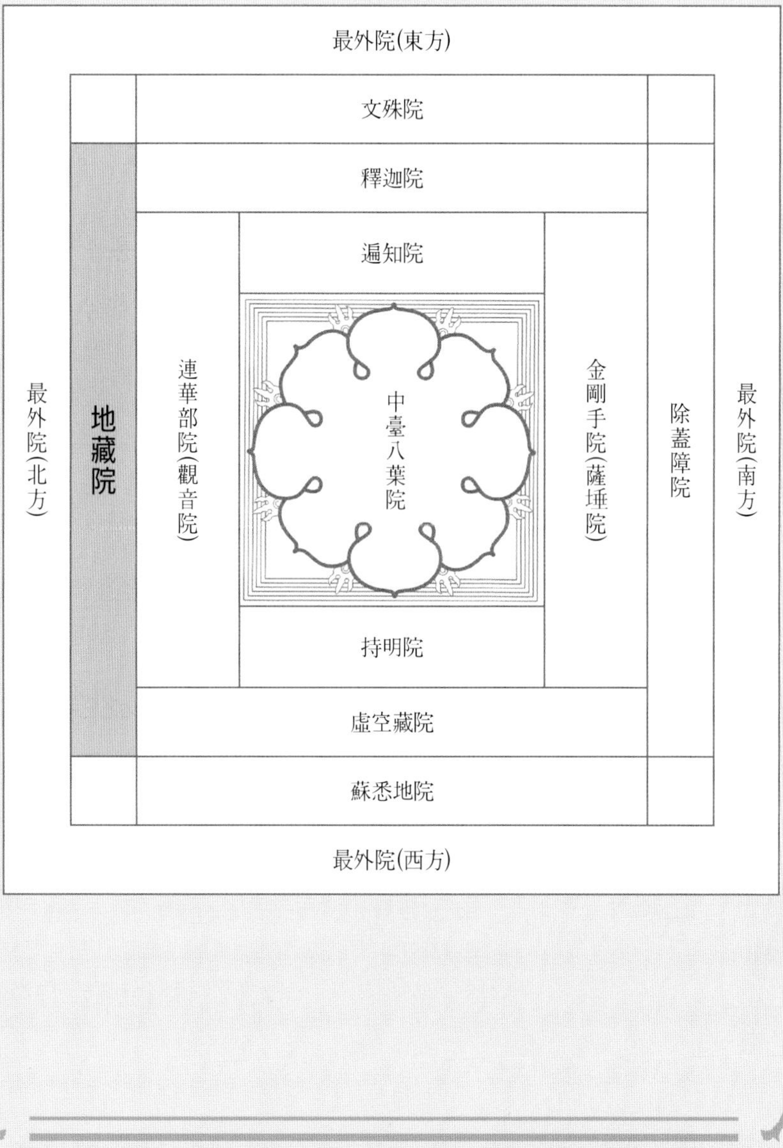
最外院(東方)
文殊院
釋迦院
遍知院
最外院(北方)
地藏院
連華部院(觀音院)
中臺八葉院
金剛手院(薩埵院)
除蓋障院
最外院(南方)
持明院
虛空藏院
蘇悉地院
最外院(西方)

지장원은 지장보살을 중존으로 하여 9존으로 구성되어 있고, 연화부의 북쪽에 위치하고 있다. 지장은 대지大地를 포함하고 있는 것을 말하는데, 대지는 첫째 모든 것의 기반이 되어 결코 파괴되지 않으며 광대하고 견고한 것을 말하고, 둘째 생명을 무한히 탄생시키고 길러서 풍요롭게 하는 의미가 있으며, 셋째 금은·보석·광석을 무진장으로 함유하고 있다.

이 대지가 우리에게 무한의 풍요를 주는 것과 같이, 지장보살의 견고한 보리심은 중생의 고뇌를 없애고 열반의 즐거움을 증득하게 한다.

9존은 다음과 같다.

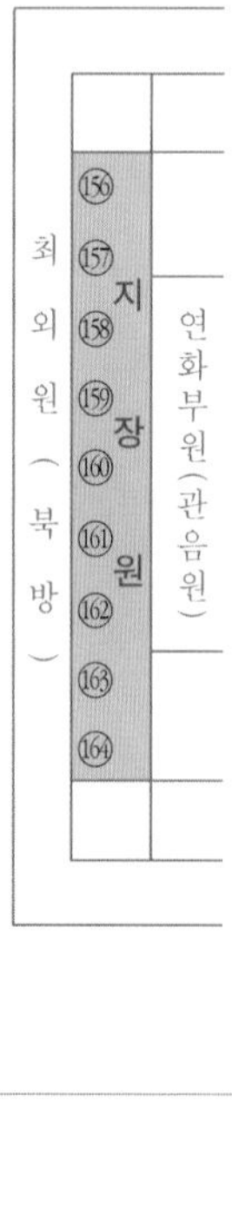

156. 제일체우명보살除一切憂冥菩薩
157. 불공견보살不空見菩薩
158. 보인수보살寶印手菩薩
159. 보처보살寶處菩薩
160. 지장보살地藏菩薩
161. 보수보살寶手菩薩
162. 지지보살持地菩薩
163. 견고심심보살堅固深心菩薩
164. 일광보살日光菩薩

지장원은 태장만다라 도상으로 보면
제개장원과 좌우로 대칭을 이루고 있다.

156. 제일체우명보살

(除一切憂冥菩薩, 사르바쇼까따모가따마띠, sarvaśokatamoghātamati)

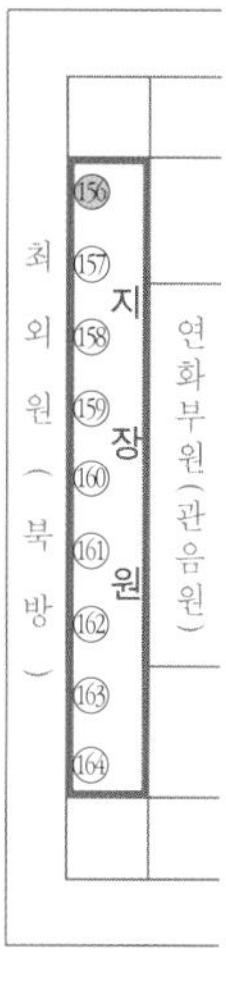

본존은 지장원 상방 동편에 위치하며, 존명은 일체의 우뇌憂惱와 미망迷妄을 파괴하는 지혜를 갖춘 것을 말한다.

형상: 몸은 엷은 황색이고, 머리를 좌로 숙이고, 오른손은 팔꿈치를 구부려 손바닥을 위를 향하게 하고 엄지를 약간 구부리고 있으며, 왼손에는 나뭇가지를 가지고, 연화좌에 가부좌를 틀고 있다.

밀호: 대사금강.

제일체우명보살 진언 / 실담 범자

로마자 표기: namo samanta buddhānāṃ vimaticchedaka svāhā.

한글음 표기: 나모 사만따 붇다남 비마띠쩨다까 스바하.

종자種子: 담(daṃ). 수인: 제의금강인. 삼매야형: 나뭇가지.

담(daṃ)

진언 응용: 지혜 진언

157. 불공견보살

(不空見菩薩, 아모가다르샤나, amoghadarśana)

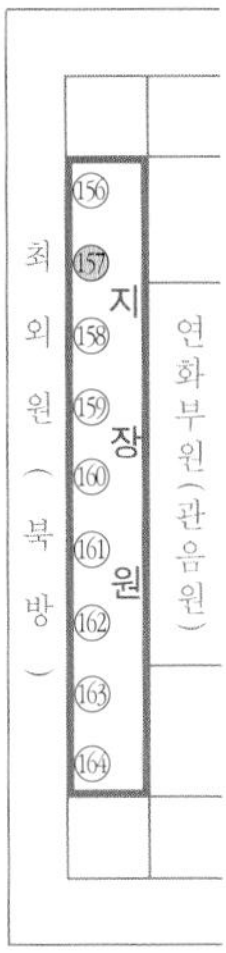

불공견보살은 156번 제일체우명보살과 같은 모양이고, 5안(육안·천안·혜안·법안·불안)을 갖추고 널리 일체중생을 악취에서 벗어나게 하여 열반으로 인도한다고 한다.

형상: 살색. 오른손은 손바닥을 펴서 앞을 향하게 하여 가슴 앞에 두고, 왼손에는 연꽃 위 둥근 광염 안에 눈·코·입이 있는 자루가 긴 연화를 들고, 연화좌에 가부좌를 틀고 있다.

밀호: 보관금강.

불공견보살 진언 / 실담 범자

로마자 표기: oṃ amoghadarśanāya svāhā.

한글음 표기: 옴 아모가다르샤나야 스바하.

종자種子: 아흐(aḥ). 수인: 불안인. 삼매야형: 연화상 불정.

아흐(aḥ)

진언 응용: 오안 진언

158. 보인수보살

(寶印手菩薩, 라뜨나무드라하스따, ratnamudrāhasta)

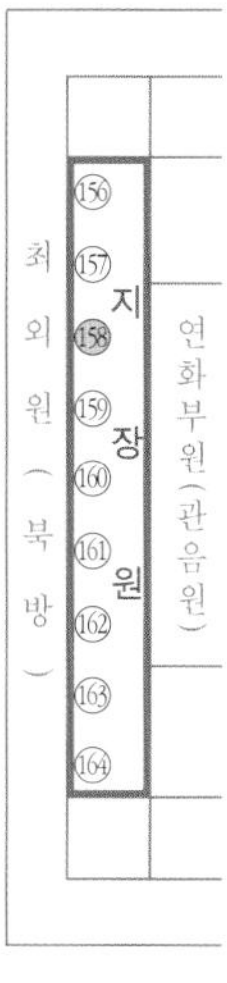

보인수보살은 지장원의 동편에 위치하고 있으며, 지장보살의 본서원本誓願을 체현體現하여 대비大悲의 손을 중생에게 뻗어서 보리로 인도하는 역할을 하고 있다.

형상: 살색. 오른손에는 월륜형을 가슴 앞에 들고 있으며, 왼손에는 화염 가운데 독고저를 자루가 긴 연꽃 위에 얹어서 들고 있으며, 적 연화좌에 가부좌를 틀고 있다.

밀호: 집계금강.

보인수보살 진언 / 실담 범자

로마자 표기: namo samanta buddhānāṃ ratnanirjāta svāhā.

한글음 표기: 나모 사만따 붇다남 라뜨나니르자따 스바하.

종자種子: 함(haṃ). 수인: 외오고인. 삼매야형: 보주 위에 독고저.

함(haṃ)

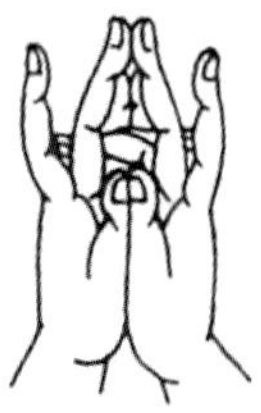

진언 응용: 대비 진언

159. 보처보살

(寶處菩薩, 라뜨나까라, ratnākara)

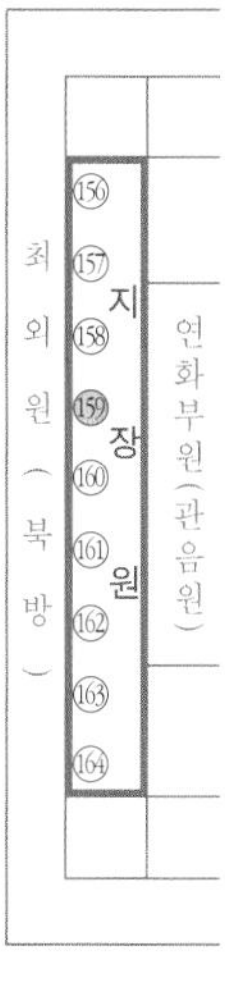

보처(寶處, 라뜨나까라, ratnākara)에서 라뜨나(ratna)는 보물의 뜻이며, 아까라(ākara)는 광산鑛山을 의미한다. 즉 보물의 창고·보물을 낳는 곳·보물의 빛나는 광명 등을 말한다. 본존은 삼매의 경지에서 출생한다고 한다.

형상: 백황색. 오른손은 시무외인을 하고, 왼손에는 삼고저를 얹은 자루가 긴 연꽃을 들고 있으며, 적 연화좌에 가부좌를 틀고 있다.

밀호:상서금강.

보처보살 진언 / 실담 범자

로마자 표기: namo samanta buddhānāṃ he mahāmaha svāhā.

한글음 표기: 나모 사만따 붇다남 헤 마하마하 스바하.

종자種子: 잠(jaṃ). 수인: 보처인. 삼매야형: 보주 위 삼고 금강저.

잠(jaṃ)

진언 응용: 보광 진언

160. 지장보살

(地藏菩薩, 끄씨띠가르바, kṣitigarbha)

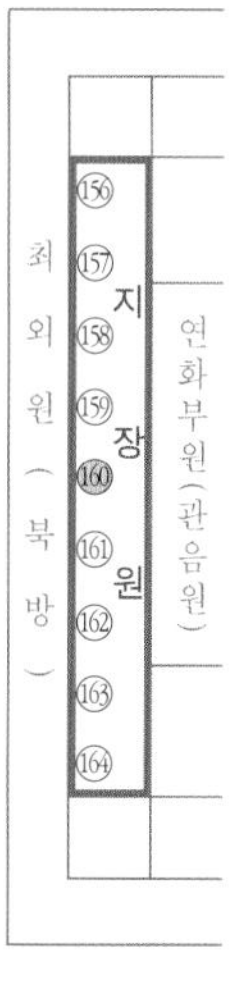

지장보살은 대지를 포함하는 의미를 지니고 있다. 지장보살의 오른손에 가지고 있는 것을 월륜 또는 일륜으로 표현하기도 하지만, 여의주로도 설명한다. 『대일경소』에서는 지장삼매에서의 여의주는 무한한 공덕을 낳는다고 하며, 무량의 중생을 구제하는 일을 맡는다고 한다.

지장보살의 형상은 후세에 위경들이 생기면서 두건을 쓰고 석장을 든 사문沙門의 형상과 육도중생을 관장하는 육지장과 승군지장 등이 출현하기도 하지만, 본 지장원에서는 보살의 형상을 그대로 보여주고 있다.

형상: 백살색. 오른손에는 보주를 가슴 앞에 들고 있으며, 왼손에는 광염 가운데 보주를 얹은 당번을 자루가 긴 연꽃 위에 세워 들고 있으며, 적 연화좌에 가부좌를 틀고 있다.

밀호: 비원금강.

지장보살 진언 / 실담 범자

로마자 표기: namo samanta buddhānāṃ ha ha ha vismaye svāhā.

한글음 표기: 나모 사만따 붇다남 하 하 하 비스마예 스바하.

종자種子: 하(ha). 수인: 지장기인. 삼매야형: 연꽃 위 보주당.

하(ha)

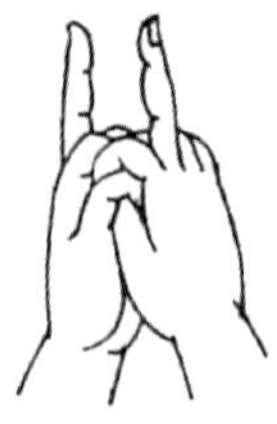

진언 응용: 대원 진언

161. 보수보살

(寶手菩薩, 라뜨나빠니, ratnapāṇi)

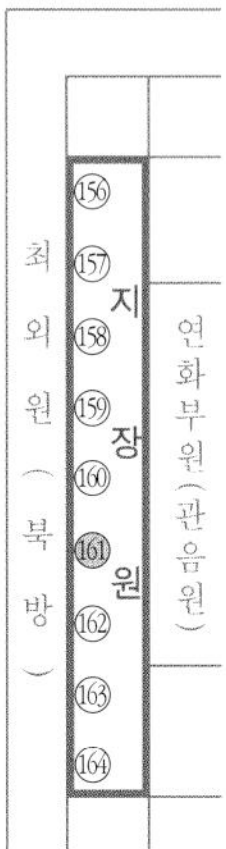

보수보살은 일명 보장보살寶掌菩薩이라 불리기도 하는데, 손에 보주寶珠를 가지고 있다는 의미이다. 『대일경소』에서는 보장보살에서 보수보살로 변화하고, 보수보살에서 보처보살로 된다고 설명하고 있다.

형상: 살색. 오른손은 바닥이 위를 향하게 하여 가슴 앞에 두고, 왼손은 삼고저 위 광염 가운데 보주를 얹은 자루가 긴 연꽃을 들고, 적 연화좌 위에 가부좌를 틀고 있다.

밀호: 만족금강.

보수보살 진언 / 실담 범자

로마자 표기: namo samanta buddhānāṃ ratnodbhava svāhā.

한글음 표기: 나모 사만따 붇다남 라뜨노드바바 스바하.

종자種子: 쌈(ṣaṃ). 수인: 보수보살인. 삼매야형: 보주 위에 삼고저.

쌈(ṣaṃ)

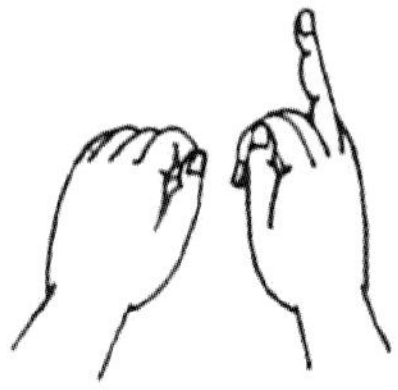

진언 응용: 부자 진언

162. 지지보살

(持地菩薩, 다라니다라, dharaṇidhara)

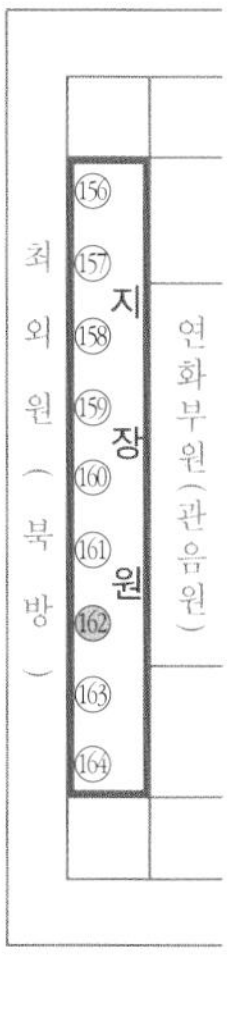

지지보살의 지지持地는 대지를 지탱한다는 의미로, 대지가 만상만물을 받쳐 주는 것처럼 보리심은 선근의 공덕을 지탱하며, 모든 성장과 활동을 돕는 것을 말한다.

형상: 백황색. 오른손은 시무외인을 하고, 왼손에는 삼고저를 얹은 자루가 긴 연꽃을 가지고, 적 연화좌에 가부좌를 틀고 있다.

밀호: 정계금강.

지지보살 진언 / 실담 범자

로마자 표기: namo samanta buddhānāṃ dharaṇidhara svāhā.

한글음 표기: 나모 사만따 붇다남 다라니다라 스바하.

종자種子: 남(ṅaṃ). 수인: 삼매야인. 삼매야형: 보주 위에 독고저에 오고저.

남(ṅaṃ)

진언 응용: 선근공덕 진언

163. 견고심심보살

(堅固深心菩薩, 드리다드야샤야, dṛḍhādhyāśaya)

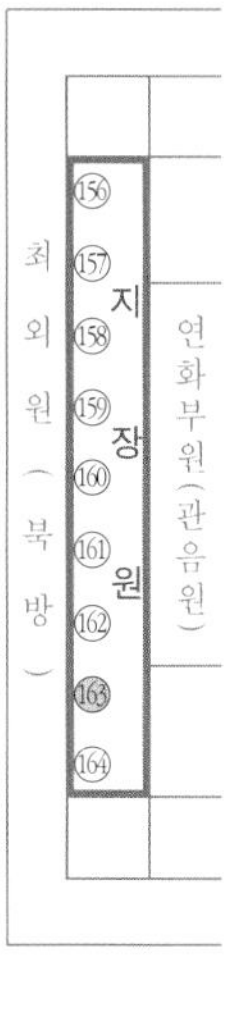

견고심심이란 견고한 향상심이 있다는 의미로, 부처의 경계를 스스로 품속에 깊이 간직하는 굳건한 마음을 말하고 있는데, 견고심심보살은 이 견고한 마음과 청정한 보리심을 나타내고 있다.

형상: 살색. 오른손에는 광염 속에 갈마저를 얹은 자루가 긴 연꽃을 가지고 있으며, 왼손은 바닥을 위로 향하게 하여 허벅지 위에 얹고, 적 연화좌에 가부좌를 틀고 있다.

밀호: 초월금강.

견고심심보살 진언 / 실담 범자

로마자 표기: namo samanta buddhānāṃ vajrasambhava svāhā.

한글음 표기: 나모 사만따 붇다남 바즈라사므바바 스바하.

종자種子: 남(ṇaṃ).　　수인: 연화합장.　삼매야형: 보주 위에 갈마저.

남(ṇaṃ)

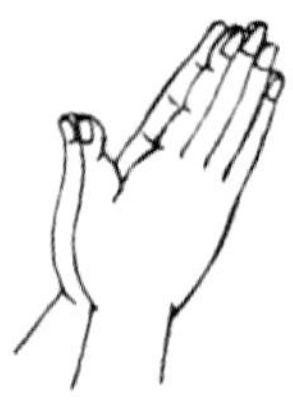

진언 응용: 견고심심 진언

164. 일광보살

(日光菩薩, 수르야쁘라바, sūryaprabha)

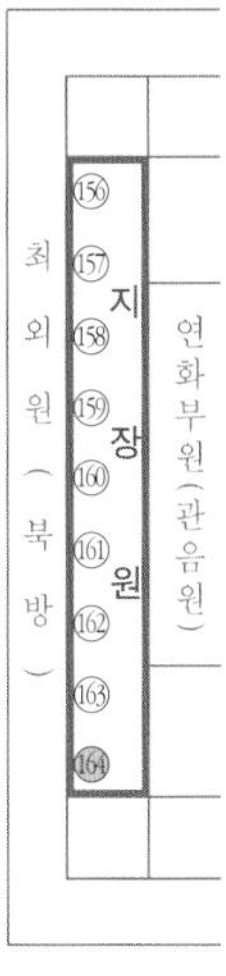

본존은 지장보살의 덕德 중에서 번뇌煩惱의 어두움을 제거하여 중생의 넓은 광명을 가져다주는 역할을 맡고 있다.

형상: 백살색. 오른손은 여원인을 하고, 왼손에는 광염 속에 일륜을 얹은 자루가 긴 연꽃을 가지고, 적 연화좌에 가부좌를 틀고 있다.

밀호: 위덕금강.

일광보살 진언 / 실담 범자

로마자 표기: oṃ sūryaprabhāya svāhā.

한글음 표기: 옴 수르야쁘라바야 스바하.

종자種子: 까(ka).

까(ka)

수인: 외박인.

삼매야형: 일륜.

진언 응용

번뇌를 없애려면 이 진언을 사용한다.

9

제개장원

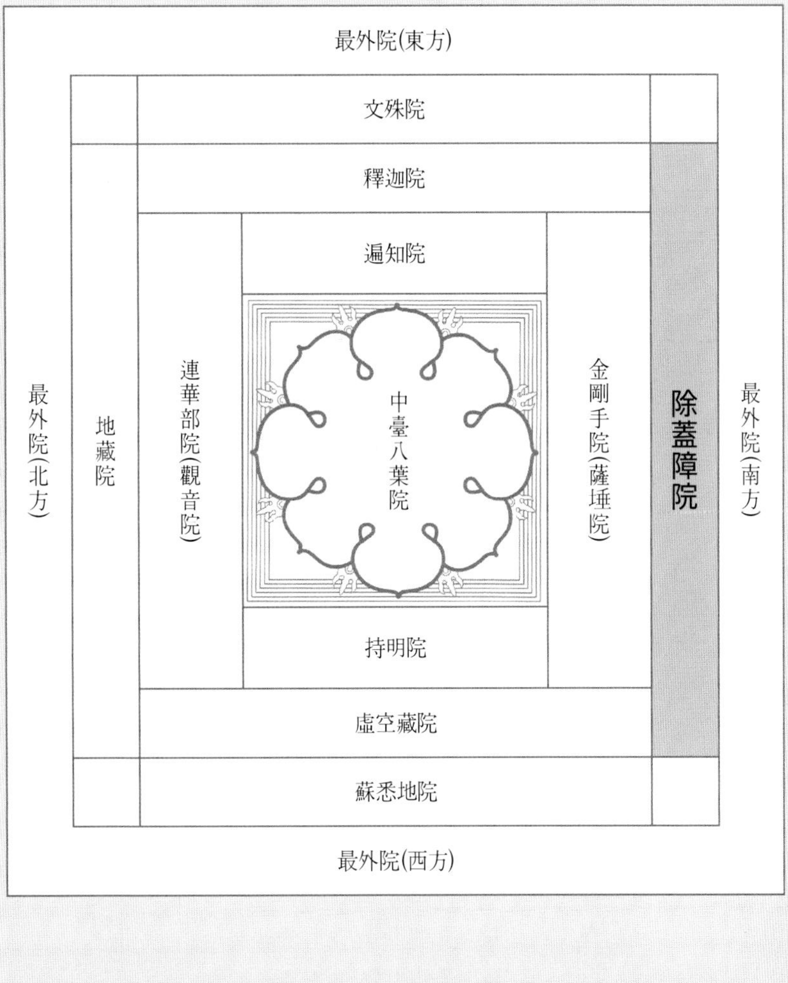
最外院(東方)
文殊院
釋迦院
遍知院
最外院(北方)
地藏院
連華部院(觀音院)
中臺八葉院
金剛手院(薩埵院)
除蓋障院
最外院(南方)
持明院
虛空藏院
蘇悉地院
最外院(西方)

제개장원除蓋障院은 금강수원의 남방 오른쪽에 위치한다. 금강수원은 대지大智의 덕을 나타내며, 제개장원은 사람의 마음을 가리고 있는 번뇌를 제거하여 선심을 일으키는 서원을 나타낸다.

개장蓋障의 번뇌煩惱는 5종이 있는데 다음과 같다.
탐욕개(貪欲蓋, rāga-āvraṇa): 욕심의 경계를 총칭하는 것.
진에개(瞋恚蓋, pratigha-āvraṇa): 분노의 경계를 총칭하는 것.
혼면개(惛眠蓋, styāna-middha-āvraṇa): 혼침昏沈의 총칭.
도회개(掉悔蓋, auddhatya-kaukṛtya-āvraṇa): 산란散亂의 총칭.
의개(疑蓋, vicikitsā-āvraṇa): 의심의 총칭.

『대일경소』에서는 번뇌장煩惱障을 추가하여 업장業障·생장生障·법장法障·소지장所知障을 오장五障이라 하는데, 위와 같은 5장을 제거함으로써 불보살의 경지에 이른다고 한다.

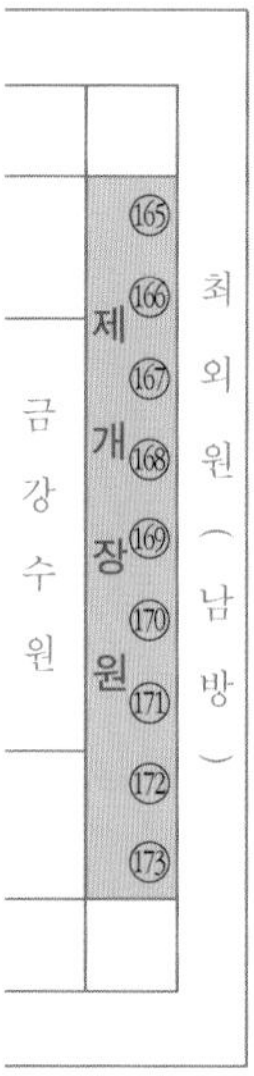

165. 비민보살悲愍菩薩
166. 파악취보살破惡趣菩薩
167. 시무외보살施無畏菩薩
168. 현호보살賢護菩薩
169. 제개장보살除蓋障菩薩
170. 비민혜보살悲愍慧菩薩
171. 자발생보살自發生菩薩
172. 절제열뇌보살折諸熱惱菩薩
173. 부사의혜보살不思議慧菩薩

165. 비민보살

(悲愍菩薩, 까루나므레디따, karuṇāmreḍta)

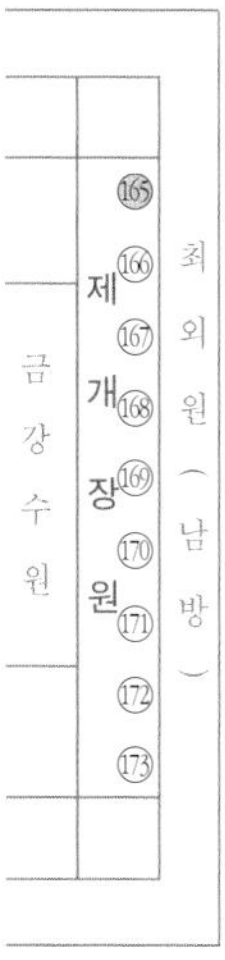

비민보살은 제개장원의 한 존이며, 비념보살이라고도 한다. 이 보살은 항상 자비심을 가지고 중생을 구제하는 보살이다. 여기서 중생구제의 의미는 승물乘物을 말한다. 승물은 실담자로 야나(yāna)라고 하는데 타고 가는 것, 무엇에 이끌리는 것, 윤회에서 해탈로 이끈 것 등으로 해석한다.

형상: 몸은 살색이고, 오른손은 바닥을 펴서 가슴 앞에 들어 올려서 중지를 구부리고 있고, 왼손은 바닥이 밑을 향하게 하여 허벅지 위에 들고 있으며, 적 연화좌에 가부좌를 틀고 있다.

밀호: 구호금강.

비민보살 진언 / 실담 범자

로마자 표기: namo samanta buddhānāṃ yaṃ karuṇāmreḍita svāhā.

한글음 표기: 나모 사만따 붇다남 얌 까루나므레디따 스바하.

종자種子: 얌(yaṃ). 수인: 비념자인. 삼매야형: 비수인.

얌(yaṃ)

진언 응용: 비민 진언

166. 파악취보살

(破惡趣菩薩, 아빠야자하, apāyajaha)

멸악취보살이라고도 한다. 멸악취란 3악취(지옥·아귀·축생)의 고통을 제멸하는 보살이다. 삼악도의 중생들을 5종, 즉 신앙信仰·정진精進·사념思念·선정禪定·지혜智慧의 힘으로 깨끗한 세계로 인도함을 말한다.

형상: 몸은 황색이고, 오른손은 시무외인施無畏印을, 왼손은 바닥을 위로 향하게 하여 가슴 앞에 두고, 엄지와 중지를 구부려 닫게 하고, 적 연화좌에 가부좌를 틀고 있다.

밀호: 제장금강.

파악취보살 진언 / 실담 범자

로마자 표기: namo samanta buddhānāṃ dhvaṃsanam abhyuddhāraṇe sattvadhātuṃ svāhā.

한글음 표기: 나모 사만따 붇다남 드밤사나마 브윧다라네 삳뜨바다뚬 스바하.

종자種子: 드밤(dhvaṃ).　수인: 시무외인.　삼매야형: 발기수.

드밤(dhvaṃ)

진언 응용: 멸악취 진언

167. 시무외보살

(破惡趣菩薩, 아빠야자하, apāyajaha)

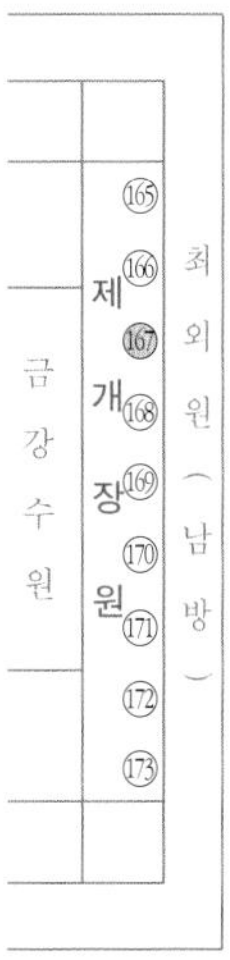

시무외보살의 원래 이름은 시일체무외보살로서, 모든 중생에게서 온갖 두려움과 우환을 제거해 주리라는 서원을 세운 보살이다. 『대일경소』에 아(𑖀)자 본불생을 체득하면 공포와 두려움이 없어지고, 무상법미를 얻게 되고, 소원을 이룰 수 있게 된다고 한다.

형상: 몸은 살색이고, 오른손은 시무외인을 하고, 왼손은 주먹을 쥐고 위로 향하게 하여 허벅지 위에 올려놓고, 적 연화좌에 가부좌를 틀고 있다.

밀호: 자재금강.

시무외보살 진언 / 실담 범자

로마자 표기: namo samanta buddhānāṃ rasanam abhayaṃdada svāh.

한글음 표기: 나모 사만따 붇다남 라사나 마바얌다다 스바하.

종자種子: 라(ra). 수인: 시무외인. 삼매야형: 시무외수.

라(ra)

진언 응용: 시무외 진언

168. 현호보살

(賢護菩薩, 바드라빠라, bhadrapāla)

현호보살은 중생구제의 서원을 지키는 지혜로움을 나타내는 보살이다.

형상: 몸은 살색이고, 오른손에는 독고저를 가슴 앞에 들고 있으며, 왼손에는 병 위에 독고저를 얹어 허벅지 위에 얹고 있으며, 적 연화좌에 가부좌를 틀고 있다.

밀호: 공제금강.

현호보살 진언 / 실담 범자

로마자 표기: namo samanta buddhānāṃ he mahāmaha smara pratijñāṃ svāhā.

한글음 표기: 나모 사만따 붇다남 헤 마하마하 스마라 쁘라띠즈냠 스바하.

종자種子: 비(vi).　　수인: 구호혜인.　　삼매야형: 보병 위 반독고저.

비(vi)

진언 응용: 현선 진언

169. 제개장보살

(除蓋障菩薩, 사르바니바라나비쓰깜비니, sarvanivaraṇa-viṣkaṃbhin)

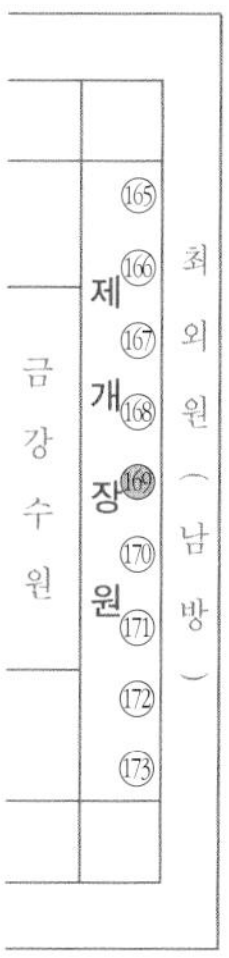

제개장원의 주존主尊이며, 일체중생의 온갖 번뇌의 장애를 제거하기 위하여 제개장삼매에 있다고 한다.

형상: 몸은 살색이고, 우수는 무외인을 짓고, 좌수에는 보당寶幢을 가지고, 적 연화좌에 가부좌를 틀고 있다.

밀호: 이뇌금강.

제개장보살 진언 / 실담 범자

로마자 표기: namo samanta buddhānāṃ āḥ sattva-hitābhyudgata trāṃ trāṃ raṃ raṃ svāhā.

한글음 표기: 나모 사만따 붇다남 아흐 사뜨바-히따드유드가따 뜨람 뜨람 람 람 스바하.

종자種子: 아흐(āḥ). 수인: 제개장인. 삼매야형: 연꽃 위에 보주.

아흐(āḥ)

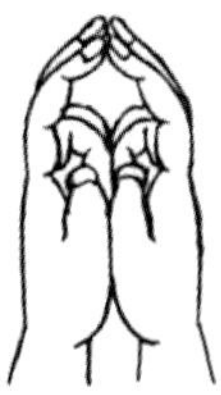

진언 응용: 번뇌 제거 진언

170. 비민혜보살

(悲愍慧菩薩, 까루나므레디따, karuṇāmreḍita)

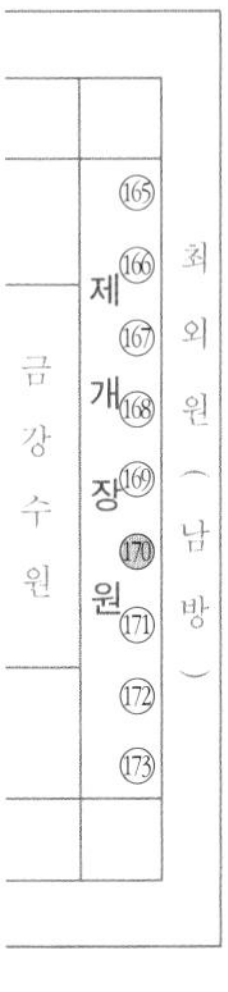

비민혜보살은 평등한 자비심으로 고통에 빠진 중생을 불쌍히 여겨 구제하겠다는 서원을 놓지 않는 대방편의 지혜를 나타내는 보살이다.

형상: 몸은 살색이고, 우수에는 활짝 핀 연꽃을 가지고 허벅지 위에 놓고, 좌수에는 무우수의 꽃잎을 가슴 앞에 가지고, 적 연화좌에 가부좌를 틀고 있다.

밀호: 구호금강.

비민혜보살 진언: 165번 비민보살과 동일하다.

종자種子: 비(vi), 얌(yaṃ). 수인: 비민자인. 삼매야형: 비수.

비(vi) 얌(yaṃ)

진언 응용: 방편 진언

171. 자발생보살

(慈發生菩薩, 마이뜨르야브유드가따, maitryabhyudgata)

자발생보살은 대자생大慈生이라고도 한다. 비悲는 고난을 해결해주고, 자慈는 편안함을 준다고 한다. 또한 비悲로써 악취를 깨뜨린 후 불계의 낙을 얻음을 나타낸다.

진언에 자심(svacittod-gata)이란 자성청정심을 말하며, 자성청정심自性淸淨心은 본래 가지고 있는 청정한 마음을 나타내는 것을 강조하는 말이다.

형상: 몸은 살색이고, 우수는 가슴 앞에 올려서 꽃을 가리키고, 좌수는 반개화 연꽃을 들고, 적 연화좌에 가부좌를 틀고 있다.

밀호: 비념금강.

자발생보살 진언 / 실담 범자

로마자 표기: namo samanta buddhānāṃ svacittod-gata svāhā.

한글음 표기: 나모 사만따 붇다남 스바찌또드가따 스바하.

종자種子: 탐(thaṃ).　　수인: 대비생인.　　삼매야형: 집화수.

탐(thaṃ)

진언 응용: 대비생 진언

172. 절제열뇌보살

(折諸熱惱菩薩, 사르바다하쁘라샤미따, sarvadāhapraśamita)

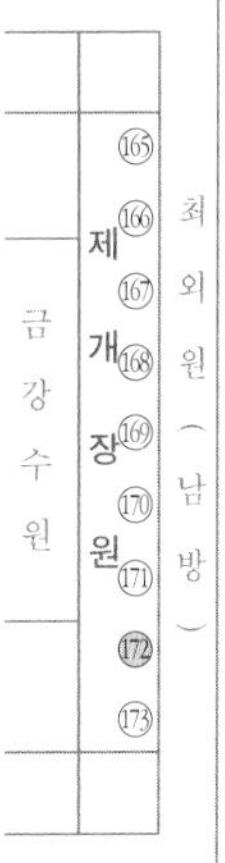

절제열뇌보살을 제일체열뇌보살이라고도 한다. 열뇌는 번뇌의 불이며, 근본번뇌根本煩惱의 삼독(탐·진·치)을 가리키는 말이다. 종자 이(i) 자의 세 점(∴)은 삼독을 제거하는 것을 나타낸다.

형상: 몸은 살색이고, 우수는 여원인을, 좌수에는 범협을 가지고, 적 연화좌에 가부좌를 틀고 있다.

밀호: 이포외금강.

절제열뇌보살 진언 / 실담 범자

로마자 표기: namo samanta buddhānāṃ l he varadavaraprāpti svāhā.

한글음 표기: 나모 사만따 붇다남 이 헤 바라다바라쁘라쁘띠 스바하.

종자種子: 이(i). 수인: 시무외인. 삼매야형: 여원수.

이(i)

진언 응용: 멸번뇌 진언

173. 부사의혜보살

(不思議慧菩薩, 아찐뜨야마찌닫따, acintyamatidatta)

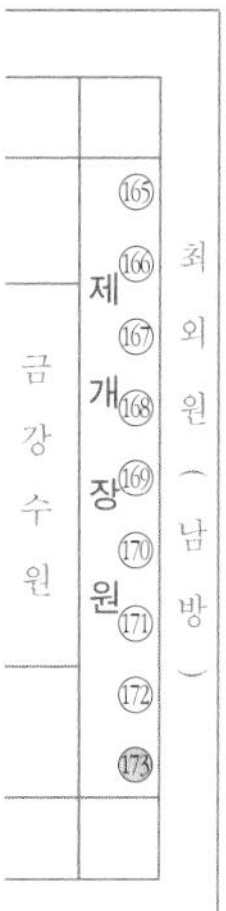

본존은 이름 그대로 헤아릴 수 없는 지혜를 주는 존이며, 일체의 소원을 들어주는 존으로서, 일체의 혹장惑障을 거절하는 모습을 나타내고 있다. 또 불가사의한 지혜로 무지의 어두움을 제거하고 모든 소망을 충족시켜 주는 여의보주 같은 최상의 보살이다. 종자의 우(u)는 우따마(uttama)의 첫머리 글자이고 최고·최상이라는 뜻을 지니고 있다.

형상: 백황색. 우수는 검인을 결하고 있으며, 좌수는 보주를 얹은 자루가 긴 연꽃을 들고, 적 연화좌에 가부좌를 틀고 있다.

밀호: 난측량금강.

부사의혜보살 진언 / 실담 범자

로마자 표기: namo samanta buddhānāṃ u sarvāśāparipūraka svāhā.

한글음 표기: 나모 사만따 붇다남 우 사르바샤빠리뿌라까 스바하.

종자種子: 우(u). 수인: 부사의혜인. 삼매야형: 보수.

우(u)

진언 응용: 소원성취 진언

10

허공장원

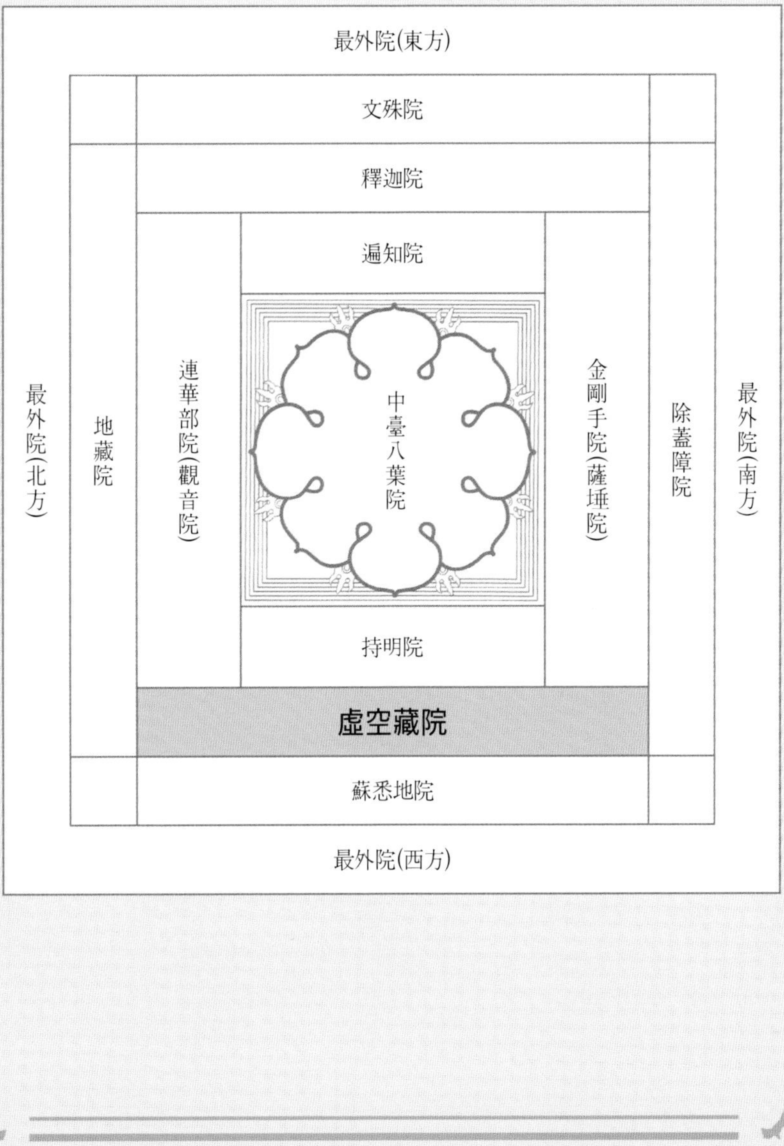

最外院(東方)
文殊院
釋迦院
遍知院
最外院(北方)
地藏院
連華部院(觀音院)
中臺八葉院
金剛手院(薩埵院)
除蓋障院
最外院(南方)
持明院
虛空藏院
蘇悉地院
最外院(西方)

허공장원은 서방西方 제2중으로서 지명원 아래쪽에 위치한다. 본원의 주존主尊은 중앙 174번의 허공장보살로서 좌우에 27존이 배치되어 있으며, 특히 좌측에 189번 천수천안관자재보살과 우측에 199번 백팔비금강장왕보살 배치하고, 10바라밀보살의 10과와 9존의 보살과 4인의 비천, 2인의 권속들을 배치하여 총 28존을 배치하고 있다.

28존은 다음과 같다.

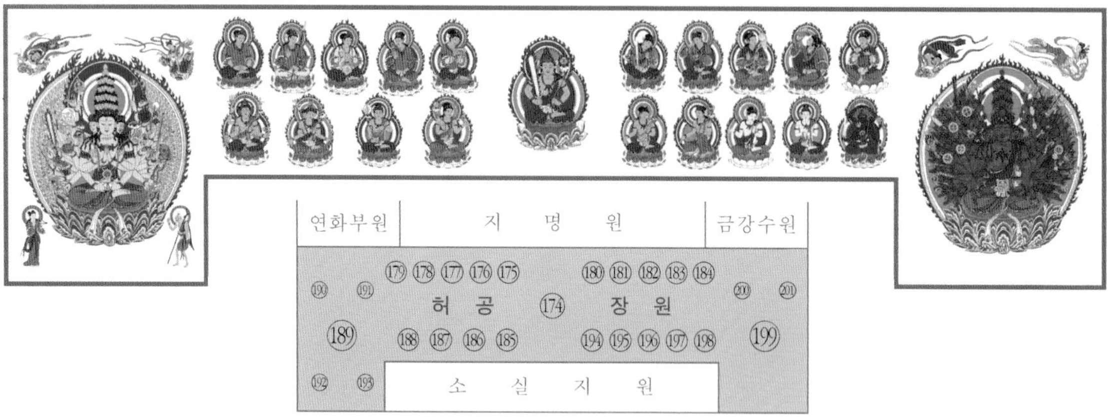

174. 허공장보살虛空藏菩薩
175. 단바라밀보살檀波羅蜜菩薩
176. 계바라밀보살戒波羅蜜菩薩
177. 인욕바라밀보살忍辱波羅蜜
178. 정진바라밀보살精進波羅蜜菩薩
179. 선바라밀보살禪波羅蜜菩薩
180. 반야바라밀보살般若波羅蜜菩薩
181. 방편바라밀보살方便波羅蜜菩薩
182. 원바라밀보살願波羅蜜菩薩
183. 역바라밀보살力波羅蜜菩薩
184. 지바라밀보살智波羅蜜菩薩
185. 공발의전륜보살共發意轉輪菩薩
186. 생념처보살生念處菩薩
187. 분노구관자재보살忿怒鉤觀自在菩薩
188. 불공구관자재보살不空鉤觀自在菩薩
189. 천수천안관자재보살千手千眼觀自在菩薩
190. 비천飛天
191. 비천飛天
192. 공덕천功德天
193. 바수대선婆藪大仙
194. 무구서보살無垢逝菩薩
195. 소파호보살蘇婆呼菩薩
196. 금강침보살金剛針菩薩
197. 소실지갈라보살蘇悉地羯羅菩薩
198. 만다라보살曼荼羅菩薩
199. 일백팔비금강장왕보살一百八臂金剛藏王菩薩
200. 비천사자飛天使者
201. 비천사자飛天使者

174. 허공장보살

(虛空藏菩薩, 아까샤가르바, ākāśagarbha)

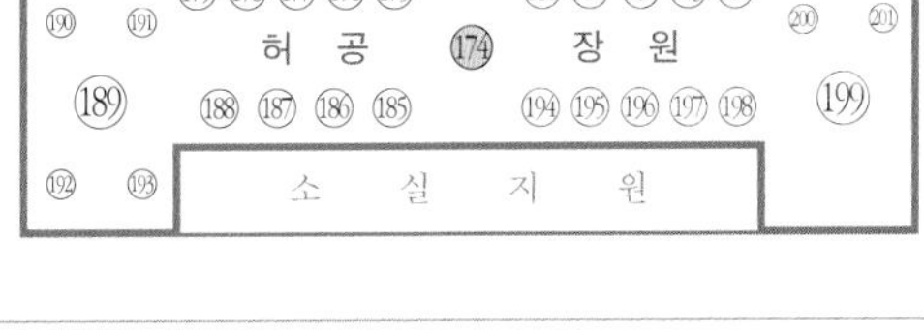

허공장보살은 허공처럼 강대하고 지덕과 복덕을 간직한 보살이란 의미이다. 『대일경』 구연품에는 백의를 착복하고 있는데, 이는 백정무구(白淨無垢, 티 없이 맑고 깨끗함)의 의미이다.

형상: 살색. 머리에는 5화불관을 쓰고 있으며, 우수右手에는 지혜의 검을 가지고 있으며, 좌수左手에는 보주를 얹은 자루가 긴 연꽃을 가지고, 보련화 좌대에 가부좌를 틀고 있다.

밀호: 여의금강.

허공장보살 진언 / 실담 범자

로마자 표기: namo samanta buddhānāṃ ākāśasamantānugata vicitrāmbaradhara svāhā.

한글음 표기: 나모 사만따 붇다남 아까샤사만따누가따 비찌뜨라므바라다라 스바하.

종자種子: 이(i). 수인: 허공인. 삼매야형: 보검.

이(i)

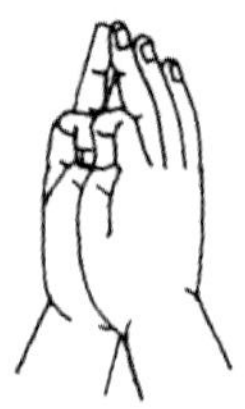

진언 응용: 지혜 복덕 진언

175. 단바라밀보살

(檀波羅蜜菩薩, 다나빠라미따, dānapāramitā)

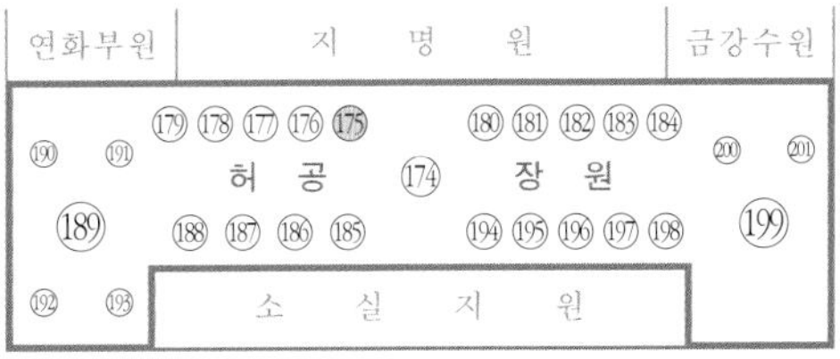

십바라밀 중의 제일인 보시布施의 덕德을 나타내는 보살로서, 여존女尊의 모습을 나타내 보이고 있다. 갈마의(羯磨依, 행동을 쉽게 할 수 있는 옷)를 착용하고, 바라밀행 실천을 강조한다.

형상: 살색. 좌수로는 칠보(금·은·유리·파려·차거·산호·마노)의 쟁반(金剛盤)을 받치고, 우수는 약지를 세우고 쟁반을 붙잡고, 적 연화좌에 반가부좌를 하고 있다.

밀호: 보시금강.

단바라밀보살 진언 / 실담 범자

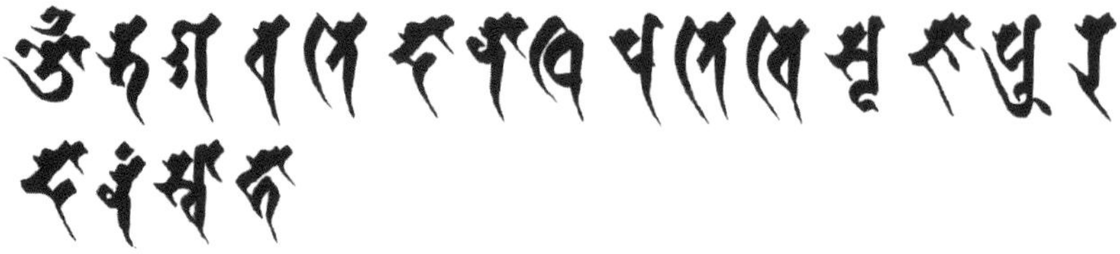

로마자 표기: oṃ bhagavati dānādhipati visṛja pūraya dānaṃ svāhā.

한글음 표기: 옴 다가바띠 다나디빠띠 비쓰리자 뿌라야 다남 스바하.

종자種子: 다(da). 수인: 단바라밀인. 삼매야형: 감과.

다(da)

진언 응용: 보시 진언

176. 계바라밀보살

(戒波羅蜜菩薩, 시라빠라미따, śīlapāramitā)

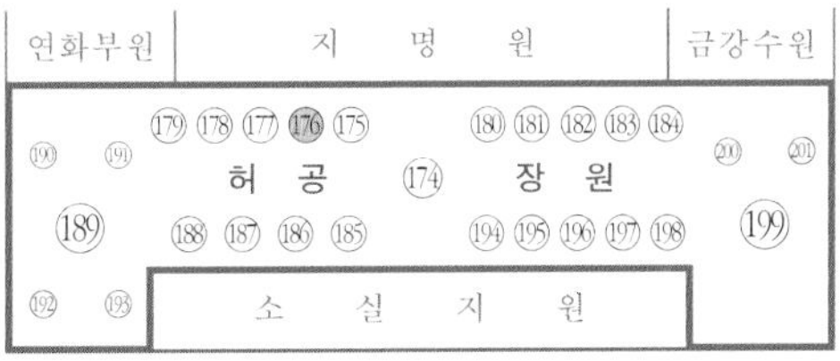

십바라밀 중의 제2 지계持戒의 덕德을 나타내는 보살로서 여존의 형상이다. 정계淨戒는 선정과 지혜가 생기게 하는데, 이로써 일체의 공덕을 원만하게 하는 보살이다. 삼취정계三聚淨戒란 1. 섭율의계(攝律儀戒, 일체의 계를 수지하는 것), 2. 섭선법계(攝善法戒, 일체의 선을 행하는 것), 3. 요익유정계(饒益有情戒, 일체의 중생을 이익되게 하는 것)이다. 계바라밀보살은 삼취정계를 잘 지키는 보살이다.

형상: 살색. 머리는 여존형이며, 갈마의羯磨衣를 입고, 우수에는 화염 속의 보주를 들고, 좌수는 바닥이 아래로 향하게 하여 허벅지 위에 얹고, 적 연화좌에 반가부좌를 하고 있다.

밀호: 시라금강.

계바라밀보살 진언 / 실담 범자

로마자 표기: oṃ śīladhāriṇi hūṃ haḥ.

한글음 표기: 옴 시라다리니 훔 하흐.

종자種子: 시(śī). 수인: 계바라밀인. 삼매야형: 보주.

시(śī)

진언 응용: 지계 진언

177. 인욕바라밀보살

(忍辱波羅蜜菩薩, 끄산띠빠라미따, kṣāntipāramitā)

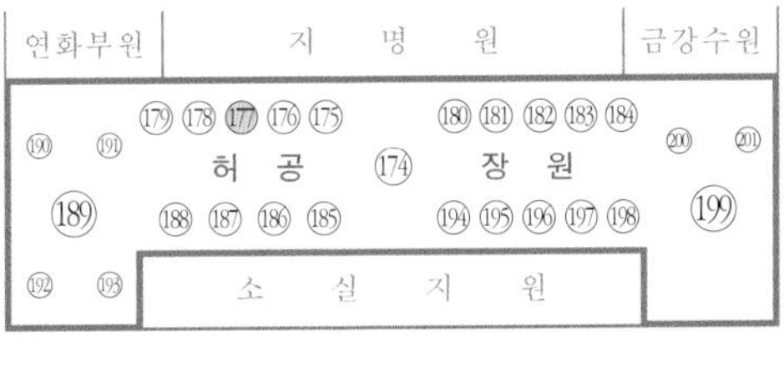

십바라밀의 제3번째 인내의 덕을 나타내는 보살로서, 인내에는 3종이 있다.
① 내인해인耐忍害忍: 원수에 대해서도 연민을 느끼고 마음을 내는 것.
② 안주고인安住苦忍: 추위나 더위, 질병이나 천재 등을 참아내는 것.
③ 제찰법인諦察法忍: 본불생의 진리를 밝게 인식하여 마음의 망동妄動이 없는 것.

형상: 살색. 여존형女尊形으로, 갈마의를 입고, 우수는 주먹을 주고 엄지와 검지를 위로 향하게 펴서 가슴 앞에 두고, 좌수는 거울을 가지고, 적 연화좌에 반가부좌를 하고 있다.

밀호; 재리금강.

인욕바라밀보살 진언 / 실담 범자

로마자 표기: oṃ bhagavati kṣāntidhāriṇi hūṃ phaṭ.

한글음 표기: 옴 바가바띠 끄싼띠다리니 훔 파뜨.

종자種子: 끄삼(kṣaṃ). 수인: 인욕바라밀인. 삼매야형: 보경.

끄삼(kṣaṃ)

진언 응용: 인욕 진언

178. 정진바라밀보살

(精進波羅蜜菩薩, 비르야빠라미따, vīryapāramitā)

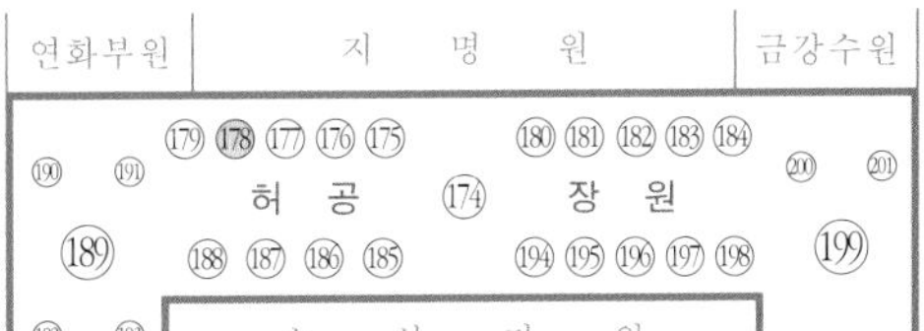

십바라밀 중의 제4번째 정진의 덕을 나타내는 보살로서, 창을 들고 있는 것은 용맹정진勇猛精進을 의미한다. 『성유식론』에 피갑被甲은 용맹勇猛을 말하고, 선법善法은 섭선攝善을 말하고, 이락利樂은 요익饒益을 말하는데, 이를 3종 정진精進이라 한다.

형상: 살색. 머리는 여존형女尊形, 갈마의羯磨衣를 입고, 우수는 바닥을 펴서 앞을 향하게 하고 무명지와 약지를 구부려서 가슴 앞에 두고, 좌수에는 독고저창을 들고, 적 연화좌에 반가부좌를 하고 있다.

밀호: 혜호금강.

정진바라밀보살 진언 / 실담 범자

로마자 표기: oṃ vīryakari hūṃ vīrya vīrya svāhā.

한글음 표기: 옴 비르야까리 훔 비르야 비르야 스바하.

종자種子: 비(vī). 수인: 정진바라밀인. 삼매야형: 극戟.

비(vī)

진언 응용: 정진 진언

179. 선바라밀보살

(禪波羅蜜菩薩, 드야나빠라미따, dhyānapāramitā)

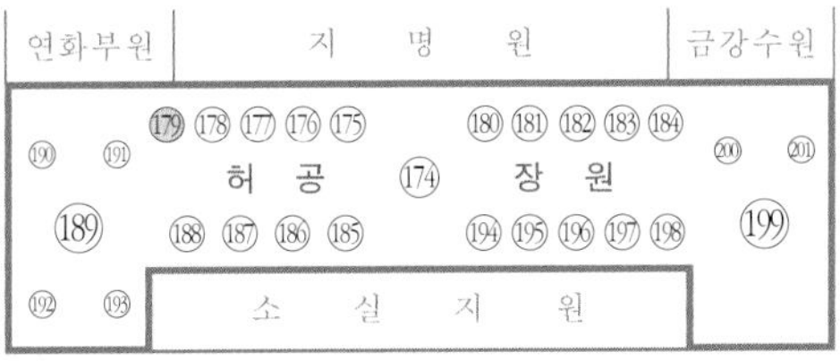

십바라밀 중의 제5번째 선정의 덕을 나타내는 보살로서, 일체의 망상을 떠나게 한다. 묘관찰지인妙觀察智印은 아미타불의 지덕智德을 상징한다. 안주정려安住靜慮라 하여 일체 망상을 떠나면 심신이 안락해지고, 인발정려引發精慮라 하여 육신통을 획득하고, 변사정려弁事精慮라 하여 여러 가지 일로 중생의 이익을 위해 도와주는 것을 말한다.

형상: 살색. 갈마의를 입고, 묘관찰지인을 결하고, 적 연화좌에 가부좌를 틀고 있다.

밀호: 정념금강.

선바라밀보살 진언 / 실담 범자

로마자 표기: oṃ bhagavati sarvapāpahāriṇi mahānāṭye hūṃ hūṃ hūṃ phaṭ.

한글음 표기: 옴 바가바띠 사르바빠빠하리니 마하나뜨에 훔 훔 훔 파뜨.

종자種子: 드야(dhyā), 훔(hūṃ). 수인: 아미타정인. 삼매야형: 정인.

드야(dhyā) 훔(hūṃ)

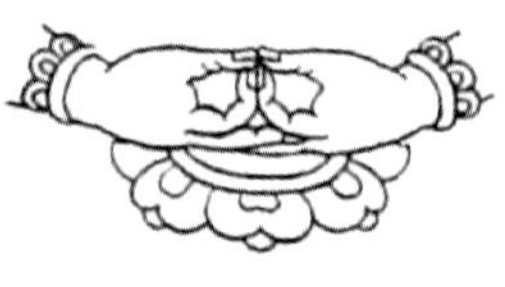

진언 응용: 선정 진언

180. 반야바라밀보살

(般若波羅蜜菩薩, 쁘라즈냐빠라미따, prajñāparamitā)

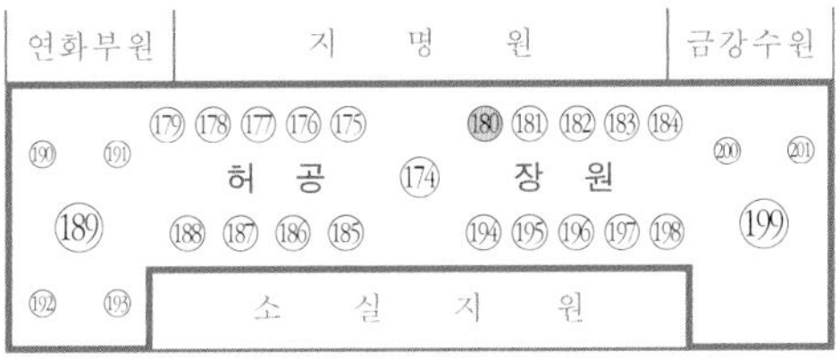

십바라밀 중의 제6번째 지혜智慧의 덕을 나타낸다. 보검은 번뇌를 끊는다는 의미로 지혜에 비유한다. 모든 존재의 진실한 모습을 보여주는 지혜智慧로서, 이 지혜로 생사의 바다를 건너서 피안에 도달하는 것이다.

형상: 살색. 갈마의를 입고, 우수에는 검을 가지고, 좌수는 바닥을 펴서 검지와 중지를 구부리고 앞을 향하게 하여 가슴 앞에 두고, 우측 무릎을 세우고 적 연화좌에 앉아 있다.

반야바라밀보살 진언 / 실담 범자

로마자 표기: oṃ dhīḥ śrīśrutavijaye svāhā.

한글음 표기: 옴 디흐 슈리슈루따비자예 스바하.

종자種子: 쁘라(pra).　　수인: 범협인.　　삼매야형: 보검.

쁘라(pra)

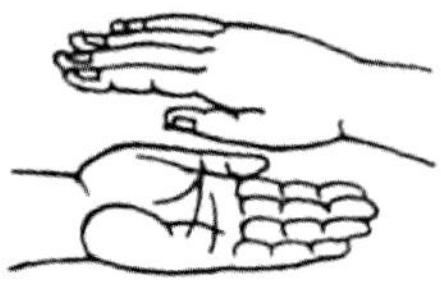

진언 응용: 지혜 진언

181. 방편바라밀보살

(方便波羅蜜菩薩, 우빠야빠라미따, upāyapāramitā)

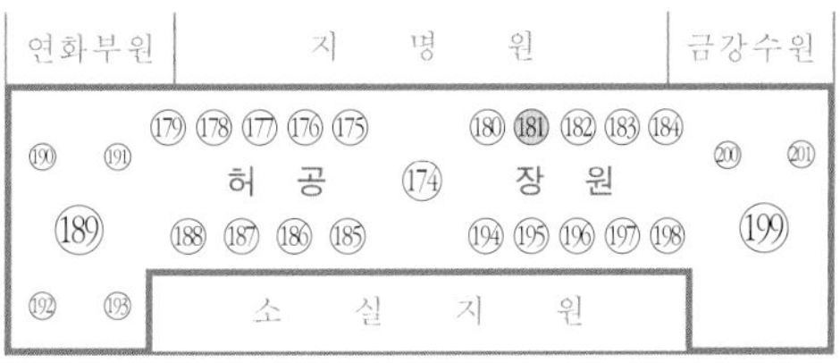

십바라밀 중의 제7번째 방편의 덕을 나타낸다. 방편이란 구체적인 수단의 의미로, 보살이 여러 중생들을 제도하였음을 나타낸다. 회향방편廻向方便이라 함은 육바라밀에 의해 하선근의 중생들에게 회향과 함께 무상보리를 구하는 것을 말한다. 구제유정방편救濟有情方便이라 함은 생명 있는 모든 중생을 구제하는 것을 말한다.

형상: 살색. 갈마의를 입고, 양손에 견삭을 들고, 적 연화좌에 가부좌를 틀고 있다.

방편바라밀보살 진언 / 실담 범자

로마자 표기: oṃ mahā-maitracitte svāhā.

한글음 표기: 옴 마하-마이뜨라찐떼 스바하.

종자種子: 마이(mai). 수인: 방편바라밀인. 삼매야형: 견삭.

마이(mai)

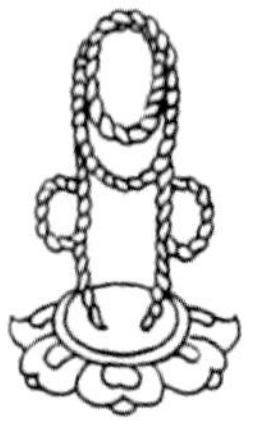

182. 원바라밀보살

(願波羅蜜菩薩, 쁘라니다나빠라미따, praṇidhānapāramita)

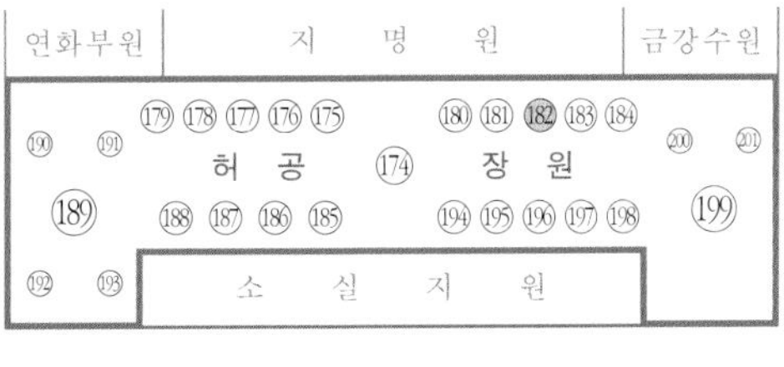

십바라밀 중의 제8번째 소원所願의 덕을 표현하는 보살로서, 보살의 5대원 중에서 중생무변서원도衆生無邊誓願度에 해당한다. 구무상보리원求無上菩提願이라 하여 불과佛果 보리를 원하여 얻는 것을 말하고, 이락유정원利樂有情願이라 하여 일체중생을 구제함을 원하는 것을 말한다.

형상: 살색. 갈마의를 입고, 우수는 손바닥을 펴서 앞을 향하게 하고 무명지와 약지를 구부려서 가슴 앞에 두며, 좌수에는 수낭을 들고, 적 연화좌에 가부좌를 틀고 있다.

원바라밀보살 진언 / 실담 범자

로마자 표기: oṃ karuṇīkaruṇi ha ha ha saṃ svāhā.

한글음 표기: 옴 까루니까루니 하 하 하 삼 스바하.

종자種子: 삼(saṃ), 쁘라(pra). 수인: 시무외인. 삼매야형: 수낭.

삼(saṃ) 쁘라(pra)

진언 응용: 원願 진언

183. 역바라밀보살

(力波羅蜜菩薩, 바라빠라미따, balapāramitā)

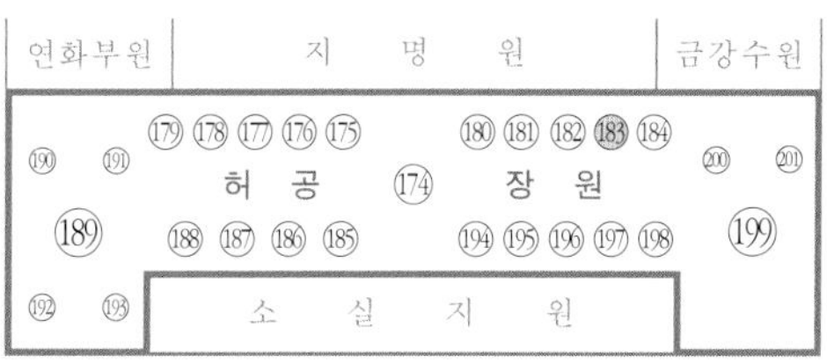

십바라밀 중의 제9번째 힘의 덕을 표현한 보살이며, 힘(力)에는 판단력과 습득력이 있는데 이를 전개하면 심심深心, 심신深信, 대자, 대비, 총지, 변재, 바라밀, 대원, 신통, 가지 등의 십력의 행이 된다. 이를 행하는 용맹심을 비유하면 사자가 사냥감을 절대 놓치지 않는 것과 같이 중생을 구제하는 데 한 사람도 빠지지 않게 하는 것과 같다.

형상: 살색. 얼굴은 연잎 위의 사자상을 쳐다보고 있다. 갈마의를 입고, 우수에는 연잎 위의 사자상을 어깨 위에 들고 있으며, 좌수는 주먹을 쥐고 아래를 향하게 하여 허벅지 위에 얹고, 적 연화좌에 반가부좌를 하고 있다.

밀호: 용역금강.

역바라밀보살 진언 / 실담 범자

로마자 표기: oṃ damanīmudite hūṃ ha ha ha hūṃ jaḥ sbāhā.

한글음 표기: 옴 다마니무디떼 훔 하 하 하 훔 자흐 스바하.

종자種子: 바(ba), 자흐(jaḥ). 수인: 역바라밀인. 삼매야형: 하엽상 사자.

바(ba) 자흐(jaḥ)

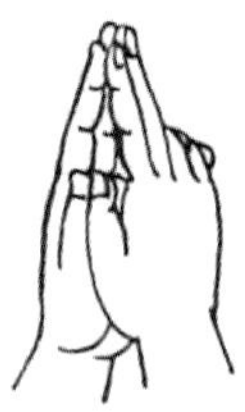

진언 응용: 바라밀 진언

184. 지바라밀보살

(智波羅蜜菩薩, 즈냐나빠라미따, jñānapāramitā)

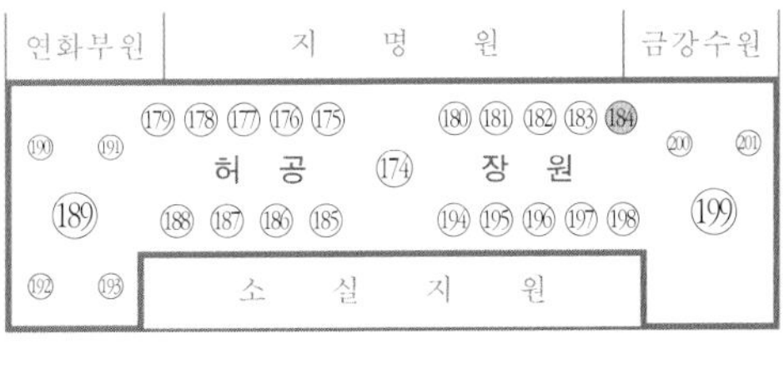

십바라밀 중의 10번째 지혜의 덕을 나타내는 보살로서, 반야검般若劍으로 번뇌를 끊어서 피안으로 가게 하는 실상지(實相智, 세속을 초월하는 지혜)를 나타낸다. 즉 일체중생을 바로 보고 교화하는 지혜를 말한다.

형상: 살색. 갈마의를 입고, 우수에는 범협을 가지고, 좌수는 손바닥을 펴서 가슴 앞에 두고, 오른쪽 무릎을 약간 세워 백 연화좌에 앉아 있다.

밀호: 원정금강.

지바라밀보살 진언 / 실담 범자

로마자 표기: oṃ mama jñānakari hūṃ svāhā.

한글음 표기: 옴 마마 즈냐나까리 훔 스바하.

종자種子: 즈냐(jña). 수인: 지바라밀인. 삼매야형: 범협.

즈냐(jña)

진언 응용: 지智바라밀 진언

185. 공발의전륜보살

(共發意轉輪菩薩, 사하찌또뜨빠다다르마짜끄라, sahacittotpādadharmacakra)

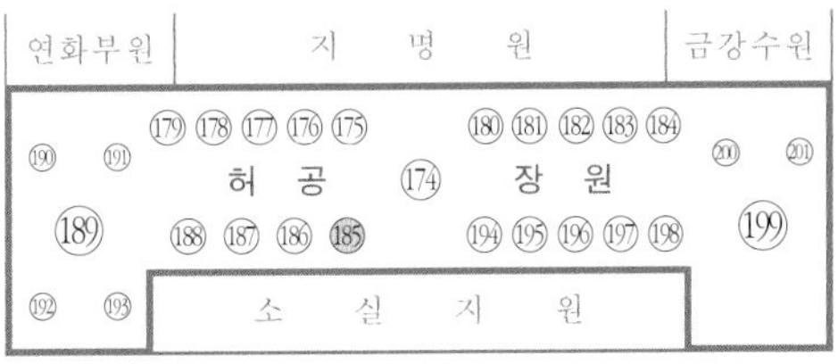

『대일경大日經』에 허공혜보살이 있는데, 허공이 한이 없는 것 같이 이 보살의 지혜도 한이 없어 허공과 같다고 하는 것이다. 전발심전법륜보살이라고도 하며, 미륵보살과 동체이기도 하다. 일체중생의 법륜을 굴려 서원을 나타내게 한다.

형상: 살색. 우수에는 자루가 긴 연화에 화륜을 얹어 들고 있으며, 좌수에는 손바닥 위에 독고저를 세워 어깨높이로 들고, 적 연화좌에 가부좌를 틀고 있다.

밀호: 법륜금강.

공발의전륜보살 진언 / 실담 범자

로마자 표기: namo samanta buddhānāṃ cakravartin svāhā.

한글음 표기: 나모 사만따 붇다남 짜끄라바르띤 스바하.

종자種子: 짜(ca). 수인: 전법륜인. 삼매야형: 연화 위에 금강륜.

짜(ca)

진언 응용: 공발의 진언

186. 생념처보살

(生念處菩薩, 스므리띠사자뜨야, smṛtisajātya)

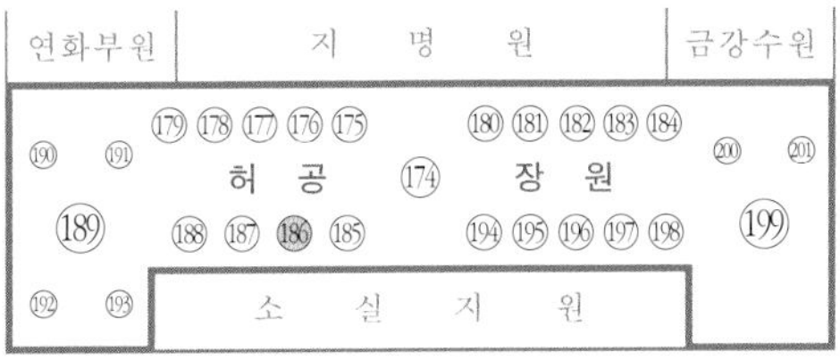

본 보살은 『대일경』에서는 청정혜보살이라고 한다. 청정혜보살이란 자성청정한 법에서 생겨난 보살로서 허공처럼 집착심이 없는 정념正念을 나타내는 것이다. 그 정념에 의거하여 번뇌를 타파하여 열반에 이르게 한다.

형상: 살색. 우수에는 자루가 긴 연꽃 위에 법라패(法螺貝, 소라)를 얹어 들고 있으며, 좌수는 주먹을 쥐고 엄지와 검지를 펴서 가슴 앞에 두고, 적 연화좌에 가부좌를 틀고 있다.

밀호: 억념금강.

생념처보살 진언 / 실담 범자

로마자 표기: namo samanta buddhānāṃ gataṃ dharmasaṃbhsva svāhā.

한글음 표기: 나모 사만따 붇다남 가땀 다르마삼바바 스바하.

종자種子: 가(ga). 수인: 상거인. 삼매야형: 연화 위에 소라.

가(ga)

진언 응용: 정념 진언

187. 분노구관자재보살

(忿怒鉤觀自在菩薩, 아모가끄로단꾸샤라가, amoghakrodhāṅkuśarāga)

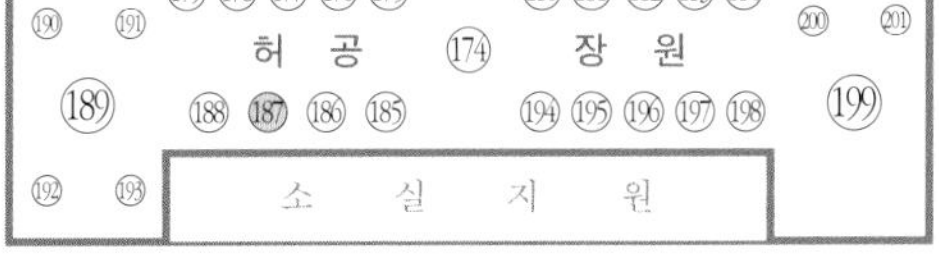

광대궤廣大軌에서는 연화인보살이라고 한다. 분노구란 관자재보살이 분노의 삼매에 들어 자비의 갈고리로 중생을 제도함을 나타낸다.

형상: 머리는 3개에 정면은 살색이고, 우면은 흙색이고, 좌면은 청색이다. 눈이 각 3개씩이며, 머리 정상에 화불을 얹고 있으며, 팔은 4비이고, 우수 1번에는 갈고리를, 2번에는 시무외인을, 좌수 1번에는 자루가 긴 연꽃을, 2번에는 견삭을 들고, 적 연화좌에 가부좌를 틀고 있다.

분노구관자재보살 진언 / 실담 범자

로마자 표기: namo samanta buddhānāṃ kuvalaya svāhā.

한글음 표기: 나모 사만따 붇다남 꾸바라야 스바하.

종자種子: 오(o). 수인: 연화합장. 삼매야형: 월구금강.

오(o)

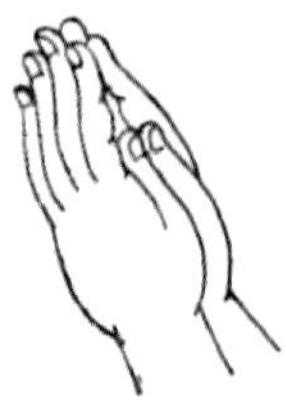

진언 응용: 자비 진언

188. 불공구관자재보살

(不空鉤觀自在菩薩, 아모간꾸샤, amoghāṅkuśa)

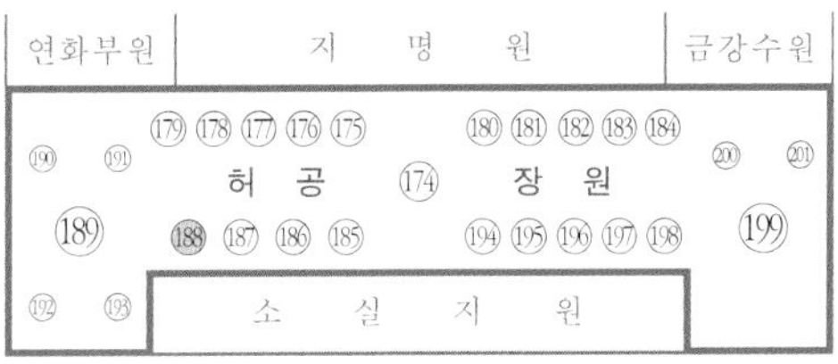

『대일경』에서는 행혜行慧보살이라 한다. 즉 지혜를 행하여 중생을 이익 되게 하는 보살을 말하고, 갈고리는 일체중생을 끌어 모아 구원을 명세함을 나타낸다. 불공견삭관음不共羂索觀音과 동체이다.

형상: 살색. 3면 중 좌우는 청색, 각 3목 4비를 갖추고, 머리 정상에는 화불을, 우수 1번에는 삼고저를, 2번에는 삼고구봉을 가졌으며, 좌수 1번에는 자루가 긴 연화 위에 독고구봉을 가지고, 2번에는 견삭을 가지고, 적 연화좌에 가부좌를 틀고 있다.

불공구관자재보살 진언 / 실담 범자

로마자 표기: namo samanta buddhānāṃ dhi raṃ padmā-laya svāhā.

한글음 표기: 나모 사만따 붇다남 디 람 빠드마-라야 스바하.

종자種子: 아(a).

아(a)

수인: 팔엽인.

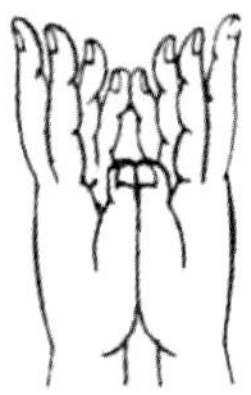

삼매야형: 연꽃 위 구鉤.

진언 응용: 지혜행 진언

189. 천수천안관자재보살

(千手千眼觀自在菩薩, 사하스라부자르야바로끼떼슈바라, sahasrabhujāryāvalokiteśvara)

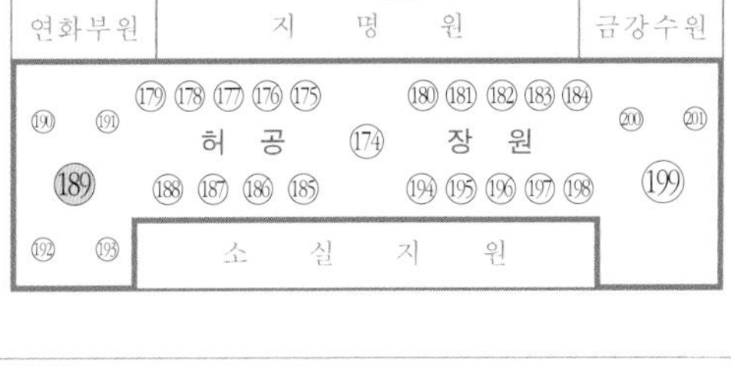

190. 비천

통상 천수관음이라 한다. 관음보살의 서원은 자비를 목표로 하지만, 천수천안관음보살은 천의 손과 천의 눈으로 중생을 제도하는 존으로서 자비의 궁극인 대비를 덕으로 삼는다. 원래는 관음원에 배치되어야 하지만 불부·연화부·금강수원부 삼부의 과덕을 나타내는 허공장원으로 배치하고 있다.

형상: 황금색. 27면은 25유(지옥에서 무색계까지 중생의 윤회의 세계의 25종)를 제도하는 것을 말하고, 정상의 중앙을 본지라 하여 아미타불을 배치하고 그 위에 화불이 있다. 천수에 천안을 갖추고 있으며, 이 중에 42수를 강조하였으며, 좌우 제1수에는 홍련과 청련을, 제2수와 3수는 합장과 아미타정인을 하고 있으며, 우수부터 순서대로 발·포도·범협·삼고저·보인·석장·여원인 수주·호병·화살·오색운·검·백련·촉루·거울·달·구·화불 등이며, 좌수에는 경협·보주·소라·독고저·방울·삼고저·팔찌·삭·조병·활·방패·도끼·자연화·양류·백자·해·궁전 등을 가지고 있으며, 배후에 958수가 부채살처럼 펼쳐져 있으며, 보련 연화좌에 가부좌를 틀고 있다.

각종 지물은 필자의 『42수주 진언집』에서 상세히 설명하고 있다.

밀호: 대비금강.

천수천안관자재보살 진언 / 실담 범자

191. 비천

로마자 표기: oṃ vajradharma hrīḥ.

한글음 표기: 옴 바즈라다르마 흐리흐.

종자種子: 흐리흐(hrīḥ). 수인: 구산팔해인. 삼매야형: 개부화연화.

흐리흐(hrīḥ)

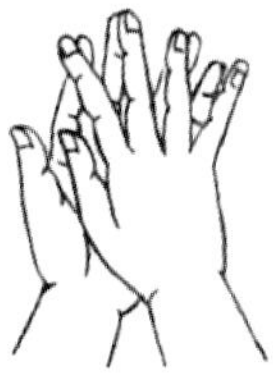

진언 응용: 중생제도 진언

190, 191. 비천
(飛天, 데바따, devatā)

천수천안관자재보살에게 공양을 올리는 2명의 선녀를 말한다. 구름을 타고 하늘을 난다고 해서 비천이라고 한다. 좌수에 꽃을 들고 우수로 그 꽃을 뿌린다. 상서로운 징조를 나타낸다.

형상: 살색. 천의를 걸치고, 꽃을 비가 내리는 것처럼 뿌려서 꽃 공양을 한다.

192. 공덕천

193. 바수대선

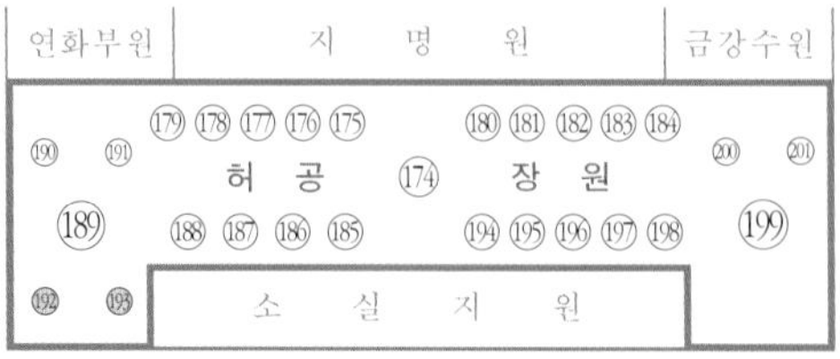

192. 공덕천
(功德天, 슈리데비, śrīdevī)

길상천녀吉祥天女라고도 한다. 인도 고대신화에서는 락슈미(lakṣmī) 여신으로, 비슈누(viṣṇu) 신의 후后라고 한다. 불교에서는 비사문천왕의 후后라고 하며, 복덕福德을 관장하는 여신으로서 예로부터 숭앙을 받고 있다.

형상: 백살색. 천녀형으로, 갈마의를 입고, 우수는 주먹을 쥐고 엄지와 약지를 세워 앞을 향하게 하여 가슴 앞에 두고, 좌수에는 연잎 반에 꽃을 들고 서 있다.

밀호: 호법금강.

공덕천 진언 / 실담 범자

로마자 표기: namo samanta buddhānāṃ oṃ mahāśriyai svāhā.

한글음 표기: 나모 사만따 붇다남 옴 마하슈리야이 스바하.

종자種子: 슈리(śri). 수인: 팔엽인. 삼매야형: 쟁반 위 꽃.

슈리(śri)

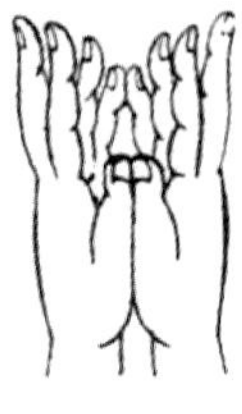

진언 응용: 복덕 진언

193. 바수대선

(婆藪大仙, 바수르씨, vasurṣi)

바수(vasu)는 선량善良하다는 의미를 지니고 신神들을 통칭하며, 수천·화천의 의미도 있다. 천수관음 권속인 28부 중의 하나며, 화천의 권속인 5선의 하나이고, 또 보배 재물의 의미가 있으며, 한편으로는 수신(水神, vasuvaruṇa)이라고도 한다. 또는 길상천吉祥天의 만형으로 통한다.

형상: 살색. 우수는 탄지彈指형을 하고, 좌수에는 선장仙仗을 가지고, 고행선苦行仙 자세를 하고 있다.

밀호: 대비금강.

바수대선 진언 / 실담 범자

로마자 표기: namo samanta buddhānāṃ vasiṣṭharṣi svāhā.

한글음 표기: 나모 사만따 붇다남 바시쓰타르씨 스바하.

종자種子: 르쌈(rṣaṃ). 수인: 성취지명선인. 삼매야형: 연잎 위 선장.

르쌈(rṣaṃ)

진언 응용: 소원성취 진언

194. 무구서보살

(無垢逝菩薩, 비마라가띠, vimalagati)

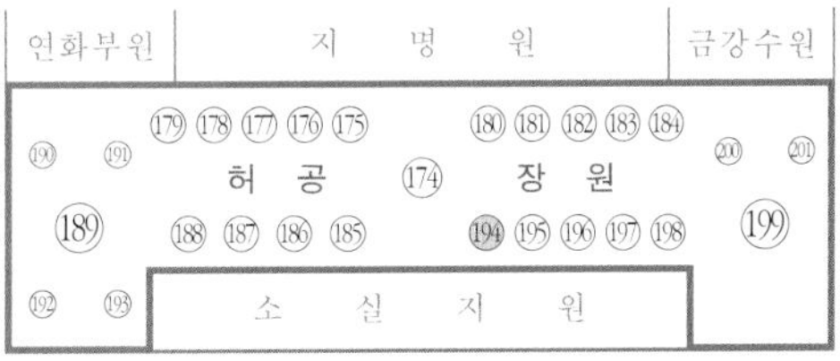

『대일경』에서는 허공무구보살이라 한다. 즉 허공처럼 무구無垢한 청정혜의 덕을 표현하는 보살이다. 무구(無垢, vimala)란 지혜로써 공空을 행行하여 진여眞如로 가다(gati)라는 의미이다.

형상: 살색. 우수는 시무외施無畏인을, 좌수에는 밧줄 끝에 연꽃을 얹어 들고, 적연화좌에 가부좌를 틀고 있다.

밀호: 명철금강.

무구서보살 진언 / 실담 범자

로마자 표기: namo samanta buddhānāṃ gaganānantagocara svāhā.

한글음 표기: 나모 사만따 붇다남 가가나난따고짜라 스바하.

종자種子: 함(hṃ). 수인: 도인刀印. 삼매야형: 연화 밧줄.

함(hṃ)

진언 응용: 청정해 진언

195. 소바호보살

(蘇婆呼菩薩, 수다후, sudāhu)

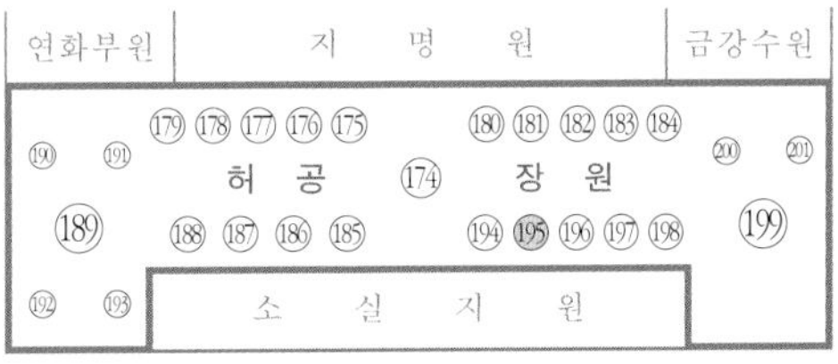

『대일경』에서는 안혜보살과 동체로 보고 있으며, 이 안혜보살을 주혜보살이라고도 한다. 안혜安慧, 주혜住慧란 언제나 그 지혜에 안주하여 삶을 이롭게 하는 데서 붙여진 이름이다. 소바호보살은 동자로 그려지는 것이 상례이다.

형상: 살색. 우수는 시무외인, 좌수는 자루가 긴 연꽃 위에 청련화를 얹어서 들고 있으며, 적 연화좌에 왼쪽 무릎을 세우고 앉아 있다.

밀호: 실지금강.

소바호보살 진언 / 실담 범자

로마자 표기: oṃ āryasubāhu svāhā.

한글음 표기: 옴 아르야수바후 스바하.

종자種子: 훔(huṃ). 수인: 청 연화인. 삼매야형: 연화상 청련화.

훔(huṃ)

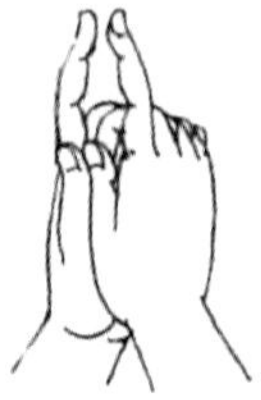

진언 응용: (중생 이익 진언)

196. 금강침보살

(金剛針菩薩, 바즈라수찌, vajrasūci)

연화부원
지 명 원
금강수원
[179] [178] [177] [176] [175]
[180] [181] [182] [183] [184]
[190] [191]
허 공
[174]
장 원
[200] [201]
[189]
[188] [187] [186] [185]
[194] [195] [196] [197] [198]
[199]
[192] [193]
소 실 지 원

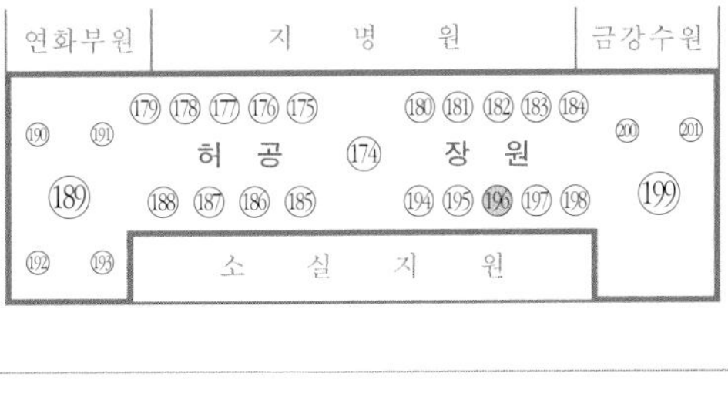

태장만다라 76번 금강설보살과 동체이며, 금강침이란 모든 것을 뚫는 바늘과 같은 지혜를 가지고 일체법을 관찰하는 덕德을 나타낸다.

형상: 백황색. 머리는 좌측을 향해 약간 숙이고, 우수는 옆으로 들어 올려 손바닥을 위로 향하게 하고 엄지를 구부려서 중지와 무명지를 구부려 덮고 있으며, 좌수는 자루가 긴 연꽃 위에 독고저를 올려서 들고 있으며, 백 연화좌에 가부좌를 틀고 있다.

밀호: 정진금강.

금강침보살 진언 / 실담 범자

로마자 표기: namo samanta-vajrānāṃ sarvadharmanivedhanivajrasūci varade svāhā.

한글음 표기: 나모 사만따-바즈라남 사르바다르마니베다니바즈라수찌 바라데 스바하.

종자種子: 훔(huṃ). 수인: 금강침인. 삼매야형: 연화 위 독고저.

훔(huṃ)

진언 응용: 지혜 진언

197. 소실지갈라보살

(蘇悉地羯羅菩薩, 수싣디까라, susiddhikara)

광대궤廣大軌에서는 출현지보살이라 한다. 수싣디(susiddhi)란 묘성취를 말하고, 까라(kara)는 만든다는 뜻으로서, 묘성취를 완성한다는 의미이다.

『소실지경』에 묘성취는 5가지가 있다고 하는데 다음과 같다.

1. 정진, 2. 명왕, 3. 제장, 4. 여러 가지 용맹사勇猛事, 5. 일체의 진언.

형상: 백황색. 양손은 군다리인을 하고, 적 연화좌에 가부좌를 틀고 있다.

밀호: 성취금강.

소실지갈마보살 진언 / 실담 범자

로마자 표기: namo samanta buddhānāṃ ji vajrasthirabuddhe vajrasthirabuddhe pūrvātmamant-ra sara svāhā.

한글음 표기: 나모 사만따 붇다남 지 바즈라스띠라붇데 바즈라스띠라붇데 뿌르바뜨맘만뜨-라 사라 스바하.

종자種子: 지(ji). 수인: 군다리인. 삼매야형: 검劍.

지(ji)

진언 응용: 까라kara 진언

198. 만다라보살

(曼荼羅菩薩, 마하짜끄라, mahācakra)

만다라보살은 법륜法輪보살 또는 발심전법륜보살이라 말하며, 미륵보살彌勒菩薩의 교령륜신敎令輪身이다. 진언은 황금강륜의 진언이라 하고 신행자가 만다라 관상 이후 이 진언을 송誦함으로써 모든 보살이 출현하도록 기원하는 것이다. 여기서 짜끄라(cakra)는 만다라曼茶羅를 말한다.

형상: 흑녹색黑綠色. 머리털은 노발이고, 분노忿怒형이다. 3목目 6비臂이며, 우수 제1은 삼고저를, 좌우 제2양수는 정상 결인을 하고, 제3수는 검劍을, 좌수 제1은 독고저를, 좌수 제3은 법륜을 들고, 연화좌에 가부좌를 틀고 있다.

밀호; 대륜금강.

만다라보살 진언 / 실담 범자

로마자 표기: oṃ vajracakra jaḥ hūṃ vaṃ hoḥ.

한글음 표기: 옴 바즈라짜끄라 자흐 훔 밤 호흐.

종자種子: 훔(hūṃ), 맘(maṃ). 수인: 소금강륜인. 삼매야형: 법륜.

훔(hūṃ) 맘(maṃ)

진언 응용: 짜끄라 진언

199. 일백팔비금강장왕보살

(一百八臂金剛藏王菩薩, 아쓰또따라샤따부자바즈라, aṣṭottaraśatabhujavajra)

200. 비천사자

201. 비천사자

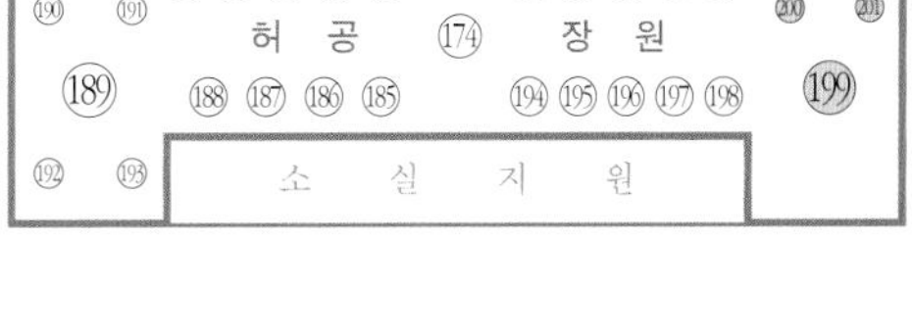

천수천안관자재보살이 연화부의 고덕을 나타낸다고 한다면, 금강장왕은 금강부의 과덕을 상징한다. 지혜를 완성하고, 일백팔비의 각종 지물들은 백팔번뇌를 퇴치함을 나타낸다. 16면은 금강계의 16대보살의 덕을 나타내며, 22면일 때는 6도보살의 덕을 더하게 되며, 금강장왕보살은 금강권보살과 동체가 된다. 왼쪽 제1수의 현병은 이 병瓶 안에 만법을 함축하고 있음을 나타낸 것이다.

형상: 청색. 22면과 16면이 있는데 여기서는 16면이며, 22면일 때는 불면이 하나 있는데 16면일 때는 불면이 없다. 백팔비는 각종 지물과 수인으로 구성되어 있으며, 연화좌에 가부좌를 틀고 있다.

밀호: 비밀금강.

일백팔비금강장왕보살 진언 / 실담 범자

로마자 표기: oṃ vajrodbhavāya svāhā.

한글음 표기: 옴 바즈로드바바야 스바하.

종자種子: 훔(hūṃ). 수인: 금강라사일체견법인. 삼매야형: 병 위에 연화.

훔(hūṃ)

진언 응용: 백팔번뇌 제거 진언

200, 201. 비천사자

(飛千使者, devatā)

일백팔비금강장왕보살의 상부에 좌우로 배치하고 있으며, 구름을 타고 하늘을 날아다닌다. 비천사자는 상서로움을 나타낸다.

형상: 한 손에 꽃바구니를 들고 있으며, 구름을 타고 자유자재로 하늘을 날아다니며 꽃을 뿌린다.

종자種子 로(ro).

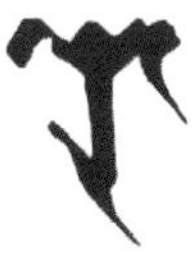

로(ro)

11
소실지원

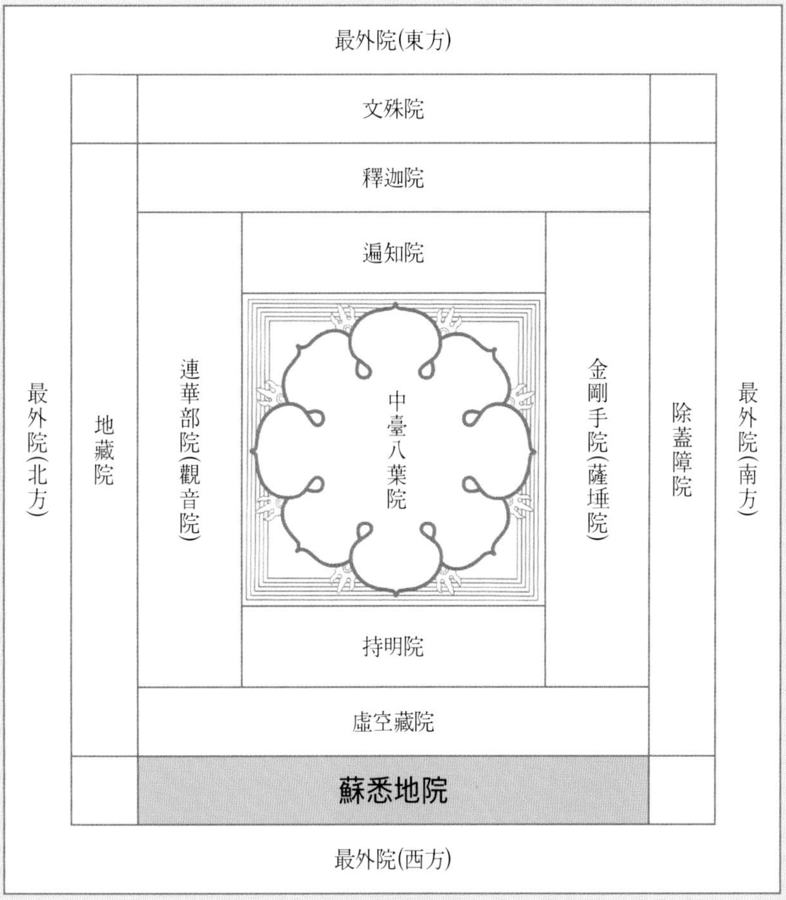
最外院(東方)
文殊院
釋迦院
遍知院
最外院(北方)
地藏院
連華部院(觀音院)
中臺八葉院
金剛手院(薩埵院)
除蓋障院
最外院(南方)
持明院
虛空藏院
蘇悉地院
最外院(西方)

소실지원蘇悉地院은 허공장원에 접해 있으며, 서방西方의 아래쪽에 위치한다. 중심이 되는 존은 없으며, 좌우에 4존씩 8존이 배열되어 있다. 수싣디(susiddhi)는 묘성취, 곧 '훌륭한 완성'의 의미를 가지고 있으며, 원래는 허공장원의 일부로 있었으나 동방의 석가원과 문수원이 두 곳으로 이루어져 있기 때문에 그 대칭에 따라 허공장원과 소실지원이 형성되었다고 보여진다. 현도만다라에서만 볼 수 있는 원 구성의 특징이다.

소실지원의 구성원

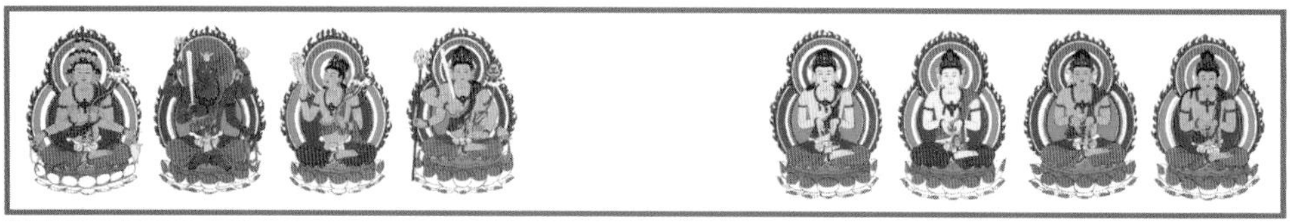

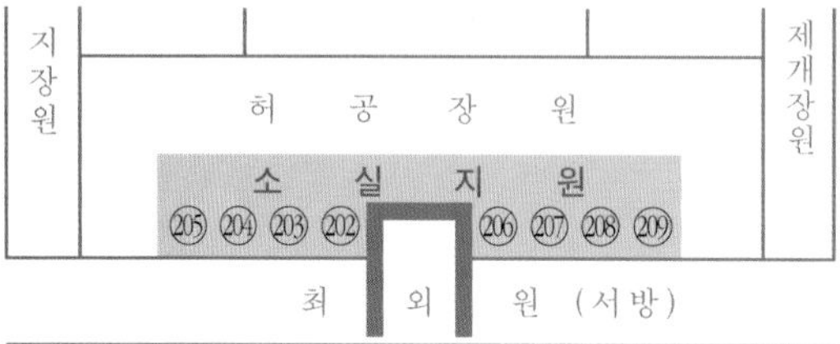

202. 불공공양보보살不空供養寶菩薩
203. 공작왕모孔雀王母
204. 일계나찰一髻羅刹
205. 십일면관자재보살十一面觀自在菩薩
206. 불공금강보살不空金剛菩薩
207. 금강군다리金剛軍荼利
208. 금강장보살金剛將菩薩
209. 금강명金剛明王

202. 불공공양보보살

(不空供養寶菩薩, 아모가뿌자마니, amoghapūjāmaṇi)

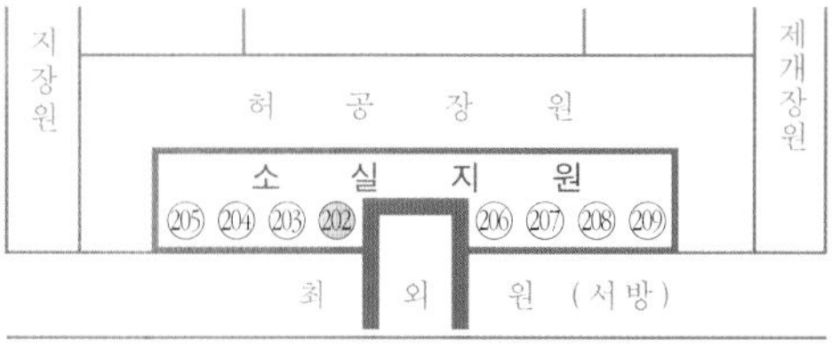

허망하지 않는 공양(不空供養)이란 도향·화발·분향·음식 등을 제불보살에게 공양하는 것을 말한다. 이 공양에 의해 중생의 고난을 제거하고 안락을 가져오는 공덕이 여의보주처럼 뜻대로 되는 것이 이 존의 특징이다.

형상: 몸은 살색이고, 4비이며, 오른쪽의 제1수에는 검劍을, 제2수에는 삼고저창(戟)을 가지고 있는데, 이 무기로 번뇌를 타파한다. 왼쪽의 제1수에는 자루가 긴 활짝 핀 연꽃 위에 보주를 얹고 있으며, 이 보주로 자비를 행하여 중생에게 공덕이 여실히 남게 하고, 제2수에는 견삭을 가지고 중생을 구제하는 것을 나타낸다. 적연화좌에 가부좌를 틀고 있다.

밀호: 여의금강.

불공공양보보살 진언 / 실담 범자

로마자 표기: oṃ amokhapūjamaṇi padmavajre tathāgatavilokite samantaprasara hūṃ.

한글음 표기: 옴 아모카뿌자마니 빠드마바즈라 따타가따비로끼떼 사만따쁘라사라 훔.

종자種子: 옴(oṃ). 수인: 보공양인. 삼매야형: 보주寶珠.

옴(oṃ)

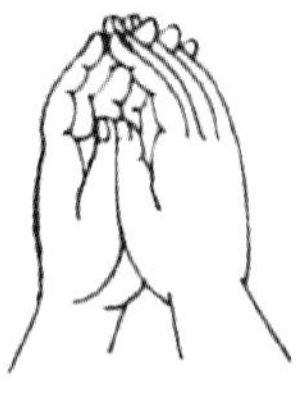

진언 응용: 번뇌 타파 진언

203. 공작왕모

(孔雀王母, 마하마유리, mahāmayūrī)

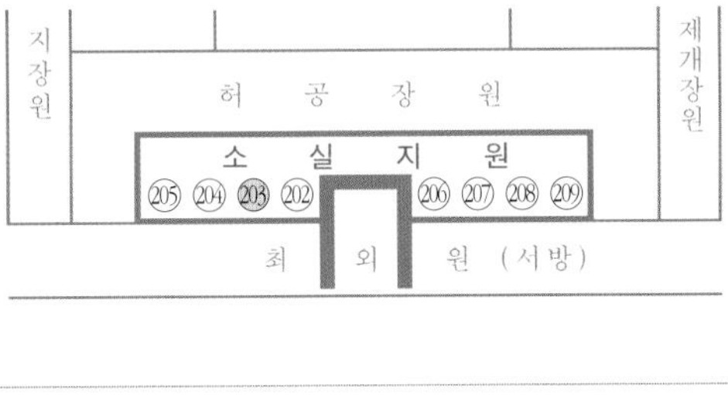

인도에서는 예로부터 공작은 맹독을 가진 독사를 잡아먹으므로 신비한 영력靈力이 있다고 여겼다. 그래서 공작의 진언眞言을 독송하면 맹독을 물리친다고 믿어왔다. 어느 날 어떤 비구가 독사에게 물려 몹시 괴로워하고 있을 때 부처님의 제자 아난阿難이 부처님께 아뢰어, 부처님에게서 이 공작새 진언을 전수하여 해독解毒을 하였다고 한다. 이 진언은 명주의 영험이 특히 현저하므로 공작명왕이라고 칭하고 있다. 공작 꽁지깃은 장애의 난을 물리치는 식재息災의 덕을 나타낸다.

형상: 몸은 살색이고, 머리는 우측을 향해 있고, 우수는 어깨 쪽으로 굽혀 공작 꽁지깃을 들고 있으며, 좌수는 자루가 긴 연꽃을 들고, 적 연화좌에 가부좌를 틀고 있다. 형상의 종류는 공작을 탄 4비상과 6비상이 있다.

밀호: 불모금강.

공작왕모 진언 / 실담 범자

로마자 표기: oṃ mayūrākrānte svāhā.

한글음 표기: 옴 마유라끄란떼 스바하.

종자種子: 마(ma), 유(yu).　　수인: 내박인.　삼매야형: 공작의 꽁지깃.

마(ma)　유(yu)

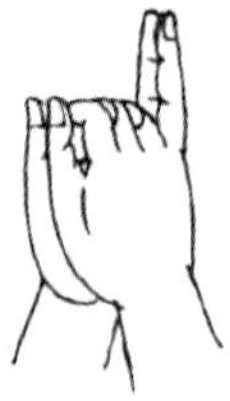

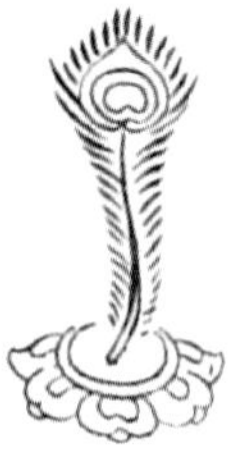

진언 응용: 맹독을 제거하는 진언

204. 일계나찰

(一髻羅刹, 에까자따라끄싸사, ekajaṭārākṣasa)

노발을 하나로 묶는 나찰羅刹이다. 나찰은 인도 신화에서는 사람을 잡아먹는다고 하여 두려운 악귀로 보고 있다. 후에 불교에서는 관자재보살이 무능승삼매의 경지에 있을 때 화신으로 출현하여 관자재보살의 기능을 구현하여 악귀와 재액을 물리치는 수호신의 역할을 한다.

형상: 몸은 청흑색이고, 분노형으로, 붉은색의 나발에 촉루관을 하고, 3목目과 4비臂이다. 우 제1수는 검을, 제2수는 월부鉞斧구를, 좌 제1수는 견삭을, 제2수는 삼고저를 가지고, 적 연화좌에 반가부좌를 하고 있다.

밀호: 뇌전금강.

일계나찰 진언 / 실담 범자

로마자 표기: ekajaṭa mama mukhajāya svāhā.

한글음 표기: 에까자따 마마 무카자야 스바하.

종자種子: 에(e).

에(e)

수인: 분노인.

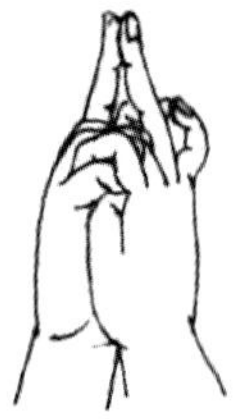

삼매야형: 검, 구.

진언 응용: 재액을 물리치는 진언

205. 십일면관자재보살

(十一面觀自在菩薩, 에까다샤무카, ekadaśamukha)

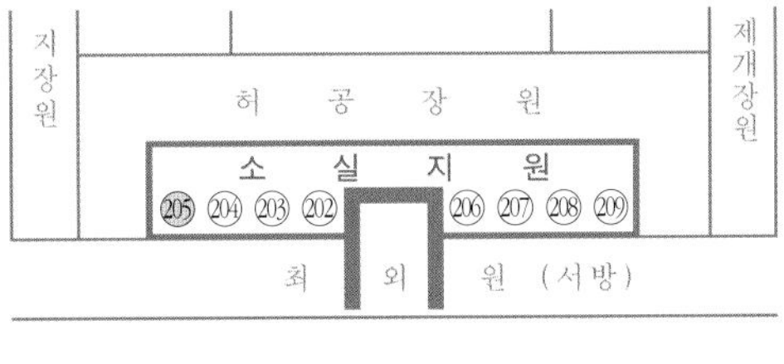

관자재(관세음)보살은 6관음·7관음·15관음·25관음·33관음이 있는데 그중 성관음聖觀音이 본신이고, 다른 관음은 보문시현普門示現으로서 변화신이다. 우리나라에서는 8세기경에 조성된 경주 불국사 석굴암의 11면관세음보살상이 가장 아름답게 형상화하여 조성된 대표적 작품으로 유명하다.

형상: 몸은 살색이고, 본 얼굴을 중심으로 좌우에 1면과 머리 위에 5면과 그 위에 3면으로 형상화되어 있다. 11면 중에 전면을 향한 3면(중 정수리는 불면)은 적정寂靜상이고, 좌측 3면은 위노威怒상이고, 우측 3면은 이아출현利牙出現상이며, 후면 좌우는 소노상笑怒相이며, 색상은 청흑색이다. 4비로서 우측 제1비에는 시무외인, 제2비에는 염주를, 좌측 제1비에는 자루가 긴 활짝 핀 연꽃을, 제2수에는 조병을 들고, 연화좌에 가부좌를 틀고 있다.

밀호: 별이금강.

십일면관자재보살 진언 / 실담 범자

로마자 표기: oṃ lokeśvara hrīḥ svāhā.

한글음 표기: 옴 로께슈마라 흐리흐 스바하.

종자種子: 까(ka), 사(sa). 수인: 십일면인. 삼매야형: 조병.

까(ka) 사(sa)

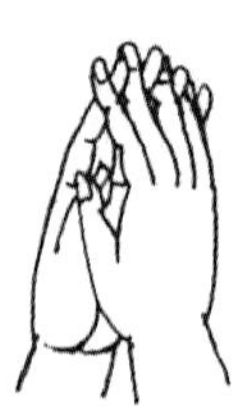

진언 응용: 성불 진언

206. 불공금강보살

(不空金剛菩薩, 아모가바즈라, amoghavajra)

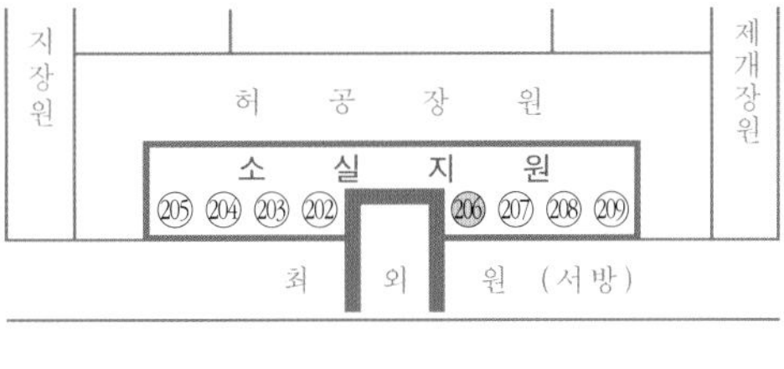

불공금강에서 불공은 깨달음의 지혜가 헛되지 않음을 말하고, 금강은 견고함을 말한다. 이 지혜는 연기緣起의 이법理法인 공성을 깨닫지 못하는 집착심을 타파하고, 성문·연각이 공성을 허무로 파악하는 집착심도 타파함을 말한다. 금강계 만다라의 금강왕과 동체이다.

형상: 몸은 하얀 살색이고, 두 손은 가슴 앞에 두고 결인을 하고(이 결인 방법은 알려져 있지 않다), 적 연화좌에 가부좌를 틀고 있다.

밀호: 변사금강.

불공금강보살 진언 / 실담 범자

로마자 표기: oṃ vajrarāja jaḥ.

한글음 표기: 옴 바즈라라자 자흐.

종자種子: 자흐(jaḥ). 수인: 미상未詳. 삼매야형: 삼고구.

자흐(jaḥ)

진언 응용: 지혜 증장 진언

207. 금강군다리

(金剛軍荼利, 바즈라 군다리, vajra kuṇḍalī)

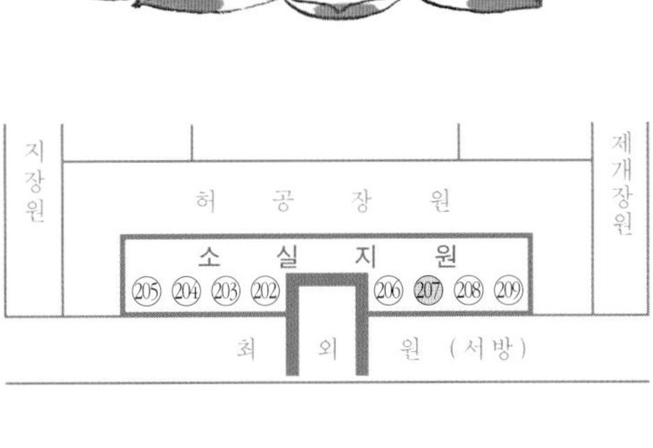

군다리명왕軍茶利明王은 태장만다라 불부·연화부·금강부의 3부에 있는데, 금강군다리는 소실지원에 위치한다.

형상: 몸은 얕은 황색이고, 양손은 가슴 앞에 결인을 하고, 적 연화좌에 가부좌를 틀고 있다.

밀호: 감로금강.

금강군다리 진언 / 실담 범자

로마자 표기: namo ratnatrayāya namaś caṇḍamahā vajrakrodhāya oṃ huru huru tiṣṭha tiṣṭha bandha hana hana amṛte hūṃ phaṭ svāhā.

한글음 표기: 나모 나뜨나뜨라야야 나마스 짠다마하 바즈라끄로다야 옴 후루 후루 띠쓰타 띠쓰타 반다 하나 하나 아므리떼 훔 빠뜨 스바하.

종자種子: 훔(hūṃ). 수인: 삼고저형. 삼매야형: 삼고저.

훔(hūṃ)

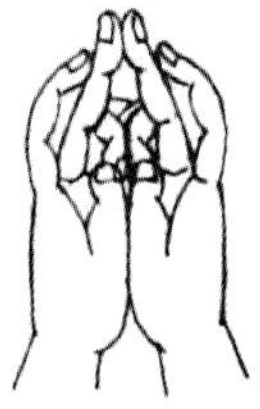

진언 응용: 감로 진언

208. 금강장보살

(金剛將菩薩, 바즈라세나, vajrasena)

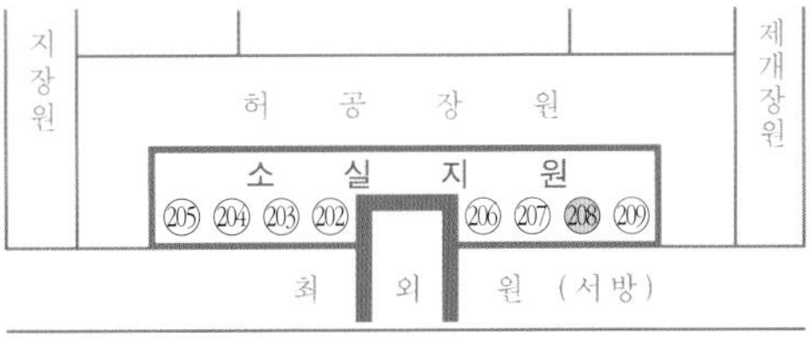

금강장이란 불괴(부서지지 않음)의 지혜를 말하고, 이러한 지혜를 구체적으로 갖춘 무수한 보살의 장수를 금강장金剛將이라 말하며, 그 기능을 상징하는 것이다.

형상: 살색. 양손을 바닥은 안쪽을 향하고 손끝은 아래로 향하게 하고 가슴 앞에 두어 결인을 하고, 적 연화좌에 가부좌를 틀고 있다.

밀호: 수령금강.

금강장보살 진언 / 실담 범자

로마자 표기: Oṃ vajrasena svāhā.

한글음 표기: 옴 바즈라세나 스바하.

종자種子: 니(ni), 훔(hūṃ). 수인: 금강합장. 삼매야형: 수인.

니(ni) 훔(hūṃ)

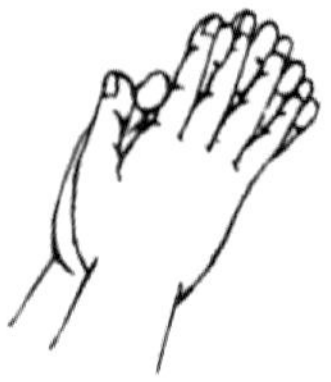

진언 응용: 금강불괴 진언

209. 금강명왕

(金剛明王, 비드욧 따마, vidyot-tama)

명明은 부처의 지혜를 의미한다. 또는 위력을 가지고 있는 주문呪文을 말하기도 한다. 비드욛 따마(vidyot-tama)는 그 명을 유지하는 것이 최고라는 의미이다. 즉 금강명왕(vajra-vidyārāja)이다.

형상: 몸은 살색이고, 양손을 가슴 앞에서 결인하고, 적 연화좌에 가부좌를 틀고 있다.

밀호: 지명금강.

금강명왕 진언 / 실담 범자

로마자 표기: oṃ vajravidyārāja svāhā.

한글음 표기: 옴 바즈라비드야라자 스바하.

종자種子: 하(ha), 훔(hūṃ).

하(ha) 훔(hūṃ)

수인: 금강합장.

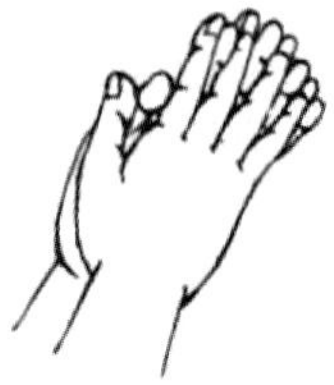

삼매야형: 수인.

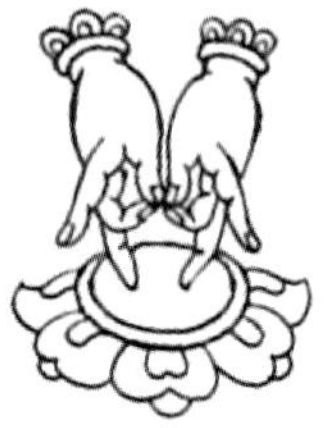

진언 응용: 지혜 진언

12

최외원 (동방)

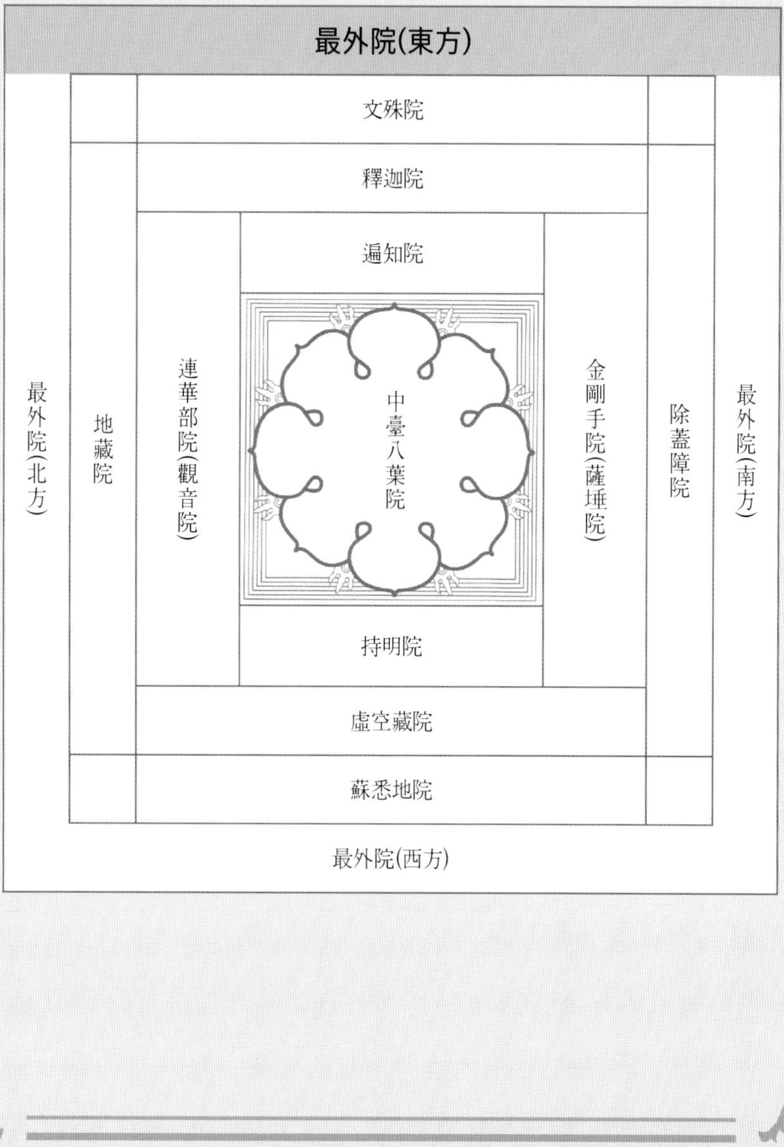

最外院(東方)
文殊院
釋迦院
遍知院
最外院(北方)
地藏院
連華部院(觀音院)
中臺八葉院
金剛手院(薩埵院)
除蓋障院
最外院(南方)
持明院
虛空藏院
蘇悉地院
最外院(西方)

최외원最外院은 태장만다라의 동서남북 가장 바깥쪽에 위치하고, 변두리에 있기에, 외금강부라고도 불린다. 최외원에는 힌두교 신들인 모든 천신天神들이 나타나고 있는데, 이 천신들을 불교에서 법이法爾 측면에서 받아들여 수용하고 있으며, 이 만다라의 본존인 대일여래의 공덕功德의 위력威力을 일부 나누어 주어 인연에 따라 4방에 배치하고 있다.

최외원의 각 존들은 각자 인연에 따라 자심自心을 관찰하여 자신의 일체 집착執着에서 벗어나고, 세상의 일체 인연을 떠나서 본래의 자심을 찾아가게 된다. 그 본래의 자기를 자각自覺하고 그것을 힘으로 해서 마음이 깊어지게 된다. 그것은 중앙을 향해서 활기차게 살아가는 모습을 나타내는 것이다.

그 구조構造를 살펴보면, 『구사론俱舍論』의 수미산須彌山 세계관世界觀에 따라 그려지고 있다. 방위로 말하면 수미산을 중심으로 횡橫으로는 동서남북 사방과 사유四維로 광대하게 펼쳐져 있고, 종縱으로는 천상과 지하로 펼쳐져 있으며, 공간적으로는 해와 달이 뜨고 열두 방향으로 하여 제존諸尊들을 배치하고 있다. 이들은 12방향을 지키는 역할을 하며 해와 달과 별자리 등의 천체 운행을 관장한다. 만다라의 사방문은 궁궐의 사방문을 힌트로 하여 성문과 성곽·정원·궁궐 등으로 구성되고 있다.

천신의 위치는 수미산 중턱에 제석천帝釋天이 상주하고 있으며, 상방에는 범천이, 사방四方에는 사방을 수호하는 사왕천(持國天·增長天·廣目天·毘沙門天)이 궁궐을 꾸미고, 수미산을 사이에 두고 동東에는 일천日天이, 서西에는 월천이, 동북쪽에는 이사나천이, 동남쪽에는 화천火天이, 서남쪽에는 나찰천이, 서북쪽에는 풍천이 위치하면서 12천이 완성된다.

또 천체의 운행運行은 인간의 삶과 밀접한 관계가 있다고 믿어 왔다. 그래서 구

요(九曜: 日·月·火·水·木·金·土·羅睺星[일식, 월식]·計都星[혜성])와 십이궁(十二宮: 태양이 일 년간 천구를 일주하는 황도를 12로 구분한 12성좌를 말한다. 사자궁·소녀궁·칭궁·파충궁·현병궁·궁궁·마갈궁·쌍어궁·우밀궁·백양궁·부부궁·게궁)과 이십팔수二十八宿를 설정하여 운용했으며, 위쪽에는 범천梵天이 자리를 잡고, 천상계 위쪽에는 선정禪定의 경지에 이르는 하늘이 이어져 있고, 중턱 아래쪽에는 지천地天이 대지를 다스리고, 그 밑에는 아귀餓鬼와 지옥地獄의 세계가 있고, 이 세계를 지탱하는 금륜金輪·수륜水輪·화륜火輪·풍륜風輪이 있고, 끝없는 하방의 세계가 이어진다. 이렇게 무한無限의 세계가 펼쳐져 있고, 수미산을 중심으로 동서쪽은 구산팔해九山八海가 광대하게 펼쳐지고, 바깥쪽은 철위산이 자리하고 있다. 최외원은 이러한 형상(宇宙觀)들을 만다라의 가장 외부에 나타낸 것이다.

최외원 동방東方의 구성

최외원의 동방 상부에는 동북의 이사나천(210)~동남의 화천(249)까지 40존이 자리하고 있다. 중앙의 동문에는 동방의 수호천인 제석천이 수호하여 앉아 있다. 40존은 다음과 같다.

동방

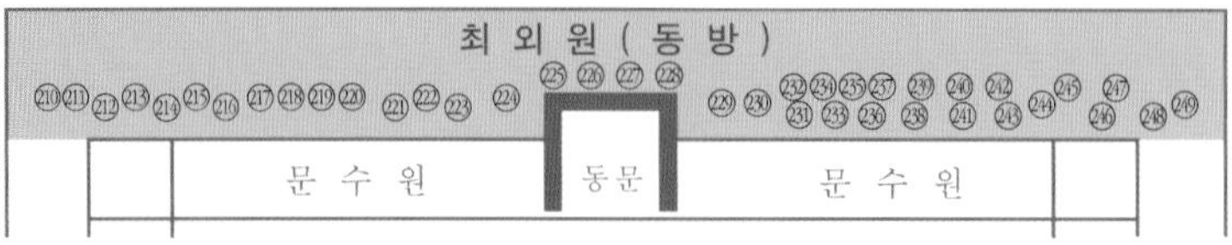

210. 이사나천伊舍那天
211. 희면천喜面天
212. 상취천常醉天
213. 기수천후器手天后
214. 기수천器手天
215. 견뇌지신후堅牢地神后
216. 견뇌지신堅牢地神
217. 비상천非想天
218. 무소유처천無所有處天
219. 식무변처천識無邊處天
220. 공무변처천空無邊處天
221. 자야惹耶
222. 일천日天
223. 미자야微惹耶
224. 제석천帝釋天
225. 수문천守門天
226. 수문천녀守門天女
227. 수문천守門天
228. 수문천녀守門天女
229. 지국천持國天
230. 대범천大梵天
231. 묘수昴宿
232. 필수畢宿
233. 자수觜宿
234. 참수參宿
235. 귀수鬼宿
236. 정수井宿
237. 유수柳宿
238. 우밀궁牛密宮
239. 백양궁白羊宮
240. 부부궁夫婦宮
241. 부부궁夫婦宮
242. 혜성彗星
243. 유성流星
244. 일요日曜
245. 일요권속日曜眷屬
246. 바수선후婆藪先后
247. 바수대선婆藪大仙
248. 화천후火天后
249. 화천火天

210. 이사나천

211. 희면천 212. 상취천

213. 기수천후 214. 기수천

215. 견뇌지신후 216. 견뇌지신

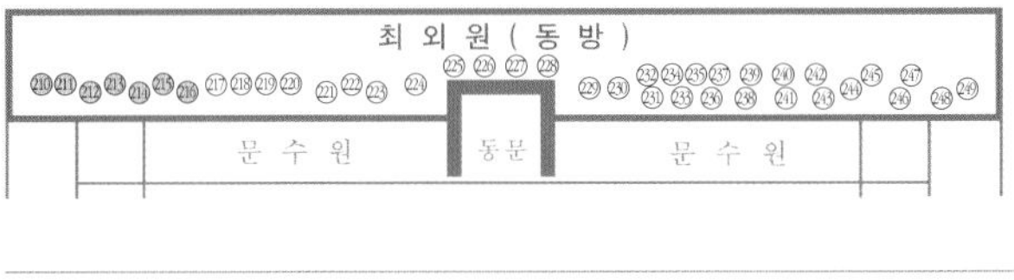

210. 이사나천

(伊舍那天, 이샤나, īśāna)

호세팔방천은 12천의 하나로서 동북방을 수호하고 있으며, 이사나천은 대자재천의 분노신이라고 한다. 이사나천은 힌두교의 시바신(파괴신破壞神)으로, 불교에서서는 대자재천의 다른 이름이며, 루드라라고도 호칭한다.

형상: 몸은 청흑색이고, 빨간 머리털과 삼목을 하고 있으며, 오른손에는 삼고창을, 왼손에는 피를 담는 잔을 들고 있으며, 두개골의 영락을 가슴에 두르고, 천의를 걸치고 자리에 반가부좌를 하고 있다.

이사나천 진언 / 실담 범자

로마자 표기: namo samanta buddhānaṃ rudraya svāhā.

한글음 표기: 나모 사만따 붇다남 루드라야 스바하.

종자種子: 이(i). 수인: 이사나천인. 삼매야형: 삼고저 창.

이(i)

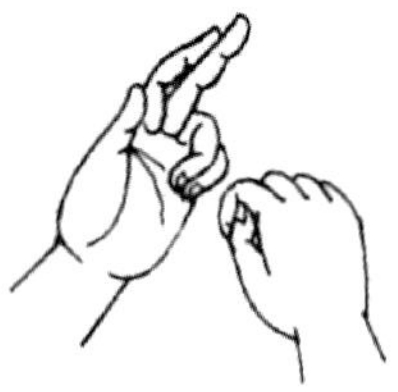

211. 희면천

(喜面天, 난디무카, namdīmukha)

희면천은 이사나천의 아들이라고 한다. 종자의 나(na)는 존명의 머리글자이고, 로(ro)는 세간을 의미하며, 로까(roka: 광명, 광휘, 빛남)의 머리글자이다.

형상: 몸은 살색이고, 오른손바닥을 어깨높이로 올려서 하늘을 향하게 하고, 왼손은 주먹을 쥐고 가슴 옆에 두고, 방석 위에 반가부좌를 하고 있다.

희면천 진언 / 실담 범자

로마자 표기: namo samanta buddhānaṃ lokālokākarāya sarva deva nāga-yakṣa-gandharvā-sura-garuḍa-kiṃnara-mahoragā dihṛdayā nyākarṣaya vicitragati svāhā.

한글음 표기: 나모 사만따 붇다남 로까로까까라야 살바 데바 나가 야끄싸 간다르바-수라-가루다-낌나라-마후라가 디흐리다야 느야까르싸야 비찌뜨라가띠 스바하.

종자種子: 나(na), 로(ro). 수인: 금강합장. 삼매야형: 연잎 위에 잔.

나(na) 로(ro)

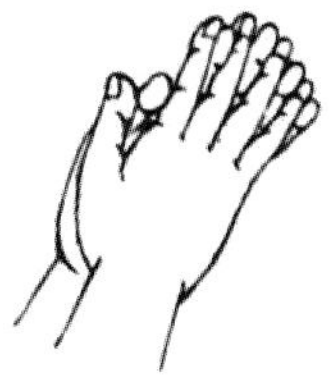

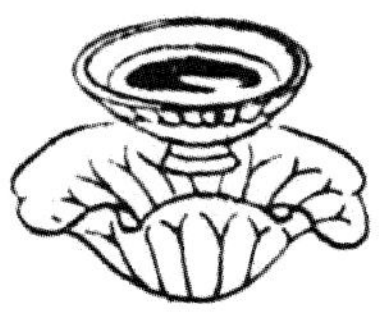

212. 상취천
(常醉天, sadāmada)

상취천이란 『유가론瑜伽論』에서 수미산須彌山 3층에 거주하는 야차夜叉를 말한다. 항교恒憍라고 부르기도 한다.

형상: 몸은 적 살색이고, 오른손은 허벅지 위에, 왼손은 잔을 들고 가슴 앞쪽에 올려 있으며, 자리 위에 반가부좌를 하고 있다.

진언은 211번 희면천 진언과 동일하다.

종자種子: 사(sa). 수인: 금강합장. 삼매야형: 연잎 위에 잔.

사(sa)

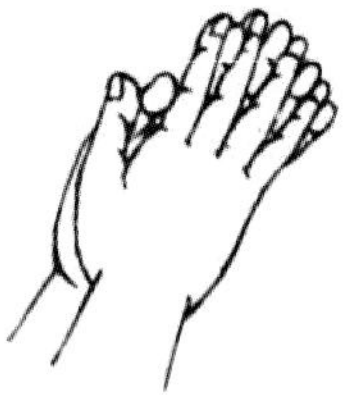

213. 기수천후
(器手天后, 까로따빠니니, karoṭapāṇinī)

기수천후는 기수천의 비(妃, 부인)이다. 범어로는 까로따빠니니(karoṭapāṇinī)라 한다.

형상: 살색. 오른손은 잔을 들고 가슴 앞에 두고, 왼손은 복부에 두고, 자리에 반가부좌를 하고 있다.

종자種子: 까(ka). 수인: 금강합장. 삼매야형: 잔.

까(ka)

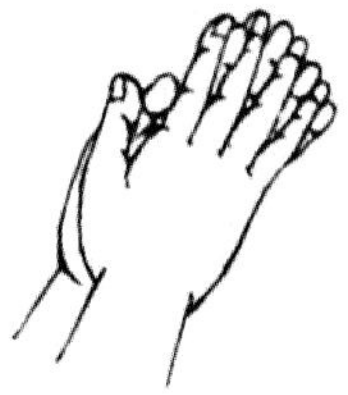

214. 기수천

(器手天, 까로따빠니, karoṭapāṇi)

까로따(karoṭa)는 그릇, 두개골을 뜻한다. 수미산 제2층 혈수천에 있는 야차이며, 이사나천의 권속으로 보인다.

형상: 몸은 살색이고, 오른손은 잔을 들고 왼쪽 가슴에 두고, 왼손은 손끝이 위를 향하게 하고 바닥은 앞을 향하게 하여 허벅지 위에 놓고, 자리에 반가부좌를 하고 있다.

종자種子: 까(ka). 수인: 금강합장. 삼매야형: 잔.

까(ka)

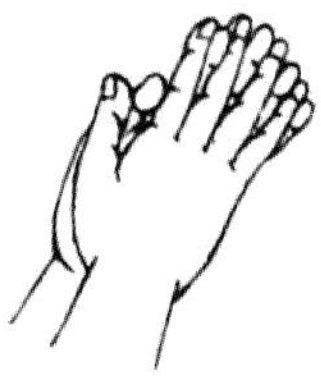

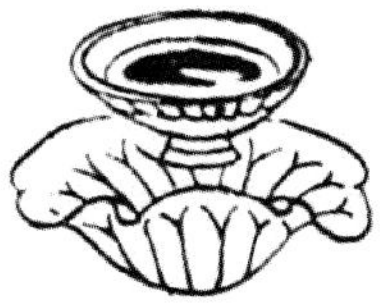

215. 견뇌지신후
(堅牢地神后, 다리, dhari)

견뇌지신후는 대지大地가 만물을 생육하듯이 그 덕을 관장한다.

형상: 몸은 적 살색이고, 우수는 가슴 앞에 두고, 좌수는 배 앞에 두고, 자리 위에 반가부좌를 하고 있다.

종자種子: 다(dha). 수인: 발인鉢印. 삼매야형: 발鉢.

다(dha)

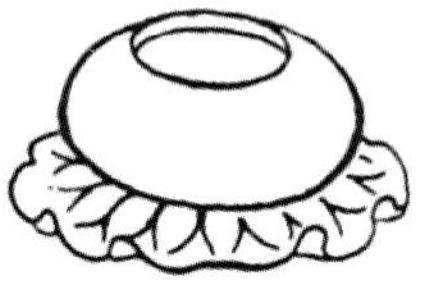

216. 견뇌지신
(堅牢地神, 다라, dhara)

십천, 십이천의 하나이며, 이 지신은 만물을 생육하는 덕을 관장한다.

형상: 몸은 백살색이고, 우수는 배 앞에 두고 바닥이 밖을 향하고, 좌수는 꽃이 든 사발을 어깨높이로 들고, 자리에 반가부좌를 하고 있다.

견뇌지신 진언 / 실담 범자

로마자 표기: namo samanta buddhānāṃ pṛthivyai svāhā.

한글음 표기: 나모 사만따 붇다남 쁘리티브야이 스바하.

종자種子: 쁘리(pṛ). 수인: 발인. 삼매야형: 발鉢.

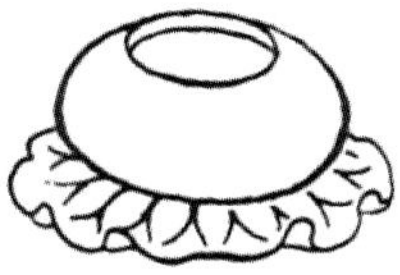

217. 비상천

218. 무소유처천

219. 식무변처정

220. 공무변처천

221. 자야

222. 일천

223. 미자야

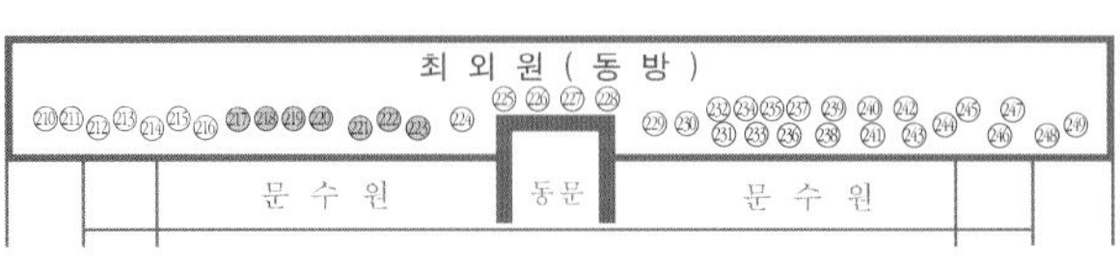

217. 비상천

(非想天, 나이바삼즈냐야따나, naivasaṃjñāyatana)

비상천은 4무색천四無色天의 제4천을 말하고, 유정천有頂天이라 한다. 선정禪定의 경지를 신격화한 것을 말하며, 정확한 이름은 비상비비상정非想非非想定 혹은 비상비비상천非想非非想天이다. 즉 상想이 없고 상이 없는 것도 아닌 경지를 말한다. 일반적으로 선정의 경지가 형상으로 나타나지 않는다고 하지만, 진언밀교에서는 색심불이色心不二의 입장에서 누각의 형태로 나타내고, 그 안에서 선정의 경지에 들어 있는 모습으로 그리고 있다.

형상: 황금색. 2층 누각 안에 화불化佛이 안치되어 있다.

진언眞言은 211번 희면천 진언과 같다.

종자種子: 나이(nai). 수인: 금강합장. 삼매야형: 궁전.

나이(nai)

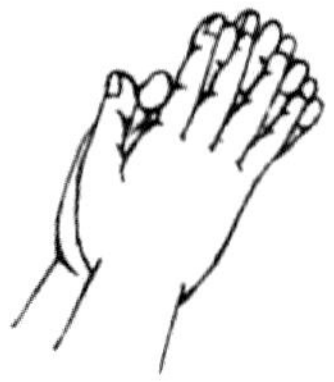

218. 무소유처천

(無所有處天, 아낀짜나야따나, ākiñcanāyatana)

4무색천의 제3천을 말한다. 소유란 마음의 활동과 일하는 방식을 말하지만, 무소유는 막힘이 없음을 행할 때 무소유처정無所有處定에 의해 도달하는 하늘이다.

형상: 황금색. 2층 누각 안에 화불이 있다.

진언은 211과 동일하다.

종자種子: 아(a). 수인: 금강합장. 삼매야형: 궁전.

아(a)

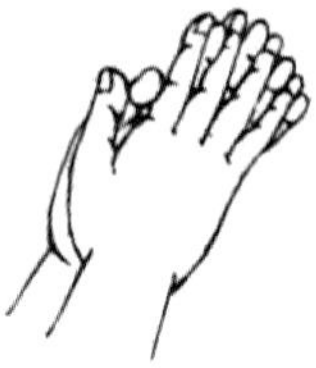

219. 식무변처정
(識無邊處定, 비즈냐난뜨야야따나, vijñānantyāyatana)

4무색천의 제2천을 말한다. 이 천天은 사유하는 선정에 의해 도달하는 천이다.

형상: 황금색. 2층 누각 안에 화불이 있다.

진언은 211번과 동일하다.

종자種子: 비(vi). 수인: 금강합장. 삼매야형: 궁전.

비(vi)

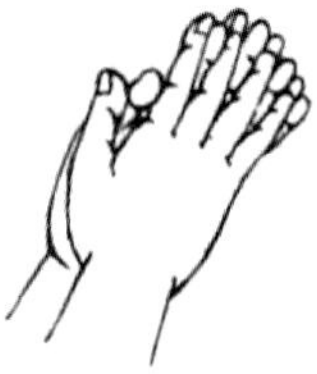

220. 공무변처천

(空無邊處天, 아까샤난뜨야따나, ākāśānantyāyatana)

4무색천의 제1천이다. 허공은 무한무변無限無邊이다. 사유하는 선정禪定에 의해 도달하는 하늘이다.

형상: 황금색. 2층 누각 안에 화불이 있다.

진언은 211번과 동일하다.

종자種子: 아(ā). 수인: 금강합장. 삼매야형: 궁전.

아(ā)

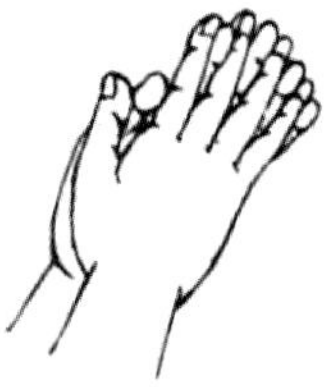

221. 자야

(惹耶, 자야, jayā)

자야는 승리의 의미로, 태양처럼 모든 것을 능가하는 덕을 나타낸다.

형상: 몸은 백살색이고, 우수는 가슴 앞에 두고, 좌수는 위로 향하게 하여 어깨높이로 들어 올려서 일천日天을 가리키고 있다.

자야 진언 / 실담 범자

로마자 표기: namo samanta buddhānāṃ mahā ganapati svāhā.

한글음 표기: 나모 사만따 붇다남 마하 가나빠띠 스바하.

종자種子: 자(ja). 수인: 여래어문인. 삼매야형: 활(弓).

자(ja)

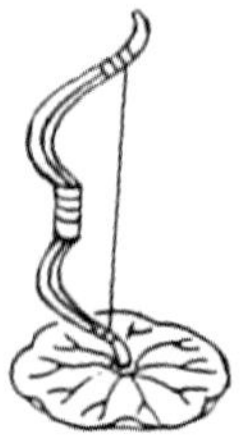

222. 일천

(日天, 아디뜨야, āditya)

일천은 태양을 신격화한 존이다. 고대 인도의 베다 신화에 따르면 일천은 5필의 말이 끄는 수레를 타고 하늘을 달리고, 태양의 빛으로 어둠을 쫓는 새벽 작열灼熱로 인간에게 부富를 가져다준다고 한다.

형상: 몸은 적 살색이고, 좌 우수에 자루가 긴 연꽃을 어깨 위에 올려 들고, 백마白馬 5필의 수레 위에 천의를 입고, 반가부좌를 하고 있다.

일천 진언 / 실담 범자

로마자 표기: namo samanta buddhānāṃ āditya svāhā.

한글음 표기: 나모 사만따 붇다남 아디뜨야 스바하.

종자種子: 아(a). 수인: 일천합장. 삼매야형: 금강륜.

아(a)

223. 미자야
(微惹耶, 비자야, vijaya)

일천의 비妃이며, 자야의 4자매 중의 한 존이다.

형상: 몸은 살색이고, 우수에는 화살을, 좌수에는 활을 들고, 자리에 반가부좌를 하고 있다.

진언은 221번 자야와 동일하다.

종자種子: 비(vi). 수인: 여래어문인. 삼매야형: 봉棒.

비(vi)

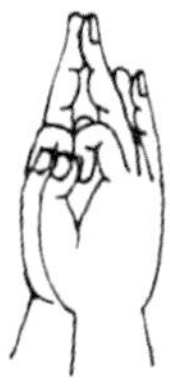

225. 수문천

226. 수문천녀

224. 제석천

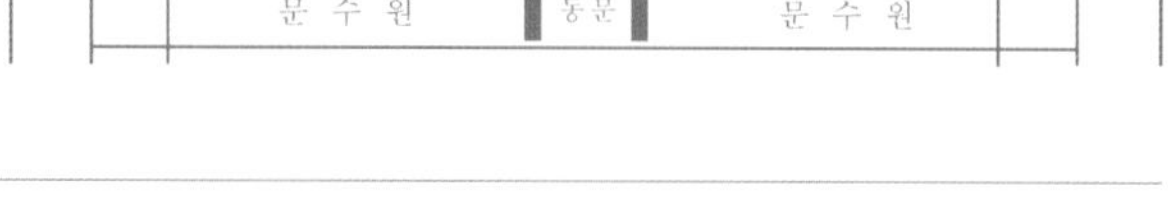

227. 수문천

228. 수문천녀

229. 지국천

230. 대범천

224. 제석천
(帝釋天, 샤끄라, śakra)

제석천은 호세팔방천, 12천의 하나로서, 동방을 수호한다. 분노형으로 외적 마장을 물리치는 역할을 맡는다. 고대 인도 신화에서 가장 인기 있는 영웅신으로 무용신武勇神인 인드라에서 유래되었다고 한다. 불교에서는 석존이 깨달음을 얻었을 때 범천과 함께 부처님께 설법을 요청했으며, 불교의 수호 선신이라 한다.

형상: 몸은 적 살색이고, 우수에는 독고저獨股杵 창(戟)을 가지고, 좌수는 주먹을 쥐어 좌측 허벅지에 얹고, 천의를 걸치고, 자리에 반가부좌를 하고 있다.

제석천 진언 / 실담 범자

로마자 표기: namo samanta buddhānāṃ śakrāya svāhā.

한글음 표기: 나모 사만따 붇다남 샤끄라야 스바하.

종자種子: 샤(śa). 수인: 인욕바라밀인. 삼매야형: 연잎 위 독고저.

샤(śa)

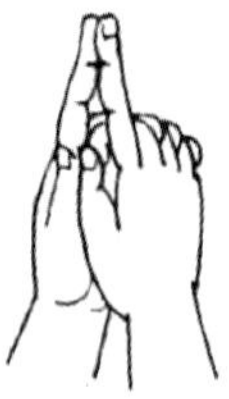

진언 응용: 분노조절 진언

225. 수문천
(守門天, 드바라빠라, dvārapāla)

수문천은 동문 위에 위치하고, 외적을 물리쳐 해산시키는 원력으로 동문의 우측을 수문천녀와 함께 수호한다.

형상: 몸은 살색이고, 사천왕형四天王形이며 천의를 걸쳤다. 우수에는 활짝 핀 연꽃을 들고, 좌수에는 혜검慧劍을 가지고 있으며, 좌측 무릎을 세우고 자리에 앉아 있다.

수문천 진언 / 실담 범자

로마자 표기: he abhimukha mahāpracanda khādayakiṃcirāsi samayam anusmara svāhā.

한글음 표기: 헤 아비무카 마하뿌라짠다 카다야낌찌라시 사마얌 아무스마라 스바하.

종자種子: 로(ro). 수인: 부가월수호인. 삼매야형: 혜검.

로(ro)

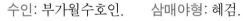

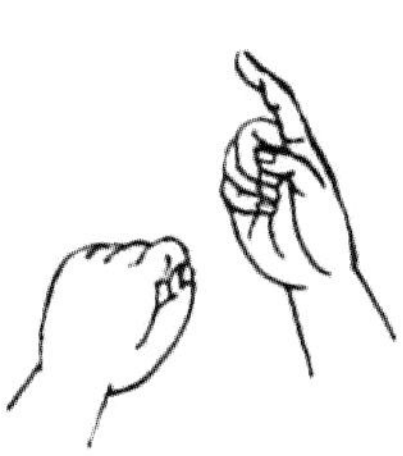

226. 수문천녀
(守門天女, 드바라빠리, dvārapālī)

수문천녀는 수문천과 같이 동문東門 성문 위의 우측에 자리하고 수호한다.

형상: 살색. 천의를 걸치고, 양손으로 활짝 핀 연꽃을 들고, 자리에 무릎을 꿇고 있다.

수문천녀 진언: 255번 수문천 진언과 동일하다.

종자種子: 로(ro). 수인: 불가월수호인. 삼매야형: 연잎 위 활짝 핀 연꽃

로(ro)

227. 수문천
(守門天, 드바라빠라, dvārapala)

225존과 대칭으로서 동문東門 성문 위의 좌측에 자리하고 수호한다.

형상: 몸은 살색이고, 사천왕형四天王形이며, 천의를 거치고, 우수에는 검을 잡고 손을 어깨높이까지 올리고, 좌수는 주먹을 쥐고 허벅지 위에 두고, 우측 무릎을 세우고 자리에 앉아 있다.

수문천 진언 / 실담 범자

로마자 표기: namo samanta-vajrānāṃ he abhimuk-ha mahāpracaṇḍa khādaya kiṃcirayasi samayamanusmara svāhā.

한글음 표기: 나모 사만따-바즈라남 헤 아비무카 하 마하쁘라짠다 카다야 낌찌라야사 사마야마누스마라 스바하.

종자種子: 로(ro). 수인: 상향수호인. 삼매야형: 연잎 위에 혜검.

로(ro)

228. 수문천녀

(守門天女, 드바라빠리, dvārapālī)

226존과 대칭으로서 동문東門 성문 위의 좌측에 자리하고 수호한다.

형상: 몸은 살색이고, 천의를 거치고, 천녀형天女形이며, 우좌수를 가슴 앞에 두고, 좌수는 독고저를 가지고 서 있다.

종자種子: 로(ro). 수인: 상향수호인. 삼매야형: 연잎 위에 독고저.

로(ro)

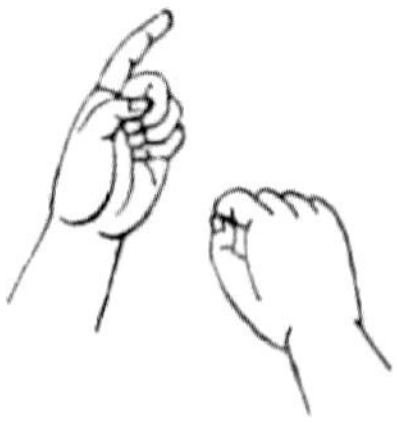

229. 지국천

(持國天, 드리따라스뜨라, dhṛtarāṣṭra)

사천왕 중의 하나로 동방의 수호를 맡고 있으며, 육욕천의 제2에 자리한다. 힌두교에서는 인드라(제석천)를 섬기는 무장이라 하고, 건달바의 우두머리이다.

형상: 적 살색. 나발을 한 분노형忿怒形이며, 갑옷을 입고 천의를 걸치고 있으며, 우수는 손바닥이 아래로 향하게 하여 허벅지에 올려놓고, 좌수는 칼을 가지고 있으며, 자리에 반가부좌를 하고 있다.

지국천 진언 / 실담 범자

로마자 표기: namo samanta buddhānāṃ oṃ dhṛtarāṣṭra ra ra pra-madana svāhā.

한글음 표기: 나모 사만따 붇다남 옴 드리따라쓰뜨라 라 라 쁘라-마다나 스바하.

종자種子: 드리(dhṛ). 수인: 지국천인. 삼매야형: 연잎 위에 칼.

드리(dhṛ)

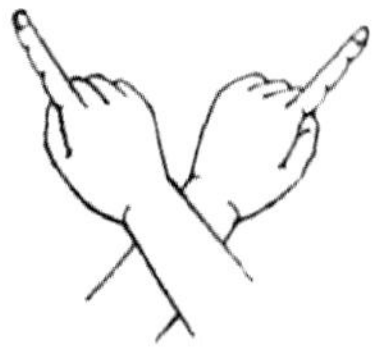

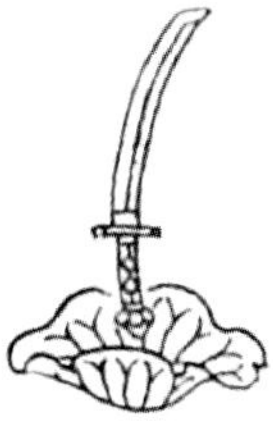

230. 대범천

(大梵天, 브라흐만, brahmā)

부처님께서 처음 깨달았을 때 범천권청梵天勸請의 장면에 제석천과 함께 등장하는 존으로서 불법을 수호하겠다는 대표적인 존이라 한다.

형상: 살색. 4면四面에 3목三目을 하고 있고, 4비四臂를 가졌다. 우측 1비는 여원인을, 제2비는 창을 가지고 있으며, 좌측 제1비는 자루가 긴 연꽃을 들고 있고, 제2비는 군지병을 가지고 있으며, 연화좌에 반가부좌를 하고 있다.

대범천 진언 / 실담 범자

로마자 표기: namo samanta buddhānāṃ pra-jāpataye svāhā.

한글음 표기: 나모 사만따 붇다남 쁘라-자빠따예 스바하.

종자種子: 브라(bra). 수인: 월천인. 삼매야형: 연잎 위 활짝 핀 연꽃.

브라(bra)

231. 묘수 232. 필수 233. 자수 234. 삼수 235. 귀수 236. 정수 237. 유수

239. 백양궁 240. 부부궁(남) 242. 혜성

238. 우밀궁 241. 부부궁(여) 243. 유성

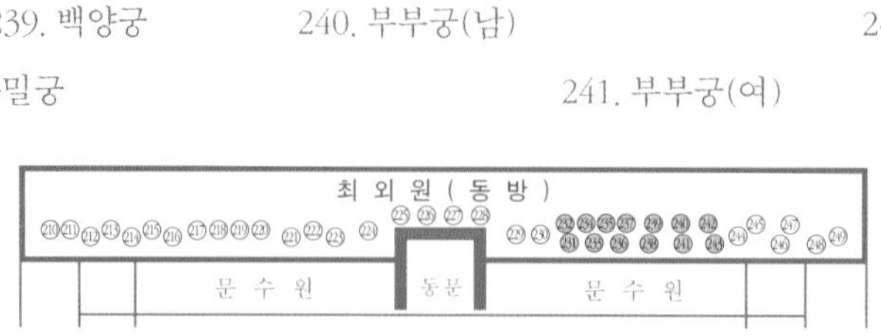

231. 묘수

(昴宿, 끄리띠까, kṛttikā)

묘수는 28수 중의 하나이며 별자리를 말한다. 묘수는 항상 허공을 돌아 4천하를 두루 다니며 선한 일을 하여 중생을 이롭게 한다. 또 12천 중 화천(agni)에 속한다.

형상: 살색. 우수는 허벅지 위에 놓고 손바닥이 하늘을 향하고 있다. 좌수는 자루가 긴 미개화 연꽃을 들고, 자리에 반가부좌를 하고 있다.

묘수 진언 / 실담 범자

로마자 표기: namo samanta buddhānāṃ kṛttikānakṣatra svāhā.

한글음 표기: 나모 사만따 붇다남 끄리띠까나끄싸뜨라 스바하.

종자種子: 끄리(kṛ). 수인: 이십팔수총인. 삼매야형: 연잎 위 연화 위 별.

끄리(kṛ)

232. 필수
(畢宿, 로히니, rohiṇī)

필수는 28수 중의 하나로 8개의 별로 이루어져 있다. 즉 우밀궁 황소자리에 자리하고 있다.

형상: 231번과 대동소이大同小異하다.

필수 진언 / 실담 범자

로마자 표기: namo samanta buddhānāṃ rohiṇīnakṣatra svāhā.

한글음 표기: 나모 사만따 붇다남 로히니나끄싸뜨리 스바하.

종자種子: 로(ro). 수인: 28수 총인. 삼매야형: 연잎 위 연화 위 별.

로(ro)

233. 자수
(觜宿, 므리가쉬라스, mṛgaśiras)

자수는 28수 중의 하나로 3개의 별로 이루어져 있다. 오리온 별자리 중 제3성으로 알려져 있으며 우밀궁 부부궁에 위치한다.

형상: 231번과 대동소이하다.

자수 진언 / 실담 범자

로마자 표기: namo samanta buddhānāṃ mṛgaśironakṣatra svāhā.

한글음 표기: 나모 사만따 붇다남 므리가시로나끄싸뜨라 스바하.

종자種子: 므리(mṛ).　　수인: 28수 총인.　삼매야형: 연잎 위 연꽃 위 별.

므리(mṛ)

234. 삼수
(三宿, 아르드라, ārdrā)

삼수는 28수 중의 하나로 6개의 별들로 이루어져 있다. 오리온 별자리 전체를 가리킨다. 부부궁에 위치한다.

형상: 231과 대동소이하다.

삼수 진언 / 실담 범자

로마자 표기: namo samanta buddhānāṃ ārdrā-nakṣatra svāhā.

한글음 표기: 나모 사만따 붇다남 아르드라-나끄싸뜨라 스바하.

종자種子: 아(a). 수인: 28수 총인. 삼매야형: 연잎 위 연꽃 위 별.

아(a)

235. 귀수

(鬼宿, 뿌쓰야, puṣya)

귀수는 28수 중의 하나로 5개의 별들로 이루어져 있으며, 해궁해좌에 자리한다.

형상: 231과 대동소이하다.

귀수 진언 / 실담 범자

로마자 표기: namo samanta buddhānāṃ puṣyanakṣatra svāhā.

한글음 표기: 나모 사만따 붇다남 뿌쓰야나끄싸뜨라 스바하.

종자種子: 뿌(pu). 수인: 28수 총인. 삼매야형: 연잎 위 연꽃 위 별.

뿌(pu)

236. 정수
(井宿, 뿌나르바수, punarvasu)

정수는 28수 중의 하나로 8개의 별들로 이루어져 있다. 부부궁, 게蟹궁에 자리하고 있다.

형상: 231번 묘수와 대동소이하다.

정수 진언 / 실담 범자

로마자 표기: namo samanta buddhānāṃ punarvasunakṣatra svāhā.

한글음 표기: 나모 사만따 붇다남 뿌나르바수나끄싸뜨라 스바하.

종자種子 · 수인 · 삼매야형은 235와 동일하다.

237. 유수
(柳宿, 아슈레싸, āśleṣa)

28수 중의 하나, 7개의 별로 이루어져 있다. 방게궁, 산양좌에 자리하고 있다.

형상: 231번 묘수와 대동소이하다.

유수 진언 / 실담 범자

로마자 표기: namo samanta buddhānāṃ āśleṣanakṣatra svāhā.

한글음 표기: 나모 사만따 붇다남 아쉬레싸나끄싸뜨라 스바하.

종자種子 · 수인 · 삼매야형은 234번 삼수와 동일하다.

238. 우밀궁

(牛密宮, 브리싸, vṛṣa)

12궁의 하나, 목우좌牡牛座에 해당한다.

형상: 적황색 소(牛).

우밀궁 진언 / 실담 범자

로마자 표기: namo samanta buddhānāṃ pṛṣa-pataye svāhā.

한글음 표기: 나모 사만따 붇다남 쁘리싸-빠따에 스바하.

종자種子: 브리(vṛ). 수인: 제요인. 삼매야형: 궁전.

브리(vṛ)

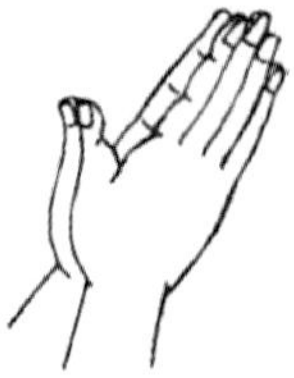

239. 백양궁
(白羊宮, 메싸, meṣa)

12궁 중의 하나, 목양좌에 해당한다.

형상: 앉아 있는 백색의 양羊.

백양궁 진언 / 실담 범자

로마자 표기: namo samanta buddhānāṃ meṣapataye svāhā.

한글음 표기: 나모 사만따 붇다남 메싸빠따에 스바하.

종자種子: 메(me). 수인: 제요인. 삼매야형: 궁전.

메(me)

240, 241. 부부궁

(夫婦宮, 미투나, mithuna)

12궁 중의 하나, 쌍둥이자리에 해당한다.

형상: 240은 살색, 241은 백살색. 남녀가 서로 마주하고 있다.

부부궁 진언 / 실담 범자

로마자 표기: namo samanta buddhānāṃ mithunapataye svāhā.

한글음 표기: 나모 사만따 붇다남 미투나빠따예 스바하.

종자種子: 미(mi). 수인: 제요인. 삼매야형: 궁전.

미(mi)

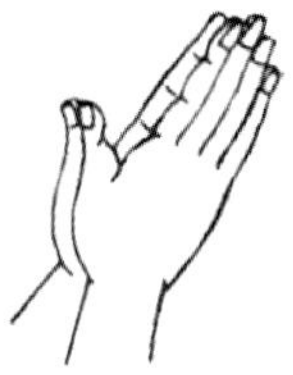

242. 혜성

(彗星, 께뚜, ketu)

9집 중의 하나, 빗자루 별자리를 말한다. 동양에서 혜성은 요성妖星이라 하며, 그 출현은 흉凶함을 의미한다.

형상: 살색. 구름 위로 상반신을 나타내고 있다. 우수는 가슴에 대고, 좌수는 들어 올리고 있다.

혜성 진언 / 실담 범자

로마자 표기: namo samanta buddhānāṃ ketuśri svāhā.

한글음 표기: 나모 사만따 붇다남 께뚜슈리 스바하.

종자種子: 께(ke).　　수인: 혜성인.　삼매야형: 연꽃 위에 적주赤珠.

께(ke)

243. 유성
(流星, 니르가따께뚜, nighataketu)

9집 중의 하나, 별똥별을 말한다. 하늘을 개와 같이 달린다고 하여 천구天狗라고도 한다.

형상: 살색. 합장하고 유영遊泳을 하는 것과 같고, 재빨리 나는 동자형이다.

유성 진언은 211번과 동일하다.

종자種子: 니(ni).　　수인: 혜성인.　삼매야형: 연화 위에 적주.

니(ni)

244. 일요

245.일요권속

246. 바수선후　247. 바수대선

248. 화천후

249. 화천

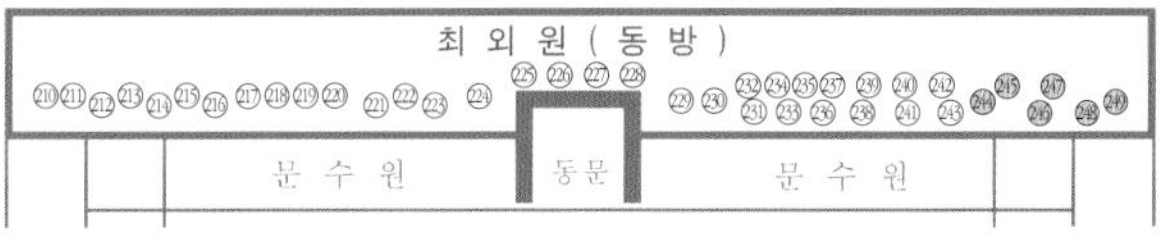

244. 일요

(日曜, 수르야, sūrya)

7요七曜 중의 하나이며, 9집九執의 하나이다. 일요와 222번 일천은 같은 것이다.

형상: 적 살색. 우수에는 일륜을 가슴 앞에 두고, 좌수는 허벅지 위에 올려놓고, 천의를 걸치고, 삼두三頭의 백마를 타고 반가부좌를 하고 있다.

일요 진언 / 실담 범자

로마자 표기: oṃ ādityaśri svāhā.

한글음 표기: 옴 아디뜨야슈리 스바하.

종자種子: 수(su). 수인: 금강합장. 삼매야형: 일륜.

수(su)

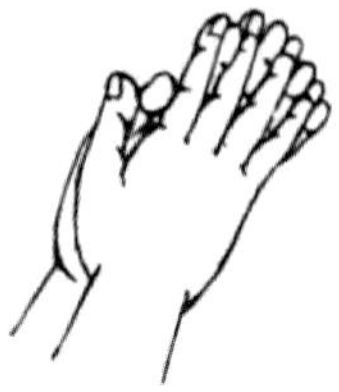

245. 일요권속
(日曜眷屬, 수르야빠리바라, sūryaparivāra)

9집九執 중의 일요를 제외한 7요가 일천의 권속이라 한다.

형상: 몸은 살색이고, 우수는 여원인을 하고, 좌수는 허벅지를 짚고 있으며, 구름 위에 반가부좌를 하고 있다.

일요권속 진언: 211번 희면천과 동일하다.

종자種子: 수(su). 수인: 금강합장. 삼매야형: 일륜.

수(su)

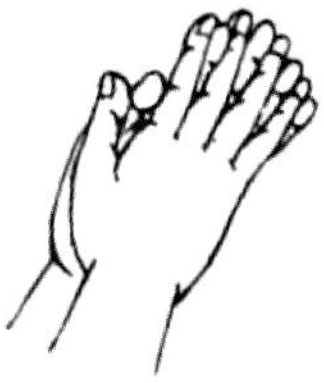

246. 바수선후
(婆藪仙后, 바스비, vasvī)

『대일경』과 『대일경소』에는 설명이 언급되지 않고 있다.

형상: 백살색. 여성형이며, 우수에는 연잎과 미개화 연꽃을 가지고, 좌수에는 활짝 핀 연꽃을 가지고, 자리에 반가부좌를 하고 있다.

진언은 211번 희면천과 동일하다.

종자種子: 바(va). 수인: 일체 제선인. 삼매야형: 연잎 위 연꽃.

바(va)

247. 바수대선

(婆藪大仙, 바수, vasu)

화천의 권속으로 오선五仙의 하나, 불을 숭상하고 불을 모시는 수행자 바수라고도 한다. 바수(vasu)는 불을 뜻하고, 보배를 말한다. 길상천의 형兄으로 여겨진다.

형상: 적 살색. 반나체를 하고, 우수에는 반개화 연꽃을 들고, 좌수에는 수주를 들고 좌측 발을 살짝 세운 위에 얹어놓고 자리에 앉아 있다.

바수대선 진언 / 실담 범자

로마자 표기: namo samanta buddhānāṃ vasiṣṭha-ṛṣiṃ svāhā.

한글음 표기: 나모 사만따 붇다남 바시쓰타-르심 스바하.

종자種子: 바(va). 수인: 성취지명선인. 삼매야형: 연잎 위 수주.

바(va)

248. 화천후

(火天后, 아그네이, āgneyī)

화천후는 번뇌를 다 태우고 덕을 증장하며 관장한다. 화천후는 아그니(āgni)의 여성(āgneyī)에 속하고 여존의 이미지이다.

형상: 백살색. 천의를 걸치고, 양팔을 옆구리에 대고 양옆으로 벌리고 바닥은 위를 향하고 있으며, 배후에 화염이 왕성하고, 자리에 반가부좌를 하고 있다.

화천후 진언 / 실담 범자

로마자 표기: namo samanta buddhānāṃ āgneyai svāhā.

한글음 표기: 나모 사만따 붇다남 아그네야이 스바하.

종자種子: 아(a). 수인: 화천인. 삼매야형: 연잎 위 군지병.

아(a)

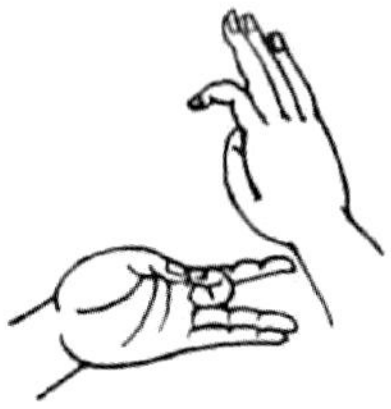

249. 화천
(化天, 아그니, agni)

아그니는 12천의 하나이며, 호세8방천의 하나로 남방을 수호한다. 아그니(agni)는 불의 신이다. 인도에서는 화롯불이 생활의 중심이므로 불을 거룩하게 생각하였다. 불은 번뇌를 태워 수행자의 내면을 정화시키는 중요한 역할을 한다. 옛날에 우리나라 가정에서도 화로의 불씨를 생활의 근본으로 하였었다.

형상: 적 살색. 선인형仙人形 이며, 4비로서 우수右手의 제1수는 가슴 앞에 삼각인을 들고, 제2수는 수주數珠 머리 높이로 들고 있다. 좌수의 제1수는 조병澡瓶을 들고, 제2수는 선장仙仗을 머리 높이로 들고 있으며, 화광염火光炎이 왕성하고, 좌석에 반가부좌를 하고 있다.

화천 진언 / 실담 범자

로마자 표기: namo samanta buddhānāṃ agnaye svāhā.

한글음 표기: 나모 사만따 붇다남 아그나예 스바하.

종자種子: 아(a). 수인: 화천인. 삼매야형: 삼각인.

아(a)

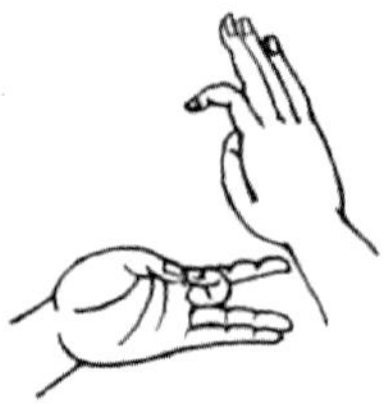

13

최외원

(남방)

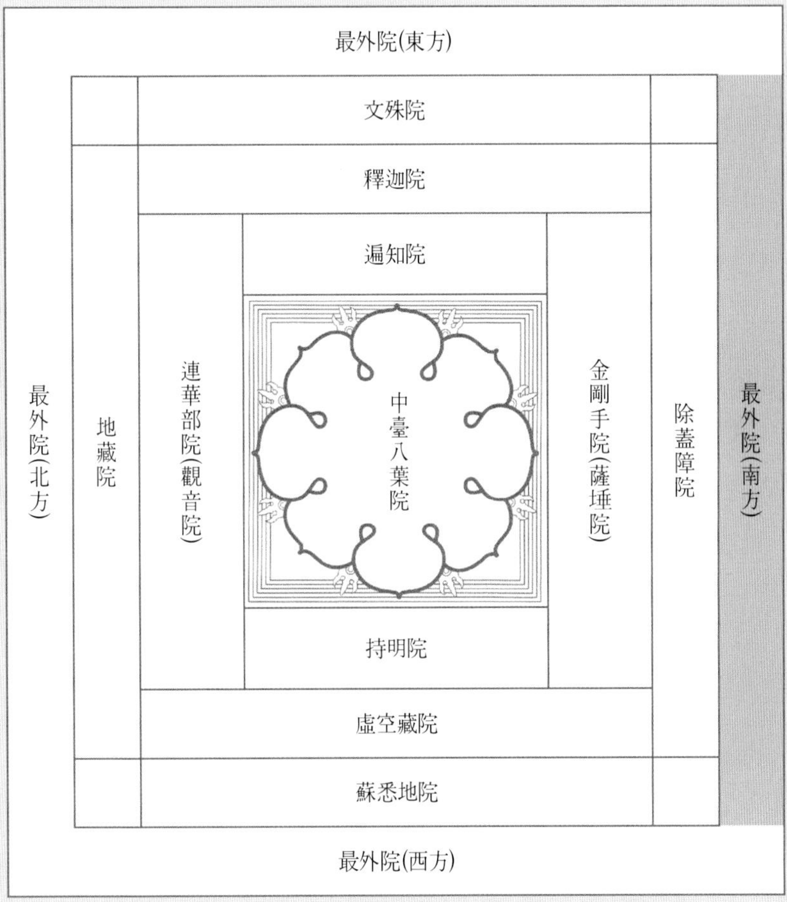
最外院(東方)
文殊院
釋迦院
遍知院
最外院(北方)
地藏院
蓮華部院(觀音院)
中臺八葉院
金剛手院(薩埵院)
除蓋障院
最外院(南方)
持明院
虛空藏院
蘇悉地院
最外院(西方)

최외원最外院 남방(우)에는 동남 우측 동남의 아예라선(250)~남서의 나찰동여(311)까지 62존이 자리하고 있다. 중앙 남문에는 남방의 수호천인 273번 증장천이 수호하며 앉아 있다.

62존은 다음과 같다.

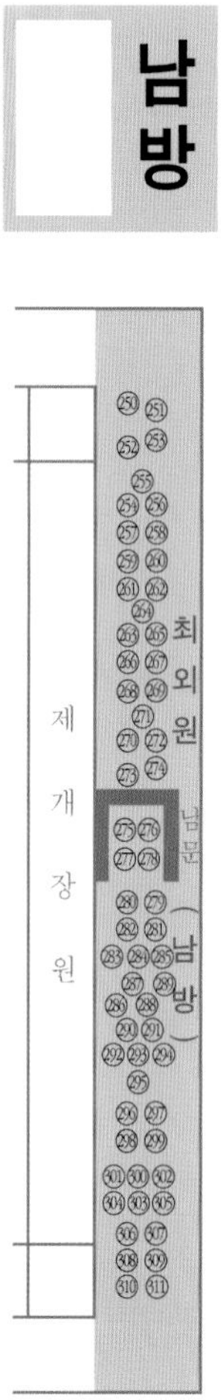

250. 아예라선阿詣羅仙
251. 아예라선후阿詣羅仙后
252. 구담선瞿曇仙
253. 구담선후瞿曇仙后
254. 비유녀毘紐女
255. 자재녀自在女
256. 야마녀夜摩女
257. 현병궁賢瓶宮
258. 마갈궁摩竭宮
259. 쌍어궁雙魚宮
260. 라후성羅睺星
261. 목요木曜
262. 화요火曜
263. 성수星宿
264. 진수軫宿
265. 항수亢宿
266. 장수張宿
267. 익수翼宿
268. 각수角宿
269. 저수氐宿
270. 약차지명녀藥叉持明女
271. 약차지명藥叉持明
272. 약차지명녀藥叉持明女
273. 증장천增長天
274. 증장천사자增長天使者
275. 난타용왕難陀龍王
276. 오파난타용왕烏波難陀龍王
277. 아수라阿修羅
278. 아수라阿修羅
279. 염마천焰摩天
280. 흑암천녀黑闇天女
281. 태산부군太山府君
282. 귀중鬼衆
283. 탈일체인명奪一切人名
284~291. 비사차毘舍遮
292~294. 다길니荼吉尼
295. 사귀死鬼
296~299. 보다귀중步多鬼衆
300. 마니아수라摩尼阿修羅
301. 마니아수라권속摩尼阿修羅眷屬
302. 마니아수라권속摩尼阿修羅眷屬
303. 아수라阿修羅
304~305. 아수라권속阿修羅眷屬
306~307. 가루라迦樓羅
308~309. 구반다鳩槃荼
310. 나찰동羅刹童
311. 나찰동녀羅刹童女

251. 아예라선후

250. 아예라선

253. 구담선후

252. 구담선

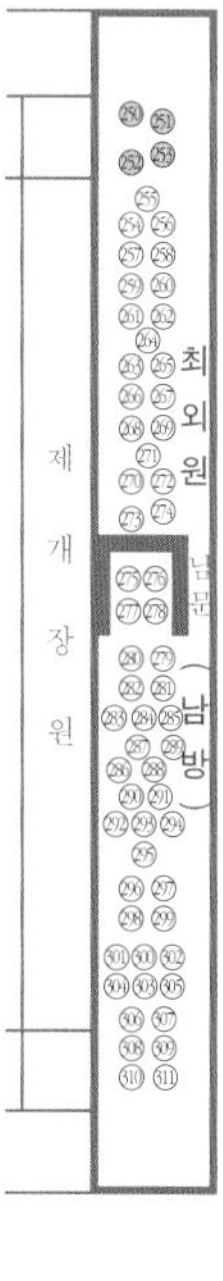

250. 아예라선
(阿詣羅仙, 앙기라스, aṅgiras)

화천의 권속으로 5선인의 하나이다. 고대 인도의 종교에서는 불을 신성시하여 크고 작은 불의 축제와 기도를 하여 재앙을 없애고 복을 빌었다고 한다. 5선인 중에서 아예라선인은 이름 있는 성자라고 알려진다.

형상: 몸은 적 살색이고, 선인형이며, 우수는 우측 무릎을 세워 팔꿈치를 대고 주먹은 턱을 고이고, 좌수는 자루가 긴 연꽃 위에 병이 얹혀 있는 것을 들고 있으며, 오른쪽 무릎을 세우고 자리에 앉아 있다.

아예라선 진언 / 실담 범자

로마자 표기: namo samanta buddhānāṃ gargamaharṣiṃ svāhā.

한글음 표기: 나모 사만따 붇다남 가르가마하르씸 스바하.

종자種子: 아(a).　　수인: 성취지명선인.　　삼매야형: 연잎 위 호병.

아(a)

251. 아예라선후

(阿詣羅仙后, 앙기라시, aṅgirasī)

아예라선후 또는 구담선이라고도 한다.

형상: 적 살색. 천녀형이며, 우수는 주먹을 쥐어 가슴 앞에 두고, 좌수는 앞을 향해 손바닥을 펴서 손끝이 아래로 향하고, 자리에 반가부좌를 하고 있다.

진언, 종자種子, 수인, 삼매야형은 250과 동일하다.

252. 구담선

(瞿曇仙, 고따마, gotama)

화천 권속으로 5선인의 하나이다. 가우따마(gautama)는 석가족의 조상, 즉 석가모니 부처님의 조상이다. 인도에서는 수행자나 성자를 구담이라고 하며, 여러 경전에서 석가모니 부처님을 칭할 때 '오! 구담이시여.' 하고 존칭어로 사용되고 있다.

형상: 적 살색. 우수는 우측 무릎을 세운 위에 올려놓고, 가슴 앞에 주먹을 쥐고 있으며, 좌수는 약병을 들고, 자리에 앉아 있다.

구담선 진언 / 실담 범자

로마자 표기: namo samanta buddhānāṃ gotamamaharṣiṃ svāhā.

한글음 표기: 나모 사만따 붇다남 고따마마하르씸 스바하.

종자種子: 고(go). 수인: 성취지명선인. 삼매야형: 시무외인.

고(go)

253. 구담선후
(瞿曇仙后, 고따미, gotamī)

구담선의 후后이다.

형상: 몸은 적 살색이고, 천녀형이며, 양손으로 독고창을 세워 잡고, 자리에 무릎을 꿇고 있다

진언은 250번 아예라선과 동일하다.

종자·수인·삼매야형은 252번 구담선과 동일하다.

254. 비유녀

255. 자재녀

256. 야마녀

257. 현병궁

258. 마갈궁

259. 쌍어궁

260. 라후성

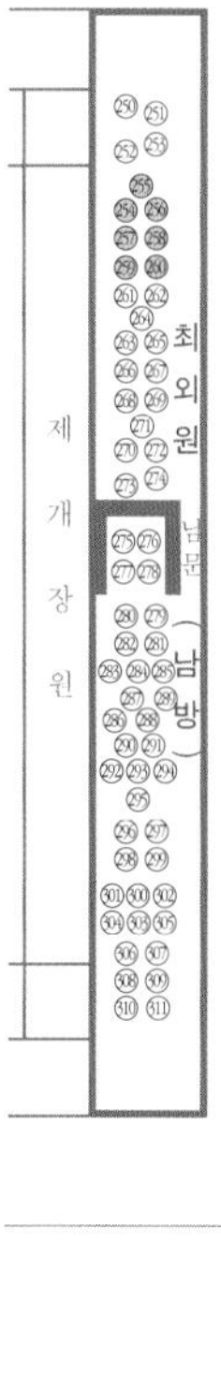

254. 비유녀
(毘紐女, 바이쓰나비, vaiṣṇavī)

비유천의 비妃이다. 또는 염마칠보천의 하나라고도 한다.

형상: 몸은 백살색이고, 천녀형天女形이며, 우수는 주먹을 쥐어 복부 앞에 두고, 좌수는 손바닥이 위를 향하게 하여 옆으로 올려 펴고, 자리에 반가부좌를 하고 있다.

비유녀 진언 / 실담 범자

로마자 표기: namo samanta buddhānāṃ viṣṇave svāhā.

한글음 표기: 나모 사만따 붇다남 비쓰나베 스바하.

종자種子: 비(vi), 마(ma). 수인: 월요인. 삼매야형: 보륜.

비(vi) 마(ma)

255. 자재녀
(自在女, 라우드리, raudrī)

자재녀는 염마7모천의 하나이다. 라우드리(raudrī)는 왕비라는 뜻이며, 대자재천의 분노신이다.

형상: 몸은 백살색이고, 천녀형이며, 우수에는 청련화를 가지고, 좌수는 주먹을 쥐어 가슴에 대고, 자리에 반가부좌를 하고 있다.

자재녀 진언 / 실담 범자

로마자 표기: oṃ umādevi svāhā.

한글음 표기: 옴 유마데비 스바하.

종자種子: 로(ro).

로(ro)

수인: 첨인.

삼매야형: 독고창.

256. 야마녀

(夜摩女, 야미, yami)

야마녀는 야마7모천 중의 하나이며, 저승왕(야마천)의 왕비를 말한다.

형상: 몸은 살색이고, 선녀형이며, 우수는 잔을 들고 있고, 좌수는 삼고창을 들고 있다.

야마녀 진언 / 실담 범자

로마자 표기: namo samanta buddhānāṃ mātridhyaḥ svāhā.

한글음 표기: 나모 사만따 붇다남 마뜨리드야흐 스바하.

종자種子: 야(ya). 수인: 추鎚인. 삼매야형: 소망치(추).

야(ya)

257. 현병궁

(賢甁宮, 꿈바, kumbha)

현병궁은 12궁 중의 하나이며, 보병궁이라 한다. 황도黃道에서 태양의 1월에 해당한다. 꿈바(kumbha)는 병을 말하고, 별자리는 물병자리에 해당한다.

형상: 보병 위에 연꽃 봉오리를 꽂는다.

현병궁 진언 / 실담 범자

로마자 표기: namo samanta buddhānāṃ kumbhapataye svāhā.

한글음 표기: 나모 사만따 붇다남 꾸므바빠따예 스바하.

종자種子: 꾸(ku). 수인: 제요인. 삼매야형: 궁전.

꾸(ku)

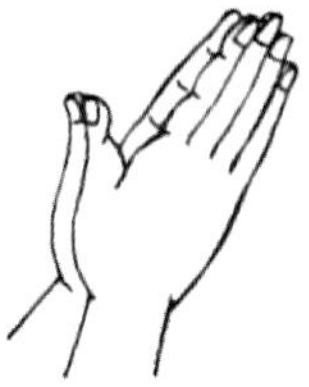

258. 마갈궁

(摩竭宮, 마까라, makara)

마갈궁은 12궁 중의 하나이며, 마까라(makara)는 바다의 괴물을 말한다. 황도에서는 태양의 12월에 해당하고 산양좌에 해당한다.

형상: 입이 크고, 고래와 같은 대어를 말한다.

마갈궁 진언 / 실담 범자

로마자 표기: namo samanta buddhānāṃ makarapataye svāhā.

한글음 표기: 나모 사만따 붇다남 마까라빠따에 스바하.

종자種子: 마(ma).　　수인: 제요인.　　삼매야형: 궁전.

마(ma)

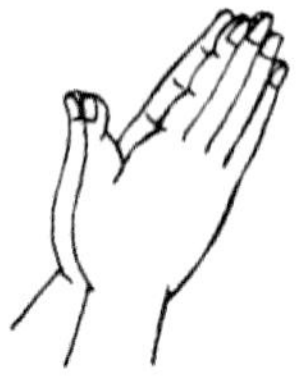

259. 쌍어궁

(雙魚宮, 미나, mīna)

쌍어궁은 12궁 중의 하나로, 어궁 또는 2어궁이라고도 한다. 황도에서는 태양의 2월의 위치에 해당한다. 미나(mīna)는 물고기·쌍어라고 하고, 어魚·수족水族으로 한역한다.

형상: 각기 다른 두 마리 물고기 형상이다.

쌍어궁 진언 / 실담 범자

로마자 표기: namo samanta buddhānāṃ mīnapataye svāhā.

한글음 표기: 나모 사만따 붇다남 미나빠따예 스바하.

종자種子: 미(mi). 수인: 제요인. 삼매야형: 궁전.

미(mi)

260. 라후성
(羅睺星, 라후, rāhu)

라후성은 9집 중의 하나로, 일식 및 월식을 말한다. 평소에는 숨어서 보이지 않고, 일·월식 때에는 세상을 어둡게 한다고 한다.

형상: 몸은 백살색이고, 분노의 얼굴을 하고, 두발頭髮은 화발(머리털이 위로 치솟음)을 하고, 양손은 귀에 해당한다.

라후성 진언 / 실담 범자

로마자 표기: namo samanta buddhānāṃ Oṃ rāhavasurarājāya svāhā.

한글음 표기: 나모 사만따 붇다남 옴 라하바수라라자야 스바하.

종자種子: 라(ra). 수인: 금강합장. 삼매야형: 궁전.

라(ra)

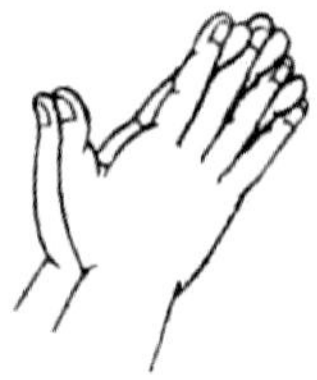

261. 목요

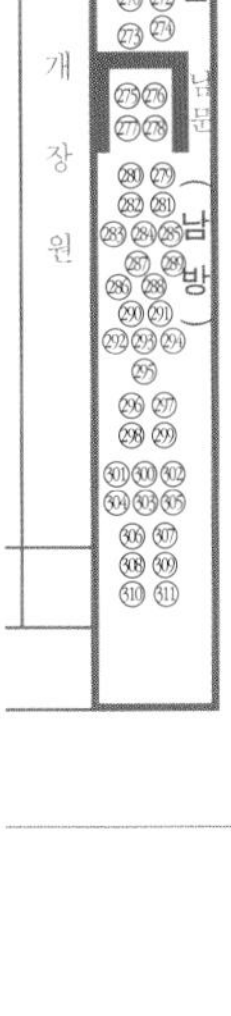

262. 화요

261. 목요
(木曜, 브리하스빠띠, bṛhaspati)

목요는 7요, 9집 중의 하나이며, 대주·세성·섭제라고도 한다. 브리하스빠띠(bṛhaspati)는 노래하는 성자 또는 주인이라는 의미도 있다.

형상: 몸은 백살색이고, 우수는 밖을 향해 펴고, 좌수는 주먹을 쥐어 허벅지 위에 두고, 자리에 반가부좌를 하고 있다.

목요 진언 / 실담 범자

로마자 표기: oṃ bṛhaspatiśri svāhā.

한글음 표기: 옴 브리하스빠띠슈리 스바하.

종자種子: 브리(bṛ). 수인: 금강합장인. 삼매야형: 연꽃 위에 별.

브리(bṛ)

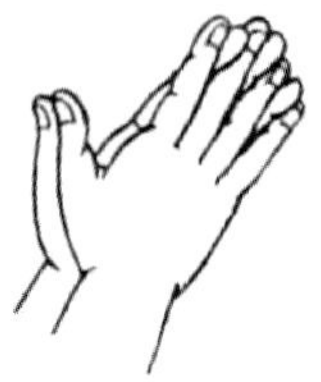

262. 화요

(火曜, 앙가라까, aṅgāraka)

화요는 7요, 9집 중의 하나이며, 형혹熒惑 또는 벌성이라 한다. 화요의 운행運行은 지명원의 분노명왕의 덕과 같다고 한다.

형상: 몸은 살색이고, 우수는 허벅지에 올려놓고, 좌수는 독고창을 가지고 있다.

화요 진언 / 실담 범자

로마자 표기: oṃ aṅgārakaśri svāhā.

한글음 표기: 옴 안가라까쉬리 스바하.

종자種子: 아(a).　　수인: 화천소청인.　　삼매야형: 독고창.

아(a)

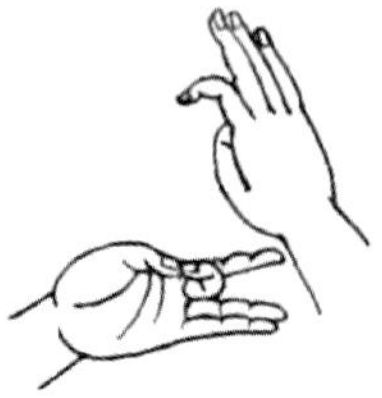

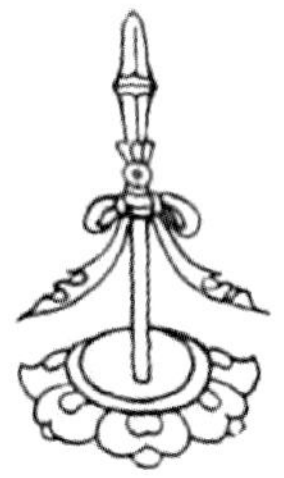

263. 성수

264. 진수

265. 항수

266. 장수

267. 익수

268. 각수

269. 저수

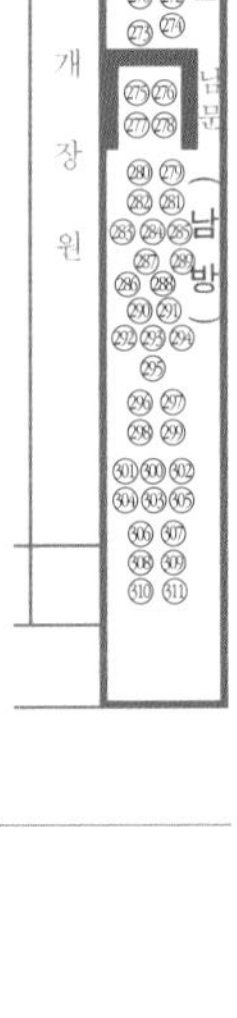

263. 성수
(星宿, 마가, maghā)

성수는 28수 중의 하나이며, 인도에서는 7개의 별로, 중국에서도 7개의 별로 이루어져 있다고 한다. 고대의 천문법에서는 사람과 28수는 상응한다고 생각하여 사람의 길흉화복을 28수의 모습을 보고 예견하였다. 이를 점성법이라 한다.

형상: 몸은 살색이고, 우수에는 연꽃 위에 별을, 좌수는 주먹을 쥐어 허벅지에 올려놓고 있다.

성수 진언 / 실담 범자

로마자 표기: namo samanta buddhānāṃ maghānakṣatra svāhā.

한글음 표기: 나모 사만따 붇다남 마가나끄싸뜨라 스바하.

종자種子: 마(ma). 수인: 28수 총인. 삼매야형: 연꽃 위에 별.

마(ma)

264. 진수

(軫宿, 하스따, hastā)

진수는 28수의 하나로, 4개의 별로 이루어져 있다.

형상: 몸은 살색이고, 양손으로 연화 위에 별을 가지고 있다.

진수 진언 / 실담 범자

로마자 표기: namo samanta buddhānāṃ hastānakṣatra svāhā.

한글음 표기: 나모 사만따 붇다남 하스따나끄싸뜨라 스바하.

종자種子: 하(ha). 수인: 28수 총인. 삼매야형: 연꽃 위에 별.

하(ha)

265. 항수

(亢宿, 스바띠, svāsī)

항수는 28수 중의 하나로, 소녀궁이라 하기도 한다. 을녀좌에 위치하고 4개의 별로 이루어져 있다.

형상: 몸은 살색이고, 우수는 오른쪽 무릎에 올리고, 좌수에는 자루가 긴 연꽃 위에 별을 가지고, 자리에 앉아 있다.

항수 진언 / 실담 범자

로마자 표기: namo samanta buddhānāṃ svātīnakṣatra svāhā.

한글음 표기: 나모 사만따 붇다남 스바띠나끄싸뜨라 스바하.

종자種子: 스바(sva). 수인: 28수 총인. 삼매야형: 연꽃 위에 별.

스바(sva)

266. 장수
(張宿, 뿌르바파르구니, pūrvaphalgunī)

장수는 28수 중의 하나로, 6개의 별로 이루어져 있으며, 267번 익수와 한 쌍이다.

형상: 몸은 살색이고, 우수는 턱에 대고, 좌수에는 자루가 긴 연꽃 위에 별을 가지고, 자리에 앉아 있다.

장수 진언 / 실담 범자

로마자 표기: namo samanta buddhānāṃ pūrvapha-lgunīnakṣatra svāhā.

한글음 표기: 나모 사만따 붇다남 뿌르바파-르구니나끄싸뜨라 스바하.

종자種子: 미(mi).　　수인: 28수 총인.　　삼매야형: 연꽃 위에 별.

미(mi)

267. 익수
(翼宿, 유따라파르구니, uttaraphalgunī)

익수는 28수 중의 하나로, 장수와 한 쌍이다. 6개의 별로 이루어져 있다.

형상: 몸은 살색이고, 우수는 가슴 앞에 두고, 자루가 긴 연꽃 위에 별을 가지고, 자리에 반가부좌를 하고 있다.

익수 진언 / 실담 범자

로마자 표기: namo samanta buddhānāṃ uttaraphalgunīnakṣatra svāhā.

한글음 표기: 나모 사만따 붇다남 우따라파르구니나끄싸뜨라 스바하.

종자種子: 파(pha).　　수인: 28수 총인.　　삼매야형: 연꽃 위에 별.

파(pha)

268. 각수
(角宿, 찌뜨라, citrā)

각수는 28수 중의 하나로, 12궁 가운데 소녀궁(을녀좌)에 위치하며, 4개의 별로 이루어져 있다.

형상: 몸은 살색이고, 양손으로 자루 긴 연꽃 위에 별을 가지고, 자리에 반가부좌를 하고 있다.

각수 진언 / 실담 범자

로마자 표기: namo samanta buddhānāṃ citrānakṣatra svāhā.

한글음 표기: 나모 사만따 붇다남 찌뜨라나끄싸뜨라 스바하.

종자種子: 찌(ci). 수인: 28수 총인. 삼매야형: 연꽃 위에 별.

찌(ci)

269. 저수
(氐宿, 비샤카, viśākhā)

저수는 28수 중의 하나로, 12궁 중에 칭궁(천칭좌)에 위치하고, 4개의 별로 이루어져 있다.

형상: 몸은 살색이고, 우수는 오른쪽 무릎을 세워 그 위에 두고, 좌수는 자루가 긴 연꽃 위에 별을 가지고, 자리에 앉아 있다.

저수 진언 / 실담 범자

로마자 표기: namo samanta buddhānāṃ viśākhānakṣatra svāhā.

한글음 표기: 나모 사만따 붇다남 비샤카라나끄싸뜨라 스바하.

종자種子: 비(vi). 수인: 28수 총인. 삼매야형: 연꽃 위에 별.

비(vi)

271. 약차지명

272. 약차지명녀

270. 약차지명녀

274. 증장천사자

273. 증장천

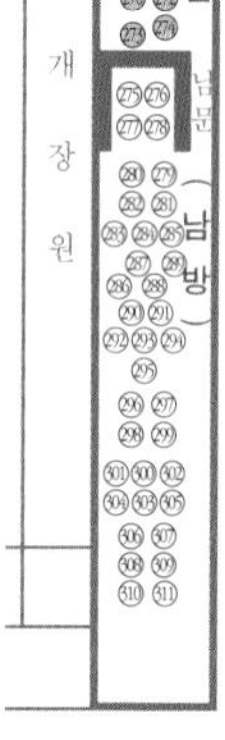

270. 약차지명녀

(藥叉持明女, 야끄사비드야다리, yakṣavidyādharī)

약차지명녀는 약차지명을 섬기는 사자이다.

형상: 몸은 살색이고, 우수는 독고저를 들고, 좌수는 옷섶을 잡고, 자리에 무릎을 꿇고 있다.

약차지명녀 진언 / 실담 범자

로마자 표기: namo samanta buddhānāṃ yakṣavidyādhari svāhā.

한글음 표기: 나모 사만따 붇다남 야끄싸비드야다리 스바하.

종자種子: 로(ro). 수인: 내박인. 삼매야형: 독고저.

로(ro)

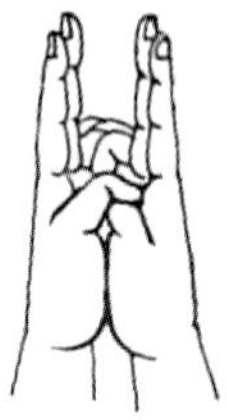

271. 약차지명

(藥叉持明, 야끄사비드야다라, yakṣavidyādhara)

약차지명은 야차夜叉라고도 한다. 천룡팔부 중의 하나이며, 비사문천의 권속으로서 재보財寶를 수호한다. 감식귀로도 번역한다. 감식귀는 중생의 번뇌의 때를 먹어서 장애를 없앤다고 한다. 수목의 정령으로서 반신半神 반인半人의 모습으로 허공을 나는 등의 신통력을 지녔다고 한다.

형상: 몸은 적 살색이고, 우수는 검을 잡고, 좌수는 허벅지 위에 올리고, 자리에 반가부좌를 하고 있다.

약차지명 진언 / 실담 범자

로마자 표기: namo samanta buddhānāṃ yakṣeśvara svāhā.

한글음 표기: 나모 사만따 붇다남 야끄쎄슈바라 스바하.

종자種子: 야(ya).　　수인: 내박인.　　삼매야형: 검.

야(ya)

272. 약차지명녀

(藥叉持明女, 야끄사비드야다리, yakṣavidyādharī)

약차지명녀는 약차지명을 섬기는 사자이다.

형상: 몸은 살색이고, 좌우수는 독고저 창을 들고, 바닥에 서 있다.

약차지명녀 진언: 270번과 동일하다.

종자種子: 로(ro). 수인: 내박인. 삼매야형: 독고저.

로(ro)

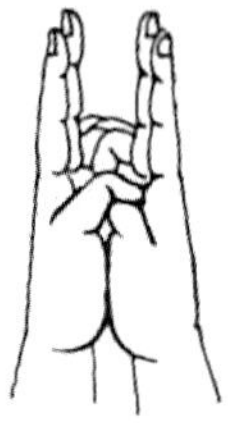

273. 증장천

(增長天, 비루다까, virūḍhaka)

증장천은 사천왕 중의 하나로 비루륵천이라고도 한다. 주로 남방을 수호하며, 12천·16선신의 하나이다. 비루다까(virūḍhaka)는 증장하다라는 의미를 갖는다. 증장천은 구반다·약차·나찰의 우두머리, 즉 수령首領이다.

형상: 몸은 적 살색이고, 분노형이며, 갑옷을 입고 천의를 걸치고, 우수에는 칼을 들어 어깨에 올리고, 좌수는 주먹을 쥐고 허벅지에 올리고, 자리에 반가부좌를 하고 있다.

증장천 진언 / 실담 범자

로마자 표기: namo samanta buddhānāṃ virūḍhaka yakṣādhipataye svāhā.

한글음 표기: 나모 사만따 붇다남 비루다까 야끄싸디빠따예 스바하.

종자種子: 비(vi). 수인: 증장천인. 삼매야형: 검.

비(vi)

274. 증장천사자

(增長天使者, 비루다까두따, virūḍhakadūta)

설명은 273번 참조.

형상: 몸은 흑색이고, 머리털은 곤두세우고, 괴상한 얼굴을 한 분노형이며, 양손으로 검을 잡고 바닥에 무릎을 꿇고 있다.

진언은 211번 희면천 진언과 동일하다.

종자種子·수인·삼매야형은 273번 증장천과 동일하다.

275. 난타용왕

276. 오파난타용왕

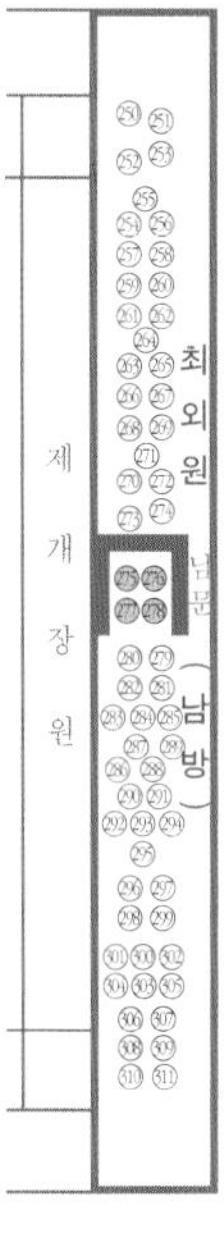

277. 아수라

278. 아수라

275. 난타용왕
(難陀龍王, 난다, nanda)

난타용왕은 8대용왕의 하나이며, 불법을 수호하는 용왕 가운데 가장 뛰어나다고 한다. 주로 남문을 수호한다.

형상: 몸은 살색이고, 두상 위에 7마리의 용이 있으며, 우수에는 칼을 들고, 좌수는 주먹을 쥐어 허벅지에 올려놓고, 자리에 반가부좌를 하고 있다.

난타용왕 진언 / 실담 범자

로마자 표기: namo samanta buddhānāṃ nandāya svāhā.

한글음 표기: 나모 사만따 붇다남 난다야 스바하.

종자種子: 나(na).　　수인: 제용인.　　삼매야형: 검.

나(na)

276. 오파난타용왕

(烏波難陀龍王, 우빠난다, upananda)

오파난타용왕은 난타용왕의 동생이다. 우빠(upa)는 작다 또는 동생이란 뜻이다. 난타용왕과 함께 주로 남문을 수호한다.

형상: 몸은 살색이고, 머리 위에 7마리의 용이 있으며, 우수에는 칼을 들고, 좌수는 손바닥을 펴서 가슴 앞에 두고, 자리에 반가부좌를 하고 있다.

오파난타용왕 진언 / 실담 범자

로마자 표기: namo samanta buddhānāṃ upanandāya svāhā.

한글음 표기: 나모 사만따 붇다남 우빠난다야 스바하.

종자種子: 우(u).　　수인: 제용인.　　삼매야형: 검.

우(u)

277. 아수라

(阿修羅, 아수라, asura)

용왕팔부 중의 하나이며, 난타용왕 형제와 주로 남문을 수호한다.

자세한 것은 303번 참조.

형상: 몸은 살색이고, 우수는 오른 무릎을 세워서 그 위에 올려놓고 칼을 잡고, 좌수는 손을 펴서 허벅지에 올려놓고, 자리에 앉아 있다.

아수라 진언 / 실담 범자

로마자 표기: namo samanta buddhānāṃ rataṃ ratodbhrāntaṃ svāhā.

한글음 표기: 나모 사만따 붇다남 라땀 라또드브란땀 스바하.

종자種子: 아(a).

아(a)

수인: 아수라인.

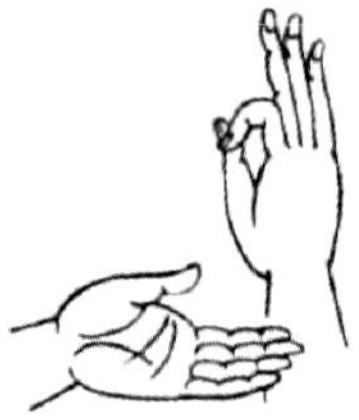

삼매야형: 검.

278. 아수라

(阿修羅, 아수라, asura)

용왕팔부 중의 하나이며, 난타용왕 형제와 주로 남문을 수호한다.

자세한 것은 303번 참조.

형상: 몸은 살색이고, 우수는 칼을 잡고, 좌수는 손을 펴서 허벅지에 올려놓고, 자리에 반가부좌를 하고 있다.

진언, 종자種子·수인·삼매야형은 277번과 동일하다.

279. 염마천

280. 흑암천녀

282. 귀중

281. 태산부군

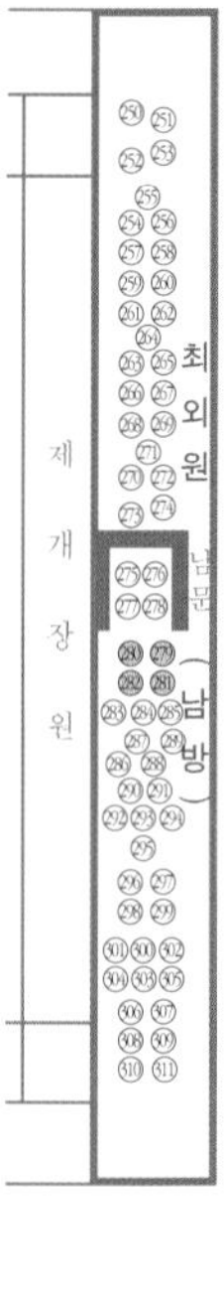

279. 염마천
(焰摩天, 야마, yama)

염마는 12천의 하나이다. 야마(yama)는 정의를 지키는 법왕이라 하고, 호세팔천으로서 남방을 수호한다. 『대일경소』에 염마는 색신을 파괴하는 뜻을 지니고 있으며, 또는 일체중생의 명근命根의 뿌리를 뽑는다고 하며, 육신의 생명을 좌우하는 염라대왕을 말한다. 중국에서는 시왕十王으로 변신된다.

형상: 몸은 살색이고, 분노형이며, 우수는 여원인을 하고, 좌수는 인두장을 가지고, 자리에 앉아 있는 흰 물소를 타고 앉아서 좌측 무릎을 세우고 있다.

염마천 진언 / 실담 범자

로마자 표기: namo samanta buddhānāṃ vaivasvatāya svāhā.

한글음 표기: 나모 사만따 붇다남 바이바스바따야 스바하.

종자種子: 바이(vai). 수인: 단나檀拏인. 삼매야형: 인두장.

바이(vai)

280. 흑암천녀

(黑闇天女, 까라라뜨리, kālarātrī)

염마 칠모천 중의 하나로, 암야천·흑암천이라고도 한다. 『대일경소』에는 암야(어두운 밤)에 두려움과 공포가 많듯이, 무명의 어두움 속에 있는 중생들을 지키고 보호하는 존이라 한다.

형상: 몸은 살색이고, 우수는 바닥이 위를 향하게 하여 가슴 앞에 두고, 좌수는 장 끝의 원환圓環 속에 사람의 머리가 들어 있는 지팡이를 들고, 우측 무릎을 약간 세우고 자리에 앉아 있다.

흑암천녀 진언 / 실담 범자

로마자 표기: namo samanta buddhānāṃ kālarātryai svāhā.

한글음 표기: 나모 사만따 붇다남 까라라뜨르야이 스바하.

종자種子: 까(ka).　　수인: 좌수주먹에 중지 세움 인.　삼매야형: 당幢.

까(ka)

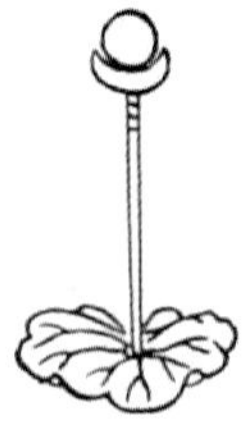

281. 태산부군
(太山府君, 찌뜨라구쁘따, citragupta)

태산부군은 염마천의 권속 중 하나이며, 야마신 아래에서 인간의 선악을 기록하는 권속으로서 시왕十王 중 태산왕으로 알려져 있다. 진언의 찌뜨라구쁘따야(citraguptaya)는 기록하는 자를 말한다.

형상: 몸은 살색이고, 우수는 종이에 붓으로 기록하고, 좌수는 인두장을 들고, 자리에 반가부좌를 하고 있다.

태산부군 진언 / 실담 범자

로마자 표기: namo samanta buddhānāṃ citraguptāya svāhā.

한글음 표기: 나모 사만따 붇다남 찌뜨라구쁘따야 스바하.

종자種子: 찌(ci). 수인: 연화합장인. 삼매야형: 인두장.

찌(ci)

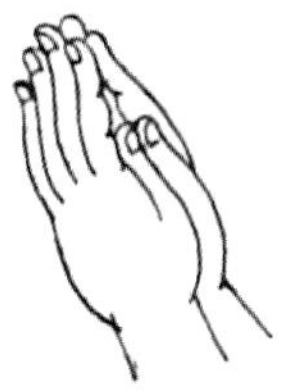

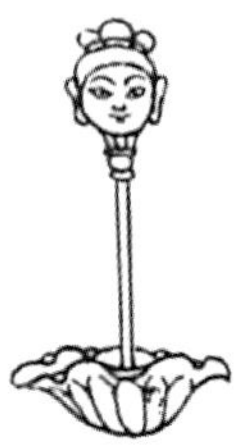

282. 귀중
(鬼衆, 므리뜨유, mṛtyu〔gaṇa〕)

귀중은 존귀尊鬼라 할 수는 없으며, 므리뜨유(mṛtyu)는 죽음 또는 죽음을 주관하는 것을 뜻한다.

형상: 몸은 살색이고, 아귀형이며, 무릎을 꿇고, 머리를 조아려 태산부군에게 애원하는 모습을 하고 있다.

귀중 진언 / 실담 범자

로마자 표기: namo samanta buddhānāṃ piśācagate svāhā.

한글음 표기: 나모 사만따 붇다남 삐샤짜가떼 스바하.

종자種子: 므리(mṛ). 수인: 수천인. 삼매야형: 요령.

므리(mṛ)

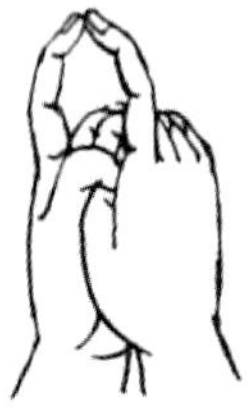

283. 탈일체인명

284

285

287

286

288

284-289. 비사차

290-291. 비사차

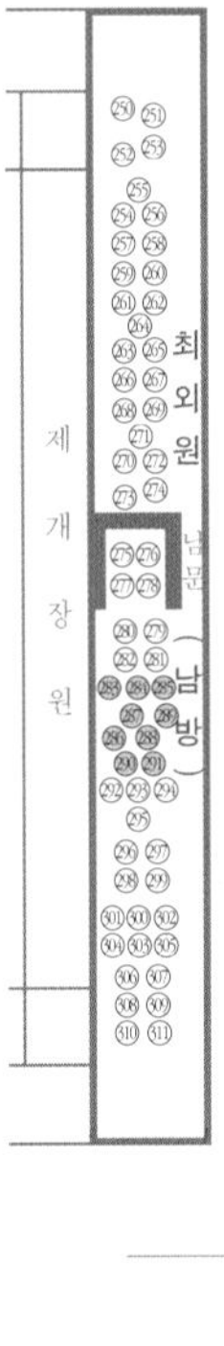

283. 탈일체인명

(奪一切人命, 므리뜨유, mṛtyu)

탈일체인명은 염마천 권속의 하나이며, 일체 인간의 생명을 앗아가는 것을 말한다. 즉 저승사자이며, 시간時間을 말한다.

형상: 몸은 살색이고, 아귀형이며, 우수는 가죽주머니를, 좌수는 자루가 긴 꽃을 가지고, 자리에 반가부좌를 하고 있다.

진언은 282번 귀중 진언과 동일하다.

종자種子: 므리(mṛ). 수인: 수천인. 삼매야형: 겁파劫波.

므리(mṛ)

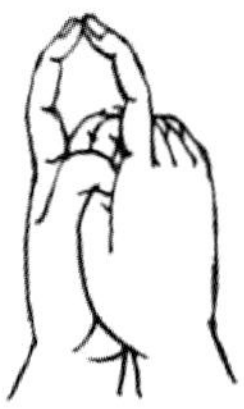

284. 비사차

(毘舍遮, 삐샤짜, piśāca)

인간이나 곡물의 정기·시신 혹은 날고기를 먹는 귀신을 말하고, 식혈육귀·뢰광귀로 번역된다. 태산부군중의 벗이며, 사死귀중이라고도 한다.

형상: 몸은 살색이고, 아귀형이며, 인간의 두개골 잔으로 피를 마신다.

비사차 진언 / 실담 범자

로마자 표기: namo samanta buddhānāṃ pisi pisi svāhā.

한글음 표기: 나모 사만따 붇다남 삐시 삐시 스바하.

종자種子: 피(pi).　　수인: 비사차인.　　삼매야형: 겁파.

피(pi)

285. 비사차 (毘舍遮, 삐샤짜, piśāca)

형상만 조금씩 다를 뿐 진언·수인·삼매야형은 284와 동일하다.

286. 비사차 (毘舍遮, 삐샤짜, piśāca)

형상만 조금씩 다를 뿐 진언·수인·삼매야형은 284와 동일하다.

287. 비사차 (毘舍遮, 삐샤짜, piśāca)

형상만 조금씩 다를 뿐 진언·수인·삼매야형은 284와 동일하다.

288. 비사차 (毘舍遮, 삐샤짜, piśāca)

형상만 조금씩 다를 뿐 진언·수인·삼매야형은 284와 동일하다.

289. 비사차 (毘舍遮, 삐샤짜, piśāca)

형상만 조금씩 다를 뿐 진언·수인·삼매야형은 284와 동일하다.

290. 비사차 (毘舍遮, 삐샤짜, piśāca)

형상만 조금씩 다를 뿐 진언·수인·삼매야형은 284와 동일하다.

291. 비사차 (毘舍遮, 삐샤짜, piśāca)

형상만 조금씩 다를 뿐 진언·수인·삼매야형은 284와 동일하다.

292. 다길니

293-294. 다길니

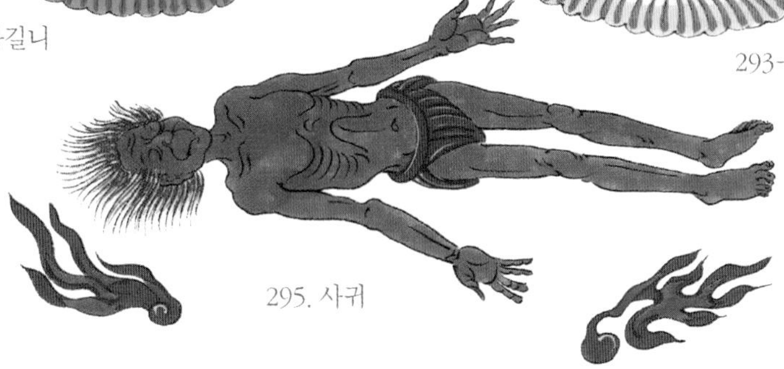

295. 사귀

297. 보다귀중

296. 보다귀중

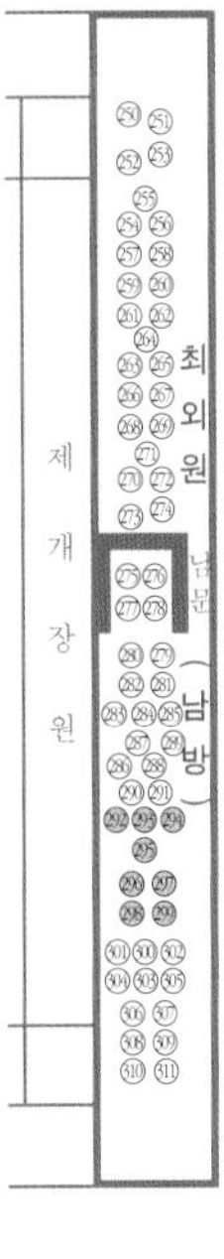

298. 보다귀중

299. 보다귀중

292. 다길니
(荼吉尼, 다끼니, ḍākinī)

다길니는 대흑천의 권속이라 한다. 사람의 죽음을 6개월 전에 예측하지만, 인간을 죽일 수 있는 능력은 없다고 한다. 인간의 간을 먹는다고 한다.

형상: 몸은 적 살색이고, 아귀형이며, 우수는 어깨높이로 잔을 들고, 좌수는 가슴에 대고 있다.

다길니진언 / 실담 범자

로마자 표기: namo samanta buddhānāṃ hrī haḥ svāhā.

한글음 표기: 나모 사만따 붇다남 흐리 하흐 스바하.

종자種子: 다(da). 수인: 다길니인. 삼매야형: 겁파.

다(da)

293. 다길니 (荼吉尼, 다끼니, ḍākinī)

설명과 진언・종자・수인・삼매야형은 292번과 동일하다.

형상: 몸은 적 살색이고, 아귀형이며, 우수에는 사람의 발을 들고, 좌수는 가슴에 대고, 자리에 앉아 있다.

294. 다길니 (荼吉尼, 다끼니, ḍākinī)

설명과 진언·종자·수인·삼매야형은 292번과 동일하다.

형상: 몸은 적 살색이고, 우수에는 잔을 들고, 좌수에는 포정包丁을 들고, 자리에 앉아 있다.

295. 사귀 (死鬼, 므리뜨유, mṛtyu)

설명과 진언·종자·수인·삼매야형은 282번과 동일하다.

형상: 몸은 청색이고, 사해死骸형이며, 죽은 사람의 형체로 누워 있다.

296. 보다귀중 (步多鬼衆, 부따, bhūta)

보다는 야차와 같은 류類이고, 부따(bhūta)는 태어난다는 의미이며, 이는 동식물 등의 정령과 귀신의 종류까지 광범위하게 적용된다.

형상: 몸은 살색이고, 동자형이며, 상의를 벗고 있다. 오른손은 우측 무릎을 세워 그 위에 놓고, 좌수는 가죽부대를 들고 있다.

보다귀중 진언 / 실담 범자

로마자 표기: oṃ gui gui mansane.

한글음 표기: 옴 구이 구이 만사네.

종자種子: 시(si).　　수인: 성취지명선인.　　삼매야형: 요령.

시(si)

297. 보다귀중 (步多鬼衆, 부따, bhūta)

설명, 형상, 진언, 종자·수인·삼매야형은 296번과 동일하다.

298, 299. 보다귀중 (步多鬼衆, 부따, bhūta)

설명, 형상, 진언, 종자·수인·삼매야형은 296번과 동일하다.

301. 마니아수라권속

300. 마니아수라

302. 마니아수라권속

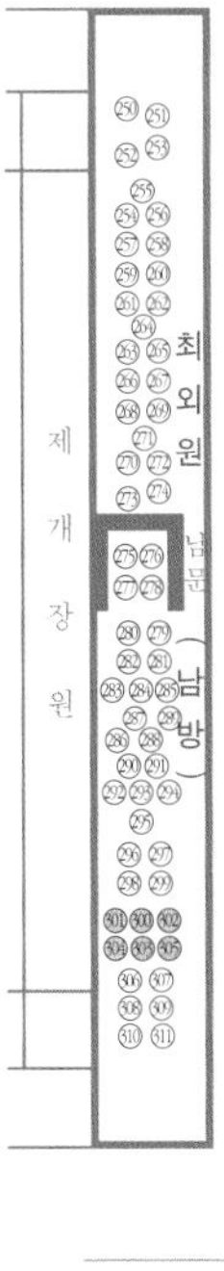

305. 아수라권속

303. 아수라

304. 아수라권속

300. 마니아수라
(摩尼阿修羅, 반디라수라, bandhirasura)

마니아수라에서 마니는 여의보주를 말하고, 아수라는 천룡팔부 중의 하나이다.

형상: 몸은 적 살색이고, 머리에 투구를 쓰고, 갑옷과 천의를 입고, 오른손에는 칼을 잡고, 좌수는 주먹을 쥐어 허벅지에 두고, 자리에 반가부좌를 하고 있다.

염마천 진언: 211번 희면천 진언과 동일하다.

종자種子: 바(ba). **수인**: 금강합장인. **삼매야형**: 검.

바(ba)

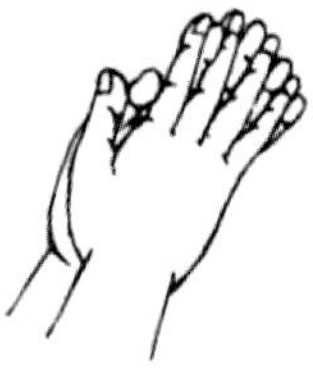

301. 마니아수라권속
(摩尼阿修羅眷屬, 반디라수라빠리바라, bandhirasuraparivāra)

설명은 300번 참조.

형상: 몸은 적 살색이고, 우수에는 선단에 반월이 있는 지팡이를 가지고, 좌수는 주먹을 쥐고 가슴에 올려놓고, 자리에 반가부좌를 하고 있다.

형상·종자·수인·삼매야형은 300번과 동일하다.

302. 마니아수라권속

(摩尼阿修羅眷屬, 반디라수라빠리바라, bandhirasuraparivāra)

설명은 300번 참조.

형상: 몸은 적 살색이고, 우수는 주먹을 쥐고 가슴에 올려놓고, 좌수에는 선단에 반월이 있는 지팡이를 가지고, 자리에 반가부좌를 하고 있다.

형상·종자·수인·삼매야형은 300번과 동일하다.

303. 아수라

(阿修羅, 아수라, asura)

아수라는 천룡팔부 중의 하나이며, 비천非天·무주無酒라고도 한다. 전투를 좋아하는 악신이다. 아수라의 아(a)는 비非·무無 등의 부정을 나타내고, 수라(sura)는 하늘·신 등으로 번역한다. 즉 신이 아닌 존재를 말한다.

형상: 몸은 살색이고, 갑옷을 입고, 천의를 걸치고, 우수에는 검을 들고, 좌수는 주먹을 쥐어 허벅지에 대고, 자리에 반가부좌를 하고 있다.

아수라 진언 / 실담 범자

로마자 표기: namo samanta buddhānāṃ rataṃratodbhrāntaṃ.

한글음 표기: 나모 사만따 붇다남 라땀라또드브라땀.

종자種子: 아(a). 수인: 아수라인. 삼매야형: 봉, 극.

아(a)

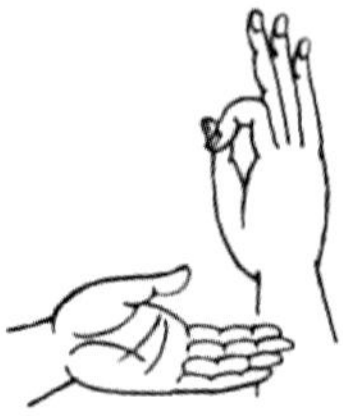

304. 아수라권속
(阿修羅眷屬, 아수라빠리바라, asuraparivāra)

설명은 303번 참조.

형상: 살색. 우수에는 독고창을 들고, 좌수는 주먹을 쥐고 허벅지에 대고, 자리에 반가부좌를 하고 있다.

진언은 303번 아수라와 동일하다.

종자種子: 아(a). 수인: 아수라인. 삼매야형: 봉, 극.

아(a)

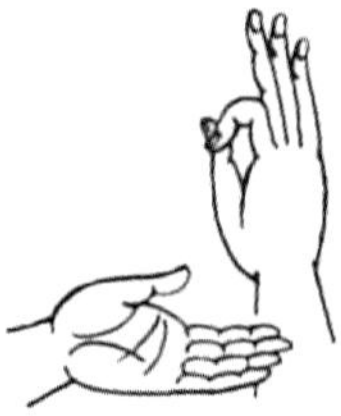

305. 아수라권속
(阿修羅眷屬, 아수라빠리바라, asuraparivāra)

설명은 303번 참조.

형상: 몸은 살색이고, 우수에는 잔을 들고, 좌수는 주먹을 쥐고 가슴에 대고, 자리에 반가부좌를 하고 있다.

진언은 303번 아수라와 동일하다.

종자種子: 아(a). 수인: 아수라인. 삼매야형: 봉, 극.

아(a)

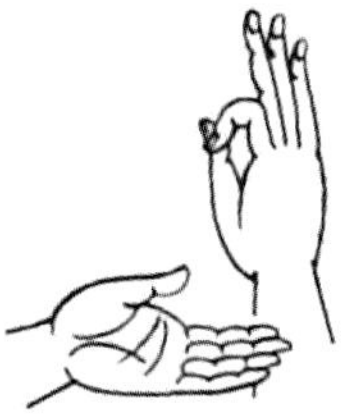

306. 가루라

307. 가루라

308. 구반다

309. 구반다

310. 나찰동

311. 나찰동

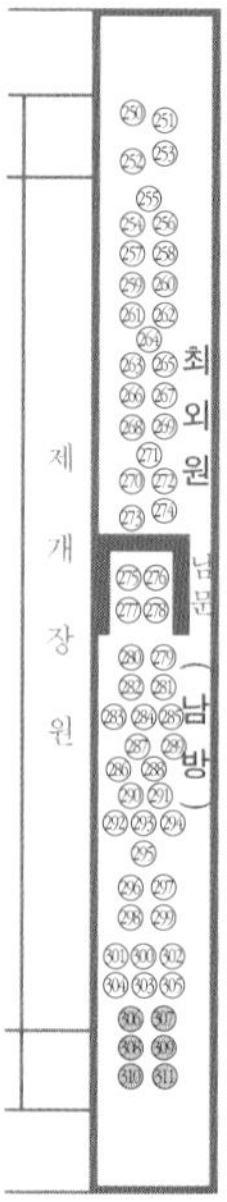

306. 가루라

(迦樓羅, 가루다, garuḍa)

가루라는 천룡팔부 중의 하나이며, 금시조라고도 한다. 용을 먹이로 한다.

형상: 몸은 금색이고, 조두인신鳥頭人身으로 날개가 있으며, 양손으로 피리를 잡고 불며, 자리에 반가부좌를 하고 있다.

가루라 진언 / 실담 범자

로마자 표기: oṃ kṣipa svāhā.

한글음 표기: 옴 끄씨빠 스바하.

종자種子: 가(ga).

가(ga)

수인: 가루라인.

삼매야형: 악기, 피리.

307. 가루라

(迦樓羅, 가루다, garuḍa)

설명은 306번 참조.

형상: 몸은 금색이고, 조두인신鳥頭人身으로 날개가 있으며, 양손으로 법라패를 잡고 불며, 자리에 반가부좌를 하고 있다.

종자種子: 가(ga). 수인: 가루라인. 삼매야형: 악기, 피리.

가(ga)

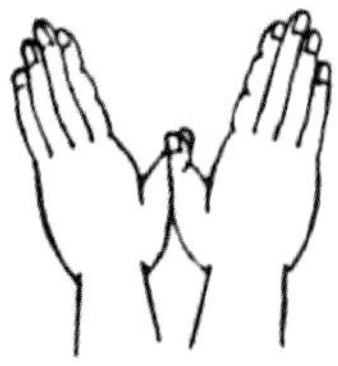

308. 구반다

(鳩槃茶, 꿈반다, kumbhṇḍa)

구반다는 증장천의 권속이다. 수행자의 수면을 방해하는 귀신이다.

형상: 몸은 살색이고, 마두인신馬頭人身이며, 북을 치고, 자리에 반가부좌를 하고 있다.

가루라 진언 / 실담 범자

로마자 표기: oṃ kumbhāṇḍa pataya svāhā.

한글음 표기: 옴 꾸므반다 빠따야 스바하.

종자種子: 꾸(ku). 수인: 연화합장인. 삼매야형: 악기, 장고.

꾸(ku)

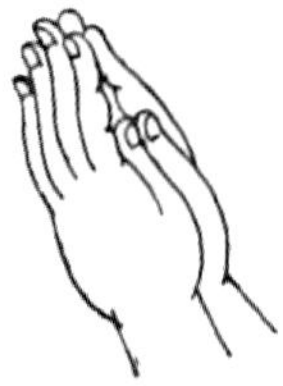

309. 구반다
(鳩槃茶, 꿈반다, kumbhṇḍa)

구반다는 증장천의 권속이다. 수행자의 수면을 방해하는 귀신이다.

형상: 몸은 살색이고, 마두인신馬頭人身이며, 양손에 방울을 쥐고, 자리에 반가부좌를 하고 있다.

진언은 308번과 동일하다.

종자種子: 꾸(ku). 수인: 연화합장인. 삼매야형: 악기, 방울.

꾸(ku)

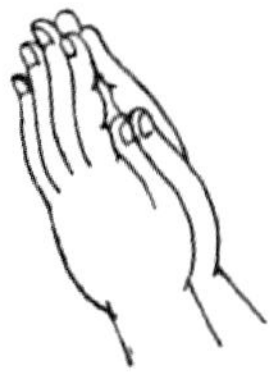

310. 나찰동

(羅刹童, 라끄싸사, rākṣasa)

나찰동자는 서남방을 수호하는 열리저왕의 권속이다. 여기서 동자는 어린이가 아니라 청년을 말한다. 불교를 수호하는 신이다. 나찰은 설산동자雪山童子를 말하는데, 설산동자의 게송은 다음과 같다. 제행무상諸行無常, 시생멸법是生滅法, 생멸멸이生滅滅已, 적멸위락寂滅爲樂. 이는 불법의 도리를 가르치는 게송이다.

형상: 몸은 백살색이고, 동자형이며, 우수에는 봉을 들고, 좌수는 주먹을 쥐고 허벅지에 두고, 자리에 반가부좌를 하고 있다.

나찰동 진언 / 실담 범자

로마자 표기: namo samanta buddhānāṃ rākṣasādhipataye svāhā.

한글음 표기: 나모 사만따 붇다남 라끄싸사디빠따예 스바하.

종자種子: 라(ra).

라(ra)

수인: 도인.

삼매야형: 봉.

311. 나찰동

(羅刹童, 라끄싸사, rākṣasa)

설명은 310번 참조.

형상: 몸은 백살색이고, 동자형童子形이며, 우수에는 봉을 들고, 좌수는 주먹을 쥐고 머리 부분까지 올려두고, 자리에 반가부좌를 하고 있다.

나찰동 진언 / 실담 범자

로마자 표기: namo samanta buddhānāṃ rākṣasāganimiye svāhā.

한글음 표기: 나모 사만따 붇다남 라끄싸사가니미예 스바하.

종자種子: 로(ro).

로(ro)

수인: 도인.

삼매야형: 봉.

14

최외원

(서방)

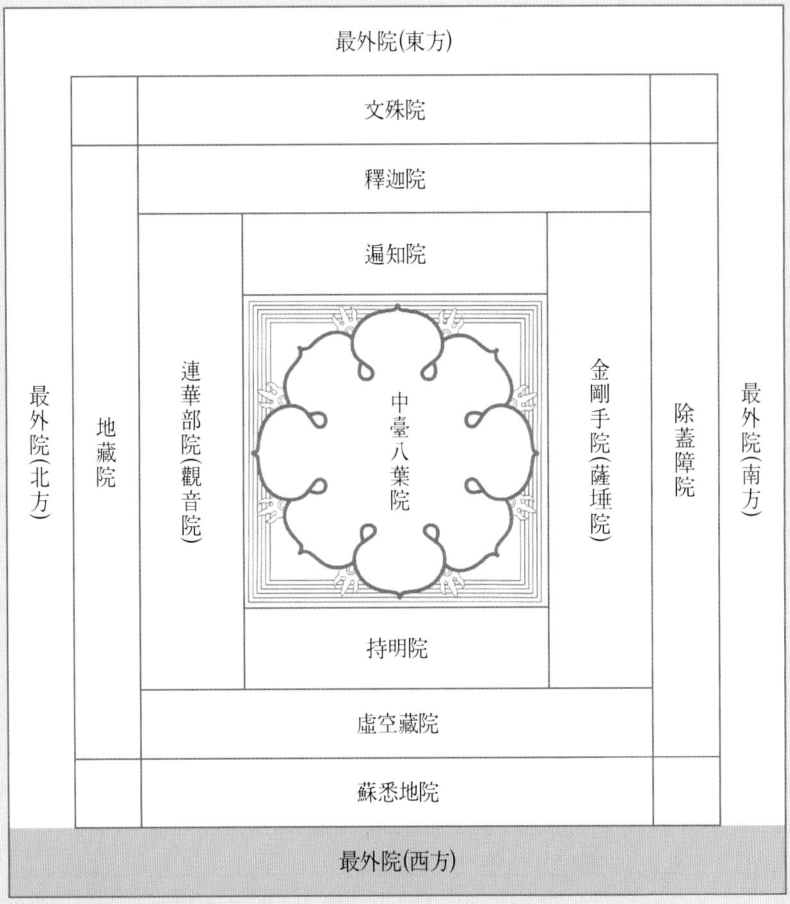

最外院(東方)
文殊院
釋迦院
遍知院
最外院(北方)
地藏院
連華部院(觀音院)
中臺八葉院
金剛手院(薩埵院)
除蓋障院
最外院(南方)
持明院
虛空藏院
蘇悉地院
最外院(西方)

최외원의 서쪽을 말하고, 서남쪽은 312번 열리저왕이 수호하고, 서북쪽은 360번 풍천風天이 수호하며, 49존이 배치되고 있다. 서방을 수호하는 342번 광목천과 343번 수천이 수호하고 있다.

서방

최외원 서방의 구성

312. 열리저왕涅哩底王
313. 나찰녀羅刹女
314. 나찰녀羅刹女
315. 대자재천大自在天
316. 대자재천비大自在天妃
317. 범천녀梵天女
318. 제석녀帝釋女
319. 구마리鳩摩利
320. 차문다遮文茶
321. 마나사摩拏赦녀女
322. 마나사摩拏赦남男
323. 수요水曜
324. 토요土曜
325. 월요月曜
326. 칭궁秤宮
327. 갈충궁蝎虫宮
328. 궁궁弓宮
329. 여수女宿
330. 우수牛宿
331. 두수斗宿
332. 미수尾宿
333. 기수箕宿
334. 방수房宿
335. 심수心宿
336. 수천권속水天眷屬
337. 수천水天
338. 난타용왕難陀龍王
339. 오파난타용왕烏波難陀龍王
340. 대면천對面天
341. 난파천難破天
342. 광목천廣目天
343. 수천水天
344. 수천비水天妃
345. 수천비권속水天妃眷屬
346. 나라연천那羅延天
347. 나라연천비那羅延天妃
348. 변재천弁才天
349. 구마라천俱摩羅天
350. 월천月天
351. 월천비月天妃
352. 고천鼓天
353. 가천歌天
354. 가천歌天
355. 악천樂天
356. 풍천비권속楓川妃眷屬
357. 풍천비楓川妃
358. 풍천권속風天眷屬
359. 풍천권속風天眷屬
360. 풍천風天

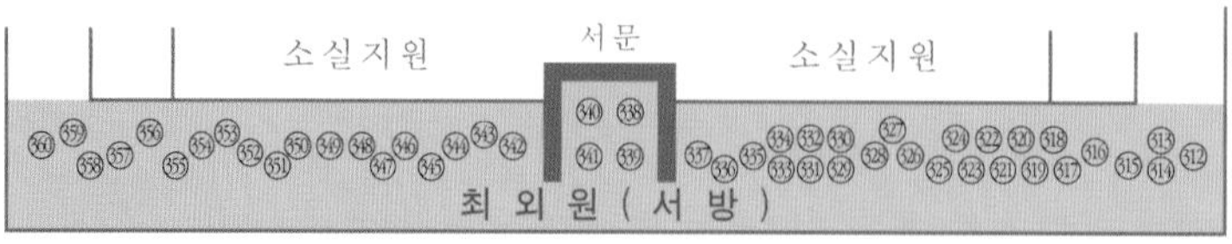

316. 대자재천비

315. 대자재천

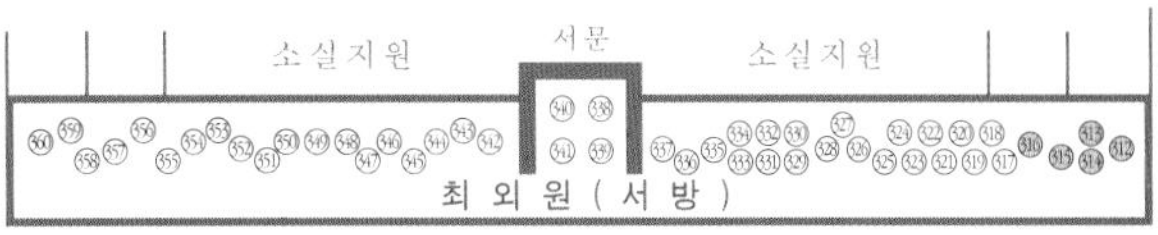

313. 나찰녀

314. 나찰녀

312. 열리저왕

312. 열리저왕

(涅哩底王, 나이르리띠, nairṛti)

열리저왕은 서남방을 수호하는 신이다. 나이르리띠(nairṛti)는 서남방을 뜻하고, 또는 파괴·사멸을 의미하기도 한다. 여기에서는 배후의 신기함을 관장하는 존귀이다. 무서운 성격 탓에 나찰과 동일시되고 있다.

형상: 몸은 적 살색이며, 전투복을 입고, 천의를 걸치고, 오른손에는 칼을 들고, 좌수는 도인을 하고, 자리에 반가부좌를 하고 있다.

열리저왕 진언 / 실담 범자

로마자 표기: namo samanta buddhānāṃ rākṣasādhipataye svāhā.

한글음 표기: 나모 사만따 붇다남 라끄싸사디빠따예 스바하.

종자種子: 느리(nṛ), 라(rā).　　수인: 아수라인.　　삼매야형: 검.

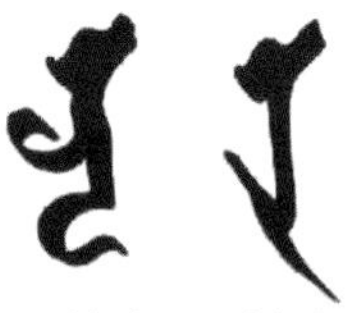

느리(nṛ)　라(rā)

313. 나찰녀

(羅刹女, 라끄싸시, rakṣasī)

열리저왕을 따르는 나찰녀의 하나이다.

형상: 살색. 천녀형이며, 우수는 좌수를 받들어 잔을 들고, 자리에 장궤長跪를 하고 있다.

나찰녀 진언 / 실담 범자

로마자 표기: namo samanta buddhānāṃ rākṣasagaṇimiye svāhā.

한글음 표기: 나모 사만따 붇다남 라끄싸사가니미예 스바하.

종자種子: 로(ro). 수인: 나찰녀인. 삼매야형: 검.

로(ro)

314. 나찰녀
(羅刹女, 라끄싸시, rakṣasī)

열리저왕을 따르는 두 번째 나찰녀의 하나이다.

형상: 살색. 천녀형이며, 우수에는 칼을 들고, 좌수는 좌측 무릎을 세워 그 위에 얹고, 자리에 앉아 있다.

진언은 313번 나찰녀와 동일하다.

종자種子: 로(ro). 수인: 나찰녀인. 삼매야형: 검.

로(ro)

315. 대자재천
(大自在天, 마헤슈바라, maheśvara)

대자재천은 힌두교의 최고의 신인 시바신을 가리킨다. 흉폭한 성격으로 파괴·멸망을 일삼지만, 그것은 결과적으로 재생을 관장하는 것이므로 양면성을 가지고 있다.

형상: 몸은 흑자색이고, 3목三目이며, 관 위에는 앙반월仰半月이 있다. 오른손은 주먹을 쥐고 검지만 펴서 어깨높이에 두고, 왼손에는 자루가 긴 삼고극을 들고, 앉

아 있는 물소 등에 앉아 있다.

대자재천 진언 / 실담 범자

로마자 표기: namo samanta buddhānāṃ maheśvarāya svāhā.

한글음 표기: 나모 사만따 붇다남 마헤슈바라야 스바하.

종자種子: 루(ru). 수인: 대자재천인. 삼매야형: 삼고극.

루(ru)

316. 대자재천비
(大自在天妃, 우마, umā)

대자재천비는 시바신의 아내에서 유래된다. 우마(umā)는 설산의 딸로, 별명은 펄버티(흉폭함을 뜻함)라고도 한다.

형상: 몸은 백살색이고, 오른손은 주먹을 쥐고 어깨높이에 두고, 왼손은 자루가 짧은 삼고창을 들고, 앉아 있는 물소 등에 앉아 있다.

대자재천비 진언 / 실담 범자

로마자 표기: namo samanta buddhānāṃ umādevi svāhā.

한글음 표기: 나모 사만따 붇다남 우마데비 스바하.

종자種子: 우(u). 수인: 대자재천비인. 삼매야형: 발鉢.

우(u)

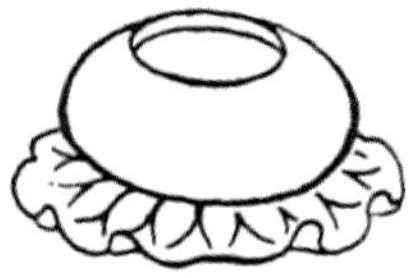

322. 마나사남　　320. 차문다　　318. 제석녀
323. 수요　　321. 마나사녀　　319. 구마리　　317. 범천녀

328. 궁궁　　327. 갈충궁　　326. 칭궁　　325. 월요　　324. 토요

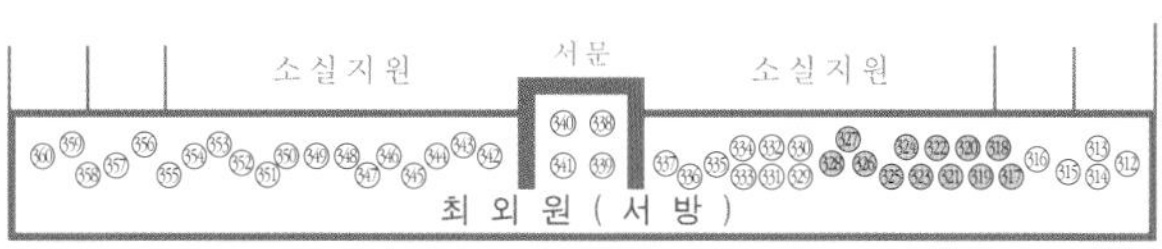

317. 범천녀
(梵天女, 부라흐미, brāhmī)

범천녀를 『대일경소』에서는 범왕명비라고도 한다. 또한 욕망을 초월한 색계의 범천에는 음욕淫欲이 없으므로 왕비가 있을 도리가 없다고 본다.

형상: 백살색. 오른손은 주먹을 쥐고 어깨높이로 들어 올리고, 왼손에는 자루가 긴 연꽃을 들고, 자리에 반가부좌를 하고 있다.

범천녀 진언 / 실담 범자

로마자 표기: namo samanta buddhānāṃ prajāpataye svāhā.

한글음 표기: 나모 사만따 붇다남 쁘라자빠따예 스바하.

종자種子: 브라(bra). 수인: 범천녀인. 삼매야형: 미개부연화.

브라(bra)

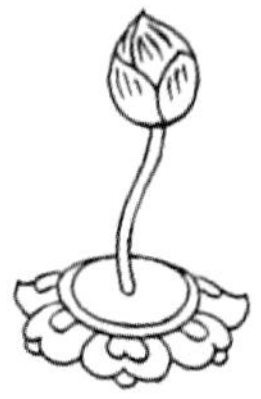

318. 제석녀

(帝釋女, 아인드리, aindrī)

제석천녀는 칠모녀천七母女天의 하나이며, 『대일경』에서는 염마천의 권속으로 보기도 한다.

형상: 몸은 백살색이고, 오른손에는 자루가 긴 미개부연화를 들고, 왼손은 주먹을 쥐고 검지를 펴서 옆구리에 대고, 자리에 반가부좌를 하고 있다.

제석녀 진언 / 실담 범자

로마자 표기: namo samanta buddhānāṃ śakrāya svāhā.

한글음 표기: 나모 사만따 붇다남 샤끄라야 스바하.

종자種子: 에(e).　　수인: 인욕바라밀인.　삼매야형: 미개부연화.

에(e)

319. 구마리
(鳩摩利, 까우마리, kaumārī)

구마리는 까우마리(kaumārī)에서 유래했으며, 꾸마라의 왕비이다. 칠모천녀의 하나이며, 『대일경』에서는 염마천의 권속으로 보고 있다.

형상: 몸은 살색이고, 오른손은 주먹을 쥐고 어깨까지 올리고, 왼손은 자루가 긴 창을 잡고, 자리에 반가부좌를 하고 있다.

구마리 진언 / 실담 범자

로마자 표기: namo samanta buddhānāṃ kaumāri svāhā.

한글음 표기: 나모 사만따 붇다남 까우마리 스바하.

종자種子: 까우(kau). 수인: 꾸마리인. 삼매야형: 독고창.

까우(kau)

320. 차문다

(遮文茶, 짜문다, cāmuṇḍā)

차문다는 염마천의 아내이며, 칠모천의 필두이다. 흉포함·분노의 성격으로 대자재천후의 분노상을 하고 있다.

형상: 몸은 적 흑색이고, 저두(猪頭, 돼지머리)에 인신人身을 하고, 관을 쓰고, 오른손에는 까바라(머리뼈)의 잔을 들고, 왼손은 주먹을 쥐고 무릎을 세워 그 위에 두고, 자리에 앉아 있다.

차문다 진언 / 실담 범자

로마자 표기: namo samanta buddhānāṃ cāmuṇḍāyai svāhā.

한글음 표기: 나모 사만따 붇다남 짜문다야이 스바하.

종자種子: 짜(ca). 수인: 차문다인. 삼매야형: 해골.

짜(ca)

321. 마나사녀

(摩拏赦女, 마누쓰야, manuṣyā)

마나사녀는 인간을 의미한다. 삼악취를 떠나 인취人趣로 태어나기를 희망한 자들을 위해 여기에 위치하고 있다. 마나사남과 한 쌍의 존격尊格이다.

형상: 몸은 살색이고, 오른손은 앙仰인을 하고, 왼손은 바닥을 펴서 허벅지에 두고, 자리에 반가부좌를 하고 있다.

마나사 진언 / 실담 범자

로마자 표기: namo samanta buddhānāṃ icchāparamamanomaye me svāhā.

한글음 표기: 나모 사만따 붇다남 이차빠라마마노마예 메 스바하.

종자種子: 마(ma).

마(ma)

수인: 독고인.

삼매야형: 수인.

322. 마나사남

(摩拏赦男, 마누쓰야, manuṣyā)

형상: 살색. 우수는 가슴 앞에 두고, 좌수는 무릎 위에 올려놓고, 반가부좌를 하고 있다.

해석·진언·종자種子·수인·삼매야형은 321번 참조.

323. 수요

(水曜, 부다, budha)

수요는 칠요·구집 중의 하나이며, 수성을 말한다. 동양에서나 서양에서나 일시를 선택하고 길상吉祥한 날을 잡고 소원성취를 비는 것은 다르지 않다. 이는 천체의 운행이 인간세계의 성쇠盛衰에 밀접한 관계가 있다고 보기 때문이다.

형상: 몸은 살색이고, 관을 쓰고, 양손은 합장하고, 자리에 반가부좌를 하고 있다.

수요 진언 / 실담 범자

로마자 표기: oṃ budhanakṣatrasvāminaṃ ketuman svāhā.

한글음 표기: 옴 부다나끄싸뜨라스바미남 께뚜만 스바하.

종자種子: 부(bu). 수인: 수천인. 삼매야형: 병 위에 별.

부(bu)

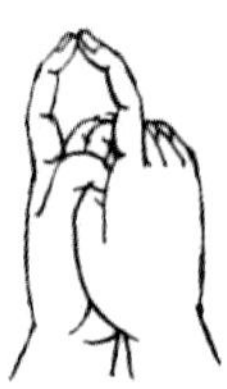

324. 토요

(土曜, 샤나이슈짜라, śanaścara)

토요는 칠요·구집 중의 하나이며, 토성은 천천히 걷는다는 뜻이 있다. 토요는 중대팔엽원의 공덕을 지지한다고 한다.

형상: 몸은 살색이고, 노선인老仙人으로 상반신은 나체, 하의는 표범가죽 옷을 입고, 우수에 지팡이를 짚고 걸어가는 모습이다.

토요 진언 / 실담 범자

로마자 표기: oṃ śanaiścaraścete śri svāhā.

한글음 표기: 옴 샤나이슈짜라슈쩨떼 슈리 스바하.

종자種子: 샤(śa). 수인: 발인. 삼매야형: 선장.

샤(śa)

325. 월요

(月曜, 소마, soma)

월요는 칠요·구집의 하나이며, 월요와 월천은 달을 의미한다.

형상: 몸은 살색이고, 우수에는 반달 위에 토끼를 올려 들고 있으며, 왼손은 주먹을 쥐고 가슴 앞에 두고, 자리에 반가부좌를 하고 있다.

월요 진언 / 실담 범자

로마자 표기: oṃ somaśri svāhā.

한글음 표기: 옴 소마슈리 스바하.

종자種子: 수(su). 수인: 월요인. 삼매야형: 반달 위에 토끼.

수(su)

326. 칭궁

(秤宮, 뚜라, tulā)

칭궁은 12궁의 하나로, 칭량稱量궁 또는 천칭궁이라고도 한다. 태양의 위치에서 9월에 해당한다.

형상: 살색. 상반신은 나체이며, 노 선인의 모습이다. 오른손에는 저울을 들고, 왼손은 주먹을 쥐고 가슴 앞에 두고 걸어가는 자세이다.

칭궁 진언 / 실담 범자

로마자 표기: namo samanta buddhānāṃ tulāpataya svāhā.

한글음 표기: 나모 사만따 붇다남 뚜라빠따야 스바하.

종자種子: 투(tu). 수인: 제요인. 삼매야형: 궁전.

투(tu)

327. 갈충궁

(蝎虫宮, 브리슈찌까, vṛścika)

12궁 중의 하나이며, 천갈궁이라고도 한다. 태양의 위치에서 10월에 해당한다.

형상: 적흑색. 전갈 형상이다.

갈충궁 진언 / 실담 범자

로마자 표기: namo samanta buddhānāṃ vṛścikapataye svāhā.

한글음 표기: 나모 사만따 붇다남 브리슈찌까빠따예 스바하.

종자種子: 브리(vṛ).　　수인: 제요인.　　삼매야형: 궁전.

브리(vṛ)

328. 궁궁

(弓宮, 다누, dhanu)

궁궁은 12궁 중의 하나이며, 천궁·인마궁이라고도 한다. 태양의 위치에서 11월에 해당한다.

형상: 몸은 살색이고, 우수에 화살을 들고, 좌수에 활을 들고 걸어가는 자세이다.

궁궁 진언 / 실담 범자

로마자 표기: namo samanta buddhānāṃ dhanupataye svāhā.

한글음 표기: 나모 사만따 붇다남 다누빠따예 스바하.

종자種子: 담(dhaṃ). 수인: 제요인. 삼매야형: 궁전.

담(dhaṃ)

334. 방수　332. 미수　330. 우수

335. 심수　333. 기수　331. 두수　329. 여수

337. 수천

336. 수천권속

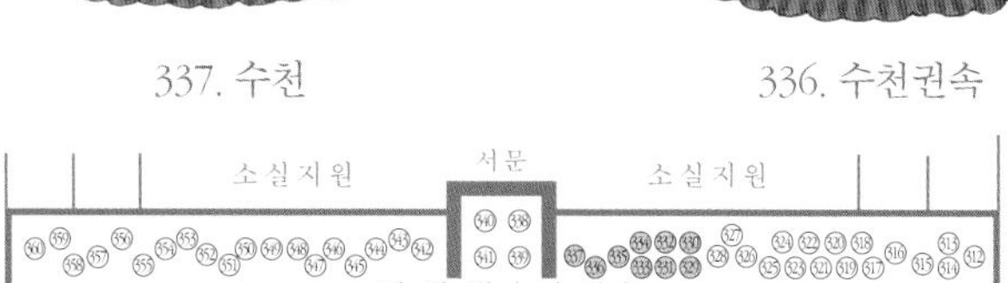

329. 여수

(女宿, 슈라바나, śravaṇā)

여수는 28수의 하나로, 3개의 별로 이루어져 있으며, 현병궁(수병좌)에 자리하고 있다. 슈라바나(śravaṇā)는 고요하다는 뜻을 지니고 있다.

형상: 살색. 오른손은 바닥이 위를 향하게 하여 가슴 앞에 두고, 왼손은 자루가 긴 연꽃을 가지고, 자리에 반가부좌를 하고 있다.

여수 진언 / 실담 범자

로마자 표기: namo samanta buddhānāṃ śravaṇānakṣatra svāhā.

한글음 표기: 나모 사만따 붇다남 슈라바나나끄싸뜨라 스바하.

종자種子: 슈라(śra). 수인: 28수 총인. 삼매야형: 연화 위 별.

슈라(śra)

330. 우수
(寓宿, 아비지뜨, adhijit)

우수는 28수 중의 하나로, 6개의 별로 이루어져 있으며, 마갈궁(산양좌)에 자리하고 있다.

형상: 오른손은 옆으로 뻗어 손바닥이 위를 향하게 하고, 왼손은 자루가 긴 연꽃을 가지고, 자리에 반가부좌를 하고 있다.

우수 진언 / 실담 범자

로마자 표기: namo samanta buddhānāṃ vṛṣanakṣatra svāhā.

한글음 표기: 나모 사만따 붇다남 브리싸나끄싸뜨라 스바하.

종자種子: 아(a). 수인: 28수 총인. 삼매야형: 연화 위 별.

아(a)

331. 두수

(斗宿, 욷따라싸다, uttarāṣadha)

두수은 28수 중의 하나로, 6개의 별로 이루어져 있으며, 궁궁(사수좌射手座)에 자리하고 있다.

형상: 살색. 오른손은 밖을 향하게 펴서 손끝은 위를 향하여 펴고, 왼손에는 자루가 긴 연꽃을 들고, 자리에 반가부좌를 하고 있다.

두수 진언 / 실담 범자

로마자 표기: namo samanta buddhānāṃ uttarāṣādhānakṣatra svāhā.

한글음 표기: 나모 사만따 붇다남 욷따라싸다나끄싸뜨라 스바하.

종자種子: 마(ma). 수인: 28수 총인. 삼매야형: 연화 위 별.

마(ma)

332. 미수
(尾宿, 무라, mūla)

미수는 28수 중의 하나로, 10개의 별로 이루어져 있으며, 갈충궁(전갈좌)에 위치한다.

형상: 살색. 오른손은 가슴 앞에 두고, 왼손은 자루가 긴 연꽃을 들고, 자리에 반가부좌를 하고 있다.

미수 진언 / 실담 범자

로마자 표기: namo samanta buddhānāṃ mūlanakṣatra svāhā.

한글음 표기: 나모 사만따 붇다남 무라나끄싸뜨라 스바하.

종자種子: 무(mu). 수인: 28수 총인. 삼매야형: 연화 위 별.

무(mu)

333. 기수

(箕宿, 뿌르바싸다, pūrvāṣādhā)

기수는 28수 중의 하나로, 4개의 별로 이루어지고, 궁궁(사수좌射手座)에 자리한다.

형상: 살색. 오른손은 가슴 앞에 두고, 왼손에는 자루가 긴 연꽃을 들고, 왼쪽 무릎을 약간 세우고 자리에 앉아 있다.

기수 진언 / 실담 범자

로마자 표기: namo samanta buddhānāṃ pūrvāṣādhānakṣatra svāhā.

한글음 표기: 나모 사만따 붇다남 뿌르바싸다나끄싸뜨라 스바하.

종자種子: 아(a). 수인: 28수 총인. 삼매야형: 연화 위 별.

아(a)

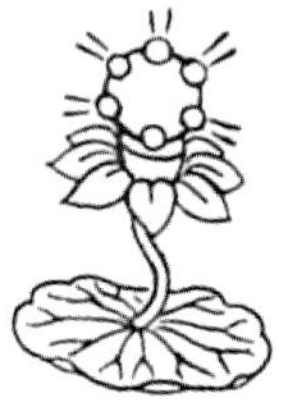

334. 방수

(房宿, 아누라다, anurādhā)

방수는 28수의 하나로, 4개의 별로 이루어지고, 갈충궁(전갈좌)에 자리한다.

형상: 살색. 오른손은 옆으로 펴고, 왼손에는 자루가 긴 연꽃을 가지고, 자리에 반가부좌를 하고 있다.

방수 진언 / 실담 범자

로마자 표기: namo samanta buddhanaṃ anuradhanakṣatra svaha.

한글음 표기: 나모 사만따 붇다남 아누라다나끄싸뜨라 스바하.

종자種子: 아(a). 수인: 28수 총인. 삼매야형: 연화 위 별.

아(a)

335. 심수
(心宿, 즈에쓰타, jyeṣṭhā)

심수는 28수의 하나로, 3개의 별로 이루어지고, 갈충궁(전갈좌)에 자리한다.

형상: 살색. 오른손은 옆으로 펴고, 왼손에는 자루가 긴 연꽃을 가지고, 자리에 반가부좌를 하고 있다.

심수 진언 / 실담 범자

로마자 표기: namo samanta buddhānāṃ jyeṣṭhānakṣatra svāhā.

한글음 표기: 나모 사만따 붇다남 즈에쓰타나끄싸뜨라 스바하.

종자種子: 조(jo). 수인: 28수 총인. 삼매야형: 연화 위 별.

조(jo)

336. 수천권속
(水天眷屬, 바루나니빠리바라, varuṇanīparivāra)

수천권속은 종자가 메(me)이다. 메는 구름을 뜻하는 메가(mega)의 머리글자이다. 『대일경소』에서는 먹구름 혹은 때라고 번역하며, 이 번뇌를 먹는다고 해석한다.

형상: 흑자색. 양손은 삼고창을 들고, 자리에 장궤(높이 세워 꿇은 자세)를 하고 있다.

수천권속 진언은 337번과 동일하다.

종자種子: 메(me). 수인: 수천인. 삼매야형: 연잎 위 삼고창.

메(me)

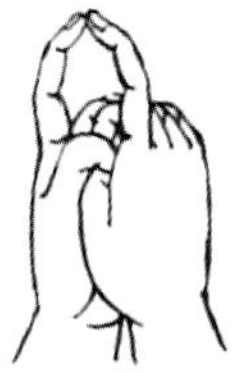

337. 수천
(水天, 바루나, varuṇa)

수천은 서문을 사이에 두고 남북으로 2존二尊이 있다.

형상: 흑자색. 두광頭光 위에 물결 문양을 가지고 있으며, 천의를 걸치고, 오른손에는 검을 쥐고, 왼손에는 자루가 긴 연꽃 위에 별이 있는 것을 들고, 자리에 반가부좌를 하고 있다.

수천 진언 / 실담 범자

로마자 표기: oṃ budhaśri svāhā.

한글음 표기: 옴 부다슈리 스바하.

종자種子: 바(va). 수인: 수천인. 삼매야형: 용삭.

바(va)

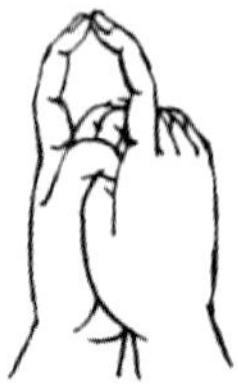

339. 오파난타용왕

338. 난타용왕

341. 난파천

340. 대면천

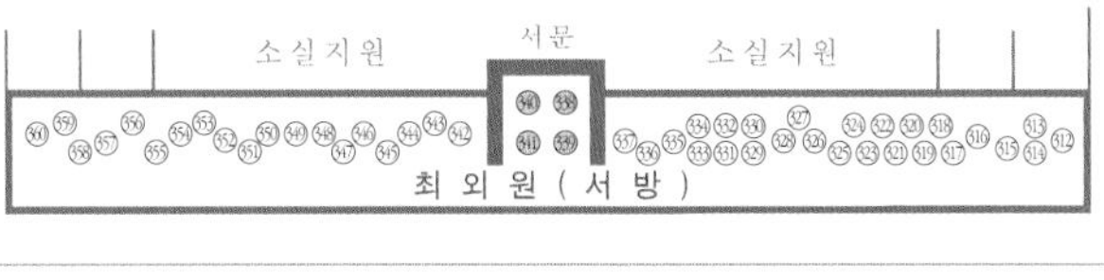

338. 난타용왕
(難陀龍王, 난다, nanda)

난타용왕은 팔대용왕의 하나이며, 불법을 수호하는 용왕 가운데 가장 뛰어나다. 『대일경』에서는 서문을 수호하지만, 현도現圖에서는 동쪽을 제외한 3문에서 동생인 오파난타와 함께 수호한다.

형상: 살색. 머리에는 9마리의 용을 얹고, 오른손에는 칼을 들고, 왼손에는 용삭을 가지고 있다.

난타용왕 진언 / 실담 범자

로마자 표기: namo samanta buddhānāṃ nandāya svāhā.

한글음 표기: 나모 사만따 붇다남 난다야 스바하.

종자種子: 나(na).

나(na)

수인: 제용인.

삼매야형: 검.

339. 오파난타용왕
(烏波難陀龍王, 우빠난다, upananda)

오파난타용왕은 난타용왕의 동생이다. 우빠(upa)는 '작다, 다음'을 뜻하며, 여기서는 동생을 말한다.

형상: 살색. 머리에는 9마리의 용을 머리에 이고, 오른손에는 칼을 들고, 왼손에는 용삭龍索을 가지고 있다.

난타용왕 진언 / 실담 범자

로마자 표기: namo samanta buddhānāṃ upanandāya svāhā.

한글음 표기: 나모 사만따 붇다남 우빠난다야 스바하.

종자種子: 우(u).　　수인: 제용인.　　삼매야형: 검.

우(u)

340. 대면천

(對面天, 아비무카, abhimukha)

134번 불가월수호와 135번 상향수호가 남문을 수호한다면, 대면천은 난파천과 함께 서문을 수호한다.

형상: 살색. 오른손은 주먹을 쥐고 검지를 세워 어깨높이로 올리고, 왼손은 검을 들고, 연화좌에 반가부좌를 하고 있다.

대면천 진언 / 실담 범자

로마자 표기: he abhimukha mahāpracaṇḍa khādaya kiṃcirāsi samayam amusmara svāhā.

한글음 표기: 헤 아비무카 마하쁘라짠다 카다야 낌찌라시 스마야마 무스마라 스바하.

종자種子: 아(a). 수인: 상향수호인. 삼매야형: 검.

아(a)

341. 난파천

(難破天, 두르다르싸, dursharṣa)

난파천은 『대일경』에서는 134번 불가월과 같이 본다. 그 위광威光으로 불법을 짓밟지 못하게 하는 역할을 맡아, 대면천과 함께 서문을 수호한다.

형상: 살색. 오른손에는 칼을 잡고, 왼손은 주먹을 쥐고 검지를 펴서 어깨높이로 올리고, 연화좌에 반가부좌를 하고 있다.

난파천 진언 / 실담 범자

로마자 표기: namo samanta buddhānāṃ durdharṣamahāroṣana khādaya sarvān tathagatājñākuru svāhā.

한글음 표기: 나모 사만따 붇다남 두르다르싸마하로싸나 카다야 사르반 따타가따즈냐꾸루 스바하.

종자種子: 카(kha). 수인: 불가월수호인. 삼매야형: 검.

카(kha)

345. 수천비권속

344. 수천비

343. 수천

342. 광목천

348. 변재천

347. 나라연천비

346. 나라연천

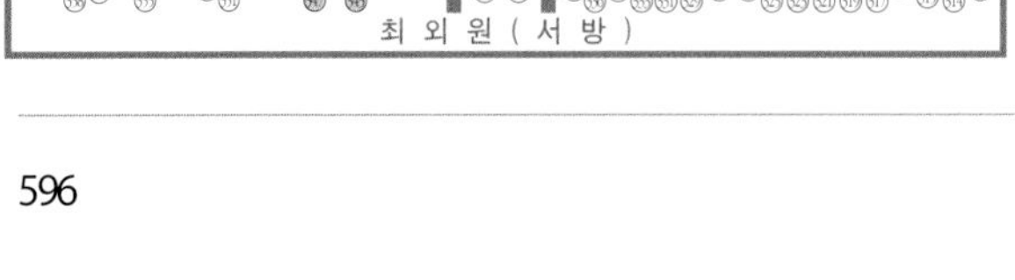

342. 광목천
(廣目天, 비루빠끄싸, virūpākṣa)

광목천은 사왕천의 하나로, 주로 서방을 수호하는 신으로서 용족의 지배자이다. 수미산 중턱에 거주하며, 제석천 휘하의 4주 중에서 서방을 수호한다. 이름의 비루빠끄싸(virūpākṣa)는 여러 가지 눈빛, 혹은 흉측한 눈빛을 뜻한다.

형상: 백살색. 갑옷을 입고, 천의를 걸치고, 오른손에는 삼고창을 들고, 왼손은 주먹을 쥐어 허벅지 위에 올려놓고, 자리에 반가부좌를 하고 있다.

광목천 진언 / 실담 범자

로마자 표기: oṃ virūpākṣa nāgādhipataye svāhā.

한글음 표기: 옴 비루빠끄싸 나가디빠따예 스바하.

종자種子: 비(vi). 수인: 광목천인. 삼매야형: 삼고창.

비(vi)

343. 수천

(水天, 바루나, varuṇa)

수천은 팔방천·12천의 하나이다. 바루나(varuṇa)는 리그베다 신화에서는 율법의 신으로서 천지의 운행, 질서를 관장한다. 불가사의한 힘을 가졌다고 하는데, 여기서는 물의 신으로 보고 있다.

형상: 살색. 머리에는 7마리의 용을 이고 있고, 오른손에는 용삭을 들고, 왼손은 주먹을 쥐어 허벅지에 올려놓고, 자리에 반가부좌를 하고 있다.

수천 진언 / 실담 범자

로마자 표기: namo samanta buddhānāṃ apāṃpataye svāhā.

한글음 표기: 나모 사만따 붇다남 아빰빠따예 스바하.

종자種子: 바(va).　　수인: 수천인.　　삼매야형: 용삭.

바(va)

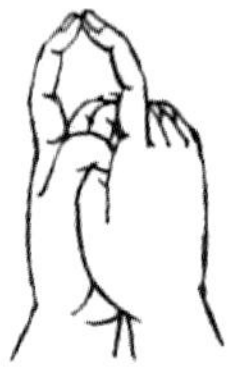

344. 수천비

(水天妃, 바루나니, varuṇanī)

수천비는 수천과 함께 광목천이 서방을 수호하는 것을 돕는다.

형상: 백황색. 머리에 9마리의 용을 이고, 오른손은 용삭을, 왼손은 손을 펴서 바닥이 아래로 향하게 하여 허벅지에 올려놓고, 자리에 반가부좌를 하고 있다.

수천비 진언 / 실담 범자

로마자 표기: namo samanta buddhānāṃ apāṃpataye svāhā.

한글음 표기: 나모 사만따 붇다남 아빰빠따예 스바하.

종자種子: 메(me). 수인: 수천인. 삼매야형: 용삭.

메(me)

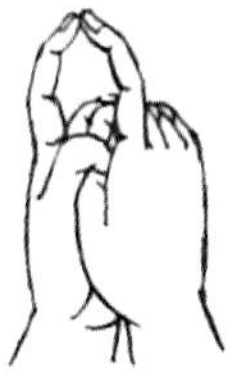

345. 수천비권속
(水天妃眷屬, varuṇanīparivāra)

수천비권속은 수천비를 돕는 역할을 한다. 진언에서 구름 속의 번개인 메가샤나에(meghāśanaye)를 『대일경소』에서는 구름을 먹는다는 뜻으로 야사나(yasana)로 해석하는데, 여기서는 번개를 뜻하는 야사니(yasani)로 번역했다.

형상: 살색. 머리에는 8마리의 용을 이고, 천의를 걸치고, 오른손은 독고창을 들고, 왼손은 용삭을 들고, 자리에 반가부좌를 하고 있다.

수천비권속 진언 / 실담 범자

로마자 표기: namo samanta buddhānāṃ meghāśanaye svāhā.

한글음 표기: 나모 사만따 붇다남 메가샤나예 스바하.

종자種子: 메(me).

메(me)

수인: 수천비권속인.

삼매야형: 용삭龍索.

346. 나라연천
(那羅延天, 나라야나, nārāyaṇa)

나라연천은 제석천에 버금가는 강력하고 막강한 힘을 가진 신으로서 19집금강의 하나이다. 3면의 얼굴 중 가운데는 인간, 좌측은 사자, 우측은 돼지 등의 화신化身으로 부정·비법의 악세惡世를 없애고, 정의와 정법의 세상을 재건하는 신을 말한다.

형상: 청살색. 3면의 중앙은 보살상이며, 3개의 눈을 가지고 있고, 우면右面은 멧돼지 머리, 좌면左面은 사자의 머리를 하고, 색은 살색이다. 오른손에는 윤輪을 들고, 왼손은 허벅지 위에 두고, 가루라 새를 타고 있다.

나라연천 진언 / 실담 범자

로마자 표기: namo samanta buddhānāṃ viṣṇavi svāhā.

한글음 표기: 나모 사만따 붇다남 비쓰나비 스바하.

종자種子: 비(vi). 수인: 나라연천인. 삼매야형: 보륜.

비(vi)

347. 나라연천비

(那羅延天妃, 나라야니, nārāyaṇī)

나라연천비는 염마천 7모의 하나이다. 길상천吉祥天이라고도 한다.

형상: 살색. 오른손은 바닥이 아래로 향하게 하여 가슴 앞에 두고, 왼손은 화반華盤을 들고, 자리에 반가부좌를 하고 있다.

나라연천비 진언 / 실담 범자

로마자 표기: namo samanta buddhānāṃ viṣṇavi svāhā.

한글음 표기: 나모 사만따 붇다남 비쓰나비 스바하.

종자種子: 비(vi). 수인: 나라연천인. 삼매야형: 보륜.

비(vi)

348. 변재천

(弁才天, 사라스바띠, sarasvatī)

변재천은 음악·변재를 담당하는 여신이며, 미음천美音天·묘음천妙音天이라고도 한다. 리그베다 신화에서는 하천의 신神이었으나, 나중에는 언어의 여신 바추와 동일시되어 문예와 음악의 수호신이 된다.

형상: 백살색. 비파를 연주하는 모습을 하고, 자리에 반가부좌를 하고 있다.

변재천 진언 / 실담 범자

로마자 표기: namo samanta buddhānāṃ sarasvatyai svāhā.

한글음 표기: 나모 사만따 붇다남 사라스바뜨야이 스바하.

종자種子: 수(su). 수인: 묘음천인. 삼매야형: 비파.

수(su)

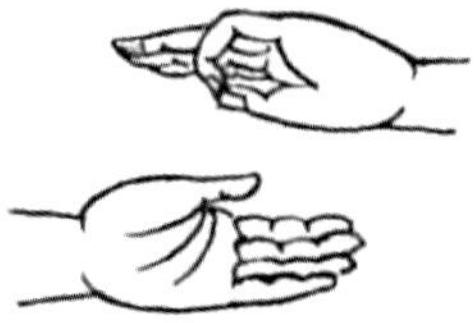

351. 월천비

350. 월천

349. 구마라천

354. 가천 353. 가천 352. 고천

355. 악천

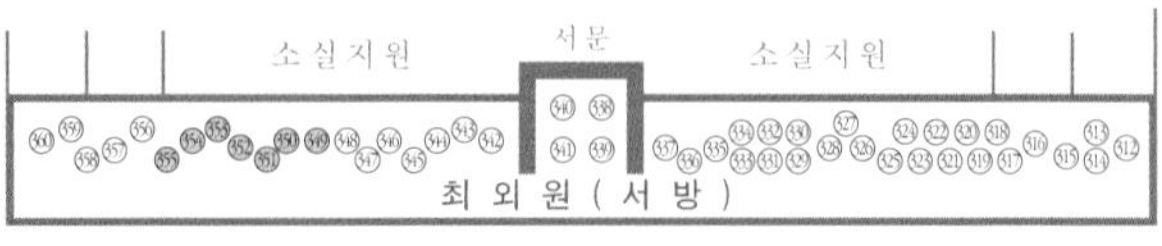

349. 구마라천
(俱摩羅天, 꾸마라, kumāra)

꾸마라(kumāra)는 동자·소년의 의미를 지니고 있다. 대자재천의 아들이다. 위태천과 동체이다.

형상: 몸은 황색이며, 머리는 6면이다. 동자형으로, 오른손은 삼고창을 잡고, 왼손은 받쳐 들고, 황금공작을 타고 있다.

구마라천 진언은 211번 희면천과 같다.

종자種子: 스까(ska). 수인: 금강합장인. 삼매야형: 독고창.

스까(ska)

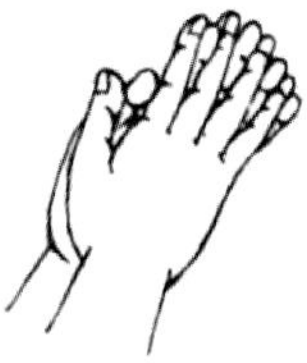

350. 월천
(月天, 짠드라, candra)

월천은 12천의 하나이며, 28수의 장으로서 주로 운행을 주관한다. 월천과 월요는 같다고 본다.

형상: 백살색. 오른손에는 장대 끝에 반달이 있는 것을 잡고, 왼팔에는 천의를 걸치고 가슴 앞에 두고, 세 마리의 거위를 타고 있다.

월천 진언 / 실담 범자

로마자 표기: namo samanta buddhānāṃ candrāya svāhā.

한글음 표기: 나모 사만따 붇다남 짠드라야 스바하.

종자種子: 짜(ca). 수인: 월천인. 삼매야형: 연화 위 흰 병.

짜(ca)

351. 월천비

(月天妃, 짠드라빠리바라, cadraparivāra)

월천비는 월천의 덕을 받아 모든 일을 행한다. 빠리바라(parivāra)는 추종자·옆에 있는 것·하인의 뜻이다.

형상: 백살색. 천의를 걸치고, 왼손에는 연화를 들고, 오른손은 줄기의 끝을 받들고, 자리에 반가부좌를 하고 있다.

월천비 진언 / 실담 범자

로마자 표기: namo samanta buddhānāṃ cadraparivāre svāhā.

한글음 표기: 나모 사만따 붇다남 짠드라빠리바레 스바하.

종자種子: 짜(ca). 수인: 월천인. 삼매야형: 청련화.

짜(ca)

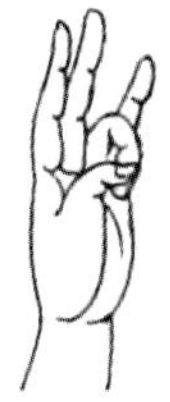

352. 고천

(鼓天, 바드야데바따, vādyadevatā)

고천은 천계의 음악신으로 알려져 있으며, 건달바의 진언과 수인이 같다. 바드야(vādya)는 악기를 의미한다.

형상: 살색. 천의를 걸치고, 자리에 반가부좌를 하고 장구를 무릎 위에 올려놓고 양손으로 장구를 치며 353, 354, 355번과 합주合奏를 하고 있다.

고천 진언 / 실담 범자

로마자 표기: namo samanta buddhānāṃ viśuddhasvaravāhini svāhā.

한글음 표기: 나모 사만따 붇다남 비 슏다스바라바히니 스바하.

종자種子: 바(va). 수인: 내박인. 삼매야형: 장구.

바(va)

353. 가천

(歌天, 기따데바따, gītādevatā)

가천은 음악 천신의 하나로, 천계의 가무 음악신이다. 384번 긴나라와 비교되는 음악신이다.

형상: 살색. 천의를 걸치고, 횡적(가로피리)을 불며, 자리에 반가부좌를 하고 있다. 352번과 354번과 355번과 함께 합주合奏를 하고 있는 형상이다.

가천 진언 / 실담 범자

로마자 표기: namo samanta buddhānāṃ hāsānāṃ vihāsānāṃ kiṃnarāṇāṃ svāhā.

한글음 표기: 나모 사만따 붇다남 하사남 비하사남 낌나라남 스바하.

종자種子: 기(gi). 수인: 금강합장인. 삼매야형: 횡저(가로피리).

기(gi)

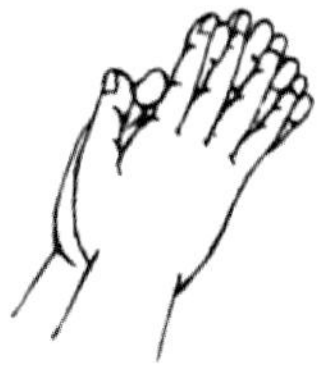

354. 가천

(歌天, gītādevatā)

가천은 악천樂天의 하나이다.

형상: 살색. 자리에 앉아서 피리를 불고 있다. 352번, 353번, 355번과 합주를 하고 있다.

진언은 353번과 같다.

종자種子: 기(gi). 수인: 금강합장인. 삼매야형: 저(피리).

기(gi)

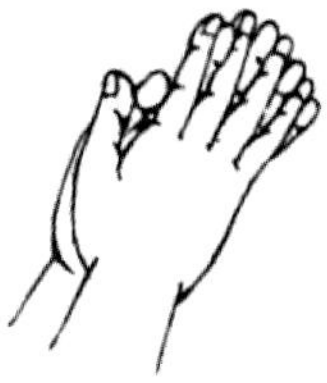

355. 악천

(樂天, 바드야데바따, vādyadevatā)

악천의 하나이다.

형상: 살색. 자리에 앉아서 방울을 흔들며 352, 353, 354번과 함께 4명이 합주를 하고 있다.

종자種子: 바(vā). 수인: 금강합장인. 삼매야형: 방울.

바(vā)

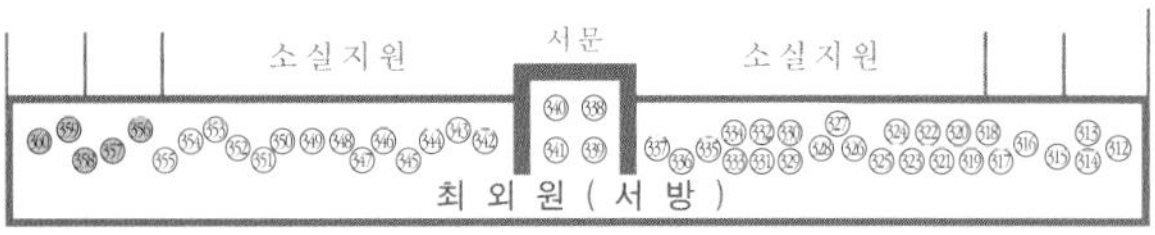

356. 풍천비권속

357. 풍천비

360. 풍천

359. 풍천권속

358. 풍천권속

356. 풍천비권속

(風天妃眷屬, 바이비데바따, vāyvīdevatā)

풍천비권속은 풍천비와 위치가 반대로 된 경우도 있다.

형상: 살색. (제설부동기에서는 적 살색) 천의를 걸치고, 자리에 반가부좌를 하고 있다.

진언은 357번 풍천비와 같다.

종자種子: 바(vā). 수인: 금강합장인. 삼매야형: 당幢.

바(vā)

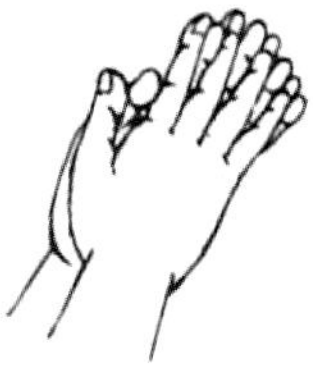

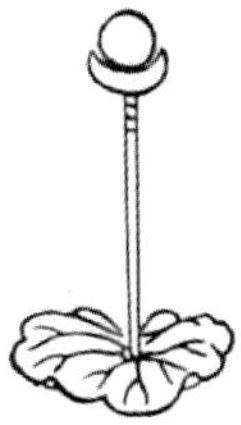

357. 풍천비

(風天妃, 바야비, vayavī)

형상: 살색. 천의를 걸치고, 오른손에는 지팡이를 들고, 왼손은 밖을 향해 구부려 올리고, 자리에 반가부좌를 하고 있다.

풍천비 진언 / 실담 범자

로마자 표기: oṃ vāyave svāhā.

한글음 표기: 옴 바야베 스바하.

종자種子: 바(vā). 수인: 풍천인. 삼매야형: 당번.

바(vā)

358. 풍천권속
(風天眷屬, 바야바, vāyava)

풍천권속은 풍천이 거느린 권속이다.

형상: 살색. 동자형이며, 천의를 걸치고, 무릎을 세워 그 위의 오른손에는 당을 들고, 왼손은 주먹을 쥐어 허벅지 위에 두고, 자리에 앉아 있다.

진언은 360번 풍천과 같다.

종자種子: 바(vā).　　수인: 풍천인.　　삼매야형: 당.

바(vā)

359. 풍천권속

(風天眷屬, 바야바, vāyava)

형상: 살색. 동자형으로, 왼손으로 반달과 태양이 지팡이 끝에 있는 것을 잡고, 자리에 반가부좌를 하고 있다.

진언은 360번과 같다.

종자·수인·삼매야형 등은 358번과 같다.

360. 풍천
(風天, 바유, vāyu)

풍천은 12천의 하나이며, 팔방천의 하나이면서 서북쪽을 수호하고 있다. 풍천은 5대의 풍대와 같으며, 종자의 바(vā)는 속박을 벗어난 자유를 나타낸다.

형상: 적흑색. 관을 쓰고 갑옷을 입고, 천의를 걸치고, 오른손에는 지팡이 끝에 반달과 태양이 얹혀 있고, 번이 날리는 지팡이를 들고, 왼손은 주먹을 쥐어 허벅지 위에 올려놓고, 자리에 반가부좌를 하고 있다.

풍천 진언 / 실담 범자

로마자 표기: namo samanta buddhānāṃ vāyave svāhā.

한글음 표기: 나모 사만따 붇다남 바야베 스바하.

종자種子: 바(vā). 수인: 풍천인. 삼매야형: 당번.

바(vā)

15

최외원

(북방)

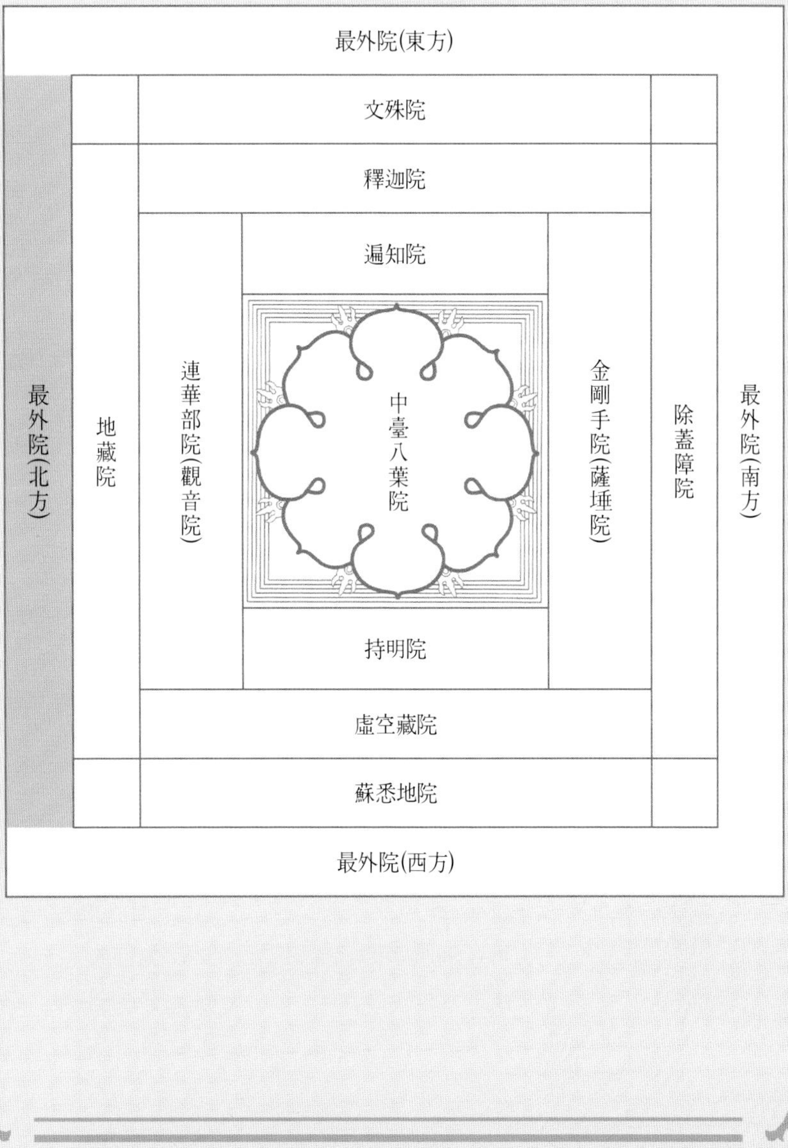

最外院(東方)
文殊院
釋迦院
遍知院
最外院(北方)
地藏院
連華部院(觀音院)
中臺八葉院
金剛手院(薩埵院)
除蓋障院
最外院(南方)
持明院
虛空藏院
蘇悉地院
最外院(西方)

최외원의 북방 왼쪽에는 361번 풍천권속으로부터 북동쪽의 412번 이사나천비까지 52존이 자리하고 있다. 중앙의 북문에는 북방의 수호신으로서 395번 비사문천과 391번 구비라가 수호하고 서 있다.

52존은 다음과 같다.

북방

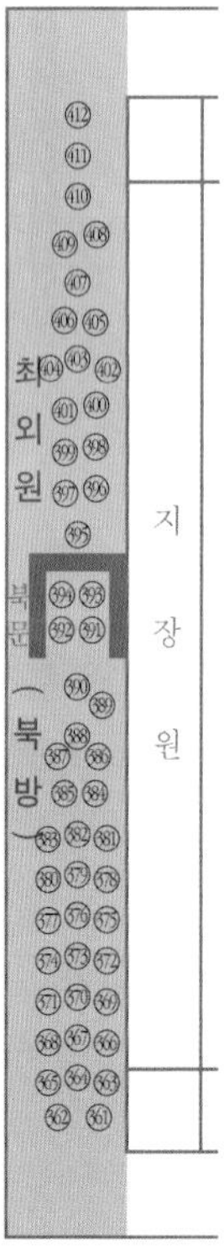

361. 풍천권속風天眷屬
387. 악천樂天
362. 풍천권속風天眷屬
388. 가천伽川
363. 광음천녀光音天女
389. 제석천비帝釋天妃
364. 광음천光音天
390. 제석천帝釋天
365. 광음천녀光音天女
391. 구비라俱肥羅
366. 대광음천녀大光音天女
392. 구비라녀俱肥羅女
367. 대광음천大光音天
393. 난타용왕難陀龍王
368. 대광음천녀大光音天女
394. 오파난타용왕烏波難陀龍王
369. 도솔천녀都率天女
395. 비사문천毘沙門天
370. 도솔천都率天
396. 성취지명선成就持明仙
371. 도솔천녀都率天女
397. 성취지명선녀成就持明仙女
372. 타화자재천녀他化自在天女
398. 허수許淑
373. 타화자재천他化自在天
399. 위수危宿
374. 타화자재천녀他化自在天女
400. 실수室宿
375. 지만천녀持鬘天女
401. 규수奎宿
376. 지만천持鬘天
402. 벽수壁宿
377. 지만천녀持鬘天女
403. 위수胃宿
378. 성취지명선녀成就持明仙女
404. 누수婁宿
379. 성취지명선成就持明仙
405. 소녀궁少女宮
380. 성취지명선녀成就持明仙女
406. 해궁蟹宮
381. 마후라가摩睺羅迦
407. 사자궁師子宮
382. 마후라가摩睺羅迦
408. 금궁金宮
383. 마후라가摩睺羅迦
409. 전귀戰鬼
384. 긴나라緊那羅
410. 비나야가毘那夜迦(歡喜天)
385. 긴나라緊那羅
411. 마하가라摩訶迦羅
386. 가천歌天
412. 이사나천비伊舍那天妃

367. 대광음천
368. 대광음천녀
366. 대광음천녀
365. 광음천녀
363. 광음천녀
364. 광음천
362. 풍천권속
361. 풍천권속

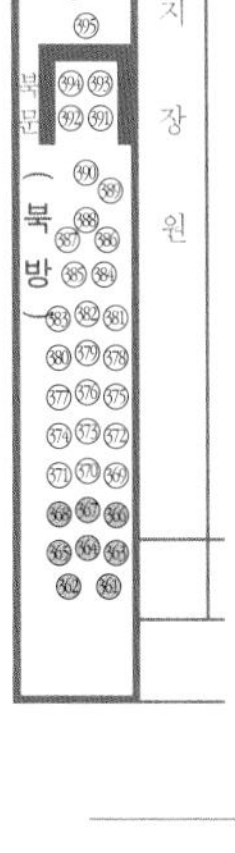
최외원
북문
(북방)
지장원

361. 풍천권속

(風天眷屬, 바야바, vāyava)

설명은 360번 풍천 참조.

형상: 살색. 동자형이며, 천의를 걸치고, 우수는 손가락을 구부려 가슴 앞에 두고, 왼손에는 끝에 해와 달이 있는 지팡이를 들고, 자리에 반가부좌를 하고 있다.

진언은 360번 풍천과 같다.

종자種子: 바(vā). 수인: 풍천인. 삼매야형: 당.

바(vā)

362. 풍천권속

(風天眷屬, 바야바, vāyava)

설명은 360번 참조.

형상: 살색. 동자형이며, 양손에 해와 달이 있는 지팡이를 들고 자리에 반가부좌를 하고 있다.

진언·종자·수인·삼매야형은 361과 같다.

363. 광음천녀

(光音天女, 아바스바라, ābhāsvarā)

광음천의 비妃를 말한다.

형상: 백살색. 오른손은 손가락이 하늘을 향하게 하여 허리에 두고, 왼손에는 연꽃을 들고, 반가부좌를 하고 있다.

진언은 211번 희면천 진언 참조.

종자種子: 아(a). 수인: 금강합장인. 삼매야형: 미개부연화.

아(a)

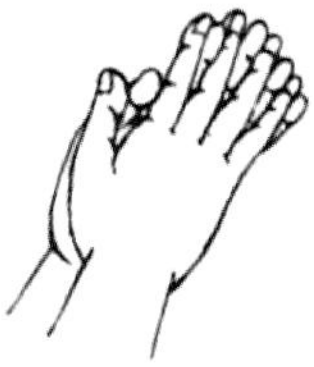

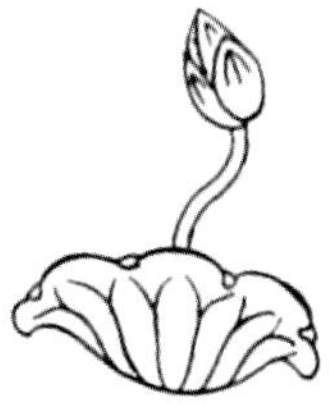

364. 광음천

(光音天, 아바스바라, ābhāsvara)

광음천은 색계의 제2선천에 위치하고, 아바스바라(ābhāsvara)에서 아바(ābha)는 광명을 말하고, 스바라(svara)는 언어·음성을 말하므로 광음이라 한다.

형상: 백살색. 천의를 걸치고, 오른손에는 연꽃을 들고, 왼손은 무명지와 소지를 구부려 가슴 앞에 두고, 반가부좌를 하고 있다.

진언은 211번 희면천 진언 참조.

종자種子: 아(a). 수인: 금강합장인. 삼매야형: 미개부연화.

아(a)

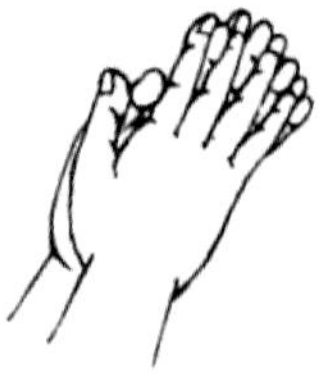

365. 광음천녀

(光音天女, 아바스바라, ābhāsvarā)

설명은 363번 광음천의 비妃와 같다.

형상: 백살색. 오른손은 허벅지에 두고, 왼손은 바닥이 위를 향하게 하여 가슴에 대고 있다.

진언은 211번 참조.

종자種子: 아(a). 수인: 금강합장인. 삼매야형: 미개부연화.

아(a)

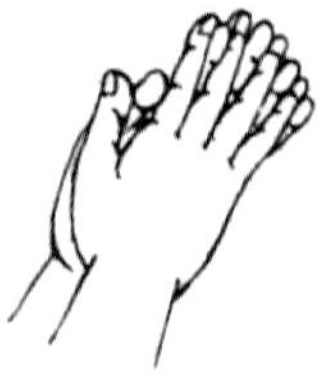

366. 대광음천녀
(大光音天女, 브리하다바스바라, bṛhadābhāsvarā)

대광음천의 비妃를 말한다.

형상: 백살색. 오른손은 배꼽에 두고, 왼손은 다리를 세워 팔꿈치를 대고 주먹을 쥐고 검지를 세워 가슴에 대고 있다.

진언은 211번 희면천 진언과 같다.

종자種子: 브리(bṛ). 수인: 금강합장인. 삼매야형: 조병.

브리(bṛ)

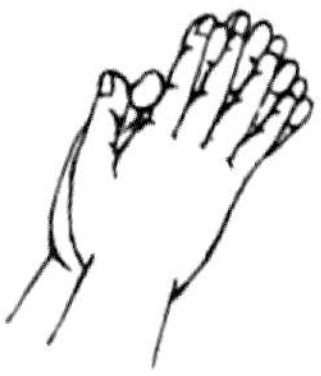

367. 대광음천
(大光音天, 브리하다바스바라, bṛhadābhāsvara)

색계의 제2선천에 위치한다. 광명과 음성이 특히 광대(브리하, bṛha)하다.

형상: 백살색. 오른손은 배꼽 앞에 병을 쥐고 있으며, 왼손은 검지를 세워 가슴에 대고 있다.

진언은 211번과 같다.

종자種子: 브리(bṛ). 수인: 금강합장인. 삼매야형: 조병.

브리(bṛ)

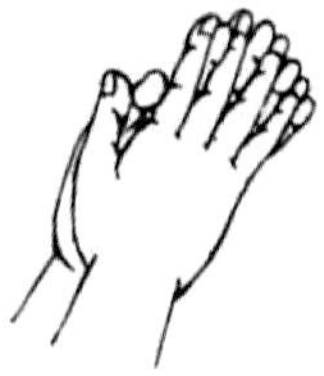

368. 대광음천녀
(大光音天女, 브리하다바스바라, bṛhadābhāsvarā)

대광음천의 비妃를 말한다.

형상: 백살색. 양손으로 미개부연화를 들고, 반가부좌를 하고 있다.

진언은 211번과 같다.

종자種子: 브리(bṛ). 수인: 금강합장인. 삼매야형: 조병.

브리(bṛ)

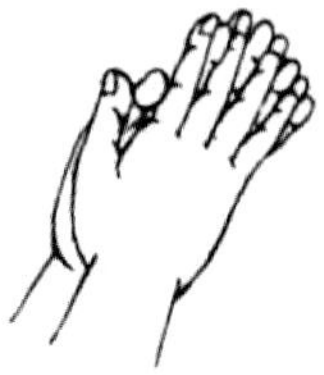

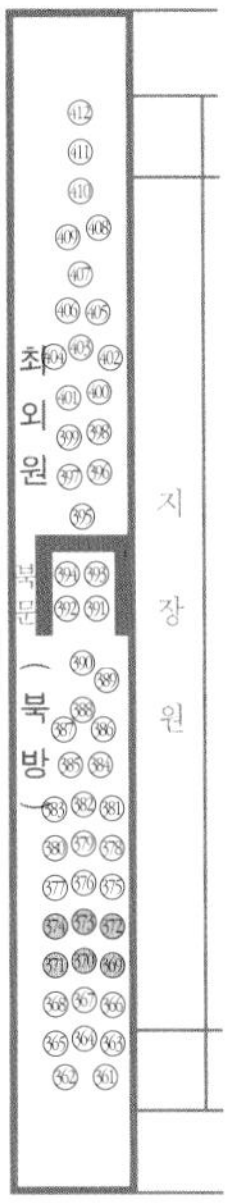

374. 타화자재천녀　373. 타화자재천　372. 타화자재천녀

371. 도솔천녀　370. 도솔천　369. 도솔천녀

369. 도솔천녀

(兜率天女, 뚜씨따, tuṣṭā)

도솔천의 비를 말한다.

형상: 백살색. 오른손에는 연꽃을 들고, 왼손은 옆으로 올려 중지와 무명지를 세우고 있다.

종자種子: 뚜(tu). 수인: 금강합장인. 삼매야형: 미개부연화.

뚜(tu)

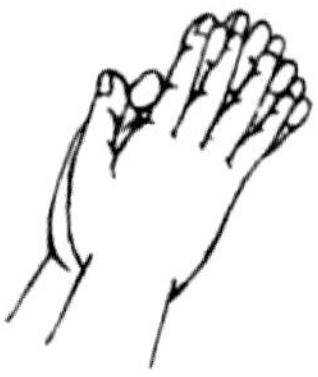

370. 도솔천

(兜率天, 뚜씨따, tuṣṭa)

도솔천은 욕계의 제4선천에 위치한다. 선정의 정도의 깊이에 따라서 이 하늘은 야마천과 타화자재천 사이에 있다. 그 경지는 5욕에 대하여 만족을 알기 때문에 희족천·지족천이라 하며, 이 도솔천은 미륵보살의 정토로 알려져 있다. 이 정토는 내원과 외원으로 나누어져 있고, 내원에서는 미륵보살이 사유하고 있으며, 56억 7천만 년 후의 미래세에 내려와 용화수 아래서 성도하고 세 번의 설법으로 모든 중생을 깨닫게 한다고 한다. 그것을 용화삼회 또는 미륵삼회彌勒三會라 한다.

형상: 백살색. 오른손에는 연꽃을 들고, 왼손은 주먹을 쥐어 허벅지에 올리고, 반가부좌를 하고 있다.

도솔천 진언 / 실담 범자

로마자 표기: tuṣitebhyaḥ svāhā.

한글음 표기: 뚜씨떼브야흐 스바하.

종자種子: 뚜(tu). 수인: 금강합장인. 삼매야형: 미개부연화.

뚜(tu)

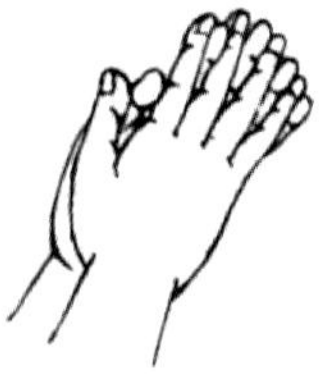

371. 도솔천녀

(兜率天女, 뚜씨따, tuṣṭā)

도솔천의 비를 말한다.

형상: 백살색. 오른손에는 연꽃을 들고, 왼손은 주먹을 쥐어 허벅지에 올려놓고 있다.

종자種子: 뚜(tu). 수인: 금강합장인. 삼매야형: 미개부연화.

뚜(tu)

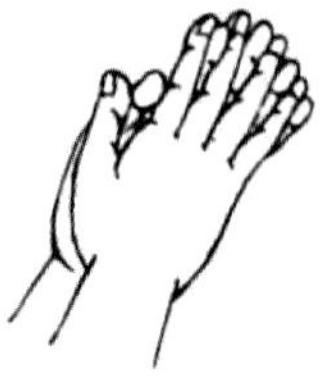

372. 타화자재천녀
(他化自在天女, 빠라니르미따바샤바르띠니, paranirmitavaśavartinī)

타화자재천의 비를 말한다.

형상: 살색. 오른손에는 연꽃을 들고, 왼손은 바닥이 아래로 향하게 하여 허벅지에 두고, 반가부좌를 하고 있다.

진언은 373번과 같다.

종자種子: 빠(pa). 수인: 금강합장인. 삼매야형: 활과 화살.

빠(pa)

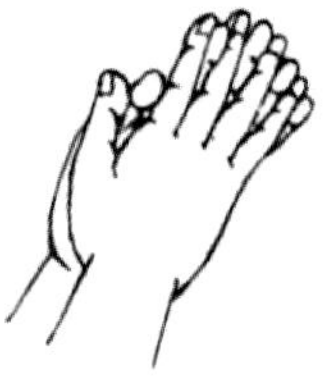

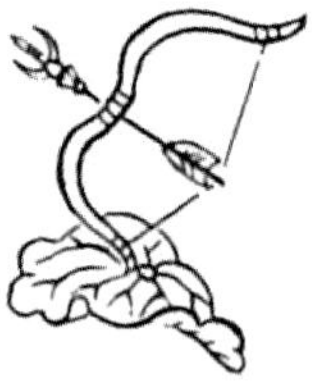

373. 타화자재천
(他化自在天, 빠라니르미따바샤바르띤, paranirmitavaśavartin)

타화자재천은 욕계 제6천을 말하고, 석가모니 부처님이 깨달음을 얻었을 때 마왕 파순波旬이 4마(번뇌마·사마·온마·천마)를 보내 성도를 방해하려 했지만 도리어 항복을 받았다. 그때의 천마가 타화자재천이다.

형상: 살색. 우수에는 화살을 잡고, 왼손에는 활을 잡고, 반가부좌를 하고 있다.

타화자재천 진언 / 실담 범자

로마자 표기: oṃ paranirmitaratibhyaḥ svāhā.

한글음 표기: 옴 빠라니르미따라띠브야흐 스바하.

종자種子: 빠(pa). 수인: 금강합장인. 삼매야형: 활과 화살.

빠(pa)

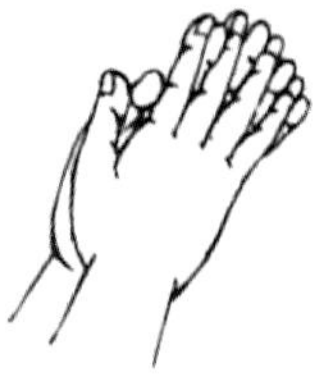

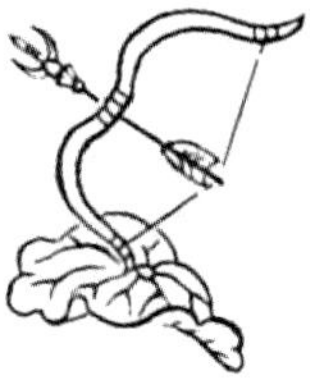

374. 타화자재천녀

(他化自在天女, 빠라니르미따바샤바르띠니, paranirmitavaśavartinī)

타화자재천의 비를 말한다.

형상: 살색. 오른손은 가슴 앞에 두고, 왼손에는 연꽃을 들고, 반가부좌를 하고 있다.

진언 · 종자 · 수인 · 삼매야형은 373번과 같다.

380. 성취지명선녀

378. 성취지명선녀

379. 성취지명선

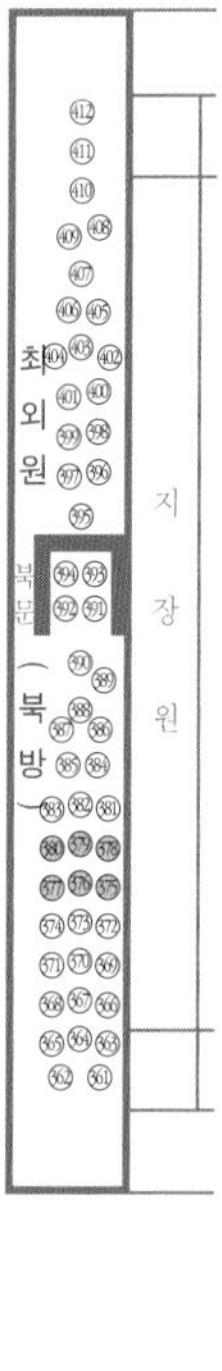

377. 지만천녀

375. 지만천녀

376. 지만천

375. 지만천녀

(持鬘天女, 마라다라, māladharā)

지만천녀는 지만천의 비妃를 말한다.

형상: 백살색. 오른손은 배꼽에 두고, 왼손은 무릎을 세워서 그 위에 연꽃을 들고 앉아 있다.

진언은 211번 희면천 진언과 같다.

종자種子: 로(ro). 수인: 금강합장인. 삼매야형: 청련화.

로(ro)

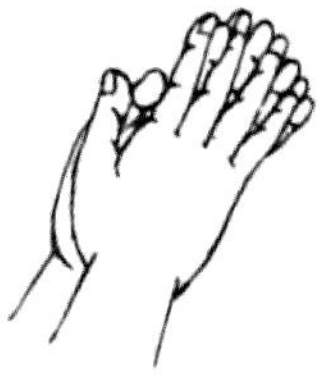

376. 지만천

(持鬘天, 마라다라, mālādhara)

지만천은 타화자재천의 권속이며, 마라다라(mālādhara)는 꽃을 든다는 의미를 지니고 있다.

형상: 백살색. 오른손은 어깨높이로 들어 올려 밖을 향해 손가락만 구부리고 있으며, 왼손에 연꽃을 들고, 반가부좌를 하고 있다.

진언은 211번과 같다.

종자種子: 로(ro).　　수인: 금강합장인.　　삼매야형: 청련화.

로(ro)

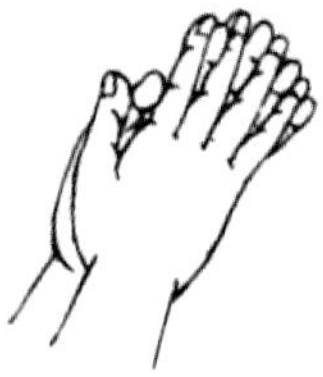

377. 지만천녀
(持鬘天女, 마라다라, māladharā)

지만천녀는 지만천의 비妃를 말한다.

형상: 백살색. 양손으로 연꽃을 들고, 반가부좌를 하고 있다.

진언·종자·수인·삼매야형은 375와 같다.

378. 성취지명선녀
(成就持明仙女, 싯다비드야다라, siddhavidyādharā)

성취지명선녀는 성취지명선의 비妃를 말한다.

형상: 살색. 오른손은 허벅지 위에 놓고, 왼손은 무릎을 세운 위에 놓고 엄지와 무명지를 구부려 대고 있으며, 자리에 앉아 있다.

진언은 379번 성취지명선과 동일하다.

종자種子: 시(si).　　수인: 성취지명선인.　　삼매야형: 미개부연화.

시(si)

379. 성취지명선
(成就持明仙, 싯다비드야다라, siddhavidyādhara)

성취지명선에서 싯다(siddha)는 선인을 말하고, 비드야(vidyā)는 밝음을 말한다. 불가사의한 힘을 가진 정령으로서 인간에게 친근한 존재이다.

형상: 살색. 오른손은 주먹을 쥐고 어깨높이로 올려놓고, 왼손은 연꽃을 들고 있으며, 자리에 반가부좌를 하고 있다.

성취지명선 진언 / 실담 범자

로마자 표기: namo samanta buddhānāṃ sidhavidyādharāṇāṃ svāhā.

한글음 표기: 나모 사만따 붇다남 싣다비드야다라남 스바하.

종자種子: 시(si). 수인: 성취지명선인. 삼매야형: 미개부연화.

시(si)

380. 성취지명선녀
(成就持明仙女, 싣다비드야다라, siddhavidyādharā)

성취지명선녀는 성취지명선의 비妃를 말한다.

형상: 살색. 왼손은 손바닥이 위로 가게 허벅지 위에 올려놓고, 오른손은 주먹을 쥐어 가슴 앞에 두고, 반가부좌를 하고 있다.

진언은 379번 성취지명선과 동일하다.

종자種子: 시(si). 수인: 성취지명선인. 삼매야형: 미개부연화.

시(si)

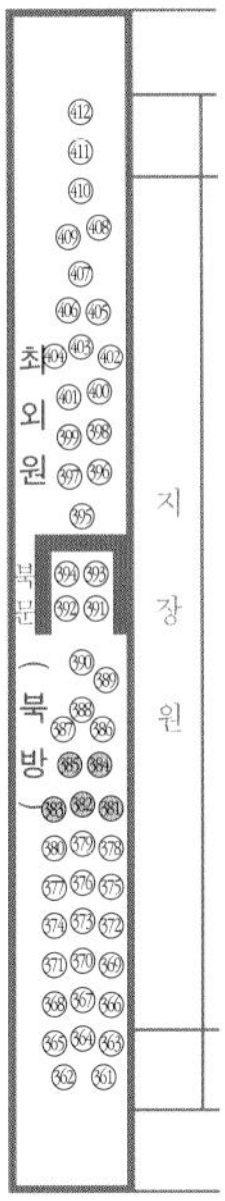

385. 긴나라

384. 긴나라

382. 마후라가

383. 마후라가

381. 마후라가

381. 마후라가

(摩睺羅伽, 마호라가, mahoraga)

설명은 832번 참조.

형상: 살색. 오른손은 바닥을 펴고 무명지와 약지를 구부려서 어깨높이로 올리고, 왼손은 허벅지 위에 올려놓고, 반가부좌를 하고 있다.

진언은 382번 마후라가와 동일하다.

종자種子: 마(ma). 수인: 연화합장인. 삼매야형: 악기(笛).

마(ma)

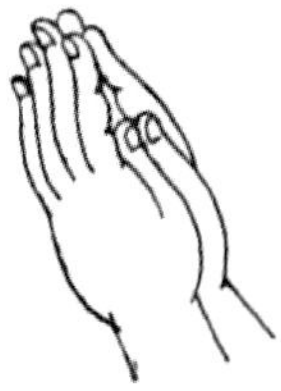

382. 마후라가

(摩睺羅伽, 마호라가, mahoraga)

마후라가는 천룡팔부天龍八部 중의 하나로, 큰 뱀을 뜻하며, 원래는 인간을 해치는 악신이었으나 부처님께 귀의한 후 불법을 외호하는 팔부중의 하나가 되었다.

형상: 살색. 천의를 걸치고, 양손으로 천의를 붙잡고, 좌측 무릎을 세우고, 자리에 앉아 있다.

마후라가 진언 / 실담 범자

로마자 표기: namo samanta buddhānāṃ ga ra laṃ svāhā.

한글음 표기: 나모 사만따 붇다남 가 라 람 스바하.

종자種子: 마(ma). 수인: 연화합장인. 삼매야형: 악기(笛).

마(ma)

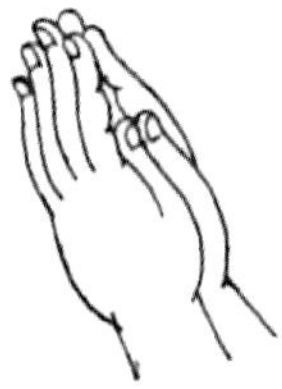

383. 마후라가

(摩睺羅伽, 마호라가, mahoraga)

설명은 382번 마후라가 참조.

형상: 살색. 양손으로 피리를 불며 반가부좌를 하고 있다.

진언 · 종자 · 수인 · 삼매야형은 382번과 동일하다.

384. 긴나라

(緊那羅, 낌나라, kiṃnara)

긴나라는 천룡팔부 중의 하나이다. 한역으로는 인비인人非人이라 하고, 건달바와 함께 제석천의 음악을 맡아 연주하는 신이라 한다.

형상: 살색. 천의를 걸치고, 양 무릎 위에 장구를 올려놓고 양손으로 치며, 반가부좌를 하고 있다.

긴나라 진언 / 실담 범자

로마자 표기: namo samanta buddhānāṃ hāsānāṃ vihāsānāṃ kiṃnarānāṃ svāhā.

한글음 표기: 나모 사만따 붇다남 하사남 비하사남 낌나라남 스바하.

종자種子: 끼(ki). 수인: 연화합장인. 삼매야형: 악기(鼓).

끼(ki)

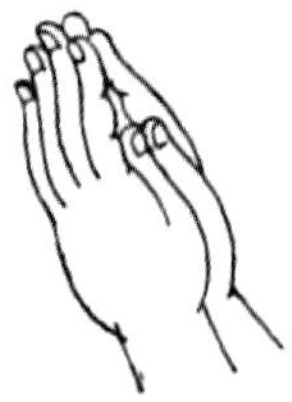

385. 긴나라

(緊那羅, 낌나라, kiṃnara)

설명은 384번 참조.

형상: 살색. 양 무릎 앞에 2개의 북을 세워두고 양손으로 북을 치고 있다.

진언은 384번과 동일하다.

종자種子: 끼(ki). 수인: 연화합장인. 삼매야형: 악기(兩鼓).

끼(ki)

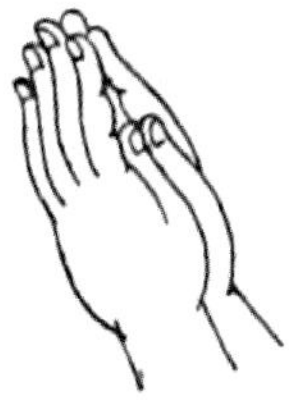

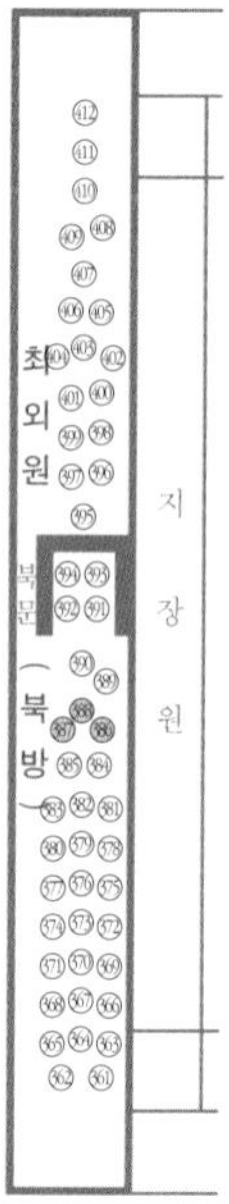

387. 악천

386. 가천

388. 가천

386. 가천

(歌天, 기따데바따, gītādevatā)

가천은 천계의 음악신인 긴나라와 동일시되고 있다.

형상: 살색. 우측 무릎 앞에 북을 놓고, 오른손은 북을 치고, 왼손에는 북채를 어깨에 올려놓고, 자리에 앉아 있다.

진언은 384번과 동일하다.

종자種子: 기(gi). 수인: 연화합장인. 삼매야형: 악기(鼓).

기(gi)

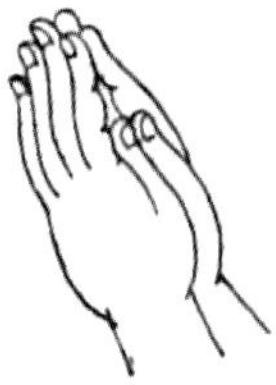

387. 악천

(樂天, 바드야데바따, vādyadevatā)

악천은 명왕녀라는 설이 있다.

형상: 살색. 방울을 가지고 서서 춤을 추고 있다.

악천 진언 / 실담 범자

로마자 표기: namo samanta buddhānāṃ viśuddhasvaravāhini svāhā.

한글음 표기: 나모 사만따 붇다남 비슏다스바라바히니 스바하.

종자種子: 바(vā). 수인: 연화합장인. 삼매야형: 악기 방울.

바(vā)

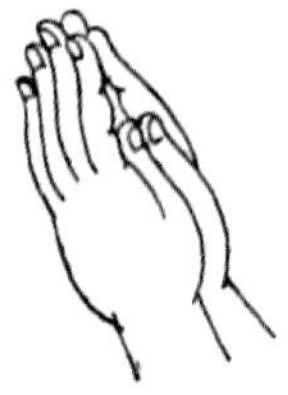

388. 가천

(歌天, 기따데바따, gītādevatā)

가천은 천계의 음악신인 긴나라와 동일시되고 있다.

형상: 살색. 자리에 앉아서 피리를 불고 있다.

진언은 387번과 동일하다.

종자種子: 기(gi). 수인: 연화합장인. 삼매야형: 피리(笛).

기(gi)

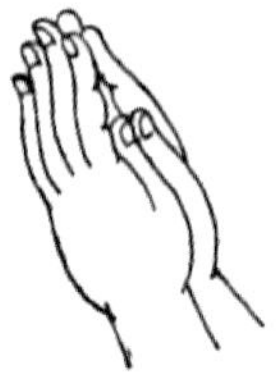

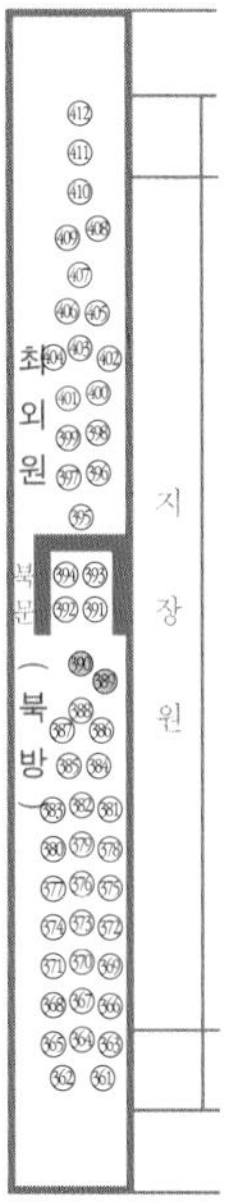

390. 제석천

389. 제석천비

389. 제석천비
(帝釋天妃, 아인드리, anidrī)

제석천비는 칠모천七母天의 하나이다. 칠모천은 염마천의 권속으로 남방에 자리하고 있다.

형상: 살색. 무릎을 꿇고, 꽃을 들어 제석천에게 바치는 형상을 하고 있다.

진언은 390번과 동일하다.

종자種子: 에(e).

에(e)

수인: 제석천인.

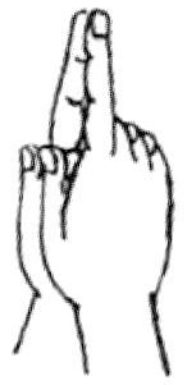

삼매야형: 함연화含蓮花.

390. 제석천
(帝釋天, 인드라, indra)

제석천은 12천의 하나이며, 8방천의 하나로서 동방을 수호하지만(224번 제석천), 390번으로 북방을 수호하기도 한다.

형상: 황색. 보관을 쓰고, 갈마의를 착용하고, 천의를 걸치고, 제3의 눈을 가졌으며, 오른손에는 독고저를 가지고, 왼손은 주먹을 쥐어 허벅지에 두고, 산 정상에 앉아 있다.

제석천 진언 / 실담 범자

로마자 표기: namo samanta buddhānāṃ śakrāya svāhā.

한글음 표기: 나모 사만따 붇다남 샤끄라야 스바하.

종자種子: 이(ī).　　수인: 제석천인.　　삼매야형: 독고저.

이(ī)

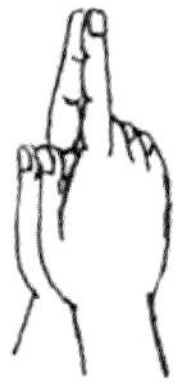

394. 오파난타용왕

393. 난타용왕

392. 구비라녀

391. 구비라

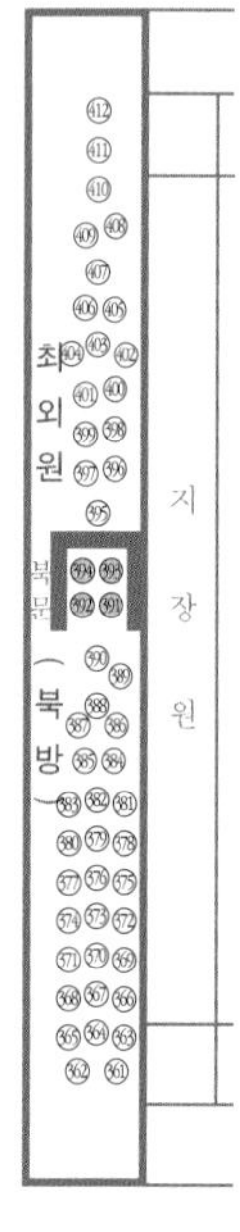

391. 구비라
(俱毘羅, 꾸베라, kubera)

구비라는 비사문천毘沙門天과 동일시된다. 재보財寶의 하늘로서 북방을 수호하고, 야차藥叉를 지배하는 우두머리다.

형상: 살색. 오른손에는 칼을 가지고, 왼손은 바닥이 위로 향하여 손가락을 구부려 허벅지에 두고, 반가부좌를 하고 있다.

구비라 진언 /실담 범자

로마자 표기: namo samanta buddhānāṃ yakṣeśvara svāhā.

한글음 표기: 나모 사만따 붇다남 야끄세슈바라 스바하.

종자種子: 꾸(ku).

꾸(ku)

수인: 구비라인.

삼매야형: 검劍.

392. 구비라녀
(俱毘羅女, 꾸베라, kuberā)

구비라녀는 구비라의 여존을 말한다. 진언의 야끄싸(yakṣa)는 신통력을 갖추고 있다는 뜻이다. 그 신통력으로 북문을 수호하고 있다.

형상: 살색. 오른손에는 봉을 쥐고, 왼손은 손을 펴서 바닥이 아래로 향하게 하여 허벅지에 두고, 반가부좌를 하고 있다.

구비라녀 진언 / 실담 범자

로마자 표기: namo samanta buddhānāṃ yakṣa vidyādhari svāhā.

한글음 표기: 나모 사만따 붇다남 야끄싸 비드야다리 스바하.

종자種子: 꾸(ku). 수인: 구비라녀인. 삼매야형: 정골頂骨.

꾸(ku)

393. 난타용왕
(難陀龍王, 난다, nanda)

해석은 338번 참조. 북문을 수호하고 있다.

형상: 살색. 머리 위에 7마리의 용이 있으며, 오른손에는 검을 가지고, 왼손은 주먹을 쥐고 중지만 펴서 허벅지 위에 놓고, 자리에 반가부좌를 하고 있다.

난타용왕 진언 / 실담 범자

로마자 표기: namo samanta buddhānāṃ nandāya svāhā.

한글음 표기: 나모 사만따 붇다남 난다야 스바하.

종자種子: 나(na).

나(na)

수인: 제용인.

삼매야형: 검劍.

394. 오파난타용왕
(烏波難陀龍王, 우빠난다, upananda)

설명은 339번 참조.

형상: 살색. 머리 위에 7마리의 용이 있으며, 오른손은 펴서 오른쪽 허벅지에 올려놓고, 왼손은 연꽃을 들고, 자리에 반가부좌를 하고 있다.

진언은 339번 오파난타용왕과 동일하다.

종자種子: 우(u). 수인: 제용인. 삼매야형: 검.

우(u)

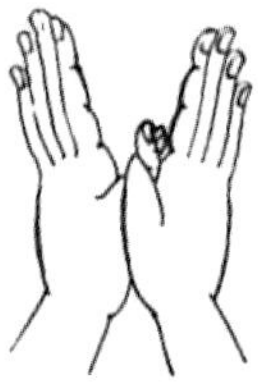

396. 성취지명선

397. 성취지명선녀

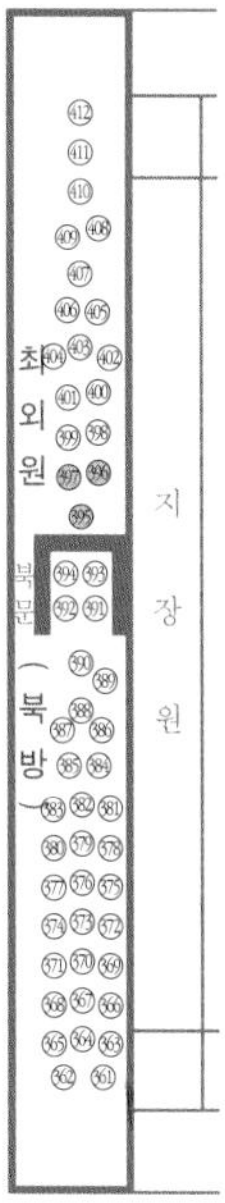

395. 비사문천

395. 비사문천

(毘沙門天, 바이슈라바나, vaiśravaṇa)

비사문천은 사천왕 중의 하나이다. 또한 8방천, 12천의 하나로 북방을 수호한다. 문천이라고도 번역한다. 원래는 힌두교 신으로 재보財寶를 담당하며, 꾸베라(kubera)신과 같다. 불교에 귀의하여 수미산의 제4층에 거주하고, 4천왕의 하나로 약차와 라리를 거느리고 북방을 수호한다. 주로 재복을 수여하는 힘을 가졌다.

형상: 황살색. 투구를 쓰고 갑옷을 입고, 천의를 걸치고, 오른손에는 보봉을 들고, 왼손에는 보탑을 들고, 자리에 반가부좌를 하고 있다.

비사문천 진언 / 실담 범자

로마자 표기: namo samanta buddhānāṃ vaiśravaṇāya svāhā.

한글음 표기: 나모 사만따 붇다남 바이슈라바나야 스바하.

종자種子: 바이(vai). 수인: 비사문천인. 삼매야형: 보탑.

바이(vai)

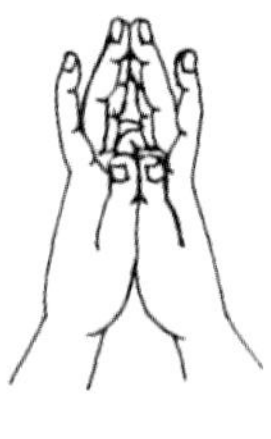

396. 성취지명선
(成就持明仙, 싣다비드야다라, siddhavidyādhara)

설명은 379번 성취지명선 참조.

형상: 살색. 천의를 걸치고, 등 뒤는 활활 타는 화염광火炎光이 있고, 오른손은 검을 가지고, 왼손은 주먹을 쥐고 허벅지에 올려놓고, 반가부좌를 하고 있다.

진언은 379번 성취지명선과 동일하다.

종자種子: 시(si). 수인: 성취지명선인. 삼매야형: 미개부연화.

시(si)

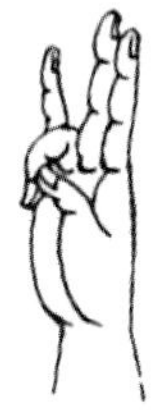

397. 성취지명선녀
(成就持明仙女, 싣다비드야다라, siddhavidyādharā)

설명은 380번 성취지명선녀의 참조.

형상: 백살색. 우수에는 검을 들고, 좌수는 검지를 세워 구부려 올리고, 연화 자리에 서 있다.

진언·종자·수인·삼매야형은 396번과 동일하다.

403. 위수
402. 벽수
404. 누수
400. 실수
401. 규수
399. 위수
398. 허수

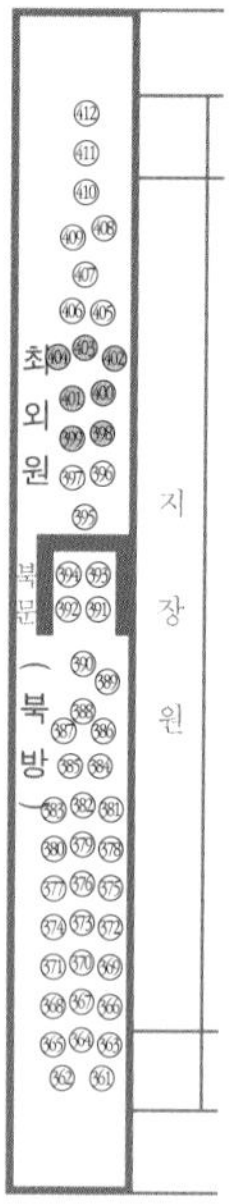
최외원
(북방)
지장원

398. 허수

(虛宿, 다니쓰타, dhaniṣṭhā)

허수는 28수의 하나이다. 두 개의 별로 이루어져 있으며, 현병궁에 자리한다. 다니쓰타(dhaniṣṭhā)는 가장 부유하다는 의미이다. 또는 극심한 탐貪의 결과를 말하기도 한다. 그래서 탐재貪財라고도 한다.

형상: 살색. 오른손에 연꽃을 가지고, 왼손은 허벅지 위에 두고, 반가부좌를 하고 있다.

허수 진언 / 실담 범자

로마자 표기: namo samanta buddhānāṃ dhaniṣṭhānakṣatra svāhā.

한글음 표기: 나모 사만따 붇다남 다니쓰타나끄싸뜨라 스바하.

종자種子: 다(dha). 수인: 28수인. 삼매야형: 연꽃 위에 별.

다(dha)

399. 위수
(危宿, 사따디싸, satadhiṣā)

위수는 28수의 하나이다. 세 개의 별로 이루어져 있으며, 현병궁(수병좌)에 자리하고 있다. 사따디싸(satadhiṣā)는 백가지 약, 또는 독으로도 해석한다.

형상: 살색. 오른손은 연꽃을 들고, 왼손은 연꽃 대를 받치고, 반가부좌를 하고 있다.

위수 진언 / 실담 범자

로마자 표기: namo samanta buddhānāṃ śatadhiṣānakṣatra svāhā.

한글음 표기: 나모 사만따 붇다남 샤따디싸나끄싸뜨라 스바하.

종자種子: 샤(śa). 수인: 28수인. 삼매야형: 연꽃 위에 별.

샤(śa)

400. 실수
(室宿, 뿌르바바드라빠다, pūrvabhadrapadā)

실수는 28수의 하나로, 8개의 별로 이루어져 있으며, 402번 벽수와 한 쌍이 된다.

형상: 살색. 오른손은 연꽃을 들고, 왼손은 바닥을 위로 향하게 하여 가슴 앞에 두고, 반가부좌를 하고 있다.

실수 진언 / 실담 범자

로마자 표기: namo samanta buddhānāṃ pūrvabhadrapadānakṣatra svāhā.

한글음 표기: 나모 사만따 붇다남 뿌르바바드라빠다나끄싸뜨라 스바하.

종자種子: 바(bha). 수인: 28수인. 삼매야형: 연꽃 위에 별.

바(bha)

401. 규수
(奎宿, 레바티, revatī)

규수는 28수의 하나이다. 16개의 별로 이루어져 있으며, 쌍어궁(어좌)에 자리하고 있다.

형상: 살색. 양손으로 연꽃을 들고, 자리에 반가부좌를 하고 있다.

규수 진언 / 실담 범자

로마자 표기: namo samanta buddhānāṃ revatīnakṣatra svāhā.

한글음 표기: 나모 사만따 붇다남 네바띠나끄싸뜨라 스바하.

종자種子: 레(re). 수인: 28수인. 삼매야형: 연꽃 위에 별.

레(re)

402. 벽수
(壁宿, 욷따라바드라빠다, uttarabhadrapadā)

벽수는 28수의 하나이며, 2개의 별로 이루어져 있다. 욷따라(uttara)는 뒤에, 또는 아래라는 의미이다.

형상: 살색. 오른손에는 연꽃을 들고, 왼손은 바닥을 앞을 향하게 하여 다리 위에 두고, 자리에 반가부좌를 하고 있다.

벽숙 진언 / 실담 범자

로마자 표기: namo samanta buddhānāṃ uttarabhadrapadānakṣatra svāhā.
한글음 표기: 나모 사만따 붇다남 욷따라바드라빠다나끄싸뜨라 스바하.

종자種子: 샤(śa).　　수인: 28수인.　　삼매야형: 연꽃 위에 별.

샤(śa)

403. 위수

(胃宿, 바라니, bharaṇī)

위수는 28수의 하나이다. 2개의 별로 이루어져 있으며, 백양궁(목양좌)에 자리한다.

형상: 살색. 오른손에는 연꽃을 들고, 왼손은 바닥을 앞을 향하게 하여 연꽃 대를 받치고, 자리에 반가부좌를 하고 있다.

위수 진언 /실담 범자

로마자 표기: namo samanta buddhānāṃ dharaṇīnakṣatra svāhā.

한글음 표기: 나모 사만따 붇다남 다라니나끄싸뜨라 스바하.

종자種子: 바(bha).　　수인: 28수인.　　삼매야형: 연꽃 위에 별.

바(bha)

404. 누수

(婁宿, 아슈비니, aśvinī)

누수는 28수의 하나이다. 3개의 별로 이루어져 있으며, 백양궁(목양牧羊좌)에 자리한다.

형상: 살색. 오른손에는 연꽃을 들고, 왼손은 바닥을 위로 향하게 하여 옆으로 뻗고, 자리에 반가부좌를 하고 있다.

누수 진언 / 실담 범자

로마자 표기: namo samanta buddhānāṃ aśvinīnakṣatra svāhā.

한글음 표기: 나모 사만따 붇다남 아스비니나끄싸뜨라 스바하.

종자種子: 아(a). 수인: 28수인. 삼매야형: 연꽃 위에 별.

아(a)

409. 전귀

408. 금요

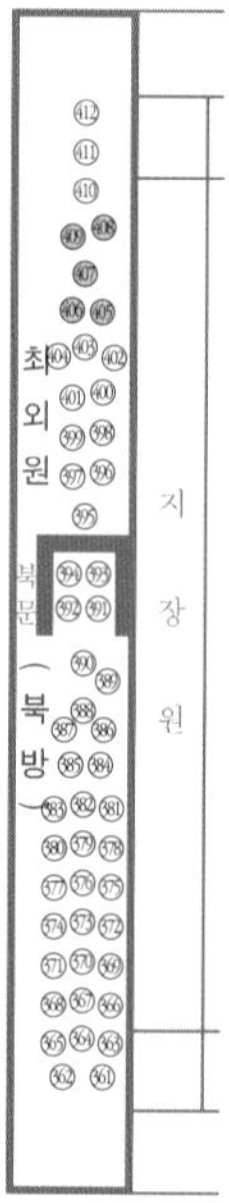

407. 사자궁

406. 해궁

405. 소녀궁

405. 소녀궁

(少女宮, 깐야, kanyā)

소녀궁은 12궁의 하나로, 쌍녀궁·여궁이라고도 한다. 을녀좌, 황도(태양의 궤도)의 7월에 해당한다.

형상: 살색. 오른손은 바닥이 위를 향하고 가슴높이로 올려 손끝이 밖을 향하고, 왼손은 바닥을 위로 향하게 하여 허벅지에 두고, 자리에 반가부좌를 하고 있다.

소녀궁 진언 / 실담 범자

로마자 표기: namo samanta buddhānāṃ kanyāpataye svāhā.

한글음 표기: 나모 사만따 붇다남 깐야빠따예 스바하.

종자種子: 까(ka). 수인: 제요인. 삼매야형: 궁전.

까(ka)

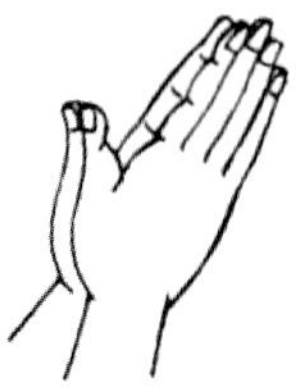

406. 해궁
(蟹宮, 까르까따까. karkaṭāka)

해궁은 12궁의 하나로, 거해궁·방해궁螃蟹宮이라고도 한다. 해좌(蟹座: 게 별자리), 황도(태양의궤도)의 6월에 해당한다.

형상: 백살색. 거대한 게 모양이다.

해궁 진언 / 실담 범자

로마자 표기: namo samanta buddhānāṃ karkaṭākapataye svāhā.

한글음 표기: 나모 사만따 붇다남 까르까따까빠따예 스바하.

종자種子: 까(ka). 수인: 제요인. 삼매야형: 궁전.

까(ka)

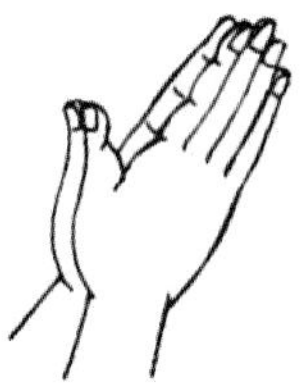

407. 사자궁

(師子宮, 심하, siṃha)

사자궁은 12궁의 하나로, 사자좌, 황도(黃道, 태양의 궤도)의 7월에 해당한다.

형상: 금색. 거대한 사자의 모습이다.

사자궁 진언 / 실담 범자

로마자 표기: namo samanta buddhānāṃ siṃhapataye svāhā.

한글음 표기: 나모 사만따 붇다남 심하빠따에 스바하.

종자種子: 시(si). 수인: 제요인. 삼매야형: 궁전.

시(si)

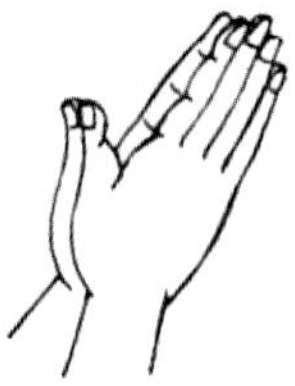

408. 금요
(金曜, 슈끄라, śukra)

금요는 7요, 9집의 하나로, 금성·태백·장경이라고도 한다.

형상: 살색. 천의를 걸치고, 오른손은 가슴에 대고, 왼손은 옆으로 올려서 네 손가락을 구부리고, 반가부좌를 하고 있다.

금요 진언 / 실담 범자

로마자 표기: oṃ śukraśri svāhā.

한글음 표기: 옴 슈끄라쉬리 스바하.

종자種子: 슈(śu).　　수인: 제요인.　　삼매야형: 병 위에 별.

슈(śu)

409. 전귀

(戰鬼, 깜빠, kampa)

깜빠(kampa)는 진동·지진 등을 의미한다. 그래서 전귀는 싸운다는 뜻이 아니라, 부들부들 떨고 떨어서 상대를 제압한다는 의미다.

형상: 살색. 보관을 쓰고, 갈마의 입고, 오색구름을 타고, 홀笏을 양손으로 집고 있다.

전귀 진언은 211번과 동일하다.

종자種子: 깜(kaṃ).　수인: 금강합장인.　삼매야형: 홀笏.

깜(kaṃ)

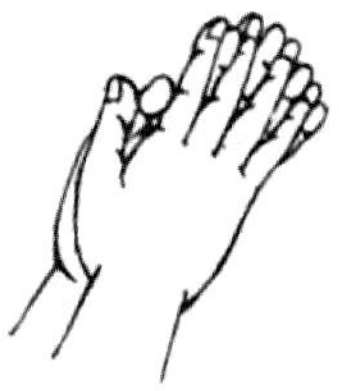

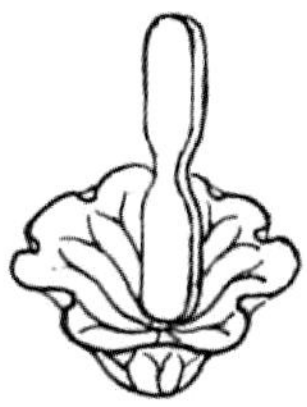

412. 이사나천비

411. 마하가라

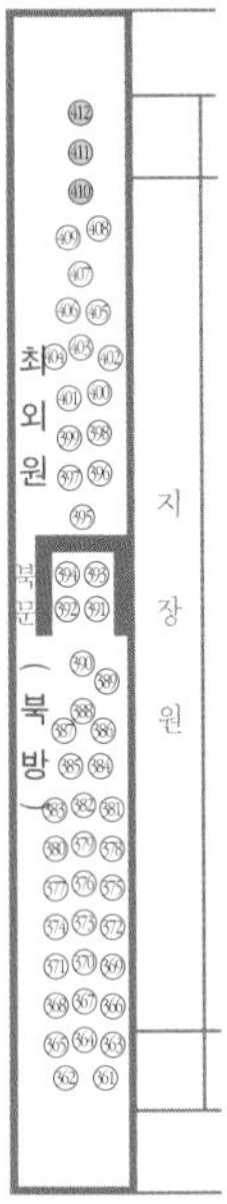

410. 비나야가

410. 비나야가
(毘那夜迦, 비나야까, vināyaka)

비나야가는 환희천(歡喜天, gaṇapati, ganeśa)을 말하기도 한다. 환희천은 대자재천大自在天의 집단을 통솔하는 대장大將이며, 그 집단이란 대자재천과 그의 아내 오마와 3천의 자식들을 말한다. 그중에 악업을 짓고 장애를 가진 일천오백 자식들을 비나야가라고 하는데, 환희천은 그 주인이라고 한다.

형상: 백살색. 인신상두人身象頭이며, 오른손에는 갈고리 창을 들고, 왼손에는 당근을 쥐고, 자리에 반가부좌를 하고 있다.

비나야가 진언 / 실담 범자

로마자 표기: oṃ mahāgaṇapataye svāhā.

한글음 표기: 옴 마하가나빠따에 스바하.

종자種子: 비(vi).　　수인: 비나야가인.　　삼매야형: 대근大根.

비(vi)

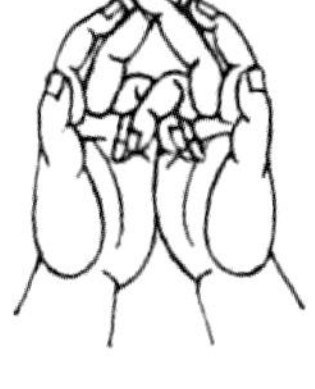

411. 마하가라

(摩訶迦羅, 마하까라, mahākāla)

마하가라에서 마하(mahā)는 크다, 까라(kāla)는 검정색을 말한다. 즉 거대한 검은 존尊이라는 뜻으로, 대흑천을 말한다. 대흑천은 대자재천의 변화신變化身으로서 전투의 신 · 재복財福의 신이며, 유명계幽冥界의 신의 성격을 부여받고 있다

형상: 흑색. 3면三面 6비六臂로, 가운데 얼굴은 삼목三目이고, 머리에 뱀을 이고, 좌우 면의 머리에는 두개골을 이고, 좌우 제1손은 삼고저 칼을 들고, 우측 제2수는 사람의 머리카락을 잡고, 좌측 제2수는 양의 뿔을 잡고, 제3 양손은 코끼리 가죽을 들어 등에 올리고, 뱀을 양팔과 목에 걸고, 자리에 반가부좌를 하고 있다.

마하가라 진언 / 실담 범자

로마자 표기: oṃ mahākālāya svāhā.

한글음 표기: 옴 마하까라야 스바하.

종자種子: 마(ma).

마(ma)

수인: 대흑천인.

삼매야형: 대.

412. 이사나천비

(伊舍那天妃, 이샤니, īśānī)

이사나천비는 상갈라후라고도 한다.

형상: 적 살색. 오른손에는 발기鉢器를 들고, 왼손에는 삼고저 창을 가지고, 반가부좌를 하고 있다.

이사나천비 진언 / 실담 범자

로마자 표기: oṃ umādevi svāhā.

한글음 표기: 옴 우마데비 스바하.

종자種子: 이(i).

이(i)

수인: 이사나천비인.

삼매야형: 삼고창.

범어 실담자 쓰는 법

쇠모서 진언집

한자음역: 阿아
로마자 표기: a
한글음: 아
글자의 의미: 本不生

쇠모서 진언집

한자음역: 阿引아인
로마자 표기: ā
한글음: 아
글자의 의미: 寂靜(虛空)

쇠모서 진언집

한자음역: 伊이
로마자 표기: i
한글음: 이
글자의 의미: 根

쇠모서 진언집

한자음역: 伊引
로마자 표기: ī
한글음: 이
글자의 의미: 災禍

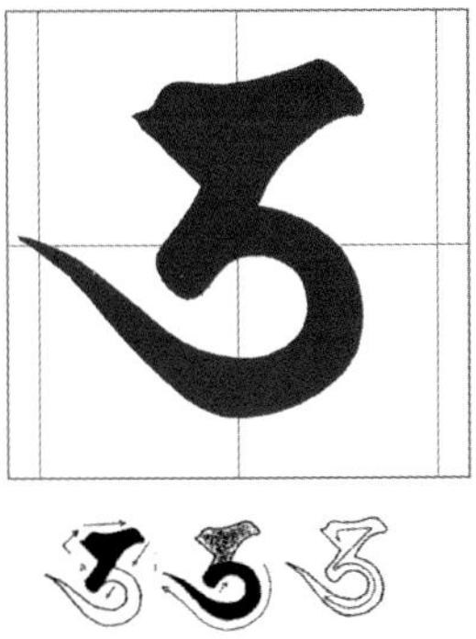

쇠모서 진언집

한자음역: 塢오
로마자 표기: u
한글음: 우
글자의 의미: 譬喩

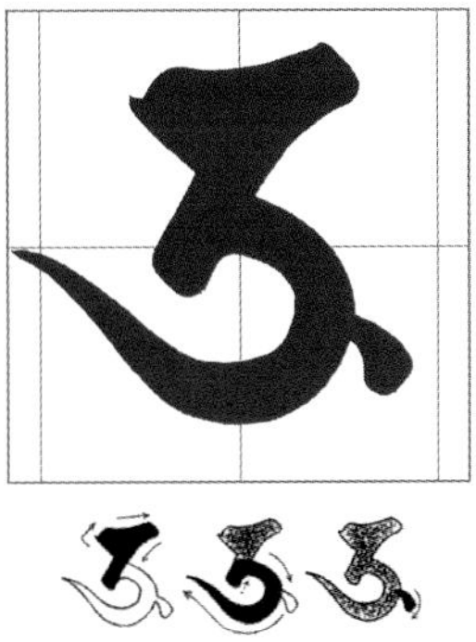

쇠모서 진언집

한자음역: 汚引
로마자 표기: ū
한글음: 우
글자의 의미: 損減

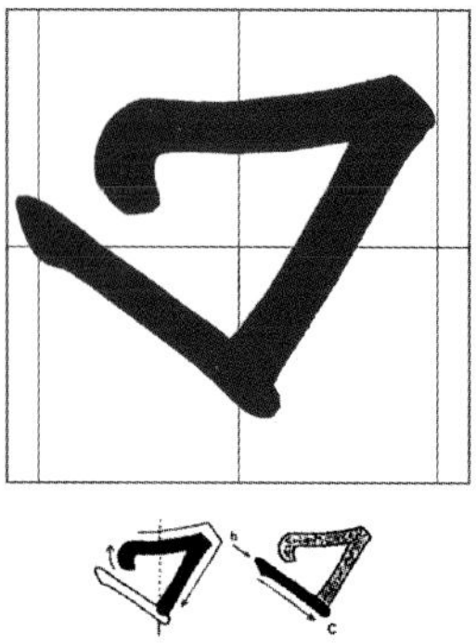

쇠모서 진언집

한자음역: 曀에
로마자 표기: e
한글음: 에
글자의 의미: 求

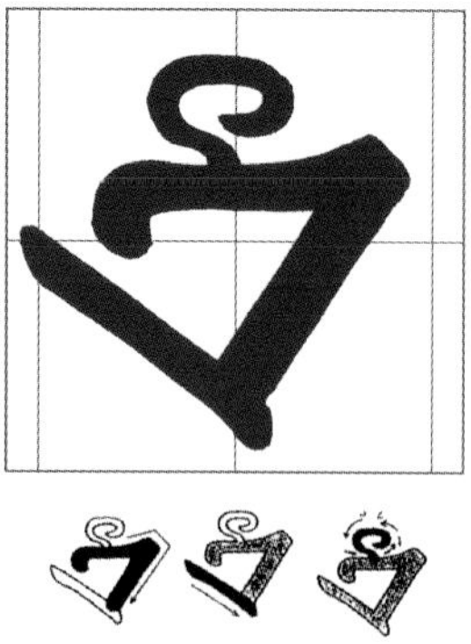

쇠모서 진언집

한자음역: 愛애
로마자 표기: ai
한글음: 아이
글자의 의미: 自在(自相)

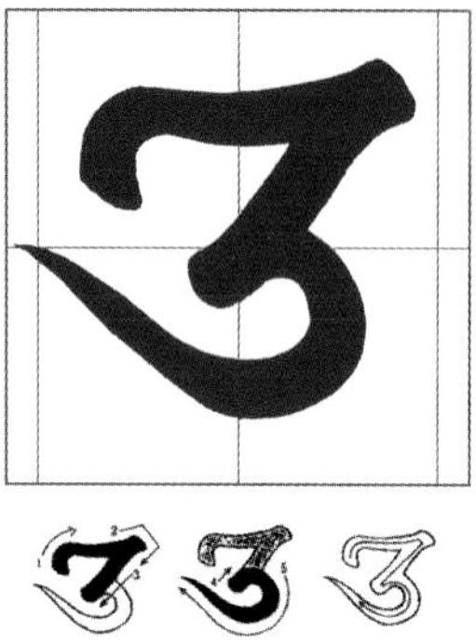

쇠모서 진언집

한자음역: 汚오
로마자 표기: o
한글음: 오
글자의 의미: 瀑流

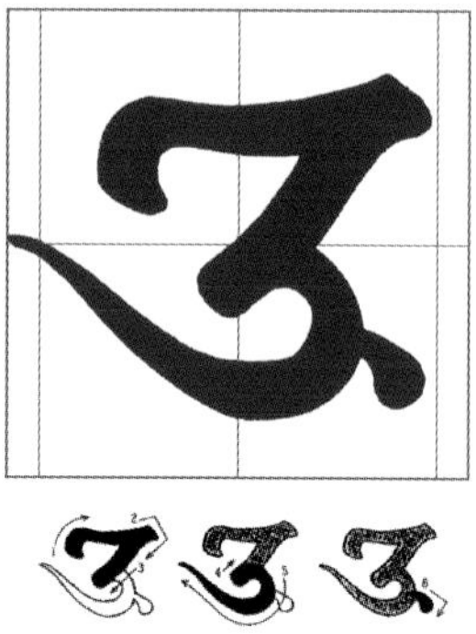

쇠모서 진언집

한자음역: 奧
로마자 표기: au
한글음: 아우
글자의 의미: 化生(變化)

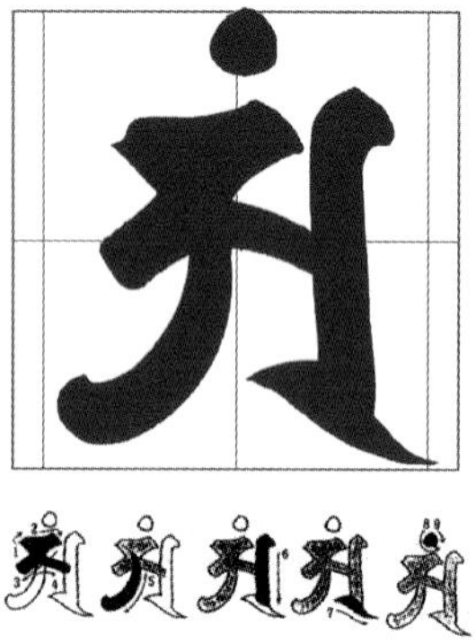

쇠모서 진언집

한자음역: 闇암
로마자 표기: aṃ
한글음: 앙
글자의 의미: 邊際

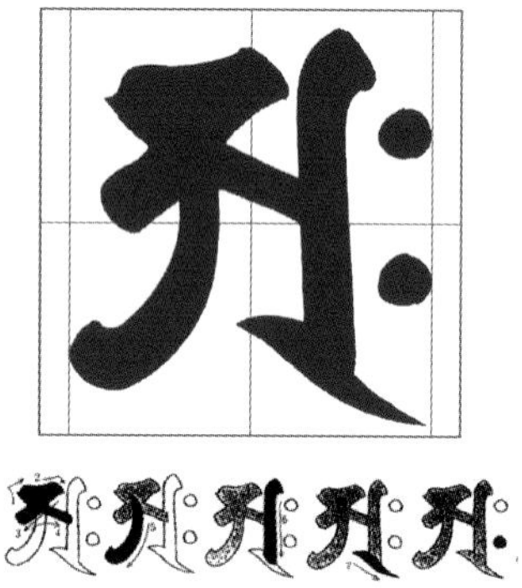

쇠모서 진언집

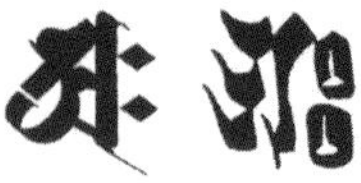

한자음역: 惡악
로마자 표기: aḥ
한글음: 아하
글자의 의미: 遠離

쇠모서 진언집

한자음역: 哩리
로마자 표기: ṛ
한글음: 리
글자의 의미: 神通

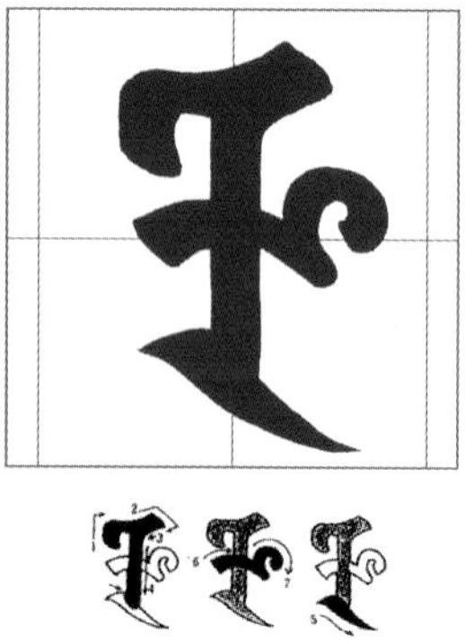

쇠모서 진언집

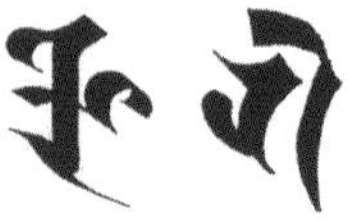

한자음역: 哩引리인
로마자 표기: ṝ
한글음: 리
글자의 의미: 類例

쇠모서　　진언집

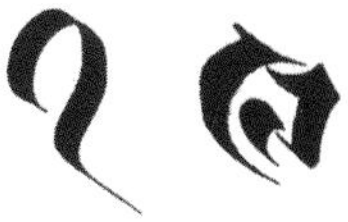

한자음역: 㖨여
로마자 표기: ḷ
한글음: 리
글자의 의미: 染

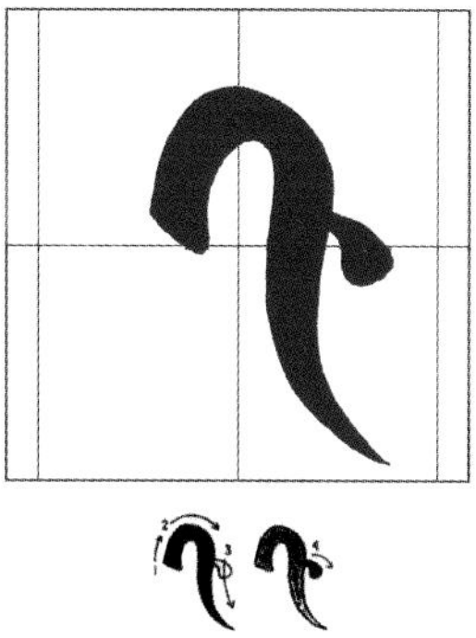

쇠모서　　진언집

한자음역: 嚧로
로마자 표기: ḹ
한글음: 리
글자의 의미: 沈沒

쇠모서　　진언집

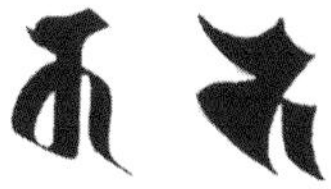

한자음역: 迦가
로마자 표기: ka
한글음: 까
글자의 의미: 離作業(作業)

쇠모서　　진언집

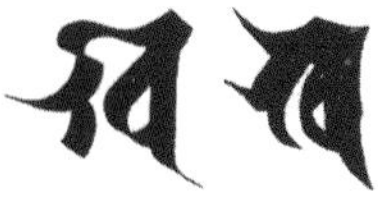

한자음역: 佉거
로마자 표기: kha
한글음: 카
글자의 의미: 等虛空

쇠모서　　진언집

한자음역: 誐아
로마자 표기: ga
한글음: 가
글자의 의미: 行

쇠모서　　진언집

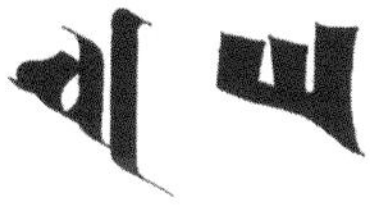

한자음역: 伽가
로마자 표기: gha
한글음: 가
글자의 의미: 一合(一合相)

쇠모서　　진언집

한자음역: 仰앙
로마자 표기: ṅa
한글음: 앙
글자의 의미: 支分

쇠모서　　진언집

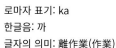

한자음역: 遮차
로마자 표기: ca
한글음: 짜
글자의 의미: 離一切遷變(遷變)

쇠모서 진언집

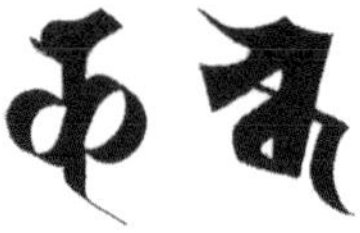

한자음역: 磋차
로마자 표기: cha
한글음: 차
글자의 의미: 影像

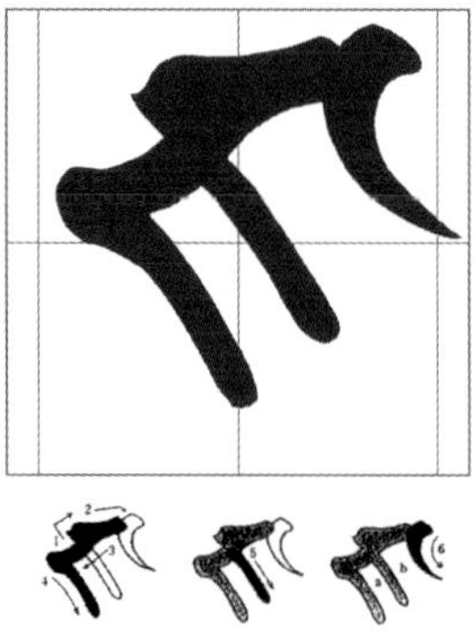

쇠모서 진언집

한자음역: 惹야
로마자 표기: ja
한글음: 자
글자의 의미: 生

쇠모서 진언집

한자음역: 酇찬
로마자 표기: jha
한글음: 자
글자의 의미: 戰敵

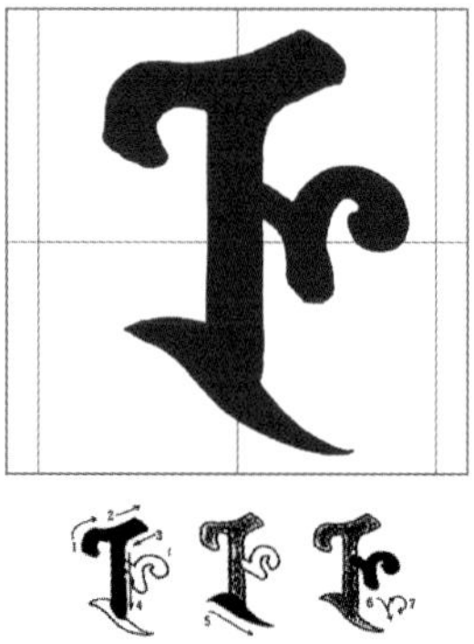

쇠모서 진언집

한자음역: 孃양
로마자 표기: ňa
한글음: 냐
글자의 의미: 智

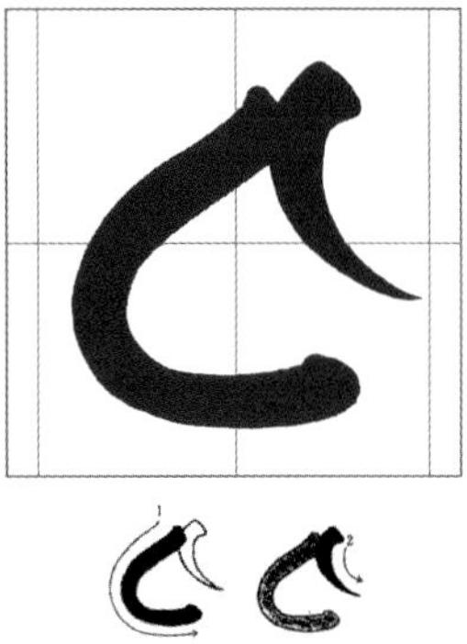

쇠모서 진언집

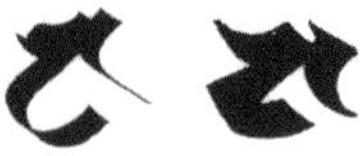

한자음역: 吒타
로마자 표기: ṭa
한글음: 따
글자의 의미: 慢

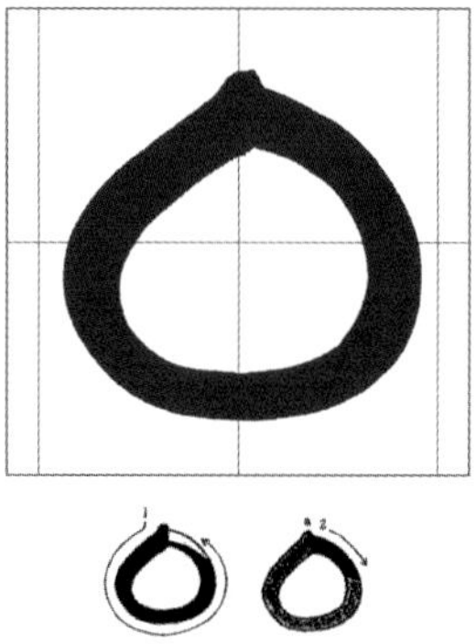

쇠모서 진언집

한자음역: 陀타
로마자 표기: ṭha
한글음: 타
글자의 의미: 長養

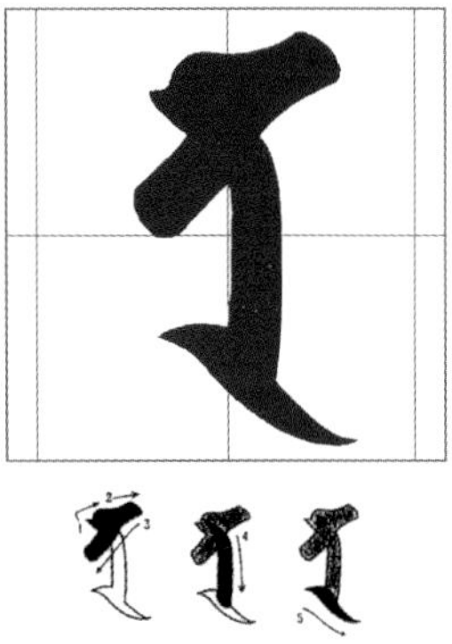

쇠모서 진언집

한자음역: 拏나
로마자 표기: ḍa
한글음: 다
글자의 의미: 怨敵(怨對)

쇠모서 진언집

한자음역: 荼다
로마자 표기: ḍha
한글음: 다
글자의 의미: 執持

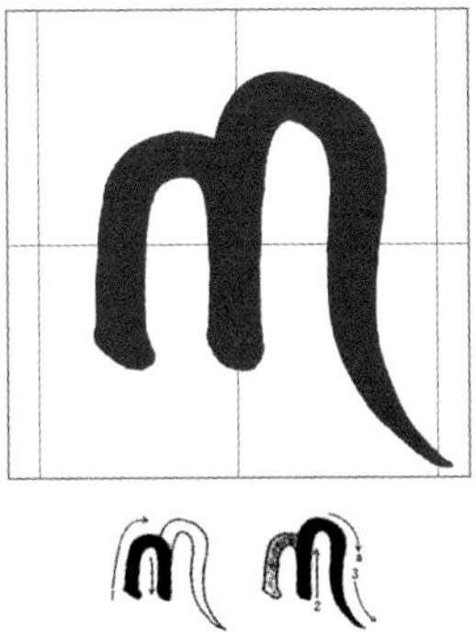

쇠모서 진언집

한자음역: 拏나
로마자 표기: ṇa
한글음: 나
글자의 의미: 諍

쇠모서 진언집

한자음역: 多다
로마자 표기: ta
한글음: 따
글자의 의미: 如如

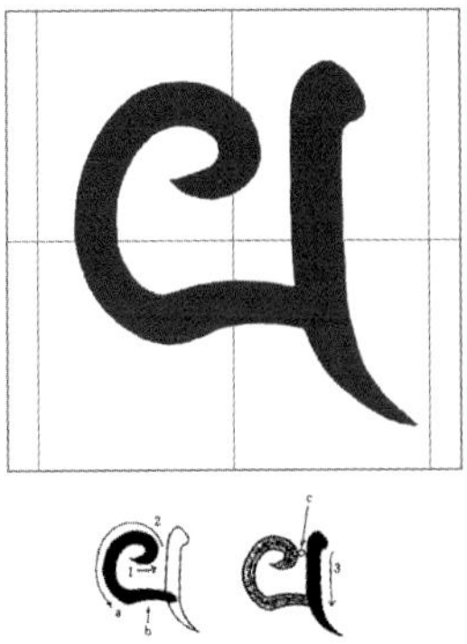

쇠모서 진언집

한자음역: 他타
로마자 표기: tha
한글음: 타
글자의 의미: 住處

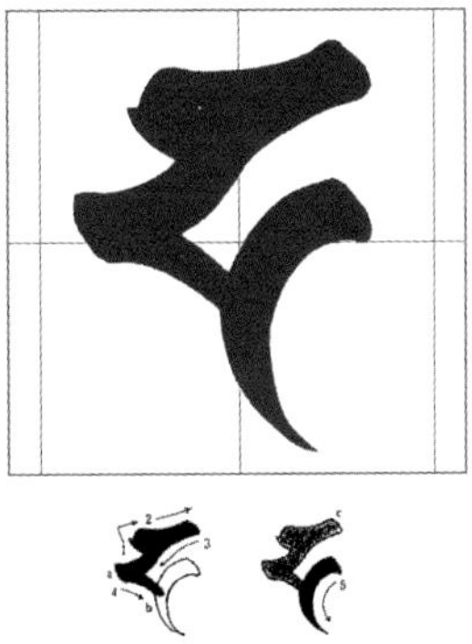

쇠모서 진언집

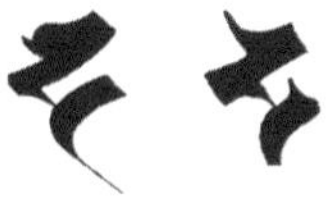

한자음역: 娜나
로마자 표기: da
한글음: 다
글자의 의미: 施(施輿)

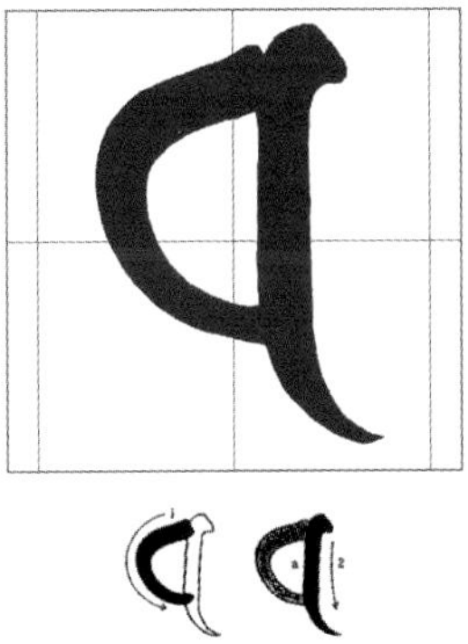

쇠모서 진언집

한자음역: 馱타
로마자 표기: na
한글음: 다
글자의 의미: 法界

쇠모서 진언집

한자음역: 曩낭
로마자 표기: na
한글음: 나
글자의 의미: 名

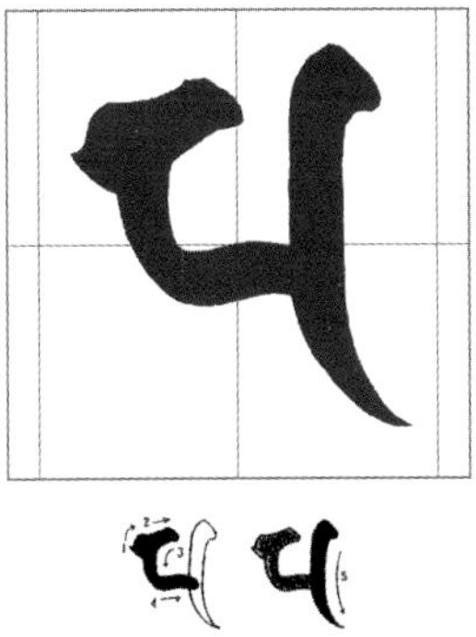

쇠모서 진언집

한자음역: 破파
로마자 표기: pa
한글음: 빠
글자의 의미: 第一義諦

쇠모서 진언집

한자음역: 頗파
로마자 표기: pha
한글음: 파
글자의 의미: 不堅如聚沫

쇠모서 진언집

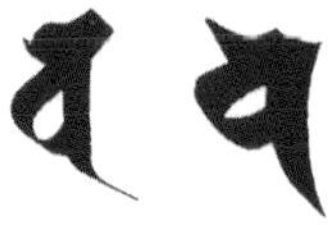

한자음역: 麽마
로마자 표기: ba
한글음: 바
글자의 의미: 縛

쇠모서 진언집

한자음역: 婆파
로마자 표기: bha
한글음: 바
글자의 의미: 有

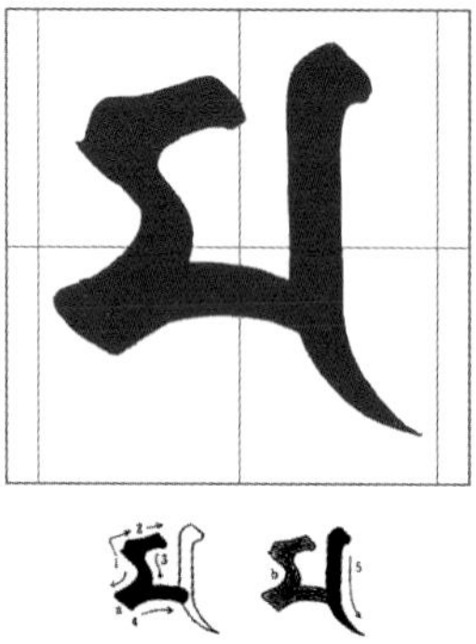

쇠모서 진언집

한자음역: 莽망
로마자 표기: ma
한글음: 마
글자의 의미: 吾我

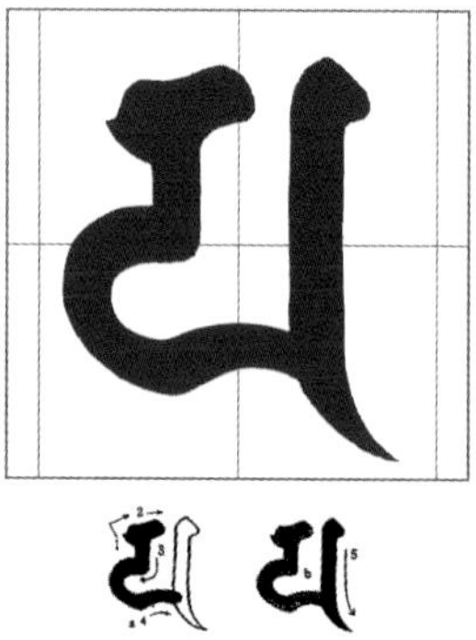

쇠모서 진언집

한자음역: 野야
로마자 표기: ya
한글음: 야
글자의 의미: 乘

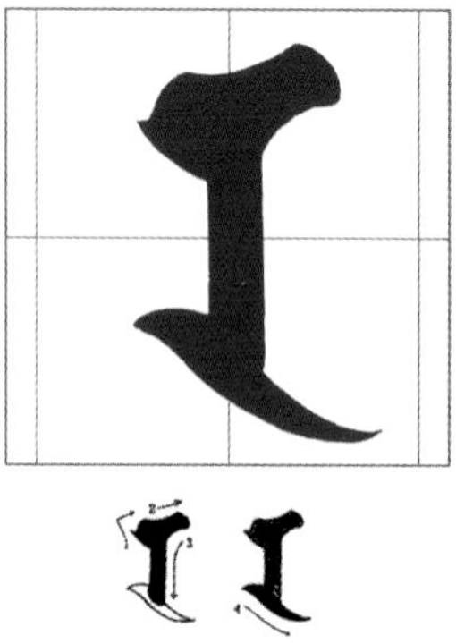

쇠모서 진언집

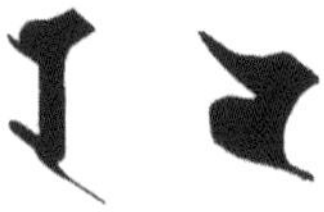

한자음역: 囉라
로마자 표기: ra
한글음: 라
글자의 의미: 離諸塵染(塵垢)

쇠모서 진언집

한자음역: 邏라
로마자 표기: la
한글음: 라
글자의 의미: 相

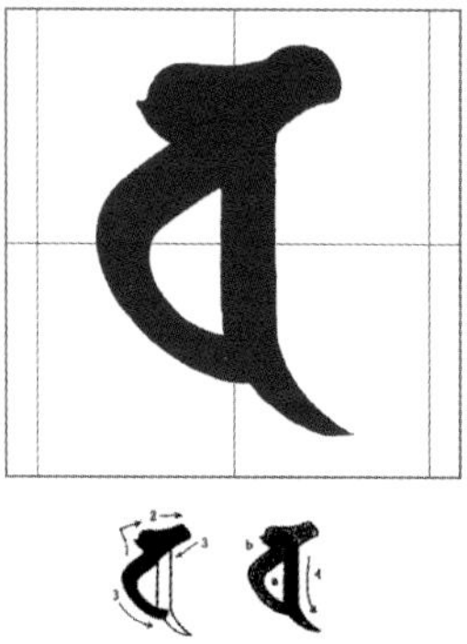

쇠모서 진언집

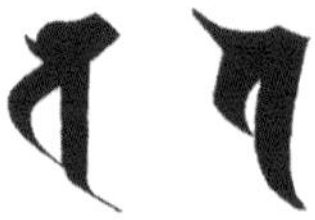

한자음역: 嚩바
로마자 표기: va
한글음: 바
글자의 의미: 言語道斷(言說)

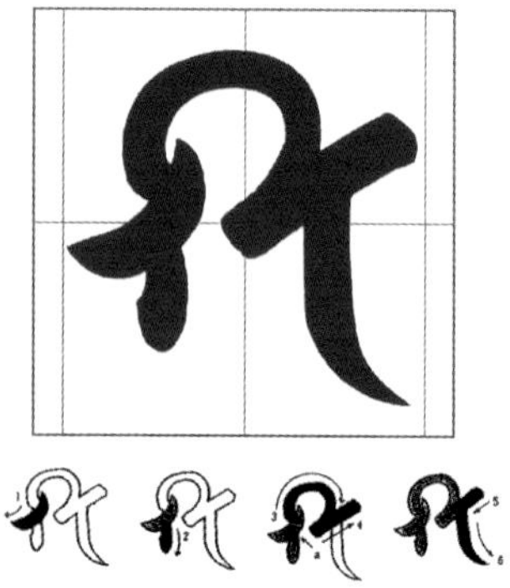

쇠모서 진언집

한자음역: 捨사
로마자 표기: śa
한글음: 샤
글자의 의미: 本性寂

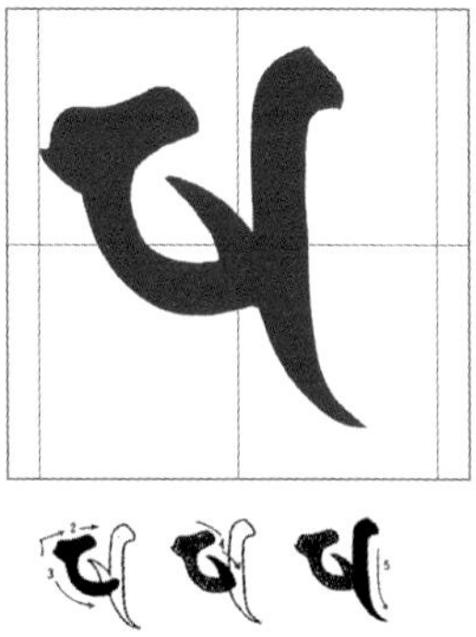

쇠모서 진언집

한자음역: 灑쇄
로마자 표기: ṣa
한글음: 싸
글자의 의미: 性鈍

쇠모서 진언집

한자음역: 娑사
로마자 표기: sa
한글음: 사
글자의 의미: 一切諦

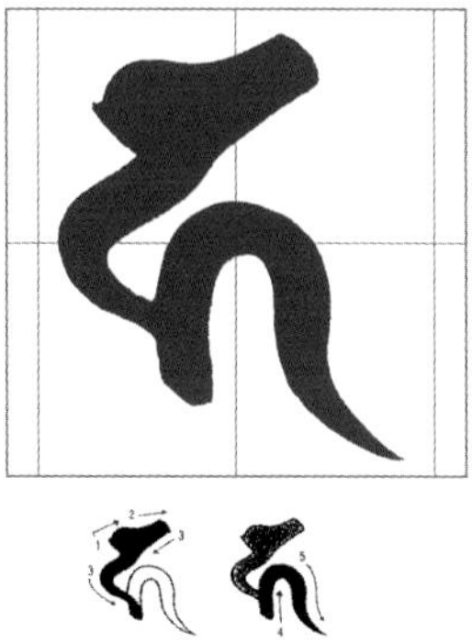

쇠모서 진언집

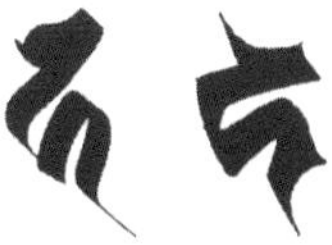

한자음역: 賀하
로마자 표기: ha
한글음: 하
글자의 의미: 因業

쇠모서 진언집

한자음역: 濫람
로마자 표기: llaṃ
한글음: 람
글자의 의미: 都除

쇠모서 진언집

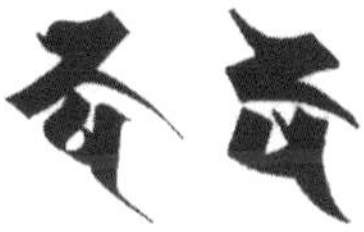

한자음역: 乞灑걸쇄
로마자 표기: kṣa
한글음: 크샤
글자의 의미: 盡

존상 찾아보기

ㅊ

ㅌ

ㅍ

ㅎ

저자 실담 법헌悉曇法憲

1944년에 태어나, 순천 선암사에서 득도하였다.
연세대 산업대학원, 동국대 박물관대학원, 한국불교태고종 중앙강원을 수료하였다.
실담범자 진언·다라니 연구회를 설립(2010년)하였으며, 12차례에 걸쳐 실담범자 서화 전시회(2012~23년) 및 국회초청 의원회관 개인전(2014년)을 열었다.
현재 안산 법륜사에 주석하면서 실담자 사경 지도를 하고 있으며, 한국 최초의 『실담범자 반야심경』, 『신묘장구대다라니 범어 실담자 사경』, 『광명진언 범어 실담자 사경』 등을 펴냈다.

태장만다라

초판 1쇄 인쇄 2024년 3월 25일 | 초판 1쇄 발행 2024년 4월 3일
법헌 글·그림 | 펴낸이 김시열
펴낸곳 도서출판 운주사 (02832) 서울시 성북구 동소문로 67-1 성심빌딩 3층
전화 (02) 926-8361 | 팩스 0505-115-8361
ISBN 978-89-5746-774-9 03220 값 100,000원
http://cafe.daum.net/unjubooks 〈다음카페: 도서출판 운주사〉